성경의 거짓말

성경의
거짓말

맹신만을 강요하는
성경에 던지는
19가지 금지된 질문

마셜 브레인 지음 | 엄수종 옮김

율리시즈

들어가며

이 책에서 우리는 여러 각도에서 신을 살펴본다. 우리는 신이 완전히 허상이라는 사실을 발견한다. 신은 기도에 응답하지 않는다. 신은 성경을 쓰지 않았다. 신은 스스로 사람이 되지도 않았다.

신이 기도에 응답하지 않는다는 것을 어떻게 확실히 알 수 있는가? 그냥 기도하고 무슨 일이 일어나는지 본다. 아무 일도 일어나지 않는다는 것을 확인한다. 아무리 많은 사람이 기도해도, 아무리 자주 기도해도, 아무리 진실하게 기도해도, 기도가 아무리 가치가 있는 것이라 해도 결코 아무 일도 일어나지 않는다. 예를 들어 우리가 잃어버린 팔다리를 재생하거나 에베레스트 산을 다른 곳으로 옮기는 것 같은 불가능한 어떤 일을 위해 기도하면 그러한 일은 절대 일어나지 않는다. 우리 모두 그것을 안다. 가능한 일을 위해 기도하면 기도의 결과는 가능성의 일반법칙에 정확하게 일치해 전개될 것이다.

통계적으로 기도의 효과를 분석해서 모든 기도의 성공과 실패 사례를 살펴보면, 기도는 전혀 효과가 없다는 것을 알게 된다. 팔다리를 잃은 장애인들을 위한 기도는 결코 먹히지 않는다. 의료와 관련한 기도들도 마찬가지다. '좋은 사람들'을 위한 기도들도 결코 먹히지 않는다. 전쟁터의 기도들도 그러하다. 그것은 신이 허상이기 때문이다. 기독교인은 항상 "주님이 내 기도에 응답하셨어요"라고 말한다. 하지만 우리가 보는 것은 단순한 우연의 일치거나 독백의 자연스런 효과다. 기독교인들은 실패한 기도에 대해서는 전혀 이야기하지 않는다. 하지만 모든 기도를 통계적으로 분석해보면, 신은 기도에 답하지 않는다는 사실이 증명된다. 1부에서 이 부분을 자세히 설명한다.

신이 성경을 쓰지 않았다는 사실을 어떻게 확실히 아느냐고? 2부에서 논의하겠지만, 우리는 성경에 유쾌하지 않은 내용이 정말 많다는 것에 주목한다. 노예제도가 도덕적으로 혐오스런 것이라는 절대적 확신에도 불구하고, 신이 성경에서 노예제도를 엄청나게 지지한다는 사실에 주목한다. 여성혐오주의 또한 도덕적으로 혐오스런 것임에도, 신은 성경에서 대단한 여성혐오주의자라는 사실에 주목한다. 우리는 신이 성경에서 수많은 아기와 어린아이들을 죽인 것에 주목하고, 그것이 잔인한 일이며 끔찍하게 역겹다는 사실을 안다. 누구라도 실제로 성경을 읽어본다면 성경은 전지한 신이 아니라 미개인들이 썼다는 결론에 곧 도달할 것이다. 자세한 사항은 2부를 보시라.

예수가 보통사람이었다는 것을 어떻게 확실히 아는가? 3부에서 기술할 터인데, 이런 간단한 질문을 해볼 수 있다. 만일 어떤 사람이 오늘날 자신이 신의 아들이라고 주장한다면 어찌할 것인가? 우리는 명백한 증거를 보여달라고 요구할 것이다. 예수가 2,000년 전에 살았다고 해서 예외는 아니다. 예수의 기적들은 증거로 남아 있는 것이 아무 것도 없다는 사실을 주목한다. 예를 들어 예수는 누구라도 산을 옮길 수 있다고 주장했지만, 누구도(예수조차도) 산을 옮기지 못했다. 예수의 모든 기적은 신앙요법이거나 마술의 속임수이고, 우리는 모두 신앙요법이나 마술의 속임수가 사기라는 것을 안다. 우리는 또한 예수가 부활했다는 증거를 찾을 수 없음에 주목한다. 예수는 바울한테 했던 것처럼 그가 부활했다는 것을 증명하기 위해 육체적으로 우리 각자한테 쉽게 나타날 수 있다. 또한 그러겠다고 약속한다. 하지만 결코 나타나지 않는다. 그가 나타난다면 예수의 출현을 보여주는 수천 개의 동영상이 인터넷에 온통 떠다닐 것이다. 우리는 예수가 성경에서 분명히 잘못된 많은 이야기를 하고 있다는 것에 주목한다. 예수가 전능한 우주의 창조자이고 기도에 응답한다고 약속했을지라도 모든 교회는 자신들을 위해 사람들의 돈에 매달린다는 사실에 주목한다. 예수는 다른 이들처럼 사람이었고 예수에 대한 성경의 표현은 분명히 전형적인 신화다. 다시 말하면 예수는 제우스와 같다. 자세한 사항은 3부를 보시라.

이 사실 중 어느 하나를 증명하면 자동적으로 다른 두 가지가 증명된다는 것을 짚어보는 것도 재미있다. 예를 들어 신이 아니라 미개인들이 성경을 썼다는 것을 우리가 일단 알게 되면, 자동으로 신은 기도에 응답하지 않고 예수는 완전히 보통사람이었다는 것이 된다. 성경은 우리에게 기도와 예수에 대해 말하는 책이므로, 성경이 의미 없다면 기도와 예수도 의미가 없어진다. 우리는 이 세 가지 진실을 따로따로 증명했다. 예수는 신이 아니고, 성경은 신의 말씀이 아니며, 신은 결코 기도에 응답하지 않는다. 이 세 가지는 따로 보아도 같이 보아도 진실이다.

지성인이라면 누구나 인간의 모든 신들이 허상이라는 것을 알고 있다. 신과 기도에 대한 믿음은 단순한 미신 이외에 아무것도 아니다. 미신과 사기는 사회에 해로우므로 이성적이고 지적인 사람들이 공개적으로 논의할 때가 되었다.

망상 이해하기

신이 진짜라는 것을 보여주는 경험적 증거는 없다. 반면 신이 허상이라는 것을 보여주는 증거는 무궁무진하다. 신은 레프러콘Leprechaun(장난을 좋아하는 작은 요정)과 같은 범주로 떨어진다. 신은 순전히 인간의 상상에서 튀어나온 허상이요 신화다.

다른 말로 하면, 기독교는 망상이다. 종교는 일반적으로 망상이다.

'망상'이라는 단어가 유쾌하지 않다는 것을 이해한다. 하지만 영어로 사용하기에 정확한 단어다. 사전은 '망상'을 이렇게 정의한다.

설득력이 없는 증거에도 불구하고 강하게 자리 잡은 그릇된 믿음

설득력이 없는 증거는 우리 주변에 널려 있다. 아마 당신은 그것을 오랫동안 알고 있었지만 실제상황과 마주치기가 불가능했을 것이다. 27장에서 우리는 진실과 마주하기가 왜 그렇게 두려운가를 논의할 것이다.

내가 종교를 망상이라고 말하는 것은 모욕하거나 깔보려는 것이 아니다. 오히려 친구로서 하듯이 말하는 것이다. 나의 의도는 종교적 믿음을 비판하는 것이 아니라 망상에서 회복하도록 돕는 데 있다. 기독교의 망상이 어떻게 작동하는지 이해하고 싶다면 '망상 이해하기'를 읽어보시기 바란다.

모든 종교는 망상이다. 운이 좋으면 당신은 지금 그걸 깨닫고 회복을 시작할 수 있다. 당신은 자신의 개인적 망상으로부터 자유로워지는 치료 과정을 시작할 수 있다.

인간이 종교를 만드는 이유

이 책의 내용은 꽤 심오하고 당황스럽기도 하다. 그 내용은 이렇다. 종교와 연관된 모든 것은 허상이다. 신, 성경, 예수, 부활, 기도, 십계명, 창조론, 영혼, 영원한 삶, 천국…… 이 모든 것은 상상의 산물이다. 알라, 코란 등도 마찬가지다. 인류는 수세기 동안 이 모든 종교교리를 믿어왔고, 지금도 많은 사람들이 믿는다. 하지만 그 모든 것은 허구다. 그것들은 이집트, 로마, 아스텍의 신들과 똑같이 허구다. 명백하고 분명한 증거가 우리 주위에 허다하다.

신이 허상이라는 것이 이렇게 분명한데 왜 미국인의 절반은 신을 믿는다고 고백할까? 전반적인 상황이 심각하게 이상하기 때문에 이 책 여기저기에서 이 질문을 계속했다. 인류는 왜 모든 이러한 신화와 어리석은 일을 수천 년 동안 반복해서 만들었는가? 그럴 만한 이유가 있으리라.

우리가 종교라는 어리석음과 신화를 통하지 않고, 이성적으로 그 이유를 이해하고 다룰 수 있다면 우리에게 좋은 일을 실제로 만들 수 있다.

인간이 모든 종교를 만드는 데는 두 가지 중요한 이유가 있다.

1. 인간은 죽음에 대처하는 방법으로 신을 만든다. 많은 사람들은 어떤 이유로든 죽음을 두려워한다. 그들은 공포를 다스리는 방법으로 종교를 만든다.
2. 사람들은 선의 대리인으로서 신을 만든다. 사람들은 '선'을 증진하고 '악'을 제거하는 방법을 원한다. 과거에는 허상의 신을 만드는 것이 그 과정을 촉진하는 방법이라고 여겼다.

죽음과 선은 사람들에게 중요하다. 그것들은 근본적인 정서를 건드린다. 죽음과 선을 신의 신화로부터 떼어내 이해하고 긍정적인 방법으로 받아들이면 실제로 매우 유용한 무엇인가를 할 수 있다. 인류를 이롭게 하는 데 초점을 맞춰 우리 자신을 위한 합리적인 세상을 만들 수 있다.

27장과 28장에서는 죽음과 선에 대해 이야기할 것이다. 신을 만들어내는 이유를 이해했다면 이성적으로 행동할 필요가 있다.

왜 종교를 만드는지를 이해하면 종교를 대체할 사회구조를 만들기 시작할 수 있다. 28장과 함께 시작하고 자세한 사항은 '널리 전파하기'를 보시기 바란다.

차례

일러두기

- 이 책은 Marshall Brain의 인터넷 웹사이트 www.whywontgodhealamputees.com에 실린 〈Why won't God heal amputees?〉의 주요 내용을 번역 출간한 것입니다.
- 이 책은 2018년도에 발간된 《하나님의 거짓말》의 개정판입니다.
- 본문에서 인용한 성경 문구는 《개역개정 4판》을 기준으로 명시했습니다.
- 성경 인용구를 뺀 나머지 원문의 'God'은 모두 '신'으로 번역해 싣습니다.

서론

1장

선은 그어졌다

다음의 사건은 선생님에게는 최악의 악몽 같을 것이다.

당신이 어느 고등학교의 영어 교사라고 가정해본다. 당신은 교실 앞에 서서 하루의 일과를 진행하고 있다. 아마 당신과 학생들은 동사활용을 공부하거나 셰익스피어의 희극을 분석하고 있을 수 있다. 그것은 미국 교육시스템에서 일상적인 일이고 당신은 아직 해야 할 일이 많다.

그때 소리가 교실을 채운다. 총소리. 그리고 비명소리. 총을 든 남자가 학교로 들어와 당신 교실 쪽으로 복도를 따라 다가오면서 사람들한테 총질을 해댄다.

당신은 어떻게 할 것인가?

당신이 레드 레이크 고등학교의 영어 교사인 '네바 로저스'라면 즉각 행동에 들어갈 것이다. 교실 안의 전등을 끈다. 교실 문을 닫고 걸어 잠근다. 위험에서 벗어나도록 학생들에게 교실 구석에 가서 웅크리라고 말한다. 그러고 나서 당신은 교실 한복판에 서서 신에게 기도를 시작한다. 그 장면을 목격한 학생들에 따르면 로저스 선생은 이렇게 기도했다. "신이시여, 저희와 함께하소서. 저희를 도우소서."

총을 든 남자는 네바 로저스의 교실로 걸어와 문이 잠긴 것을 확인한다. 그가 문 옆 유리창을 쏘자 유리창은 작은 파편이 되어 쏟아진다. 총잡이는 그 구멍으로 손을 넣어 잠긴 문을 열고 교실에 들어가려고 문을 밀어 제친다. 온통 검은 옷에 183센티미터쯤 되어 보이는 그는 거대하고 흉측한 망령이다.

그는 교실 문지방을 넘어 기도하고 있는 로저스 선생을 본다. 12구경짜리 큰 총으로 무장한 그는 양손으로 총을 들어 로저스의 머리를 직접 겨냥한다.

신은 무엇을
해야 하는가?

이런 상황에서 신은 어떻게 해야 한다고 생각하는가? 잠시 한발 물러나 신의 입장에서 이 상황을 살펴보자. 신은 천국의 영광스러운 옥좌에 앉아 있다. 신은 전지전능하므로 분명히 사건이 벌어지고 있는 레드 레이크 고등학교를 보고 있다. 네바 로저스의 기도를 들으며 총을 든 사람이 그녀의 머리를 조준하는 장면을 보고 있다. 신이 도울 것임을 약속해온 예수는 신의 오른편에 앉아 있다.

선은 분명히 그어졌다. 선의 한쪽 편에는 제정신이 아닌 16살짜리 완전한 악마가 있다. 다른 쪽에는 신에 대한 믿음이 확고한 매우 헌신적인 62세 여인이 있다. 실제로 존재한다면 이것이야말로 선과 악의 결정판이다.

전능하신 신께서 처분할 수 있는 모든 가능성을 생각해보라. 아마도 가장 쉽게는 총 든 사람이 바로 그 자리에서 갑작스런 심장마비나 동맥류 또는 뇌졸중을 일으키는 것일 수 있다. 미국에서는 매일 수백 명이 심장마비로 죽으니, 만약 신이 그에게 심장마비를 일으킨다 해도 아무도 알아차리지 못할 것이다. 믿지 않는 자들은 그것을 우연의 일치로 생각하겠지만 신을 믿는 사람들은 무슨 일이 일어났는지 완벽하게 이해할 것이다.

신이 조금 더 멋진 것을 원한다면 다른 가능성도 있다. 이를테면 지진을 일어나게 하는 것이다. 천사를 보내 총 든 사람과 교사 사이에 서게 하여 총알을 빗나가게 할 수도 있다. 유성이 천장을 뚫고 떨어지거나, 벼락을 내리쳐서 총잡이를 죽일 수도 있다. 또는 바로 그 순간에 경찰을 로저스의 교실에 들이닥치게 해 범인을 사살할 수도 있다. 전지전능하고 모두를 사랑하시는 신께서 네바 로저스의 기도에 응답할 수 있는 방법은 무궁무진하다.

사내는 12구경 장총을 네바 로저스의 머리에 겨누고 그녀를 똑바로 바라본다. 그리고 방아쇠를 당긴다. 아무 일도 일어나지 않는다. 격발은 있었지만 총은 발사되지 않는다. 마치 기적처럼. 바로 그것이 신의 손이다.

불행하게도 사내는 무기를 거두더니 주저 없이 권총을 꺼내든다. 그러고는 기도하는 로저스의 머리에 겨누고 방아쇠를 당긴다. 권총은 제 성능대로 작동한다. 그는 네바 로저스의 머리에 세 번, 얼굴에 한 번 총을 쏜다. 로저스는 얼이 나간 학생들 바로 앞에서 바닥에 흥건히 흐른 자신의 피 위에 쓰러져 즉사한다.

《타임 매거진》에 따르면 범인은 그 다음에 뜻밖의 행동을 한다. 그는 구석에 있는 학생 한 명에게 총을 겨누고 묻는다. "너, 신을 믿냐?" 그렇게 함으로써 범인은 콜럼바인에서 있었던 총기난사의 장면을 재현한다. 콜럼바인에서 이 질문에 학생은 "예"라고 대답했고 총에 맞아 사망했다. 레드 레이크에서 그 학생은 "아니오"라고 대답한다. 범인은 그를 살려줬고 다른 학생들한테 총을 쏘기 시작한다.

그날 범인이 자살할 때까지 레드 레이크에서는 모두 열 명이 사망했다.

역설

이런 상황은 매우 역설적이다. 생각이 있는 사람으로서 많은 의문이 떠오른다. 왜 전능하신 신께서는 기도를 완전히 무시하고 열 명이나 죽게 했을까? 왜 신의 존재를 부정하는 학생은 살렸을까? 그 장면에서 신은 왜 범인을 공격해 죽이거나, 아니면 일찍이 그를 도와서 사건 발생 전에 이런 상황을 미연에 막지 않았을까? 어떻게 만인을 사랑하는 신이 충분한 힘과 권능을 갖고서도 그렇게 말도 안 되고 불필요하며 무용한 일이 일어나게 했을까? 예수는 성경에서 기도에 응답하겠다는 약속을 분명히 했으면서도 왜 이를 어겼을까? 왜 신은 그날 전 세계의 수백만 건의 다른 기도에는 응답하면서 같은 시간 사건 현장의 엄청난 비극은 묵살하고 기도에 대답하지 않았을까?

네바 로저스의 죽음은 너무도 어처구니없어서 인간인 우리로서는 어떻게 생각해야 할지 모르겠다.

우리가 아는 바는 이런 매우 역설적이고 모순적인 상황이 매일 일어난다는 것, 그리고 분명 그 이유가 있다는 사실이다.

2장

신의 수수께끼

네바 로저스에게 무슨 일이 일어난 것일까? 신은 그녀의 기도를 완전히 무시했다. 당신이 진정으로 신을 이해하고 싶다면 간단히 자문해 보라. 기도하고 도움을 요청했음에도 신은 왜 그녀를 보호하지 않았는가?

당신은 살면서 이런 비슷한 유형을 경험해왔을 것이다. 신이 기도를 무시하는 것은 매우 일상적인 일이다. 기도가 어떻게 작용하는지는 성경에 명확히 명시돼 있으므로 신이 기도를 무시하는 것은 이상해 보인다. 마가 11:24에서 예수는 약속한다.

그러므로 내가 너희에게 말하노니 무엇이든지 기도하고 구하는 것은 받은 줄로 믿으라 그리하면 너희에게 그대로 되리라.

요한 14:12-14까지에서 예수는 기도가 얼마나 쉬운지 이야기한다.

내가 진실로 진실로 너희에게 이르노니 나를 믿는 자는 내가 하는 일을 그도 할 것이요 또한 그보다 큰 일도 하리니 이는 내가 아버지께로 감이라. 너희가 내 이름으로 무엇을 구하든지 내가 행하리니 이는 아버지로 하여금 아들로 말미암아 영광을 받으시게 하려 함이라. 내 이름으로 무엇이든지 내게 구하면 내가 행하리라.

마태 18:19에서 예수는 다시 이야기한다.

진실로 다시 너희에게 이르노니 너희 중의 두 사람이 땅에서 합심하여 무엇이든지 구하면 하늘에 계신 내 아버지께서 그들을 위하여 이루게 하시리라. 두세 사람이 내 이름으로 모인 곳에는 나도 그들 중에 있느니라.

이 구절들과 네바 로저스가 독실한 신자였다는 사실을 감안한다면 로저스의 기도는 효과가 있어야 한다고 생각되지 않는가?

우리는 신이 무엇을 생각하는지 알 길이 없고 때때로 신의 행동은 아주 의문스럽다.

스티브의 기적

어떤 기도는 작동하는 것처럼 보이더라도 가끔 의문이 들기도 한다. 예를 들어 2004년 5월에 발간된 《가이드포스트》 지에 '캘리포니아 샌디에이고'를 휩쓴 대형 산불에 관한 흥미 있는 기사가 있다. '스티브 호멜'은 그 불에 휩쓸린 지역에 살았다. 스티브는 기도했고 신이 그 기도에 응답했기 때문에 그의 이야기는 신이 우리 세상사에 관여한다는 단서를 제공한다.

스티브는 불이 접근하는 것을 보았고 불길은 매우 무시무시했다. '산등성이를 굴러 내려온 24미터의 불꽃 장벽이 우리 동네를 지나간다.' 그와 아내는 집에서 빠져나와 15마일 밖에 있는 딸의 집으로 피신했다. 스티브는 거기서 그 불꽃이 이웃에게 다가가는 것을 TV 뉴스로 보았다.

그런 상황에서는 어떤 행동을 해야 적당할까? 답은 네바 로저스처럼 기도다. 하지만 스티브는 혁신적인 방법을 택하기로 결심했다. 기사에 따르면 '갑자기 스티브는 종이 한 장을 집어 들었다. 그러고는 [신이시여, 이 집과 집을 지키는 소방관들을 축복하소서]라고 적었다.' 스티브는 그 종이를 자기 집의 팩스로 보냈다.

며칠이 지나 마을로 돌아가는 것이 허락되었다. 집에 도착했을 때 스티브는 놀라운 장면을 발견했다. 격렬한 불꽃에도 불구하고 그의 집은 완전한 상태로 있었다. 마당에 있는 나무조차도 멀쩡했다. 불길이 그의 집 근처에는 전혀 미치지 않았던 것 같았다.

사람들은 스티브의 팩스기에 있는 그의 기도를 발견했다. 팩스기가 그 메시지를 받았고 이는 분명 신이 한 일이었다.

스티브의 기도 덕분에 그의 집은 살아남았다. 믿는 이들은 무슨 일이 일어났는지를 안다. 스티브의 기도를 들은 신은 하늘에서 우리 세상에 내려와 기적을 행했다. 신이 이처럼 명백하게 우리 지구에 관여하니 그것은 희망의 근원이요, 신의 은총에 대한 증명이며 기도의 힘에 대한 빛나는 표본이다. 신의 축복에 관한 이 이야기는 잡지에 실렸고 수백만의 신자들에게 보내졌다. 신께서 스티브의 집을 구했다!

샌디에이고의
수수께끼

스티브 이야기는 분명 기적처럼 들린다. 그러나 겉으로 드러나지 않은 속사정을 탐구해보면 네바 로저스와 다르지 않은 또 하나의 역설과 마주하게 된다.

문제는 간단하다. 스티브의 동네에 있는 다른 집들은 모두 불타 허물어졌다. 기사에 따르면 '서 있는 것이라고는 벽돌 굴뚝 몇 개였다. 나머지는 모두 재로 변했다.' 스티브 동네의 다른 가옥 39채는 완전히 철저하게 파괴되었다.

신이 스티브의 집을 구하고 축복하려고 내려왔다면 이웃의 집들은 타서 허물어지라고 저주하려고 선택하지 않은 것인가? 사랑과 전능의 신께서 40채를 모두 구하기란 전혀 어려울 것이 없을 텐데 왜 달랑 한 채만 구했을까?

이것이 신의 수수께끼가 시작되는 지점이다. 신이 왜 39채의 집을 파괴하면서 한 채만 보호했는지 우리는 이해할 길이 없다. 왜 다른 39채가 타버렸는지 이해하기 위해서는 특별히 매력적이지는 않지만 다음 네 개의 시나리오를 가정해볼 만하다.

- 다른 39명의 집주인들은 죄를 지어서 신이 그들을 특히 저주했을

까? 이 가정은 우리 모두가 죄인이고 그렇다면 신이 언제라도 우리
를 저주할 수 있기 때문에 달갑지 않다. 신은 죄에 대한 징벌로 내
일 우리 집들을 태워 무너뜨리거나 우리 머리를 쏠 수도 있다. 우
리 중 많은 사람이 믿고 있는 '모두를 사랑하는' 전통적인 신과 그
런 행동은 어울리지 않는다.

- 다른 39명의 집주인들은 적절한 기도를 하지 않았거나 덜 간절하
게 기도했을까? 신은 그날 오로지 팩스로 된 기도만 들어주었을
까? 이 가정은 축복의 자물쇠를 푸는 일종의 마술 주문이나 비밀
번호가 있고, 40명의 집주인 중 39명은 그 비밀을 모른다는 뜻이
되므로 편하지 않다.

- 이 모든 것은 신의 계획의 일부분일까? 아마도 39명의 집주인들
은 멀쩡한 스티브 집을 봄으로써 무언가를 배우게 되어 있었다거
나, 그들 모두의 인생이 모든 것을 잃고 새로 시작해야 함으로써
실제로 개선되었을 수도 있다. 이 가정은 조금 편하긴 하지만 많은
상황에 적용하기는 힘들다. 예를 들어 2005년 쓰나미로 20만 명
이 죽었을 때 그 상황이 어떻게 그들의 생을 더 낫게 만들었다 할
수 있나? 이 가정은 또한 기도가 무의미하다는 뜻이 된다. 만약
신의 계획이 당신의 집을 태워버리는 것이라면 당신의 기도는 아
무 소용이 없는데 왜 성가시게 기도하겠는가?

- 아니면, 스티브가 너무 이기적으로 기도해서 그리 됐을 수도 있다.
아마도 신은 스티브 이웃의 희생으로 스티브에게 교훈을 가르치
려고 했는지도 모른다.

이 '이기적' 이론은 실제로 고려해볼 만한 이야기다. 생각해보라. 스티브의 기도는 엄청나게 이기적이었다. 그가 기도에서 한 단어만 바꿔서 "신이시여, 이 마을과 소방관들을 축복하소서"라고 했다면 어땠을까? 그랬다면 40가구 모두 무사했을까?

"신이시여, 이 나라와 소방관들을 축복하소서"라고 기도했다면 어땠을까? 전국의 모든 불길이 즉시 스스로 꺼질까? 만약 그렇다면 국가의 모든 소방서를 폐쇄하고 스티브와 그의 팩스기에 기대 우리를 보살핌으로써 1년에 수십억 달러를 절약할 수 있을까?

우리 대부분은 미국의 모든 소방서를 폐쇄하는 것이 무책임한 일임을 이해한다. 그렇지만 왜? 재미있는 질문 하나가 생겨난다. 만약 당신이 스티브의 기도에 신이 응답했다고 믿는다면, 스티브가 하는 전국적인 기도에 신이 응답하리라는 것은 왜 믿지 않는가? 예수가 마가 11:24에서 말한 것을 잊지 마시라.

그러므로 내가 너희에게 말하노니 무엇이든지 기도하고 구하는 것은 받은 줄로 믿으라 그리하면 너희에게 그대로 되리라.

예수가 신이라면, 그리고 신이 완전하다면, 왜 마가 11:24은 사실이 아닌가? 예수가 뻥을 친 것일까? 하얀 거짓말을 한 것일까? 예수가 완전하다면 그는 왜 진실을 말하지 않으려는 것일까?

다른 말로 하면, 신은 왜 그렇게 수수께끼투성이인가?

자동판매기

　　　　　많은 사람들은 그 질문에 이렇게 대답한다. "신에게 기도에 응답해야 할 의무가 있는 것은 아니다. 신은 모든 소원을 들어주는 자동판매기가 아니다." 하지만 만약 마가 11:24(그리고 다른 비슷한 구절들)을 보통의 방법으로 해석하면 신은 기도에 응답하기로 약속한 것으로 보인다. 그런데 무슨 일이 있는 걸까? ('자동판매기 이해하기'에서 이 질문을 더 자세히 탐구한다)

　스티브의 상황에서 알아야 할 재미있는 다른 일이 있다. 우리는 이상한 통계를 보게 된다. 축복받지 않은 39가구 대 축복받은 1가구. 스티브 동네의 모든 가족에게 도움이 필요했지만 신은 단 한 가구만 구했다. 97.5퍼센트의 실패율을 보이는 형편없는 비율이다. 이 비율은 매우 일반적이고 우리는 그것을 신의 비율이라고 부를 수 있다. 신은 스티브의 집을 구하기 위해 불길을 인도하며 거기에 있었다. 그렇지 않은가? 그런데 왜 나머지 39가구는 내버려두었을까? 만일 스티브가 기도 중 한 단어만 바꾸었다면 신은 달리 행동했을까? 우리는 스티브의 기도가 너무 이기적이었다고 비난해야 할까? 신자로서 스티브가 이웃 모두를 돕기 원했다는 사실을 신은 왜 몰랐을까?

　모두가 열렬히 성실하게 기도하는데도 어떤 사람에게는 이런 일이 일어나게 하고 다른 사람에게는 일어나지 않게 할 때 신은 무얼 생각하는 걸까? 네바 로저스를 죽게 버려뒀을 때 신은 무슨 생각을 했을까? 우리는 "그것은 모두 신의 계획의 일부다"라고 말할 수 있다. 하지만 그 계획이라는 것이 뭘까? 그걸 생각하면 불편해질 수 있다. 신의 계획이 내일 당신의 머리를 쏘는 것이거나 또는 당신의 집을 태워 없애는 것이라면? 우리는 어떻게 그걸 제대로 이해할 수 있을까?

　당신이 신의 수수께끼를 설명할 수 있다면 어떨까? 당신이 샌디에이고와 레드 레이크의 수수께끼 그리고 우리가 매일 보고 있는 많은 다른 수수께끼들을 완벽하게 설명할 수 있다면 어떨까?

　신의 수수께끼를 완전히 탐구하기 전에 잠깐 우회하는 것이 좋겠다. 우리는 신이 누구인가부터 명료하게 이해해야 한다. 신의 표준모델을 설정할 필요가 있는 것이다.

3장

신의 표준모델

수십억 명이 믿는 이 존재는 누구일까? 신은 누구인가? 사전을 참고하면 당신이 찾을 신에 대한 첫 번째 정의가 있다.

> 완전하고 전지전능한 우주의 창조주이자 지배자로 인식되고, 유일신 종교에서 믿음과 경배의 기본 대상이 되는 존재

믿는 사람들 대부분은 신에 대해 확실하고 일관된 견해를 뚜렷이 공유하기 때문에 이 정의에 동의한다. 종교에 관해 소수 의견들이 많은 것은 사실이다. 믿는 이들은 그런 의견을 교파로 표현한다. 장로교, 루터교, 가톨릭교, 침례교, 성공회, 감리교 등등. 그러나 그 모든 것의 중심에 모든 사람이 받아들이는 일련의 핵심개념으로 신에 대한 믿음이 정렬되어 있다.

기본적 믿음의 목록을 만들어야 한다면 이런 것들이 있을 것이다.

1. 사람들은 신을 우주의 전능한 통치자라고 믿는다. 신은 전능하고 전지하고 영원하며 시대를 초월하고 어디에나 존재하며 완전하다.

2. 사람들은 신이 모든 것의 창조자라고 믿는다. 그는 우주와 지구를 만들었다.

3. 사람들은 신을 생명과 인간의 창조자라고 믿는다. 많은 사람들은 신이 자신의 형상을 따라 첫 번째 남자(아담)과 여자(이브)를 만들었으며 우리는 모두 아담과 이브의 후손이라고 믿는다. 신이 인류와 우리의 정신을 만드는 데 중심적인 역할을 했다고 믿는다.

4. 사람들은 신이 우리 각자에게 독특하고 영원한 영혼을 주입한다고 믿는다.

5. 사람들은 우리가 죽은 뒤에 영원한 삶을 갖는다고 믿는다. 예수를 구세주로 받아들이면 죽을 때 우리 영혼은 영원한 삶을 위하여 천국에 있는 신에게 돌아간다고 믿는다.

6. 사람들은 신이 성경을 썼거나 영감을 주었다고 믿는다. 성경은 신의 말씀이다. 많은 사람들을 위하여 성경을 요약하는 문장이 있다. 성경은 절대적으로 옳고 영적이며 틀림이 없다. 다른 내용들은 글자 그대로 믿지 않으면서, 성경 창조에는 신이 중심 역할을 했다고 믿는다.

7. 사람들은 신이 예수를 인간의 모습으로 지구에 보냈다고 믿는다. 예수는 살아 있는 동안에 많은 기적을 행했고 죽은 뒤에 부활하여 수많은 사람에게 나타났으며 하늘에 올라감으로써 그가 신이라는 것을 증명했다.

8. 사람들은 신이 자비심이 많고 애정을 지닌 통치자라고 믿는다. 신

은 선이요 사랑이다.

9. 사람들은 신이 우리 각자를 알고 사랑하는 살아 있는 존재라고 믿는다. 우리 모두는 신과 이야기할 수 있으며 그와 개인적인 관계를 유지한다. 신에게 우리가 이야기하는 길은 기도다.

10. 사람들은 신이 우리 모두에 대한 계획을 갖고 있다고 믿는다. 우리 모두는 신의 우주에서 서로 다르고 독특한 목적을 갖는다(신의 계획에 대한 자세한 내용은 9장에서 다룬다).

이상의 내용을 신의 표준모델이라고 부를 수 있겠다. 어느 신자에게든 이 10가지 핵심개념에 대해 물으면 확인할 수 있을 것이다. 약간의 비판은 있지만(예를 들어 어떤 이는 아담과 이브를 문자 그대로 믿지 않고, 어떤 이는 모든 성경을 신이 썼다는 것이 확실하지 않다고 한다), 수십억의 사람들은 표준모델을 믿는다. 이러한 핵심 믿음은 교파를 초월하여 확고하다. 대략 20억 명의 사람들이 이 기본사항을 믿는다.

기도는 엄청나게 중요하다. 사람들은 우리가 신(또는 예수, 때로는 마리아나 어떤 성자들)에게 기도할 수 있고 신은 우리의 기도를 듣는다고 믿는다. 신이 우리세계에 내려와 무한한 능력을 사용하며 우리 기도에 응답하기를 좋아한다고 믿는다. 신은 병을 고치는 데 관여할 것이다. 신은 위험한 상황에서 우리 생명을 구할 수 있다. 광범위한 개인의 문제를 해결할 수 있고 기도를 통해 우리 생활을 더 낫게 만들 수 있다. 수천만 명이 매일 신에게 기도한다. 그리고 그들은 신이 기도를 듣고 매일 지구상의 수백만 가지 기도에 응답한다고 믿는다.

이러한 요약은 한 가지를 명확하게 한다. "신이 누구입니까?"라는 질문의 답은 "신은 완전히 놀라운 존재입니다"라는 것. 이것이 틀에 박힌 지혜이며 대다수 미국인이 그것을 믿는다.

우리를 굽어보며 기도에 응답하고 우리를 보호하며 우리가 죽었을 때 하늘나라로 환영해주는 자애롭고 전지전능한 존재라는 개념에서 특히 위안이 되는 것이 있다. 그는 이 지구상에서 다툼과 고통 속에 있는 우리를 본다. 그는 자신의 힘과 깊은 동정심을 우리에게 주고 우리 각자가 길을 찾도록 도와준다. 우리는 모두 그런 놀라운 존재를 믿고자 하고 믿음을 보낸다.

하지만 놀랄 일이 있다. 당신은 신의 표준모델이 역설을 심화시킨다는 것을 깨닫는다. 신을 이렇게 정의해놓고 보면 네바 로저스의 잔인한 죽음이 불편해진다. 신에 대한 정의와 우리가 신에 대해 믿는 바가 일치하지 않는 것 같아서다. 네바 로저스의 죽음에는 딱 들어맞지 않는 무엇인가가 있다.

역설에 초점을 맞추는 다른 예를 들어보자.

4장

역설에 직면하기

앞 장에서 보았듯이 전지전능하고 영원하며 시대를 초월하고 어디에
나 존재하며 완전한 존재에 대해 왈가왈부하기는 어렵다. 하지만 당신
이 아직 놀라야 할 일이 있다.

2001년 9월 11일 테러와 같은 엄청난 사건 앞에서 당신은 놀란다.
이는 매우 자연스러운 일이다. 신이 지구에서 일어나는 모든 일을 볼
수 있다면, 전지전능하며 하늘에서 내려와서 매일 지구상의 수십억
건의 기도에 응답한다면, 어떻게 911 같은 엄청나고 비참한 사태가 일
어날 수 있을까?

이렇게 커다란 역설들이 주기적으로 나타난다. 세계를 잠시라도 곰
곰이 생각하는 사려 깊은 사람이라면 누구라도 그 역설들을 볼 수
있다. 예를 들어 천만 명 이상이 죽었던 홀로코스트가 있다. 하루아침
에 20만 명 이상이 숨진 2004년 12월의 쓰나미가 있다. 지난 25년간
2,000만 명 이상의 목숨을 앗아간 에이즈 유행이 있다. 신은 왜 이들

을 돕지 않는가?

자잘한 일도 많다. 예를 들어 아침신문을 펼쳤을 때 이런 기사를 읽게 되는 것은 일상적이다.

> 〈가족과 친구들이 탁아소 차량에 남겨진 소녀를 애도하다〉
> 웨이크 숲. 나이 든 남자와 어린 소녀, 그들은 여러 번 차를 같이 타고 다녔다. 남자는 매일아침 소녀를 태우고 그녀가 하루 종일 지내는 벽돌집 교회에 데려다 주었다. 오후가 되면 남자는 탁아소 교실에 와서 소녀의 손을 잡고 집에 데려다 주었다.
> '팀 데이'와 '래니카 클립튼'에게 그 사건은 월요일 그렇게 발생했고, 비극적인 건망증 때문에 까맣게 잊고 있다가 생각난 화요일 오전 7시 30분경 발견되었다.
> 메릴랜드 출신의 조용한 은퇴자 63세 데이는 웨이크 숲 근처 코린트 그리스도 연합교회에서 포드 에코놀린 밴의 좌석에 2살 래니카를 벨트를 채운 채로 남겨뒀다. 7시간이 돼서야 누군가 아이가 사라진 걸 알게 됐고 아이를 발견했을 때 래니카는 좌석에 앉은 채로 숨져 있었다.
>
> —《롤리》와 《옵서버》, 앤 세이커 씀

역설에 직면하기

교회 주차장에서 신의 태양 아래 있던 교회 차량에서 고통스럽게 죽어간 죄 없는 소녀를 생각해보라. 아이는 도망갈 수 없게 좌석에 묶여 있다. 차 안의 온도는 급격히 올라간다. 아이는 비명을 지르며 울지만 아무도 듣지 못한다.

래니카를 구하는 일은 쉬웠을 것이다. 예를 들어 데이가 잊지 않도록 신이 도와줄 수 있다. 아니면 보육원에 있는 누구라도 래니카가 사라졌다는 것을 알아차리게 할 수도 있다. 구름을 몰고 와 비를 뿌려 차량을 시원하게 할 수도 있다. 천사를 보내 차량의 창문을 내려줄 수도 있다. 어떠한 이유로라도 학교가 아이를 보호하게 하도록 신이 래니카 엄마에게 말할 수도 있다.

많은 경우를 선택해서 할 수 있었지만 신은 아무 일도 하지 않았다.

무슨 일이 일어나고 있는 걸까? 네바 로저스가 머리에 총을 맞은 모든 일도 옳게 생각되지 않는다. 스티브 호멜의 39명 이웃이 모든 것을 잃는 것을 보는 것도 옳다고 생각되지 않는다. 그리고 지금 작은 두 살짜리 아이가 교회 주차장에서 질식해 죽었다.

"그건 신의 뜻임에 틀림없어" 또는 "그건 모두 신의 계획의 일부야"라고 이야기하기는 쉽다. 그렇지만 그 말은 무엇을 의미하는가? 신이 당신 아이의 질식사를 계획하고 있다면 어떨까? 신이 당신 집을 태워 없애겠다고 계획하고 있다면? 어쨌든 일어나게 되어 있는 일이라면 기도는 무슨 소용이 있을까?

이렇듯 신의 역설은 헷갈린다. 래니카, 스티브 호멜, 네바 로저스의 사례를 감안해볼 때 실제로 무슨 일이 일어나고 있는 걸까?

이 책은 그러한 질문에 대한 답을 담았다.

1부

기도

—

5장

신은 왜 팔다리를 잃은 장애인들을
고치려고 하지 않는가?

신은 기도에 응답하는가? 신자들은 그렇다고 말한다.

예를 들어 어느 기독교 서점에서든 기도의 힘에 대한 수많은 책들을 찾을 수 있다. 신이 오늘 우리 인생에 관여하는 수많은 방법에 관한 증명서라면 인터넷에서도 얼마든지 찾을 수 있다. 응답받은 기도에 관한 이야기들은 넘쳐난다. 신은 우리세계에 관여하며 매일 지구의 수백만 가지 기도에 응답하는 것처럼 보인다.

신의 능력은 가끔 아주 극적이기도 하다. 예를 들어 '마릴린 히키' 목사의 이야기를 보라.

> 기도는 하늘에 계신 우리 아버지와 공동체가 되게 하고 신의 약속이 우리 생활에 작용하는 의사소통 체계다. 아무도 이 체계를 깰 수 없다. 기도는 빠르고 효과적이다. 또한 지금 당장 유효하다. 기도는 하늘에 계신 우리 아버지에게 바로 도달한다. 몇 년 전 의사가 어머니

의 뇌에서 종양을 발견했다. 그 소식을 들었을 때 난 교외에 있었으므로 손을 어머니에게 올리지 못했다. 그날 밤 공포가 나를 휩쓸었을 때 주께서 시편 107:20을 머리에 스치게 하셨다. '그가 그의 말씀을 보내어 그들을 고치시고 위험한 지경에서 건지시는도다.' 나는 신의 말씀을 먼 거리에 있는 어머니의 뇌로 보냈다. 의사가 다시 X-레이를 찍었을 때는 어떤 종양의 흔적도 없었다. 할렐루야! 우리의 기도는 어떤 의료 기술보다도 빠르다. 예수를 주님으로 받아들인 다시 태어난 신자들만이 아버지와 관계를 유지할 수 있고 기도는 당신이 그 관계를 발전시키는 데 써야 할 의사소통 방법인 것이다.

이런 이야기들은 인터넷 어디서나 쉽게 찾을 수 있다.

기도가 작동하는 방법

그렇게 많은 기도들이 응답을 받는 이유는 분명하다. 예수는 성경에서 우리의 기도를 들어주겠다고 여러 번 약속한다. 예를 들어 마태 7:7에서 이렇게 말한다.

구하라 그러면 너희에게 주어질 것이요, 찾으라 그러면 찾을 것이다. 두드리라 그러면 너희에게 열릴 것이다. 누구라도 구하면 받고 찾으면 찾고 두드리면 열릴 것이다. 너희 중의 누가 아들이 빵을 구하는데 돌을 주겠느냐? 또는 물고기를 구하는데 뱀을 주겠느냐? 악마인 너희가 너희 아이들에게 좋은 선물을 줄줄 아는데 하늘에 계신 아버지께서는 얼마나 더 좋은 것들을 구하는 이들에게 주시겠느냐?

구하면 받을 것이다. 이보다 무엇이 더 간단할 수 있을까?
마태 17:20에서 예수는 같은 내용을 되풀이한다.

> 진실로 너희에게 이르노니 만일 너희에게 믿음이 겨자씨 한 알만큼
> 만 있어도 이 산을 명하여 여기서 저기로 옮겨지라 하면 옮겨질 것이
> 요 또 너희가 못할 것이 없으리라.

겨자씨는 작은 생물체이므로 겨자씨만 한 믿음이란 보잘것없이 작
다고 생각하기 쉽다. 바꾸어 말하면 아주 작은 믿음이라도 있다면 산
도 움직일 수 있다는 것이다.
예수는 마태 21:21에서도 비슷한 말을 한다.

> 내가 진실로 너희에게 이르노니 만일 너희가 믿음이 있고 의심하지
> 아니하면 이 무화과나무에게 된 이런 일만 할 뿐 아니라 이 산더러
> 들려 바다에 던져지라 하여도 될 것이요. 너희가 기도할 때에 무엇이
> 든지 믿고 구하는 것은 다 받으리라.

이 내용은 마가 11:24에 되풀이된다.

> 그러므로 내가 너희에게 말하노니 무엇이든지 기도하고 구하는 것은
> 받은 줄로 믿으라 그리하면 너희에게 그대로 되리라.

요한 14:12-14에서 예수는 기도가 얼마나 쉬운지 이야기한다.

> 내가 진실로 진실로 너희에게 이르노니 나를 믿는 자는 내가 하는 일
> 을 그도 할 것이요 또한 그보다 큰일도 하리니 이는 내가 아버지께로
> 감이라. 너희가 내 이름으로 무엇을 구하든지 내가 행하리니 이는 아
> 버지로 하여금 아들로 말미암아 영광을 받으시게 하려 함이라. 내 이
> 름으로 무엇이든지 내게 구하면 내가 행하리라.

그리고 마태 18:19에서 다시 말한다.

> 진실로 다시 너희에게 이르노니 너희 중의 두 사람이 땅에서 합심하
> 여 무엇이든지 구하면 하늘에 계신 내 아버지께서 그들을 위하여 이
> 루게 하시리라. 두세 사람이 내 이름으로 모인 곳에는 나도 그들 중
> 에 있느니라.

지애너 기스의
기적

기도의 힘에 관한 수많은 사례가 있지만, 한 가지
사례는 문서로 잘 정리돼 있어 특별히 살펴볼 만한 가치가 있다.

2004년 12월 '지애너 기스'라는 소녀가 공수병 박쥐에게 물리고
도 기도를 통해서 살아났다. 수많은 신문들이 '공수병 소녀 기적의 회
복!' 같은 표제와 함께 기사들을 쏟아냈다. 《롤리》의 표제는 '소녀가

희귀 공수병에 걸리자 인터넷이 세계적 기도모임(청원모임)을 구성하다'였다.

-출처: 2004년 12월 17일자 《롤리》 뉴스와 《옵서버》, 샤론 로즈닉 씀

이 이야기를 요약하면 이렇다. 지애너는 위스콘신에 있는 교회에서 봉사를 하던 중에 복도에 떨어진 갈색 박쥐를 보았다. 그녀는 그 박쥐를 집어서 밖으로 옮겼다. 아무도 그에 대해 별다른 생각을 하지 않았다.

한 달 뒤 뭔가 잘못됐다. 지애너가 공수병에 걸린 것이다. 예방접종을 받지 않은 사람은 누구도 이 병에서 살아남은 적이 없다. 2004년까지 공수병은 100퍼센트 치명적이었다.

기사에 따르면 세계적 기도모임이 지애너의 회생을 도왔다. 딸이 병에 걸리자 아버지는 친구들을 불러 지애너를 위해 기도해달라고 부탁했다. 전 세계 사람들이 언론과 입소문을 통해 그 이야기를 들었다. 그들은 기도했다. 이메일을 보내고 이야기를 전파했다. 수백만의 사람들이 지애너의 어려움을 듣고 그녀를 위해 기도했다.

그리고 기도모임이 먹혔다. 신의 능력으로 지애너가 회복됐다. 지애너는 백신 없이 공수병에서 살아남은 첫 번째 사람이 되었다.

애틀랜타 질병예방대책본부의 찰스 러프리칫 박사는 지애너의 경우를 기적이라고 불렀다. 지애너의 가족과 거대한 세계적 기도모임의 사람들은 신이 그들의 기도에 응답한 것을 안다.

이는 엄청난 사건이다. 사전은 기적을 '자연의 법칙으로는 설명할 수 없고, 초자연적 혹은 신의 행위로 받아들여지는 사건'이라고 정의한다. 그러므로 우리는 기본적인 질문을 할 필요가 있다. 자애롭고 전

능하신 신은 기도모임의 기도를 듣고 하늘에서 내려와 지애너를 도왔는가? 신성한 기적으로 불가능한 일을 일으켜 지애너의 공수병을 고침으로써 그녀의 신체에 실제로 작용했는가?

또는 다른 일이 일어났는가?

이 물음에 우리는 단순한 실험으로 답할 수 있다.

간단한 실험

실험을 위해 두 다리를 잃은 사람을 찾아야 한다. 예를 들면 성실하고 진실한 이라크 전쟁 참전군인 또는 비극적인 자동차 사고를 당한 사람을 찾아보라.

이제 지애너 기스를 위해 꾸려진 것과 같은 기도모임을 만든다. 이 모임이 할 일은 단순하다. 신에게 이 사람의 잃어버린 다리를 회복해 달라고 기도한다. 죽은 사람의 다리를 병사에게 접목시키는 유명한 의사 집단을 위해 기도한다는 뜻이 아니다. 또한 정교한 의족을 만들어주는 유명한 과학자 집단을 위해 기도한다는 의미도 아니다. 지애너 기스와 마릴린 히키의 어머니를 고친 방법으로, 신이 자의적으로 그리고 기적적으로 병사의 다리를 밤새 회복시키도록 기도하라.

가능하다면 전 세계의 수백만 명을 기도모임에 가입하게 하고 가장 열정적으로 기도하게 한다. 수백만 명이 똑같이 이 환자를 위해 기적을 일으키도록 기도한다. 그러고 나서 살펴보자.

무슨 일이 일어날까? 예수는 '만약 너희가 믿으면 기도로 구하는 무엇이든지 받게 될 것'이라고 분명히 말한다. 한 번만 언급한 게 아니다. 예수는 같은 이야기를 성경에서 여러 방법으로 여러 번 말했다.

하지만 수백만의 사람들이 기도하더라도 아무 일도 일어나지 않을 것이다.

아무리 많은 사람들이 기도해도, 그들이 아무리 진실하더라도, 그 많은 사람들이 믿어도, 그들이 기도하는 환자가 정말 독실하고 그래 마땅한 가치가 있더라도 아무 일도 일어나지 않을 것이다. 다리는 재생되지 않을 것이다. 기도는 팔다리를 잃은 장애인의 훼손된 팔다리를 회복시키지 못한다. 당신은 잃은 다리가 자연적으로 회복된 사례가 없다는 것을 그동안 발간된 모든 의학 잡지에서 검색해볼 수 있다. 그리고 주변 세상을 관찰함으로써 신이 팔다리를 잃은 장애인들의 기도를 무시하는 것을 안다. 신이 잃어버린 팔다리를 재생시켜달라는 장애인들의 기도를 들어주었다면 우리는 잘린 다리가 매일 자라나는 광경을 볼 수 있을 것이다.

이상하지 않은가? 이러한 상황은 신이 누구인가를 살펴볼 때 더 독특해진다. 신의 표준모델에 따르면,

- 신은 전능하다. 그러므로 무엇이든 할 수 있고 다리를 재생하는 것쯤은 사소한 일이다.
- 신은 완전하고 완벽한 책인 성경을 썼다. 성경에서 예수는 기도의 힘을 아주 구체적으로 설명한다. 예수는 신이고 신과 성경은 완벽하므로 그런 설명은 진실이고 정확해야 한다.
- 신은 모든 것을 알고 모두를 사랑한다. 그는 팔다리를 잃은 장애인의 처지를 분명히 알고 있으며 그를 지극히 사랑한다.

- 신은 당신의 기도가 아무리 크거나 작아도 들어줄 준비가 되어 있고 기꺼이 들어줄 것이다. 당신이 해야 할 일이란 그저 믿는 것이다. 신은 성경 여러 곳에서 그 이야기를 한다. 기도모임에 있던 수백만의 사람들 중 최소한 한 사람이라도 분명히 믿을 것이므로 기도는 응답받을 것이다.
- 신이 팔다리를 잃은 장애인만 차별할 이유가 없다. 신이 매일 지애 너와 같은 수백만의 다른 기도에 응답한다면 팔다리를 잃은 장애 인들의 기도도 들어줘야 한다.

그럼에도 불구하고 잃어버린 다리는 재생되지 않을 것이다.

여기서 우리는 무엇을 보는가? 그것은 신이 어떤 때는 장애인들의 기도를 들어주고 어떤 때는 들어주지 않는다는 것이 아니다. 오히려 이러한 상황에서는 아주 분명한 선이 있다. 신은 결코 팔다리를 잃은 장애인들의 기도를 들어주지 않는다는 것이다. 편견이 없는 관찰자에 게는 신이 팔다리를 잃은 장애인을 골라내 의도적으로 무시하는 것으로 보일 것이다.

팔다리를 잃은
장애인에 대한 이해

이 장을 시작하면서 예수가 성경에서 기도에 관해 말한 약속 몇 가지를 강조했다. 요약하면 이렇다.

- 너희가 기도할 때에 무엇이든지 믿고 구하는 것은 다 받으리라. 〔마태 21:21〕
- 내 이름으로 무엇이든지 내게 구하면 내가 행하리라. 〔요한 14:14〕
- 구하라 그러면 너희에게 주어질 것이요. 〔마태 7:7〕
- 너희가 못할 것이 없으리라. 〔마태 17:20〕
- 받은 줄로 믿으라 그리하면 너희에게 그대로 되리라. 〔마가 11:24〕

문제는 간단하다. 성경에 있는 예수의 말은 사실인가 거짓인가?

예를 들어 요한 3:16에서 예수는 말한다. "하나님이 세상을 이처럼 사랑하사 독생자를 주셨으니 이는 그를 믿는 자마다 멸망하지 않고 영생을 얻게 하려 하심이라." 사람들은 그 말을 '예수를 믿으면 당신은 영원한 삶을 갖게 될 것입니다'라고 액면 그대로 받아들인다. 그러니 예수가 "너희가 그것을 받은 줄로 믿으라, 그리하면 너희에게 그대로 되리라"라고 말하는 것도 같지 않은가? 이 말은 똑같이 그대로 받아들일 수 없는 것인가?

팔다리 잃은 장애인을 보면 뭔가 잘못되었다는 것을 알 수 있다. 예수는 진실을 이야기하고 있지 않다. 성경 속 예수의 말에도 불구하고 신은 잃어버린 팔다리를 자연스럽게 회복해달라는 기도를 결코 들어주지 않는다. 이런 사실을 바탕으로 한 정보를 인정하는 것이 기도가 정말 어떻게 작용하는가에 대한 매우 중요한 사항을 이해하는 첫 걸음이다.

설령 당신이 성경에 관해 관대한 입장을 취하는 편이라도 이상하게 느껴지지 않는가? 아마 당신은 '너희가 못할 일은 아무것도 없다' 혹은 '믿음은 산도 움직일 수 있다'라는 말을 글자 그대로 믿지는 않겠지만, 신이 팔다리를 잃은 장애인을 대하는 방법은 무언가 이상하다는 의견에 동의할 수 있다고 생각한다. 아무리 많은 사람들이 기도해도, 그 사람들이 아무리 진실하더라도, 아무리 그들이 철석같이 믿어도, 기도의 대상이 아무리 독실하고 기도받을 가치가 있다 해도, 우리가 잃어버린 팔다리를 위해 기도할 때 아무 일도 일어나지 않는다. 기독교인들은 신이 매일 지구상 수백만 개의 다른 기도를 들어준다고 믿을지라도 신은 결코 기도를 통해 잃어버린 팔다리는 재생시키지 않는다.

신은 기도에 응답하는가? 그렇다면 신과 팔다리를 잃은 장애인들 사이의 단절은 어떻게 설명해야 하는가? 이 장애인들의 경우가 상징하는 실험 자료로 우리는 무엇을 해야 할까? 신은 왜 지구상 수백만 개의 기도에는 응답하면서 이들을 위한 기도는 완전히 무시하는가에 대한 설명이 필요하다. 가능한 설명을 한 가지씩 짚어보자.

합리화 1

이미 들어봤거나 써먹었을 설명이 있다.

> 신은 매일 수천 건의 암, 전염병 등을 고치지만, 팔다리를 잃은 장애인들에 개입하지 않는 이유는 그것이 신의 뜻이 아니기 때문이다. 그것은 신의 계획의 일부가 아니다.

이 설명은 약간 이상해 보인다. 이 경우라면 장애인들은 신의 계획

48

의 끄트머리에 있는 것같이 보인다. 성경에서 약속했듯이 신이 기도에 답한다면, 그리고 신이 신앙문학에서 본 의료기적들을 행한다면, 왜 암환자들(마릴린 히키의 어머니)과 공수병 박쥐에 물린 사람들(지애너 기스)은 도와주면서 팔다리를 잃은 장애인들은 이렇게 차별하는가? (신의 계획이 어떻게 작용하는가를 자세히 알고 싶으면 '신의 계획 이해하기'를 보라)

앞에서 인용한 예수의 약속을 명심하라.

의료적 도움을 위해 기도할 때 팔다리를 잃은 장애인은 제외될 것이라는 표시는 어디에도 없다. 진실은, 팔다리를 잃은 장애인들의 경우에는 이 다섯 가지 내용 모두가 완전히 거짓이라는 것이다.

앞 절에서 인용한 다섯 가지는 모두 간단하고 직설적이다. '너희가 못할 일은 아무것도 없다'는 '너희에게 불가능한 일은 아무것도 없다'라는 뜻 아닌가? 예수는 신이다. 모든 것을 알고 있는 존재로서 인간들이 문장을 어떻게 해석하는지 또한 안다. 만약 예수가 '너희에게 불가능한 일이라고는 없다'는 뜻으로 한 이야기가 아니라 한다면 예수는 다른 이야기를 한 것 같다. 또 그런 정서로 그렇게 여러 번 되풀이하지도 않았을 것이다. 그리고 예수는 아마 매일 수백만 개 기도에 응답하고 있고, 기도에 응답하는 것은 그의 뜻으로 보인다.

합리화 2

비슷한 맥락에서 많은 신자들은 "신은 언제나 기도를 들어주시지만 가끔 '안 돼'라고 답하신다. 당신의 기도가 신의 뜻에 맞지 않으면 신은 '안 돼'라고 말할 것이다." 이 말은 팔다리를 잃은 모든 장애인이 잃어버린 팔다리를 재생해달라고 기도하면 신이 언제나 '안 돼'라고 답한다는 의미이므로 이상하다. 예수는 "만약 내 이름으로 무엇이든지 내게 구하면 내가 행하리라"라고 말했지 "만약 너희가 잃어버린 팔다리에 관하여 기도하지 않는다면, 내 이름으로 요청하면 나는 그것을 할 것이다. 잃어버린 팔다리에 관해 기도하면 언제나 거부할 것이다"라고 말하지 않았다.

또한 "너희가 못할 것이 없으리라"라고 말하므로 팔다리를 회복하는 것도 가능해야 한다. 잃어버린 팔다리를 회복해달라는 모든 기도에는 응답하기를 거부한다는 사실이 이상하지 않은가?

합리화 3

이미 들었을 수도 있는 다른 설명이 있다. '신은 가려져 있어야 한다―잃어버린 팔다리를 회복시키는 것은 너무 분명한 일이다.' 이 생각에 대해서는 다음 장에서 더 자세히 토론하겠지만 여기서도 잠깐 다룬다. 신은 가려져 있어야 하나?

아닌 것 같다. 일반적으로 신이 분명한 일을 하는 건 문제가 없어 보인다. 성경을 생각해보라. 성경을 쓰고 전 세계에 수십억 권의 성경 사본을 발행하게 한 행위는 분명한 일이다. 홍해를 나눈 일도 그렇다. 돌판에 십계명을 새긴 것도 그렇다. 아들을 지구에 보내 수십 가지 기적을 행한 기록도 그렇다. 스스로 사람의 형상을 하고 이렇게 분명한 일들을 행한 신이 가려져 있다는 것은 말이 안 된다. 그러고 싶었다면 왜 아들을 지구에 보내고 그 업적을 증거하는 책을 쓰는가?

신이 오늘날 행한다는 각종 의료 기적도 분명한 것이다. 암 종양을 제거하는 것은 측정이 가능하기 때문에 분명하다. 엑스레이에 보였던 종양이 다음 달에 보이지 않는다. 신이 그 종양을 없앴다면 엑스레이를 보는 모든 사람에게 공개적으로 분명한 일이다. 종양을 제거하는 데 가려진 것은 아무것도 없다. 그런데 왜 다리는 똑같이 공개된 방법으로 회복시키지 않는가? 기도에 응답하여 종양을 제거하느라 암환자에게 관여한다면 왜 잃어버린 팔다리를 재생하기 위해 팔다리를 잃은 장애인들에게는 관여하지 않는가?

앞 장에서 논의한 지애너의 공수병 사례에서 다른 예를 볼 수 있다. 수천만 명이 지애너의 기적을 알고 있다. 나는 신문에 대서특필된 기사로 그것을 읽었다. 분명한 사안이다. 그녀의 회복에 무엇이 가려져 있는가?

그런데 왜 신은 팔다리를 잃은 장애인들의 기도는 무시하는가? (이에 관해 완성된 논의는 19장에서 다룬다)

합리화 4

어떤 사람은 "모든 사람의 삶은 각기 다른 방법으로 신에게 쓸모가 있다. 아마 신은 팔다리를 잃은 장애인을 사용하여 우리에게 뭔가를 가르치는 것일 것이다. 그런 장애인을 위한 고귀한 목적이 있는 것이 틀림없다"라고 말할지 모른다.

일리가 있을 수도 있다. 신이 어떤 메시지를 보내려는 것일 수도 있다. 하지만 그 메시지 전달을 위해 이렇게 한 집단만 고른다는 점이 또 이상하다. 마릴린 히키를 다시 인용하면 과거에 당신에게 무슨 일이 있었더라도, 지금 당신에게 무슨 일이 일어나더라도 할 수 있는 대로 자주 하늘에 계신 아버지를 찾으라. 내 말을 들으라. 그는 당신을 사랑하므로 당신의 기도에 응답하고 싶어 한다.

당신은 이 논리를 신앙문학에서 늘 보고 수천 개 교회에서 일요일마다 듣는다. '신은 당신을 사랑한다! 신은 당신의 기도를 듣고 당신을 위해 그 기도에 응답할 것이다.' 하지만 어떤 이유 때문인지 잃어버린 팔다리를 재생시키는 일에 와서는 결코 기적이 일어나지 않는다. 장애인들이 예수가 성경에서 약속하는 은총에서 제외되는 것은 말이 안 되는 것 같다. 또 이것은 예수가 다른 사람들에게 응답하는 것으로 보인다는 모든 기도와 서로 맞물리지도 않는다.

합리화 5

어떤 사람들은 이들 장애인들이 자유의지에 마주쳤다는 문제로 표현한다. 그들은 "만약 당신이 전쟁지역에 가서 다리를 잃었다면 그것은 당신의 자유의지다. 신은 우리에게 자유의지를 주었다. 당신은 군인이 되겠다고 자유선택을 했다. 신의 잘못이 아니다. 그래서 신은 그 손상을 고칠 의무가 없는 것이다"라고 말할 것이다.

이 논리는 환상적이다. 팔다리가 없이 태어난 모든 사람들이나, 잘못이나 선택의 여지도 없이 질병으로 팔다리를 잃은 사람들은 어쩌는가? 신이 계속 고쳐준다고 생각되는 암환자들과 이들은 무엇이 다른가?

우리는 팔다리를 잃은 원인에 상관없이 신이 팔다리를 잃은 장애인들을 모두 무시하는 것을 안다. 왜 신은 그야말로 완전히 순결한 기형아들 또는 지뢰밭에서 손발을 잃은 죄 없는 어린이들을 고쳐주지 않는 걸까? 수백만의 다른 질병은 고치면서 왜 팔다리를 잃는 병에 대해서는 완전히 무시하는 걸까?

합리화 6

어떤 신자들은 "신은 팔다리를 잃은 장애인들을 돕는다-과학자와 기술자들을 격려해서 그들을 위한 인공수족을 만들게 한다!"고 말한다.

이 논리는 다른 예를 들어보면 특히 흥미롭다. 천연두의 경우를 보자. 20세기에 백신이 발명될 때까지 수백만 명이 천연두로 죽었다. 신이 과학자들을 격려하는 존재라면 왜 20세기에 와서야 그 일을 했을까? 왜 그전에는 천연두가 일으킨 대규모 고통의 근원을 내버려뒀을까? 과학자들의 업적이 단순히 신의 영감 때문이라면 우리는 왜 그들에게 지불하는가? (신적 영감의 문제는 7장에서 자세히 논의한다)

합리화 7

어떤 이는 "주님을 시험하지 마라. 성경에서 그렇게 말한다"라고 말할 것이다. 이 말은 신이 기도를 들어주든 말든, 모든 기도가 시험이므로 인정하기 어렵다. 팔다리를 잃은 장애인들을 위한 기도나 지애녀와 공수병을 위한 기도나 차이가 없다.

많은 신자들이 그들의 기도를 기도잡지에서 추적한다는 것을 참고

하시라. 팔다리를 잃은 장애인을 고쳐달라고 기도하고 그 기도 결과를 기도잡지에서 추적해보라.

합리화 8

어떤 사람은 "예수님은 당신의 기도에 응답할 때 결코 말씀하시지 않는다. 당신의 기도는 아마 사후에 응답받을 것이다"라고도 말할 것이다. 하지만 그 말은 불편해 보인다. 예수는 모든 사람을 위해 수백만 기도에 지금 여기서 응답하고 있다. 그것은 그가 성경에서 분명히 표현한 것이다. 왜 마릴린과 지애너는 기도에 대해 거의 즉시 답을 받았는데 팔다리를 잃은 장애인들은 사후에 응대하려고 골라내는가?

합리화 9

어떤 사람은 "신은 즉시는 아니지만 당신의 기도에 응답하실 것이다. 참고 기다려야 한다"라고 말할 수도 있다. 그들은 마가 6:47-51에서 발견한 상황을 가리킬 것이다.

> 저물매 배는 바다 가운데 있고 예수께서는 홀로 뭍에 계시다가. 바람이 거스르므로 제자들이 힘겹게 노 젓는 것을 보시고 밤 사경쯤에 바다 위로 걸어서 그들에게 오사 지나가려고 하시매. 제자들이 그가 바다 위로 걸어 오심을 보고 유령인가 하여 소리 지르니. 그들이 다 예수를 보고 놀람이라 이에 예수께서 곧 그들에게 말씀하여 이르시되 안심하라 내니 두려워하지 말라 하시고. 배에 올라 그들에게 가시니 바람이 그치는지라.

어떤 이는 "보시오. 그는 네 번째 시간(일반적으로 새벽 3시에서 6시로 짐작됨)에 오셨지 첫 번째 두 번째 세 번째 시간이 아니오. 주님이 우리 기도에 답할 때까지 참고 기다려야 하오"라고 말할 것이다. 이 말은 앞의 설명만큼 불편하다. 신은 팔다리를 회복시켜달라는 어느 장애인의 기도도 듣지 않는다.

합리화 10

어떤 신자는 "당신은 성경을 글자 그대로 받아들이고 있어"라고 말할 것이다. 하지만 어떻게 그걸 받아들여야 할까? 예수는 "만일 너희가 내 이름으로 요청하면 나는 그것을 할 것이다"라고 분명히 말한다. 그 말은 무엇을 의미하는 걸까? 아마 당신이 어떤 것을 원하면 그것을 해주겠다는 의미일 것이다.

신자들은 가끔 "보세요. 예수님은 말할 때 '너희에게 불가능한 일은 아무것도 없다' 그리고 '믿음은 산을 움직일 수 있다' 같은 시적 수식을 사용해요"라고 대답한다. 이 말은 이런 질문을 하게 만든다. 어떤 기도에 신이 응답합니까? 이 질문에 환상적인 답변이 있다. 그 답변은 분명 "신은 전능하십니다. 그래서 신은 무슨 일이라도 할 수 있습니다"이다.

그리고 이 답변은 바로 이 질문을 다시 하도록 만든다. "왜 신은 팔다리를 잃은 장애인들은 고치지 않나요?"

합리화 11

마지막으로 자주 쓰이는 것이 있다. "우리 주님의 신비를 이해할 방법은 없어요. 사람들은 2,000년간 예수를 믿어왔고 그게 바로 좋은 이유지요."

이것은 대화 가운데 슬픈 지점으로 느껴진다. 대화의 한쪽 편에는 전지전능하고 자애로운 우주의 창조주를 방어하는 사람이 있다. 이 사람의 입장은 난공불락이다. 하지만 신이 존재하고, 성경에 묘사된 대로 기도에 응답한다면, 우리 주위에서 우리가 보는 것에 대한 설명이 없다. 성경은 이 경우에 조용하다. 신은 조용하다. "우리는 신의 신비를 이해할 수 없어요. 우리는 신이 왜 잃은 팔다리를 회복시켜달라는 기도에 응답하기를 거부하는지 설명할 수 없습니다"라고 말하는 것 외에는 팔다리를 잃은 장애인들이 처한 상황에 대한 훌륭하고 편안한 설명이 없다.

팔다리를 잃은 장애인 사례에 대한 설명

잠시 동안 다른 설명의 가능성을 생각해보도록 부탁드린다. 만약 당신이 신을 믿는다면 이 설명은 기본적으로 완전히 말이 안 되게 보일 것이다. 하지만 이 책에서 나눌 대화의 관점에서는 흥미롭다.

우리가 우리 앞에서 보는 증거에 대한 설명은 이것이다.

신은 존재한다. 그리고 기도에 응답한다. 하지만 어떤 이유에선지 팔다리를 잃은 장애인들의 기도는 무시한다. 우리는 왜 신이 이렇게 행동하는지 마땅히 설명할 수 없다. 그리고 그것은 성경에서 기도에 관하여 예수가 가르친 바와 모순되는 것처럼 보인다. 하지만 분명히 신은 그의 신성한 이유가 있다.

이제 다른 관점에서 팔다리를 잃은 장애인들의 상황을 살펴보자. 이 설명은 더 직접적이다.

신은 허상이다.

이 설명을 생각할 때 무슨 일이 일어나는지, 어떻게 진행되는지 살펴보자. 신은 허상이라고 가정해보라. 이 설명의 아름다움은 바로 진실에 딱 들어맞는다는 것이다. 팔다리를 잃은 장애인의 사례는 이 설명이 우리가 세상에서 보는 사실을 설명하는 적합한 길이다. 논리는 이렇게 전개된다.

신이 허상이라면 그는 기도에 응답하지 않는다. 그러므로 팔다리를 잃은 장애인들의 기도에도 응답하지 않을 것이다.

이 설명이 매력적인 것은 속임수도 모순도 없다는 점이다. 이 설명은 완전히 공평하다. 역설도 없다. 이 설명은 우리가 세상에서 보는 증거로 볼 때 말이 된다.

흥미롭게도 이 설명은 1장의 네바 로저스, 2장의 스티브 호멜의 동네, 4장의 래니카의 사례에도 적용된다. 신은 허상이라고 가정하면 모든 경우에 신의 모순이 사라진다. 왜 래니카가 죽었나? 그녀를 구할 전능하며 기도에 응답하는 신이 없었기 때문이다. 왜 네바가 죽었나? 그녀를 구할 전능하며 기도에 응답하는 신이 없었기 때문이다. 왜 스티브의 집만 남고 다른 39채 집들은 불타서 무너졌나? 집들을 구할 전능하며 기도에 응답하는 신이 없었기 때문이다(스티브의 집은 요행이었다). 왜 쓰나미에서 20만 명이 죽었나? 그들을 구할 전능하며 기도에 응답하는 신이 없었기 때문이다. 팔다리를 잃은 장애인의 경우도 설명이 된다. 신의 모순은 완전히 사라진다.

이 제언에 반응하여 생각이 복잡한 누군가는 "신이 팔다리를 잃은 장애인들의 기도에 결코 응답하지 않는다는 것이 다른 기도에도 응답하지 않는다는 것을 의미하지는 않아요. 그것이 장애인들에게 불공평하고 또 성경에서 가르친 바와 모순된다는 데는 동의하지만, 신은 그분의 이유를 가지고 있습니다. 어떤 이유로, 잃어버린 손발을 재생시킴으로써 장애인을 돕는 것은 신의 계획의 일부가 아니에요. 우리 주님의 신비를 이해할 방법은 없지만 그분은 자신의 이유를 갖고 있고 그 이유는 우리가 죽고 하늘나라에 가면 확실해질 것입니다"라고 말할지도 모른다. 가능한 설명이지만 '불공평'이나 '모순' 같은 단어들은 어딘지 불편하다. 그 단어들은 우리가 생각하는 자애롭고 완벽한 신의 형상과 맞지 않고 또 성경에 있는 예수의 말과도 맞지 않는다. 장애인들의 경우, 예수는 왜 성경에서 기도에 응답하겠다고 한 약속을 어기는가?

당신은 여기서 모순을 본다.

- 한쪽에는 기도의 힘에 관하여 성경에 아주 명확하고 구체적인 내용을 만든 전지하고 자애로운 신이 있다. 자신의 기도가 응답을 받는다고 믿는 수십억의 사람이 있다. 신앙문학에 발행된 기도의 힘에 관한 수천 가지의 사례들이 있다. 신이 지구에 내려와서 의료기적을 행한다고 주장하는 유명한 의사가 있다. 기도의 힘과 기도모임에 관해 보고하는 주요 신문과 잡지들이 있다.
- 다른 한쪽에는 신이 존재한다면 말이 되지 않는 명백한 증거가 있다. 아무리 많은 사람이 기도해도, 그들이 아무리 진실해도, 그들의 믿음이 아무리 지극해도 신은 팔다리를 회복시켜달라는 장애인들의 기도에는 응답하지 않는다.

이 모순을 설명할 수 있는 두 가지 길이 있다.

- 많은 사람들은 신이 전 세계 사람들을 축복하기 위해 사랑과 힘을 사용하여 매일 수백만 건의 기도에 응답한다고 믿는다. 그들은 수백만 명이 읽는 잡지에 발간된 기사에 그 믿음을 표현한다. 하지만 신이 인간에게는 알려지지 않은 어떤 신성한 이유 때문에 팔다리를 잃은 장애인들의 기도는 무시한다고 믿는다. 그럴 경우 장애인들의 상황은 수수께끼가 된다.
- 많은 다른 사람들은 그 반대를 믿는다. 그들은 신이 허상이고 그래서 기도에 응답할 수 없다고 믿는다. 그 경우에 장애인의 상황은 완전히 말이 된다.

누가 맞는가?

장애인에 대해서는 증거가 견고하다. 이 견고함이 이 예를 확실히 하는 것이다.

문제들의 대두

내가 여기서 숨겨진 진실을 폭로하는 것은 아니다. 장애인들에 관해 흥미로운 것은 이 증거들이 모든 사람에게 확실하다는 것이다. 우리는 신이 장애인들의 기도를 무시하는 것을 보아왔다. 수세기 동안 명백한 증거들을 보아왔다.

팔다리를 잃은 장애인들만이 아니다. 예를 들어

- 어떤 사람이 사고로 척추 척수가 절단되었다면 그 사람은 평생 불구가 된다. 아무리 기도를 많이 해도 소용없다.
- 어떤 사람이 언청이와 같이 선천적 기형을 갖고 태어났다면 신은 기도로 그것을 고쳐주지 않는다. 수술이 유일한 방법이다.
- 다운증후군 같은 유전병도 마찬가지다. 아무리 기도해도 문제를 고치지 못한다.

또는 이것은 어떨까? 우리가 무릎을 꿇고 신에게 이렇게 기도하면?

전지전능하고 자애로운 우주의 창조주 신이시여, 우리는 오늘밤 지구상의 모든 암을 치료해주시도록 기도합니다. 당신이 마태 7:7, 마태

17:20, 마태 21:21, 마가 11:24, 요한 14:12-14, 마태 18:19 그리고 야고보서 5:15-16에서 표현하신 것처럼 우리를 축복해주실 것을 알고 믿음으로 기도합니다. 예수님의 이름으로 기도합니다, 아멘.

우리는 신이 이 진정 이타적이며 비물질적인 기도에 응답할 때 그 것이 신을 찬양하고 확실한 방식으로 수백만의 사람들을 돕는다는 것을 알고 진실하게 기도한다. 무슨 일이 벌어질까?

물론 아무 일도 없다. 기도가 이렇게 작용한다면 기독교인들은 수세기 전에 지구상의 모든 질병들이 사라지도록 기도했을 것이다. 하지만 신이 있다면 왜 그런 가치 있는 기도를 무시하는 것일까? (이 특별한 질문에 관해서는 6장에서 더 자세히 논의한다)

의료 분야 외에도 확실한 증거를 찾기는 쉽다. 세계적 차원에서 우리는 여러 가지 다른 방법으로 매일 증거를 본다. 예를 들어 우리 모두는 빈곤의 비극적인 효과 때문에 매년 죽어가는 수백만 명의 어린이들을 본다. 유니세프는 이렇게 보고한다.

> 매년 천만 명 이상의 어린이가 완전히 예방할 수 있는 원인으로 죽는다. 일부는 폐렴, 이질, 홍역 같은 질병이 직접원인이 되고 다른 아이들은 전쟁, 에이즈 같은 간접적인 원인으로 전염된다. 영양실조, 식수 부족 그리고 부적절한 위생설비가 이들 죽음의 반 이상을 차지하는 요인이다.

예수는 세계의 모든 어린이들을 사랑하는 걸로 알고 있다. '붉고 노랗고 검고 희건 간에 그들은 모두 그의 눈에 귀하다.' 그래서 우리는 이런 직접적인 질문을 던진다. 어린이들이 예수에게 귀하다면 왜 절망적인 가난으로 매년 천만 명 이상을 죽게 하는가? 매일 2만 7,000명이 죽고 1시간에 1,000명 이상이 죽는다. 성경의 약속대로 기도에 응답한다면 왜 수십억의 기도는 예수로 하여금 세계적 가난문제를 해결하여 기아를 끝내도록 하지 않는가? (22장에서 자세히 논의한다)

우리는 모두 이런 허점이 존재하는 걸 알고 있으며 그 허점들을 찾기는 쉽다. 그것들은 매우 이상한 무언가가 진행 중임을 암시한다.

애매모호
그리고 우연의 일치

'왜 신은 팔다리를 잃은 장애인들을 고치려 하지 않는가?'라는 질문은 기도와 관련한 매우 재미있는 양상을 탐구하고 그것을 폭로한다. 이는 애매함과 우연의 일치와 관계있다.

당신이 뭔가를 위해 기도한다고 상상하라. 무엇이든 상관없다. 암에 걸렸다고 상상해보자. 당신은 신에게 암을 치료해달라고 기도하고 실제로 암이 사라진다. 여기서 알아야 할 흥미로운 점은 당신의 치료에는 모호함이 있다는 것이다. 많은 사람이 믿는 것처럼 신이 기적적으로 병을 치료했을 수도 있다. 하지만 신은 역시 허상일 뿐이고 화학약품과 수술이 암을 치료한 것이다. 또는 당신의 몸이 스스로 암을 치료했을 수도 있다. 인간의 몸은 강력한 면역체계를 갖고 있고 많은 경우에 이 면역체계가 암을 퇴치하는 능력을 갖는다. 당신의 종양이 사라진 것은 기도했던 것과 우연의 일치였을 수 있다. 약품, 면역활동 또는 둘의 조합이 치료해낸 것일 수 있다.

치료한 것이 신인지 우연의 일치인지 어떻게 판단할 수 있을까? 한 가지 방법은 애매함을 제거하는 것이다. 애매하지 않은 상황에서는 우연의 일치가 될 가능성이 없다. 애매함이 없으니 실제로 신이 기도에 답하는지 않는지 알 수 있는 것이다.

애매함을 제거하는 방법은 팔다리를 잃은 장애인들을 위해 기도하는 것이다.

신에게 잃어버린 팔다리를 회복시켜달라고 기도할 때 팔다리가 재생되는 데는 오직 한 가지 길뿐이다. 신이 존재하고 기도에 응답해야 한다는 것. 애매하지 않은 상황을 만들고 기도의 결과를 볼 때마다 우리는 기도가 결코 작용하지 않는다는 사실을 확인한다. 우연의 일치의 가능성이 없으면 신은 결코 기도에 응답하지 않는다.

우연의 가능성이 제거되었을 때 기도에 답이 없다는 사실은 다른 사실들과 연관된다. 기도에 대한 신의 응답을 통계 도구를 사용해 분석하면 기도에는 어떠한 통계적 증거도 없다는 것을 알게 된다. 즉, 우리가 어떤 상황을 설명하기 위해 기도를 통계적으로 우연의 일치와 비교할 때 그 둘은 일치한다. 이 기사를 예로 보시라.

이달 초 간행된 과학적으로 가장 엄격한 연구 중 하나가 원격 집회 기도는 심장 치료를 위해 입원한 환자의 주요 합병증이나 사망률을 줄이지 않는다고 밝혔다.

연구는 또한

2003년에 영국 연구소가 발간한 과거 17개의 원격 치료 연구에 관한 조사는 기도나 다른 치료방법에 의미 있는 효과가 없음을 발견했다.

과학적 연구는 기도가 작용한다는 어떠한 증거도 발견하지 못했다. 이러한 통계 연구와 팔다리를 잃은 장애인들의 상황에서 두 개의 가능한 결론을 끌어낼 수 있다.

1. 신은 웬일인지 모든 애매하지 않은 상황(팔다리를 잃은 장애인들처럼)과 통계 연구가 수행될 모든 상황을 간파하고 그러한 상황에서는 기도에 응답하기를 거부한다.
2. 신은 허상이고 기도에 전혀 응답하지 않는다. 신이 기도에 응답하는 것으로 나타난 모든 경우, 사실 그것은 우연의 일치에 지나지 않는다.

첫 번째 설명에서의 문제는 성경에서 기도에 관해 가르친 것과 모순된다는 것이다. 예수는 기도에 응답한다고 말한다. 그는 "애매한 상황이 아니면 나에게 기도하지 마라"고 말하지 않았다. 여기서의 다른 문제는 어떤 기도라도 통계로 분석이 가능하다는 것이며, 이것은 신이 어느 기도에도 응답할 수 없다는 것을 의미한다.

즉, 우리는 같은 결론에 도달한다. 신은 허상이다.

믿을 수 없을 만큼
흥미로운

신앙심이 있든 없든, 당신은 여기서 보는 것이 매우 흥미롭다는 것을 수용해야 한다. 세계의 수십억 명이 신을 믿는다는 사실에도 불구하고 이 장에서 우리는 신이 허상임을 나타내는 믿을 만한 증거들을 보았다.

우리는 또한 같은 일을 가리키는 다른 증거들도 많이 가지고 있다. 한발 물러서서 그중 몇 가지를 살펴보자.

우선 사실은 이렇다. 즉, 신이 존재한다는 것을 나타내는 과학적 증거는 없다. 우리 모두 그것을 안다. 예를 들어 신은 그가 진짜라는 것을 보여주는 어떠한 물질적 증거도 남기지 않았다. 예수의 기적 어느 것도 역시 물질적 증거를 남기지 않았다. 신은 결코 어떠한 TV와 라디오 방송국을 통해서든 인간에게 메시지를 전파한 적이 없다. 성경은 있지만 (2부에서 볼 것인데) 성경은 자체적으로 문제가 있다. 그러니 신의 존재를 보여주는 경험상의 증거는 없다고 동의하자.

- 신의 존재에 관한 과학적 증거가 있다면 우리는 '신에 대한 믿음'보다는 '신의 과학'에 대하여 이야기할 것이다.
- 신의 존재에 관한 과학적 증거가 있다면 신에 대한 연구는 신학적인 것보다는 과학적 노력이 될 것이다.
- 신의 존재에 관한 과학적 증거가 있다면 모든 신앙심 있는 사람들은 과학적으로 존재가 증명된 신에게 줄을 설 것이다.
- 기타 등등

두 번째, 신이 기도에 응답한다는 아무런 통계적 증거도 없다는 건 사실이다. 정직한 과학연구는 기도가 작용한다는 아무런 증거도 발견하지 못했다. 예를 들어 병원에서 특정인만을 위해 기도하는 그룹이 있어도 그 대상은 더 좋아지지 않거나 더 오래 살지 않는다. 기도의 통계적 효과는 0이다. 이에 대해서는 6장과 7장에서 더 자세히 논의할 것이다.

단순히 당신 주위의 세계관을 생각해보라. 첫째, 신이 기도에 응답한다는 확실한 통계적 증거가 있다면 신이 존재한다는 과학적 증거를 제공할 것이다. 둘째, 우리는 개연성 법칙은 두 개(하나는 기도하는 기독교인, 또 하나는 그 밖의 모두를 위한 것)가 아니라는 것을 안다. 개연성의 법칙이란 모든 사람에게 똑같이 적용되는 한 가지뿐이다. 어떠한 통계적 연구에서도 기도의 효과는 0이다.

셋째, 우리는 신이 허상임을 암시하는 일상의 증거들을 갖고 있다. 예를 들어 1장에서 본 네바 로저스의 역설이 있다. 이 사례에서 네바는 공개적으로 신에게 기도하고 머리에 총탄 네 발을 맞는다. 기도로 무사했던 스티브 호멜 집의 역설이 있다. 불행히도 그 거리의 다른 집 39채는 저주받아 불타서 무너졌다. 그 97.5퍼센트의 기도 실패율은 스티브의 집이 살아남은 것이 기적이라기보다 단순한 우연의 일치처럼 느껴지게 만든다. 우리가 시종일관 보아온 이런 역설들은 모두 신이 허상이라는 사실을 지적한다.

넷째, 과거의 모든 신들은 실상은 허상이었다는 사실이다. 이집트 신, 로마 신, 아스텍 신들이 모두 완전히 허구였다는 사실을 우리는 확실히 안다. 그렇지 않았다면 예수를 숭배하기 시작했을 리 없다. 라

또는 제우스가 진짜로 있었다면 우리는 예수보다 그들을 숭배하고 있을 것이다.

이제 신이 존재하지 않는다는 것을 보여주는 새로운 증거들을 추가할 수 있다. 이번 장에서 기술한 팔다리를 잃은 장애인들의 사례가 그것이다. 신의 표준모델과 성경에 있는 예수의 말에 의하면 그것은 말이 되지 않는다. 신이 존재한다면 신이 장애인을 대하는 방식은 설명할 수 없다. 그러나 신이 허상이라면 말이 된다.

우리는 신이 허상이라는 것을 보여주는 이 모든 증거를 갖고 있다. 이 문제를 법정에서 다투고 있다면 판사는 즉시 신이 허상이라고 판단할 것이다. 신이 진짜라는 구체적인 증거는 없고 허상이라는 증거는 넘쳐난다.

생각이 깊고 호기심 많은 사람이라면 팔다리를 잃은 장애인들의 사례에 놀라게 된다. 신은 실존하는가? 허상인가? 다른 사례를 보고 그것이 이 상황에서 어떤 단서를 던지는지 보자.

6장

기독교인에게 왜 건강보험이 필요한가?

5장에서 논의한 것처럼 팔다리를 잃은 장애인들의 이야기는 아주 흥미롭다. 신은 줄곧 일관된 방식으로 그들을 대하기 때문이다. 신은 결코 장애인들의 기도에 응답하지 않는다. 비록 성경에서 그렇게 하겠다고 분명히 약속했고, 신의 표준모델에 따르면 그렇게 할 절대적 능력을 가졌음에도, 신 스스로는 결코 팔다리를 회복시키지 않는다.

일관성이 요점이다. 신이 일관되게 장애인들의 기도를 무시한다는 사실이 중요하다.

팔다리를 잃은
장애인들의 의미

이 장에서는 신이 장애인들을 대하는 방식에서 끌어낼 수 있는 두 가지 결론을 제시하려 한다. 처음 들으면 완전히 얼토당토않게 보일 수 있겠지만 내게 설명할 기회를 주시기를.

신이 장애인을 대하는 태도가 암시하는 내용은 이렇다.

> 첫째, 팔다리를 잃은 장애인에 관한 증거는 신이 어떤 의료 기도에도 응답하지 않는다는 것을 암시한다. 신은 장애인들만 무시하는 것이 아니라 모든 의료 기도를 무시한다. 장애인들의 사례는 모든 의료 기적이 환상이라는 것을 암시한다.
>
> 둘째, 이 증거는 당신이 이미 이것을 알고 있음을 암시한다. 의도적으로 인정하지 않더라도 잠재의식에서 당신은 이미 신이 아무런 의료 기도에도 응답하지 않는다는 것을 안다. 게다가 그것을 알면서 매일 활동하고 있다.

말했듯이 나는 이 말이 터무니없다는 것을 안다. 그러므로 질문 하나를 통해 전반적인 논쟁을 전개하려 한다. 질문은 이러하다.

> 신이 의료 기도에 응답한다면 당신에게는 왜 건강보험이 필요한가?

단순히 생각해보라. 예수가 성경에서 기도에 대해 한 말이 사실이라면, 그리고 지애너 기스의 치료가 사실이라면, 그리고 당신의 믿음과 기도의 힘이 사실이라면, 또 신이 당신을 위한 계획을 갖고 있다면, 왜 당신은 의사를 찾거나 병원에 가야 하는가? 왜 아플 때 치료를 위해 그냥 기도하지 않는가? 왜 매일 미리 "신이시여, 오늘 모든 질병으로부터 당신이 저를 보호해주심을 믿습니다, 아멘." 이런 기도를 하고 인생을 완전히 건강하게 살지 않는가?

이 질문을 하는 것은 예수가 마가 11:24에서 했던 말이 매우 간단하기 때문이다.

> 그러므로 내가 너희에게 말하노니 무엇이든지 기도하고 구하는 것은 받은 줄로 믿으라 그리하면 너희에게 그대로 되리라.

요한 14:14에서 말한 것도 그렇다.

> 내 이름으로 무엇이든지 내게 구하면 내가 행하리라.

시편 41장에도 이런 내용이 있다.

> 가난한 자를 보살피는 자에게 복이 있음이여 재앙의 날에 여호와께서 그를 건지시리로다.
> 여호와께서 그를 지키사 살게 하시리니 그가 이 세상에서 복을 받을 것이라 주여 그를 그 원수들의 뜻에 맡기지 마소서.
> 여호와께서 그를 병상에서 붙드시고 그가 누워 있을 때마다 그의 병을 고쳐 주시나이다.

마가 16장에서 예수는 손을 얹는 일에 대하여 말한다.

> 믿고 세례를 받는 사람은 구원을 얻을 것이요 믿지 않는 사람은 정

죄를 받으리라. 믿는 자들에게는 이런 표적이 따르리니 곧 그들이 내 이름으로 귀신을 쫓아내며 새 방언을 말하며, 뱀을 집어올리며 무슨 독을 마실지라도 해를 받지 아니하며 병든 사람에게 손을 얹은즉 나으리라 하시더라.

하지만 더 특이한 것은 야고보서 5:15이다. 성경은 이렇게 말한다.

믿음의 기도는 병든 자를 구원하리니 주께서 그를 일으키시리라.

강력한 구절들이다. 신의 표준모델에 따르면 이 구절들은 전지전능하고 완벽한 신의 말씀임을 명심하라. 그렇다면 야고보서 5:15는 아주 애매하다. 이것이 사실이고 완벽하다면 믿는 사람들에게는 건강보험이 불필요할 것으로 보인다.

신에 대한 대화

왜 완벽한 신이 성경에 잘못된 말을 해놨을까? 건강보험에 가입하는 당신은 스스로 이 구절들이 뭔가 잘못되어 있음을 분명히 하는 셈이다. 당신은 이런 대화를 접할 수 있다.

보통사람: 신이 당신의 기도를 들어주나요?

기독교인: 예, 당연하지요. 나는 그분과 강력한 개인적 관계를 갖고 있고 매일 여러 번 기도합니다. 예수님은 내 기도를 들으시고 성령의

은혜로 응답하시지요. 나는 매일 신으로부터 은총을 받아요.

보통사람: 그렇게 어떤 일에 대해서 예수에게 기도하면 그 기도를 들어주나요?

기독교인: 예, 물론이지요. 예수께서 기도에 응답한다고 성경에서 약속하셨거든요. 우리는 기도에 응답하시는 것을 계속 보고 있어요.

보통사람: 당신이 기도하고 신이 당신을 고쳐준다면 왜 건강보험료를 내나요? 왜 의사, 처방전, 병원이 필요하지요?

기독교인: 때로는 기도에 응답하는 게 신의 뜻이 아니기도 해요.

보통사람: 하지만 요한 14:14에 예수는 '내 이름으로 무엇이든지 내게 구하면 내가 행하리라' 하고 말해요. 야고보서 5:15에는 '믿음의 기도는 병든 자를 구원하리니'라고 말하지요. 신은 왜 당신의 기도를 무시하나요?

기독교인: 신은 하늘에 계신 산타가 아니에요. 그분은 그런 식으로 기도에 응답하시지 않아요.

보통사람: 금방 신이 기도에 응답한다고 말하지 않았나요? 성경에 예수가 기도에 응답한다고 약속했다면서요?

기독교인: 신은 기도에 응답하세요. 신이 기도에 응답하는 수백만 가지 사례들을 보여줄 수 있어요. 우리 집 서가에는 응답받은 기도에 관한 책이 20권 있어요.

보통사람: 그런데 왜 당신은 건강보험이 필요한데요?

기독교인: 왜냐하면 가끔은 기도에 응답하는 게 신의 뜻이 아니기 때문이지요.

보통사람: 왜 그렇게 말하죠? '믿음이 있는 기도는 아픈 이를 낫게

할 것이다'는 말은 아주 명확하잖아요. 그런데 당신이 치료해달라고 기도할 때 많은 경우 아무 일도 일어나지 않아요. 예수가 거짓말한다는 뜻 아닌가요?

기독교인: 아뇨. 예수님은 완전해서 거짓말을 하실 수 없어요. 신께서 기도에 응답하시지 않는 것은 그것이 그분의 계획의 일부가 아닌 거예요.

보통사람: 어쨌든 당신은 의사한테 가잖아요?

기독교인: 물론 가죠.

보통사람: 그럼 신의 뜻을 거역하는 것 아닌가요? 신의 계획을 망치는 것은 아닌가요?

기독교인: 아뇨. 신께서는 나를 병들게 하시지 않아요.

보통사람: 그런데 왜 신은 당신 기도를 들어주지 않고 당신 스스로 고치나요?

기독교인: 우리가 주님의 신비를 이해할 수 있는 길은 없어요.

이 대화의 문제점을 알 수 있을 것이다. 문제는 우리가 건강관리 같은 중요한 사항에 대해 신을 믿을 수 없다는 것이다. 신은 기도에 응답할 때는 완전히 자기 마음대로다. 그것이 바로 사람들이 건강보험을 필요로 하는 이유다.

치료를 위한 기도

몸이 아플 때 사람들은 종종 신에게 치료해달라

고 기도한다. 치명적거나 만성이어서 심각한 질병인 경우 특별히 그렇다. 우리 모두는 기도를 통해 치료된 놀라운 이야기와 의료기적들에 대해 들어왔다. 예를 들자면 여기 산타 모니카에 있는 주부의 이야기도 그러하다.

"의사에게 갔더니 자궁에 암이 있다고 말했어요. 의사는 급하게 자궁적출을 하는 수밖에 없지만 만일의 경우에 대비해 먼저 약물치료를 해보자 했지요. 저로서는 인생의 유일한 목표가 아이를 갖는 것이었기 때문에 의사더러 자궁적출을 하라고 할 수가 없었어요. 그날 무릎을 꿇고 신에게 기적을 달라고 기도했어요. 나는 치료와 관계있는 성경구절을 읽고 내가 늘 갖고 다니는 수첩에 그 구절들을 내려 적었어요. 그 구절들을 암송했고 시간 날 때마다 기도했지요. 빨간 신호등이나, 저녁 때 남편의 귀가를 기다릴 때도 기도했고 구절들을 암송했어요.

무슨 일이 생겼는지 아세요? 자비로운 주께서 저를 고쳐주셨어요. 난 약물요법을 시작했지요. 병원을 방문했을 때 의사는 변화가 있는 것을 감지했어요. 그다음 방문에서 의사는 '수술을 미루고 살펴보기로 합시다'라고 말했어요. 저는 마음속으로 그건 성경구절의 힘이라는 걸 알았어요. 신께서 내 기도에 응답하고 나를 고치셨어요."

《가이드포스트》지에서는 이런 이야기를 매달 읽을 수 있다. 대도시의 신문과 국영잡지조차도 이런 이야기를 보도한다. 앞 장에서 나왔던 지애너 기스의 이야기는 이런 과정의 완벽한 사례다. 이 이야기를 바탕으로 우리가 물어보아야 할 질문이 두 가지 있다.

1. 신이 어쨌든 고치려고 했다면 왜 산타 모니카에 있는 우리의 주부에게는 약물요법이 필요했을까? 신은 전능하므로 즉시 그리고 부작용 없이 고칠 수 있었을 텐데.
2. 반면에, 만약 신의 계획이 자궁을 적출하는 것이었다면 그녀의 기도는 무슨 의미가 있을까? 신의 계획은 전능한 존재로부터 오는 것이므로 우리가 무얼 하더라도 그대로 진행될 것인데 그런 상황에서 기도는 무슨 소용이 있겠는가? (8장에서 자세히 논의한다)

　이 두 가지 의문과 그것들이 서로 어떻게 작용하는가를 생각한다면 무언가 중요한 것을 깨닫게 될 것이다. 신이 존재한다면, 그리고 기도에 응답한다면, 그리고 신이 우리 각자에 대한 계획을 갖고 있다면, 의사를 찾아갈 아무 의미가 없다. 건강보험을 드는 것도 완전히 돈 낭비다. 신이 치료를 해달라는 기도에 응답하든 말든, 그 이유를 알기는 매우 쉽다.

　만약 기도에 응답한다면 의사는 필요하지 않다. 기도에 응답하지 않는다면 신의 계획은 당신이 병들게 되어 있는 것이다. 신은 전능하므로 아무리 의사를 찾아간다 해도 신이 세워둔 계획의 결과는 변하지 않을 것이다. 결국 의사를 찾아가는 것은 시간낭비일 뿐이다.

예수 이해하기

　　　　　당신이 신자이고 주변에 성경이 있다면, 우리는 당신의 건강관리 정책을 다른 각도에서 살펴볼 수 있다. 마태 6:25-34

로 돌아가 다시 살펴보자. 예수는 말한다.

> 그러므로 내가 너희에게 이르노니 목숨을 위하여 무엇을 먹을까 무
> 엇을 마실까 몸을 위하여 무엇을 입을까 염려하지 마라 목숨이 음식
> 보다 중하지 아니하며 몸이 의복보다 중하지 아니하냐. 공중의 새를
> 보라 심지도 않고 거두지도 않고 창고에 모아들이지도 아니하되 너
> 희 하늘 아버지께서 기르시나니 너희는 이것들보다 귀하지 아니하냐.
> 너희 중에 누가 염려함으로 그 키를 한 자라도 더할 수 있겠느냐.
> 또 너희가 어찌 의복을 위하여 염려하느냐 들의 백합화가 어떻게 자라
> 는가 생각하여 보라 수고도 아니하고 길쌈도 아니하느니라. 그러나 내
> 가 너희에게 말하노니 솔로몬의 모든 영광으로도 입은 것이 이 꽃 하
> 나만 같지 못하였느니라. 오늘 있다가 내일 아궁이에 던져지는 들풀
> 도 하나님이 이렇게 입히시거든 하물며 너희일까보냐 믿음이 작은 자
> 들아. 그러므로 염려하여 이르기를 무엇을 먹을까 무엇을 마실까 무
> 엇을 입을까 하지 마라. 이는 다 이방인들이 구하는 것이라 너희 하늘
> 아버지께서 이 모든 것이 너희에게 있어야 할 줄을 아시느니라. 그런
> 즉 너희는 먼저 그의 나라와 그의 의를 구하라 그리하면 이 모든 것을
> 너희에게 더하시리라. 그러므로 내일 일을 위하여 염려하지 마라 내일
> 일은 내일이 염려할 것이요 한 날의 괴로움은 그날로 족하니라.

예수의 말은 아주 명백하다. '그러므로 내일을 걱정하지 마라. 내일
은 내일 걱정할 일이다.' 하지만 건강보험은 걱정에 대한 물질적 표시
다. 당신은 내일의 건강을 걱정하기 때문에 건강보험에 드는 것이다.

그러므로 당신 자신에게 물어볼 질문은 간단하다. 당신이 신자라면 왜 건강보험이 필요한가? 또 자동차보험, 생명보험, 또는 주택소유자 보험 같은 것들이 왜 필요한가? 왜 당신은 첫째, 예수가 특별히 걱정 말라고 말했고(마태 6:34) 둘째, 예수가 발생하는 어떤 병도 고쳐주겠다고 약속했는데도(야고보서 5:15) 미래의 건강을 걱정하는가? 게다가 마태 6:19에서 특별히 다음과 같이 말했는데도 건강보험의 모든 것인 돈에 대해 걱정하는가?

> 너희를 위하여 보물을 땅에 쌓아 두지 마라 거기는 좀과 동록이 해하며 도둑이 구멍을 뚫고 도둑질하느니라. 오직 너희를 위하여 보물을 하늘에 쌓아 두라 거기는 좀이나 동록이 해하지 못하며 도둑이 구멍을 뚫지도 못하고 도둑질도 못하느니라. 네 보물 있는 그곳에는 네 마음도 있느니라.

마태 19:21에서 예수는 모든 것을 팔아서 가난한 자에게 돈을 나누어주라면서 한술 더 뜬다. 분명히 예수는 당신이 건강보험증권을 포기하고 그 월부금을 가난한 자에게 주게 하려고 생각했다.

그리고 잠언 3:5-8이 있다.

> 너는 마음을 다하여 여호와를 신뢰하고 네 명철을 의지하지 마라. 너는 범사에 그를 인정하라 그리하면 네 길을 지도하시리라. 스스로 지혜롭게 여기지 말지어다 여호와를 경외하며 악을 떠날지어다. 이것이 네 몸에 양약이 되어 네 골수를 윤택하게 하리라.

당신은 몸을 건강하게 해주는 주인을 믿으면서도 왜 건강보험증권을 갖는가?

성경에서의 모든 이야기는 명백하다. 왜 당신은 성경이 하라는 모든 일을 무시하는가?

당신이 고려해야 할 가능성이 있다. 당신은 진정 신이 허상이라는 것을 알고 있어서 성경을 완전히 무시할 수 있는 것인가? 신자로서 건강보험에 가입함으로써 신을 그토록 심하게 무시하는 다른 이유는 무엇인가?

가려져 있는 신

지금 당장 당신의 마음에 이런 생각이 스쳐간다. '당신은 신을 전혀 이해하지 못해. 신은 가려 있어야 해. 그분이 의료 기도에 답하면 믿음을 파괴하게 될 거야. 그 점이 우리가 의사를 필요로 하는 이유라고.' 지난 장에서 논의했듯이 이 주장은 몇 가지 문제점을 가지고 있다.

- 첫째, 앞 장에서 논의했듯이 신이 가려져 있기를 원한다는 증거는 하나도 없다. 신은 홍해를 갈랐고, 손으로 바위판에 십계명을 새겼다. 지구에서 그가 신임을 증명하려고 수백만의 기적들을 일으킨 예수의 모습으로 사람이 되었다(19장에서 완결된 논의를 보라).
- 둘째, 만약 신이 기도에 응답하면 믿음을 파괴할 것이다. 우리의 산타 모니카 주부의 경우, 그녀는 믿음을 파괴해버렸다. 그러므로

가려진 신의 이론에서는 신은 장막을 걷어내지 않고는 어느 기도에도 응답하지 못한다.

- 셋째, 인간의 기술이 엄청나게 발달돼 있으므로 오늘날 신이 행하는 어떤 의료기적도 아주 명백하다. 예를 들어 암 종양의 제거는 측정이 가능하기 때문에 명백하다. 엑스레이에서 모든 사람들에게 보였던 종양이 다음 달 보이지 않는다. 만일 신이 종양을 제거했다면 엑스레이를 보는 모든 사람에게 공개적으로 분명한 것이다. 종양 제거에 아무것도 가려진 것은 없다.

- 지애녀의 공수병 사례에서 다른 예를 볼 수 있다. 수천만 명이 지애녀의 공수병 기적을 알고 있다. 개인적으로 나는 조간신문 기사에서 읽었다. 그것은 매우 분명한 사안이다. 그녀의 회복에서 가려져 있는 것이 무엇인가? 신은 스스로 수천만 명에게 자기 모습을 드러냈다.

당신이 들을 수 있는 다른 일반적인 설명은 이러하다. "신은 자동판매기가 아니에요. 그분은 기도에 답할 의무를 지지 않습니다. 신은 스스로 돕는 자를 도우시지요. 그래서 당신이 아프면 의사에게 가는 겁니다. 그것이 신께서 우리에게 하라고 요구하는 것입니다."

신이 가려져 있으려고 한다거나 자동판매기가 되기를 거부한다고 가정하는 대신 신은 허상이라고 가정하면 모든 문제가 사라진다.

진실의 이해

간단히 예를 하나 보자. 특별히 악성인 어떤 암은 회복률이 5퍼센트인 것을 생각하라. 20명이 이런 암에 걸리면 거의 항상 치명적이라는 뜻이다. 20명 중에 한 사람만이 살아남을 수 있다. 이것을 알면 당신은 진실을 볼 수 있다.

- 20명이 병에 걸린다.
- 그들 모두 야고보서 5:15를 읽어왔다. 그래서 그들 모두 기도한다.
- 그들 중 19명이 죽는다.
- 살아남은 한 사람은 "내가 주님께 기도하고 주님은 내 기도에 응답하셨어! 내 병은 나았어. 이건 기적이야! 난 신이 내 기도에 응답할 줄 알았어"라고 떠벌린다.
- 당신은 죽은 19명에 대해선 전혀 듣지 못한다. 아무도 잡지에 쓰지 않는다. '사람이 기도하고 죽었다'는 기사는 대형 표제기사가 아니다. 그리고 그들은 사망했으므로 기도와 관련된 끔찍한 경험을 한 사람들에게서는 아무 소리도 듣지 못할 것이다.
- 그러므로 당신이 응답받은 기도와 관련된 다른 모든 사실들을 살펴보지 않는다면, 20명 중 기도가 성공적이라고 보이는 1명의 사례만 듣는 것이다.

사실 암에 걸려서 기도하고 죽는 사람의 비율은 기도하지 않고 죽는 사람의 비율과 똑같다.

이 상황에서 진실은 그저 우리가 눈만 뜨면 알 수 있다. 진실을 알기 위해서는 성공한 기도와 실패한 기도 모두를 둘러봐야 한다. 과학적으로 접근할 때, 그리고 두 가지를 모두 살펴볼 때 실제로 무슨 일이 일어나는지 볼 수 있다.

기도가 응답받았을 때는 무슨 일이 일어난 것일까? 우연의 일치 외에 아무것도 아니다. 이 사실을 두 가지 방법으로 분명히 알 수 있다.

- 기도하는 사람과 기도하지 않는 사람의 질병 회복률을 살펴보고, 소득이나 알려진 위험요소 같은 모든 다양한 사실들을 감안하면 이 두 집단의 회복률은 같다. 치료를 위해 기도하는 사람들은 기도에서 아무런 유리한 점을 얻지 못한다.
- 200명의 환자를 선택한다. 그중 100명을 위한 기도모임을 구성한 다음 그 사람들을 위해 기도하고 다른 사람들을 위해서는 기도하지 않는다. 그러고 나서 이 두 집단의 사람들에게 무슨 일이 일어나는지 살핀다. 두 집단의 결과가 같다는 것을 발견하게 된다. 기도를 받은 사람 집단이라고 더 빨리 회복하거나 오래 살지 않는다.

어떤 질병을 선택해도 무관하다. 성공한 기도와 실패한 기도를 분석해보면 같은 결과를 확인할 것이다. 아무리 많은 사람들이 기도해도, 아무리 자주 기도해도, 그들이 아무리 진실하거나 환자가 아무리 믿음이 깊고 기도받을 가치가 있다 하더라도 상관없다. 통계적으로 신은 모든 의료기도를 무시한다는 것이 단순한 사실이다. 다음의 기사처럼 수많은 과학연구가 그것을 뒷받침한다.

그런 종류의 가장 큰 규모의 연구에서 연구원들은 사람들에게 심장 절제수술 환자를 위해 기도하게 하는 것이 그 회복에 아무 소용이 없다는 것을 밝혔다. 실제로는 기도를 받고 있다는 것을 아는 환자들의 합병증이 약간 더 높아지는 비율을 보였다.

그렇다. 기도로 살아난 사람들이 있고 그들의 이야기는 설득력이 있는 것처럼 보인다. 하지만 그렇게 보이는 유일한 이유는 기도하고 죽어간 수백만의 사람들은 결코 자기들의 이야기를 하지 못하기 때문이다.

지애너 다시 돌아보기

5장에서 이야기한 지애너 기스의 기적은 어떻게 된 것일까? 그녀를 위한 어마어마한 기도모임 때문에 신은 기적적으로 공수병을 낫게 하지 않았을까? 어떻게 그리 됐을까? 만약 지애너가 죽었다면 그녀의 기도모임 이야기는 신문에 나지 않았을 것이다. 사람들은 실패하는 거대한 기도모임을 조직한다. 늘 있는 일이다. 하지만 실패한 기도모임에 대해서는 듣지 못하기 때문에 기도모임이 늘 작용하는 것처럼 보이는 것이다.

지애너의 기도모임이 우연의 일치였음을 확실히 알 수 있는 방법은 무엇일까? 지애너를 고친 것이 그 기도모임이었다고 가정하자. 수백만 명이 기도했고 신은 기도를 듣고 지애너를 고쳤다. 그 경우 기도모임은 엄청난 기회를 놓친 셈이다. 기도모임은 이렇게 기도했다.

신이시여, 지애너를 고쳐주소서, 아멘.

그들은 이렇게 기도할 수도 있었다.

신이시여, 세계에 퍼져 있는 공수병을 없애주소서, 아멘.

두 번째 기도는 지애너를 고치고 전 세계의 수많은 다른 사람들과 동물들을 도울 수 있었을 것이다. 누구도 다시는 공수병으로 고통받는 일은 분명 없었을 것이다.

당신이 신자라고 하더라도 두 번째 기도가 작용하지 않을 것에 동의할 것이라고 생각한다. 우리는 확실히 그것을 안다. 주위에서 보는 증거로 볼 때 그러하다. 두 번째 기도가 작동했다면 사람들은 수세기 전에 모든 질병이 사라지도록 기도했을 것이다.

왜 두 번째 기도는 작용하지 않을까? 신이 정말로 지애너의 기도에 응답했다면 왜 더 광범위한 기도에는 똑같이 응답하지 않을까? 우리 중 많은 사람들이 의식적으로 그 사실을 수긍하지 않는다 해도, 그 질문에 대한 답은 우리 모두 안다고 생각한다. 두 번째 기도는 첫 번째 기도가 역시 작용하지 않기 때문에 작용하지 않는다. 간단한 사실은 신은 의료기도에 응답하지 않는다는 것이고 지애너의 치료는 우연의 일치였다. 통계는 늘 그것을 증명한다.

도처에 있는 증거

마가 11:24와 야고보서 5:15에서 약속한 것처럼 기도가 작용한다면, 사람들에게는 의사가 필요 없을 것이다. 우리는 그저 무릎을 꿇고 이렇게 기도하면 된다.

> 전지전능하고 자애로운 우주의 창조주 신이시여, 우리는 오늘밤 지구상의 모든 암을 치료해주시도록 기도합니다. 당신이 마태 7:7, 마태 17:20, 마태 21:21, 마가 11:24, 요한 14:12-14, 마태 18:19 그리고 야고보서 5:15-16에서 표현하신 것처럼 우리를 축복해주실 것을 알고 믿음으로 기도합니다. 예수님의 이름으로 기도합니다, 아멘.

그런데 우리가 세계에서 마주하는 상황은 이렇다.

- 국가적으로 미국인들은 건강관리를 위해 매년 대략 2조 달러를 쓰고 있다. 신이 정말로 야고보서 5:15에서 약속한 것처럼 기도를 들어준다면 그 돈은 한 푼도 낭비할 필요가 없을 것이다.
- 제약회사는 의료문제를 다루는 수천 가지의 약품을 팔아 수천억 달러를 벌어들인다. 신이 정말로 기도에 응답한다면 이런 약품은 전혀 필요 없을 것이다.
- 모든 도시에는 환자들로 차고 넘치는 대형병원들이 있다. 만약 신이 정말로 기도에 응답한다면 이런 병원들은 필요 없을 것이다.
- 통계상으로, 성공한 기도와 실패한 기도들을 모두 둘러보면 기도는 아무 효과가 없다는 것을 보여준다.

• 당신을 포함한 모든 사람들이 건강보험에 가입하고 있다.

다른 말로 하면, 당신의 상식, 질병과 기도에 대한 통계분석, 주변에 있는 전 세계의 확실한 증거, 당신 자신의 건강보험증권이 말해주는 것은 신은 의료기도에 응답하지 않는다는 것이다.

만일 기도가 작용한다면 병원과 보험회사들은 기도부서를 갖추고 밤낮으로 열심히 기도하는 직원들을 고용할 것이다. 병원과 보험회사들은 당신과 마찬가지로 생명을 살리고 돈을 절약하고 싶어 한다. 기도가 작용한다면 회사들은 주저 없이 매일 그것을 사용할 것이다.

이 모든 증거에 대한 반응은 종종 "틀렸어! 신은 내 기도에는 응답할 수 없어요. 만약 응답한다면 그를 믿는 나의 자유의지를 빼앗아 갈 겁니다. 신은 가려져 있어야 해요"이다. 이 말은 "신은 기도에 응답하지 않는다"는 말과 같은 말이다. 신이 기도에 응답하는 것이 자유의지를 없애기 때문에 기도에 응답할 수 없다면 신은 어떤 기도에도 응답할 수 없다.

다음 대화같이, 이런 반응은 아주 쉽게 끌어낼 수 있다.

기독교인: 신께 기도하세요. 그럼 당신의 기도를 들어주실 겁니다.

보통사람: 좋아요. 신이 뭔가 구체적인 기도를 들어주도록 지금 당장 같이 기도합시다.

기독교인: 아…… 지금은 할 수 없어요. 그건 신에 대한 우리의 믿음을 없앨 겁니다. 신께서는 그가 존재한다는 것을 증명할 수 없어요.

보통사람: 그건 신이 당신의 어떤 기도도 듣지 않는다는 얘기지요.

그가 응답하는 어떤 기도도 그의 존재를 증명할 겁니다.

기독교인: 그건 사실이 아니에요. 신께서는 매일 수백만의 기도에 응답합니다.

보통사람: 그럼 기도에 응답하시도록 지금 기도합시다.

기독교인: 아니, 아니…… 할 수 없어요.

기도에 응답하는 것이 불가능한데, 어떻게 수백만의 기도에 응답한다는 것인가. 그것은 응답받은 그런 모든 기도가 단순히 우연의 일치이기 때문이다. 다른 예를 보면 내 말을 알게 될 것이다.

7장

왜 산을 옮길 수 없는가?

많은 사람들은 기도에 응답하기 위해 신이 규칙적으로 지구에 내려온다고 믿는다. 사람들은 늘 자신의 응답받은 기도에 대해 이야기한다. 간증서나 잡지들에는 수천 개의 응답받은 기도가 실려 있다.

하지만 5장에서 우리는 신이 기도를 통해서는 결코 돕지 않는 특별한 사람들의 집단이 있다는 것을 알았다. 아무리 많이 기도해도, 아무리 많은 사람들이 기도그룹에 모여도, 아무리 지극히 믿어도, 아무리 진실해도, 우리가 발견하는 사실은 신은 팔다리를 잃은 장애인들의 다리를 회복하기 위해서는 이 땅에 내려오지 않는다는 것이다. 그리고 신이 완전히 무시하는 집단은 장애인들만이 아니다. 예를 들면 신은 다운증후군을 앓는 사람을 치료하기 위해서도 오지 않는다. 기도로 치료할 수 없는 질병은 어마어마하게 많다.

6장에서는 더욱 재미있어졌다. 우리는 신이 일반적으로 의료기도에 응답하지 않는다는 사실을 발견한다. 기도가 작용한다는 환상을 만들기 쉽다는 것도 알았다. 단지 성공한 기도만 보고하면 된다. 기도의 성공과 실패를 모두 알아보고 그 자료에 통계분석을 적용하기 시작하자마자 기도는 질병의 결과에 아무 영향도 미치지 못한다는 걸 쉽게 알게 된다.

5장의 장애인 사례는 불가능한 기도라고 불릴 수 있는 기도로 분류된다. 인간의 다리가 자연적 현상으로 자라나기는 불가능하다. 또다른 불가능한 기도 수백 가지도 생각해낼 수 있다. 불가능한 기도는 기도가 어떻게 작용하는가에 대해 가르치는 바가 있다. 여기 몇 가지 예가 있다.

- "신이시여, 내일 아침 8시에 엠파이어스테이트 빌딩을 파리로 옮기시도록 기도합니다."
- "신이시여, 이 차를 땅에서 5피트 뜨게 하시고 공중에 15분간 걸어 놓으시도록 기도합니다."
- "신이시여, 슈퍼맨이 코미디 책에서 한 것처럼 오늘 제가 지구를 날 수 있게 하소서."
- "신이시여, 내일 제가 1분에 1마일을 뛰어 올림픽 기록을 깨며 세계 1등이 되게 해주시옵소서."
- "신이시여, 내일 워싱턴 도시에 있는 쇼핑센터에 살아 숨 쉬는 티아노사우르스 렉스가 나타나게 해주소서."
- "신이시여, 내일 에베레스트 산을 뉴어크로 옮기시도록 기도합니다."
- "신이시여, 오늘밤 저희 지하실에 100만 달러짜리 무기명 수표를

놓아주시도록 기도합니다."

- "신이시여, 내일 세계의 모든 질병을 완전히 없애주시기를 기도합니다. 아멘."

이런 기도를 한다면 결코 아무런 응답이 없을 것이다. 우리 모두 그것을 안다. 당신이 아무리 진실해도, 신과 기도에 응답하는 능력을 지극히 믿어도, 아무리 많은 사람들이 기도모임에 모여도 불가능한 기도들은 응답받지 못한다.

불가능한 기도가 엄청나게 가치가 있는 것이라면 어떨까? 예를 들어

- 술 취한 운전자가 대학 신입생을 치었고 현재 그 학생이 바퀴 밑에 끼어 있으니 차를 공중으로 들어 올려달라고 기도하는 것은?
- 당신이 슈퍼맨처럼 10층까지 날아올라 불타고 있는 아파트에서 어린이 두 명을 구할 수 있도록 기도하는 것은?
- 신이 당신에게 백만 달러를 줘서 가치가 있는 자선단체에 기부할 계획을 한다면?

무슨 일이 있어도 신은 절대 불가능한 기도에는 답하지 않는다.

왜 그럴까?

정말 이상하다. 단순한 예로 에베레스트 산을 들 수 있다. 에베레스트 산을 뉴어크로 옮기기는 쉬운 일일 것이다. 마태 17:20에서 예수는 산에 대해서 직접적으로, 그리고 분명히 말한다.

진실로 너희에게 이르노니 만일 너희에게 믿음이 겨자씨 한 알만큼만 있어도 이 산을 명하여 여기서 저기로 옮겨지라 하면 옮겨질 것이요 또 너희가 못할 것이 없으리라.

무엇이 더 간단할 수 있을까? 예수의 말에는 거리낌이 없다. 아무 조건이 없다. 모호한 구석도 없다. 작은 믿음을 가진 진실한 사람은 에베레스트 산을 순식간에 뉴어크로 옮길 수 있다. 예수는 신이다. 그래서 틀릴 리 없고 성경에서 거짓말할 이유가 없다. 당신이 예수를 믿는다면 불가능한 기도라도 언제나 응답받을 것이다. '너희에게 불가능한 것은 아무것도 없다'보다 무엇이 더 명확할 수 있는가?

그런데 우리는 산이 움직이는 것을 본 적이 없다. 쉽다고는 했지만 예수조차도 산을 옮기지는 않았다.

신은 전능하므로 불가능한 것은 아무것도 없다. 하지만 분명 자연적으로 불가능한 것을 기도하면 이루어지지 않을 것이다. 당신은 엠파이어스테이트 빌딩이 하루아침에 파리로 날아가 에펠탑 옆에 사뿐히 내려앉는 것을 절대로 볼 수 없을 것이다. 또한 저녁뉴스에 슈퍼맨처럼 팔을 뻗고 10층 창문에 나타나는 사람을 볼 수 없을 것이다.

신의 표준모델과 성경에 있는 예수의 약속에 따르면 신은 불가능한 일을 할 수 있어야 하지만, 그런 일은 결코 일어나지 않는다. 당신 자신에게 "왜 그럴까?"라고 물어볼 필요가 있다. 그것은 매우 중요한 질문이다.

모순 설명하기

신이 불가능한 기도에는 결코 응답하지 않는다는 사실을 어떻게 설명할까?

'신은 가려져 있어야 한다'는 주장이 있지만, 5장과 6장에서 언급했듯이 그랬다면 신은 스스로 결코 사람이 되지 않을 것이요, 성경도 발행하지 않을 것이며, 홍해를 가르지 않고, 구름에 무지개를 놓지도 않을 것이다. 분명히 신은 그럴 필요도 없고 숨으려고 하지도 않는다.

'당신은 예수를 오해하고 그의 말을 글자 그대로 받아들이고 있어'라는 주장에 대해서는, 예수는 신이며 모든 것을 다 알고 있으니 그것을 헤아렸을 것이다. 예수가 "너희가 못할 것은 아무것도 없다"라고 말할 때 보통사람은 그 말을 '너희에게 불가능한 것은 아무것도 없다'라는 뜻으로 이해할 것임을 알았을 것이다. 이쯤은 고도의 지능이 요구되는 일이 아니다. 그런 뜻이 아니었다면 그 말을 하지 않았을 것이다. 다음 대화를 생각해보자.

보통사람: 신이 기도에 응답하나요?

기독교인: 예, 분명히. 그분은 수백 개의 내 기도에 응답하셨습니다.

보통사람: 지금 제 주머니에 만 달러를 넣어달라고 기도하세요.

기독교인: 그런 식으로 응답하시는 것이 아닙니다. 나는 신께서 기도에 응답하신다고 말했지 우주의 요정이라고 말하지 않았어요.

보통사람: 그런데 마가 11:24에서는 '무엇이든지 기도하고 구하는 것은 받은 줄로 믿으라 그리하면 너희에게 그대로 되리라'라고 말했는데 그건 무슨 뜻인가요? 무엇을 원하든 기도로 가질 수 있다고 들리

는데요.

기독교인: 너희가 무엇을 위해 기도하고, 그것이 그분의 뜻이면 그때 그것을 가질 수 있다는 뜻입니다.

보통사람: 그것이 그분의 뜻이라면 어쨌든 난 그걸 갖게 돼 있네요. 왜 기도하지요?

기독교인: 구하라 그러면 받을 것이다. 너희는 구해야 한다…….

보통사람: ……그러면 받을 것이다. 예수는 '구하라 그것이 나의 뜻이면 받을 수 있을 것이다'라고 말하지 않았어요. 그의 말에는 조건이 없어요.

기독교인: 글쎄요, 그런 뜻으로 말씀하신 겁니다. 함축돼 있어요.

보통사람: 좋아요, 예수는 왜 불가능한 기도에는 절대 응답하지 않을까요?

기독교인: 그건 그분의 뜻이 아닙니다.

보통사람: 결코?

기독교인: 결코 그분의 뜻이 아닙니다.

보통사람: 그런데 마태 17:20에 '너희가 못할 것이 없으리라'라고 말하는데 슈퍼맨처럼 날기나 지금 내 주머니에 만 달러는 거기에 속하지 않는 건가요?

기독교인: 그분의 말씀은 가능한 것은 너희에게 불가능할 것이 없을 것이라는 뜻입니다.

보통사람: 그러면 산을 옮기는 분명히 불가능한 예를 들었는데 그건 무슨 뜻인가요?

기독교인: 은유적으로 말씀하신 겁니다.

보통사람: 그러면 예수가 '누구라도 믿음이 있으면 산을 옮길 수 있다'라고 말할 때 그 말은 확실히 '믿음이 있는 누구라도 산을 옮길 수 없다'라는 뜻이었군요.

기독교인: 아니지요.

보통사람: 그러면 누가 산을 옮길 수 있나요?

기독교인: 신께서 옮기실 수 있습니다.

보통사람: 그렇지만 그는 안 하는데요?

기독교인: 그것은 그분의 뜻이 아닙니다.

보통사람: 제가 이해한 바를 확실하게 짚어볼게요. 마태 17:20에 예수가 한 말이 있습니다. '이 산을 명하여 여기서 저기로 옮겨지라 하면 옮겨질 것이요 또 너희가 못할 것이 없으리라.' 그런데 당신이 생각하는 그의 뜻은 이렇군요. '너희가 이 산에게 여기서 저기로 움직여라라고 말하면 움직일 것이다. 가능한 일이고 그것이 내 뜻이면 너희에게 불가능한 것은 아무것도 없다.' 맞나요?

기독교인: 부질없는 트집을 잡으시는군요.

보통사람: 질문에 답을 하세요. 그런 뜻입니까?

기독교인: 대화하기에 부적절한 내용입니다.

보통사람: 제가 이해하지 못하는 게 있어요. 예수가 성경에서 한 이야기는 분명히 틀렸어요. 신이 오류가 없는 존재라면, 성경에 완전히 잘못된 내용을 넣었을 이유가 없지요. 왜 우리는 성경에서 신이 의도했을 수도 있는 내용을 해석하고 왜곡하고 설명하기 위해 당신과 같은 사람들이 필요할까요? 전지전능한 신은 왜 이해 가능하고 확실하고 분명하고 믿을 수 있고 올바른 방법으로 그가 전하고자 하는 바

를 쓰지 않았을까요? '너희가 못할 것이 없으리라'나 '구하라 그러면 너희에게 주어질 것이요'에는 애매한 내용이 전혀 없어요. 그래서 완전히 잘못된 겁니다. 그걸 설명해보세요.

기독교인: 당신은 요점을 완전히 놓치고 있어요.

이런 식의 대화……

대부분의 사람들은 이 대화에서 분명한 문제를 볼 수 있다. 전지전능하고 완전한 신이, 그런 뜻으로 한 말이 아니면서 '너는 산을 움직일 수 있다'거나 '너희가 못할 것이 없으리라' 또는 '구하라 그러면 너희에게 주어질 것이요'라고 써놓을 이유가 없는 것이다.

불행하게도 진실은 아무도 산을 옮길 수 없다는 것이고 당신에겐 수천 가지 일들이 불가능하다는 것이다. 예수가 산을 옮길 수 없는 것 같이.

신성한 영감

친절한 사람은 "당신은 요점을 완전히 놓치고 있어요. 석탄회사는 산을 옮길 수 있지요. 과학자들은 장애인을 위한 인공 팔다리를 만듭니다. 기중기는 차를 공중에 들어 올릴 수 있어요. 이런 사람들은 신적으로 영감을 받은 겁니다. 신은 사람을 통해 이 세상에 작용하고 있어요"라고 말할지도 모른다.

이 주장에는 세 가지 문제점이 있다. 마태 21:21에서 예수는 말한다.

내가 진실로 너희에게 이르노니 만일 너희가 믿음이 있고 의심하지 아니하면 이 무화과나무에게 된 이런 일만 할 뿐 아니라 이 산더러 들려 바다에 던져지라 하여도 될 것이요. 너희가 기도할 때에 무엇이 든지 믿고 구하는 것은 다 받으리라.

예수는 "이 산을 바다로 옮기기 위해 수천 명을 고용하고 중장비에 수십억 달러를 써서 하루 24시간씩 20년을 일해야 할 것이다. 그럼 옮겨질 것이다"라고 말하지 않는다. "이 산더러 들려 바다에 던져지라 하여도 될 것이요"라고 말한다. 예수의 말에서는 산이 사실상 스스로 움직인다.

두 번째 문제는 대다수의 사람들에게 수십억 달러가 없다는 것이다. 그러므로 예수의 말은 그가 지구를 움직이는 기계를 감안했더라도 틀렸다.

세 번째 문제는 이러한 인간의 업적이 신적인 영감 덕분이라면 4,000년 전에 그 영감을 주지 않았을 이유가 없다는 것이다. 예를 들어 왜 신은 천연두 백신에 대한 영감을 기원전 2,000년이 아닌 1950년까지 기다렸을까? 왜 자애로운 신은 지난 4,000년이 넘도록 수천만 명이 천연두로 고통받고 죽어가도 내버려두다가 20세기에 들어 갑자기 치료를 위한 신적 영감을 결심했을까? 이 설명이 사실이라면 신은 분명 잔혹한 일을 즐기는 존재다.

우리가 그것들을 사람의 업적이라고 부르는 이유는 그것이 사람의 업적이라서다. 신은 그것과 아무 관련이 없다. 신이 영감을 준 것이라면 신문 표제는 결코 '과학자들이 투명한 알루미늄을 발견하다'가 되지 않고 언제나 '신이 신성한 영감을 과학자들에게 주어 투명한 알루미늄을 발견하게 하다'가 되어야 할 것이다. 그러면 당신은 신이 영감을 분배하는데 왜 그렇게 불공평한지를 궁금해해야 한다. 또한 과학자들은 아무것도 하지 않았으니 왜 우리가 그들에게 지불해야 하는지도 물어야 한다. 그리고 과학자들은 왜 대학에 가야 하는가 말이다.

기도 설명하기

불가능한 기도에 대해 재미있는 것은 어떤 사람이 "신께서는 내 기도에 응답하십니다"라고 말할 때, 그 기도는 실제로 일어나는 일을 우리에게 보여준다는 것이다.

무슨 일이건 누군가 불가능한 무엇인가를 기도한다고 가정해보자. 예를 들어 어떤 사람이 에베레스트 산을 뉴저지로 날아가도록 기도한다. 예수의 모든 약속에도 불구하고 그 일은 분명히 일어나지 않는다. 그렇게 믿는 사람이 기도해도 아무 일도 일어나지 않는다.

믿는 사람은 실패한 기도를 어떻게 인식할까? 그 사람은 "그건 신의 계획의 일부가 아니다"라고 말하면서 응답받지 못한 기도를 합리화할 것이다. 이 핑계는 사실일까? 당연히 아니다. 사실은 이런 사안은 애초부터 불가능하다는 것이다. 예수는 거짓말했고 신은 허상이다. 그것이 불가능한 기도가 응답받지 못하는 이유다.

이제 다른 상황을 보자. 어떤 사람이 가능한 무엇인가를 위해 기도한다. 예를 들어 어떤 사람이 교회 제비뽑기에서 당첨되기를 기도하고 실제로 당첨된다. 여기 일어난 일은 우연의 일치 외에 아무것도 아니다. 우연의 일치가 일어나는 단계가 있다.

- 사안이 가능해야 한다. 일이 일어나지 않을 개연성이 0퍼센트여야 한다.
- 그리고 실제로 일이 발생한다.
- 어떤 사람이 우연히 기도를 한다.

그 우연의 일치가 바로 '응답된 기도'다. 이 응답된 기도가 우연의 일치라는 것을 어떻게 증명할 수 있을까? 단순히 떨어진 사람들만 보면 된다. 제비뽑기에 100만 명이 참여했다면 999,999명은 떨어진다. 교회의 제비뽑기였으니 그들 모두 신자일 테고 모두 기도했다. 그것이 응답받지 못한 기도 999,999개와 응답된 기도 1개인 것이다. 끔찍한 비율이다. 성공한 기도와 실패한 기도를 보자마자 실제로 무슨 일이 있는지 분명해진다. '응답받은 기도'는 언제나 우연의 일치다.

기도의 환상을 깨는 데는 두 가지 방법이 있다.

첫째, 신자에게 실현이 불가능한 어떤 구체적인 것을 위해 기도하도록 부탁한다. 성경과 신의 표준모델에 따르면 신은 항상 불가능한 기도에 응답해야 한다. 하지만 우리는 불가능한 모든 기도가 응답받지 못한다는 것을 발견한다.

- 신이 장애인의 기도를 무시하는 이유가 설명된다.
- 아무도 산을 옮길 수 없는 이유가 설명된다.

- 지애녀의 기도모임이 전 세계에 있는 공수병을 완전히 없애달라고 기도했다 해도 아무 일도 일어나지 않는 이유가 설명된다.
- 등등

둘째, 신자에게 실현 가능한 어떤 것을 위해 기도하도록 부탁한다. 그러고 나서 기도의 성공과 실패의 경우 모두를 간단히 헤아린다. 양쪽을 다 헤아리자마자 우리는 통계적으로 상황을 분석할 수 있고 '응답된 기도'는 우연의 일치 외에 아무것도 아니라는 것을 알게 된다. 통계는 늘 그걸 증명한다.

- 비신자들이 신자들만큼 자주 복권에 당첨되는 이유가 설명된다.
- 신자들이 비신자들만큼 자주 암으로 죽는 이유가 설명된다.
- 비신자들처럼 신자들 역시 건강보험이 필요한 이유가 설명된다.
- 등등

당신이 독실한 신자라 하더라도 여기서 일어나는 일정한 양상을 직시하기 시작해야 한다. 신은 장애인의 기도에 응답하지 않는다. 만약 응답하면 우리는 매일 그들의 없어진 팔다리가 자라나는 것을 볼 수 있을 것이다. 신은 의료기도에 응답하지 않는다. 만약 응답하면 우리는 건강보험이 필요하지 않을 것이다. 신은 불가능한 기도에 응답하지 않는다. 만약에 응답하면 예수의 약속처럼 사람들은 산을 실제로 옮길 수 있을 것이다.

당신이 신자라면 심각하게 생각해봐야 할 질문이 있다. 신이 허상이라는 것이 가능한가? 그것이 신이 이러한 다른 종류의 기도에 응답하지 않는 이유인가? 이 설명의 장점은 이것이 우리가 세상에서 보는 자료들과 완전히 들어맞는다는 데 있다. 합리화, 속임수, 설명 또는 변명이 필요 없다. 이 이유들을 더 확실하게 하는 다른 예들을 보기로 하자.

8장

좋은 사람들에게 왜 나쁜 일이 일어날까?

'왜 좋은 사람들에게 나쁜 일이 일어날까?' 아주 일상적인 질문이다.

사실 이 질문은 너무 일상적이라서 멜빈 틴커Melvin Tinker가 쓴 같은 제목의 유명한 책도 있다. 해롤드 쿠쉬너Harold Kushner의《왜 착한 사람에게 나쁜 일이 일어날까When Bad Things Happen to Good People》도 유명하며 제임스 돕슨James Dobson의《신이 말이 안 되는 짓을 할 때When God Doesn't Make Sense》라는 책은 더 인기가 있다.

여기서 제임스 돕슨이 무게를 둔 내용은 중요한 질문이고 일리도 있다. 어느 신자에게나 이 말은 완전히 역설이다.

제임스 돕슨은 대학을 졸업하고 의과대학에 입학한 재능 있는 학생 척 프라이의 이야기로 책을 시작한다. 프라이는 의학 선교사로 일하기로 결심했다. 돕슨은 '삶을 허락받았다면, 척은 극도의 절망 속에 고통받고 죽어갈 수천 명의 불쌍하고 가난한 사람들을 치료했을 것이다. 그는 그들의 육체적인 필요를 보살펴줄 뿐 아니라, 궁극적으로는 이 위대한 이야기를 한 번도 들어본 적이 없는 그들과 복음을 나누고 싶어 했다'라고 말한다.

불행하게도 부모의 헌신적인 기도에도 불구하고 프라이는 학업을 시작한 지 얼마 안 돼 백혈병으로 죽는다. 돕슨은 이를 가리켜 '우리는 신의 이런 이해할 수 없는 행동을 어떻게 이해할 수 있는가?'라고 말한다.

이런 유의 일은 늘 있다. 예를 들어 독실한 신자인 한 여인이 있다. 그녀는 일주일에 세 번 교회에 나가며 시간과 돈을 자선한다. 늘 다른 사람을 돕는다. 그녀는 십자가와 WWJD(What would Jesus do, 예수님이라면 어떻게 하실까) 팔찌를 찼다. 그녀는 예수와 산책한다. 그러던 어느 날 강도가 그녀의 차 안으로 침입했다. 그녀의 옆에는 성경이 놓여 있었지만 소용없었다. 차량 강도는 그녀의 머리를 쏘고 그녀를 구덩이에 내던졌다. 그녀의 가족은 혼란 속에서 사태를 수습해야 했다.

"왜 좋은 사람들에게 나쁜 일들이 생기나요?"라고 물을 때 질문의 핵심은 간단하다. 신이 하늘에서 우리를 내려다보고 기도에 응답하고 있다면, 어떻게 진정한 신자에게 이런 끔찍한 일이 일어나게 할 수 있을까? 어떻게 신은 기도를 거절할까? 누군가 선량하고 충실한 생을 산다면, 그리고 누군가 신의 일을 하고 있다면 왜 그런 사람에게 잔혹한 일들이 일어나게 하는 걸까? 왜 전지전능하고 자애로운 우주의 창조주인 신은 헌금함에 거금을 내고 십계명을 따르며 믿음으로 기도하면서 매주 일요일에 교회에 다니는 사람을 보호하지 않는 것일까? 1장의 네바 로저스의 경우가 이 문제의 완벽한 본보기다.

이 질문이 헷갈리는 이유는 이것이 두 가지 전제를 제시하기 때문이다.

1. 신은 존재한다.
2. 신은 계속 관찰한다.

다른 말로 하면, 신이 천국에서 우리를 내려다보고 앉아 우리의 기도를 들으며 누가 좋고 나쁜지 매순간 추적하고 있다고 전제한다. 우리는 신이 우리 각자의 '선함'과 '악함'에 관한 기록을 계속 유지한다고 가정한다. 표준모델 개념에서 보면 신이 계속 관찰하는 이유는 그렇게 함으로써 누구의 기도를 들어야 하는지, 죽을 때 누가 천국에 가야 할지를 결정할 수 있기 때문이다.

하지만 그 질문을 다른 각도에서 접근하면 어떨까? 우리가 신을 허상이라고 가정한다면?

5장, 6장, 7장에서처럼 일단 신을 허상이라고 가정하면 모순과 수수께끼는 완전히 사라진다. 사실 천국에서 기도에 응답하고 계속 관찰하는 존재가 없다면 나쁜 일이 좋은 사람에게 일어날 수도 있음을 예상할 수 있다.

이런 식으로 보면 모든 것이 말이 된다. 당신이 좋은 사람이든 나쁜 사람이든 상관없다. 우리가 살고 있는 실제 세상에서는 선인이건 악인이건 상관없이 암, 허리케인, 연쇄살인 같은 일들이 발생하며 그것들은 대상을 가리지도 않는다. 그러므로 다른 모든 사람에게 그러하듯 나쁜 일 역시 선량한 사람에게도 종종 일어난다.

나쁜 일은
모두에게 일어난다

무슨 일이 진행되고 있는지 확실한 그림을 위해 간단한 예를 들어보자. 실제 세상에서 당신이 좋은 사람이라면 암에 걸릴 기회는 어떠할까? 우리는 그것이 나쁜 사람이 암에 걸릴 확률과 똑같다는 것을 안다. 그것은 통계적으로 증명하기 쉽다. 신자들은 같은 위험인자를 가진 비신자들만큼 암에 걸린다.

왜 그럴까? 모든 인간의 몸에 있는 세포는 암세포로 전환될 가능성이 있고, 그 가능성은 종교적 배경과는 상관없이 같기 때문이다. 암을 일으키는 원인은 많지만, 예로 우주광선 한 가지에 초점을 맞춰 설명해보자.

매일 매시간 당신의 몸은 약 50만 개의 우주광선에 노출된다. 이 우주광선은 몸 안 세포의 DNA를 변환시킬 가능성이 있다. 만일 어떤 세포가 어떤 식으로 변환되면 세포는 암세포가 되고 종양이 생기기 시작한다.

자연의 광선은 당신이 좋은 사람인지 나쁜 사람인지 알 길이 없고 알려고도 하지 않는다. 좋은 사람이건 나쁜 사람이건, 모든 사람은 같은 정도의 우주광선을 쬔다. 그래서 광선으로부터 암을 얻을 수 있는 개연성이 같다. 선함 또는 악함은 광선에 영향을 주지 않는다. 신은 허상이므로 당신이 좋은 사람이어도 우주광선으로부터 당신을 보호하지 않을 것이다. 그러므로 암은 나쁜 사람에게 생기는 똑같은 방식으로 좋은 사람에게도 생긴다.

어떤 경우에는 그 가능성을 실제로 바꿀 수 있다. 암을 통제하는 것이다. 담배를 피우는 사람은 폐암에 걸릴 확률이 증가한다. 살갗을 태우기 좋아하는 사람은 피부암에 걸릴 확률이 높아진다. 비행기 조종사나 우주인은 더 많은 우주광선을 쬐고 암의 가능성도 높아진다. 그래서 금연하고, 땅에서 흰 피부를 유지함으로써 암 위험을 줄인다. 하지만 누구도 암의 위협을 제거할 수는 없다. 당신은 잠시 후 당신 몸에 분사될 50만 개의 우주광선을 멈출 수 없다.

신이 허상이라면 이 광선은 선인이건 악인이건 상관하지 않는다. 마찬가지로

- 허리케인은 그 경로에 있는 사람들이 선인이건 악인이건 상관하지 않는다.
- 사슴이 한밤중에 고속도로로 뛰어나와 차 유리창에 충돌할 때 운전자가 선인이건 악인이건 상관하지 않는다.
- 지방이 심장동맥에 들러붙어 심장마비가 올 만한 조건을 만들 때 당신이 좋은 사람이건 나쁜 사람이건 상관하지 않는다.
- 화산이 분출할 때 흘러내리는 용암은 좋은 사람 나쁜 사람을 상관하지 않는다.
- 등등

실제 세상에서 허리케인은 신자에게도 비신자에게만큼 커다란 손상을 입힌다. 또한 신은 허리케인의 진로를 바꿔 독실한 나라를 비켜가게 하지도 않는다. 대다수의 미국인들이 신을 믿음에도 불구하고 허리케인은 때로 엄청난 결과를 가져오며 매년 미국을 강타한다.

당신이 알아야 할 점은 이것이다. 신이 존재하고 신의 표준모델이 사실이라고 가정하면 '왜 좋은 사람들에게 나쁜 일들이 일어날까?'라는 질문은 완전히 수수께끼가 된다. 세상은 도대체 말이 안 되는 것이다. 하지만 신을 허상이라고 가정하면 수수께끼는 사라지고 세상은 완전히 말이 된다.

수수께끼가 없다는 것은 신이 분명 허상임을 알 수 있는 방법의 하나다. 모든 증거가 신은 허상이라는 사실을 가리킨다. 신은 신자들을 돕기 위해 천국에서 내려와 가능성의 법칙을 임의로 조정하지 않는다. 통계를 분석해보면 확실히 알 수 있다. 신은 신자들의 기도를 들으며 하늘에 앉아 있지도 않는다. 역시 통계가 그걸 보여준다. 그러므로 좋은 사람들에게도 늘 나쁜 일들이 일어나는 것이다. 허리케인, 화산, 산불, 토네이도, 쓰나미, 교통사고, 질병…… 그것들은 좋은 사람과 나쁜 사람을 구별하지 않는다. 그것들은 똑같은 재난이다. 우리는 일반 상식과 정확한 통계를 통해 이것을 증명할 수 있다.

신의 계획

지금 당신의 머리에 '신의 계획'이라는 생각이 스쳐갈지 모르겠다. 신자들이 전통적으로 암, 허리케인, 교통사고 같은 경우를 설명하는 방법이다.

예를 들어 신이 네바 로저스의 기도를 무시하고 레드 레이크 총잡이에게 네 발이나 쏘게 했을 때 그녀는 신의 계획의 일부로 죽었다. 그녀의 죽음은 목적이 있다. 신은 이유가 있어서 그녀를 불렀다. 교회

차량에서 질식사한 두 살짜리 래니카의 죽음도 신의 계획의 일부였다. 당신은 신의 계획을 이해한다(어떤 나쁜 일이 일어나도 그것은 신의 계획이므로 실제로 좋은 것이라고).

신앙서적과 잡지들을 보면 '신의 계획'이 얼마나 넓게 퍼져 있는지 알 수 있다. 릭 워렌Rick Warren이 쓴 《목적이 이끄는 삶A Purpose Driven Life》을 보면 제2장에서 이러한 어마어마한 구문을 발견한다.

> 신이 당신을 만든 이유가 있으므로 그는 또한 당신이 언제 출생할지와 얼마나 오래 살지를 결정했다. 그는 태어나고 죽는 정확한 시간을 선택함으로써 인생의 날들을 먼저 계획했다. 성경은 '내 형질이 이루어지기 전에 주의 눈이 보셨으며 나를 위하여 정한 날이 하루도 되기 전에 주의 책에 다 기록이 되었나이다![시편 139:16]'라고 말한다.

이런 내용도 있다.

> 당신의 출생 환경이 어떻든 또는 부모가 누구든, 신이 당신을 만드는 데는 계획이 있다.

이런 논점에서 보면 신은 모든 것을 정한다.

잠시 릭 워렌의 말을 생각해보라. 릭은 '신은 당신의 정확한 출생과 사망일을 선택해 당신의 인생을 미리 설계했다'고 말했다. 이 말에 대한 아주 간단한 함축적 의미를 짚어보자. 이는 신이 지구에서 일어나는 모든 낙태를 미리 계획했다는 뜻이 된다.

잠시 동안 이 간단한 의미를 생각해본다면, 당신은 '신의 계획'이 얼마나 불가능한 것인지 깨닫기 시작할 것이다. 신의 계획이라는 개념이 사실이라면, 신은 우리 아이들이 낙태되기를 바란다는 것을 가장 먼저 알 수 있다. 모든 낙태는 신이 계획했고, 무슨 이유에선가 신은 분명 그것을 하고 있다. 따라서 낙태를 요청한 엄마나 시술한 의사 모두 비난할 수 없다. 아기의 낙태를 계획한 것은 신이고(릭 워렌에 따르면 신은 정확한 죽음의 시간을 선택한다), 엄마와 의사는 신의 계획을 수행한 꼭두각시일 뿐이다.

또한 낙태를 반대해 싸우는 모든 신자들이 중요한 점을 놓치고 있음도 알 수 있다. 실제로 신의 계획에 맞서 싸우고 있는 그들의 싸움은 완전히 헛된 것이다. 신은 전능한 우주의 통치자이고 낙태를 통해서 미국에서 한 해에 100만 명 이상의 어린이를 죽게 하는 것이 그의 계획이다. 모든 낙태는 신이 꼼꼼하게 계획했고 그래서 낙태에 반대해서 싸우는 것은 모두 노력낭비다.

당신은 '신께서 우리에게 낙태를 시행하라는 의도가 아니다!'라고 생각할 수도 있다. 그러나 릭의 말을 믿는다면 당신은 분명히 틀렸다. 신이 존재한다면, 그리고 그 신이 계획을 갖고 있다면, 신은 분명히 지구상 모든 낙태의 직접적인 원인이다. 불행하게도 그것이 신의 계획의 논리적 결론이다.

신의 계획을 더 잘 이해하기 위해 인간이 경험한 가장 큰 세계적 사건을 살펴보자. '엔카타' 백과사전에 따른 제2차 세계대전이다.

전쟁의 간접적인 희생자인 홀로코스트에서 죽은 560만~590만 명의 유대인들을 제외하고 제2차 세계대전에서 5,500만 명(군인 2,500만 명, 민간인 3,000만 명)이 죽은 것으로 추정된다.

거기다 엔카타에 따르면

- 제2차 세계대전에 61개국 참전
- 제2차 세계대전에 17억 명 참전
- 제2차 세계대전에 전체 인구의 75퍼센트가 참전

제2차 세계대전은 분명히 대재앙이다. 아마 세계가 경험한 가장 끔찍한 사건일 것이다. 지구상 거의 모든 인간들이 이 전쟁을 끝내달라고 신에게 기도했다고 생각하는 것이 맞다.

거기에 또 아돌프 히틀러가 있다. 히틀러는 인간의 형상을 한 악마로서 그가 자행한 극악무도한 일로 잘 알려져 있다. 기도의 관점에서 아돌프 히틀러를 살펴보고, 어떻게 사람들이 자애롭고 기도에 응답하는 신을 그런 증오의 인물과 화해시키려고 노력하는지를 이해하는 것은 흥미로운 일이다.

이 구절을 생각하라. '히틀러는 신의 계획의 일부다.' 릭은 또 이렇게 말했다.

신은 결코 어떤 일이라도 우연히 하지 않으며 결코 실수를 하지 않는다. 신이 만드는 모든 것에 이유가 있다. 모든 식물과 동물은 신이 계획했고 모든 사람도 심중에 목적을 가지고 설계하였다.

만약 신이 우리 모두를 위한 신성한 계획을 가졌다면, 히틀러를 위한 신성한 계획도 그런 것이다. 이제 당신을 강타하는 모순에 대해 깊게 생각하기를 멈출 시점이다.

예를 들어 '신의 계획'이 실제로 무엇을 의미하는가를 단순히 생각해보라. 신은 전능한 존재이므로 신의 계획은 당연히 모든 것을 포괄해야 한다. 히틀러와 제2차 세계대전은 최고의 대규모 계획 가운데 작은 조각이다. 이처럼 모든 것을 포괄하는 계획하에서 제2차 세계대전에서 죽은 6,000만 명의 사람들이 모두 특별한 이유로 죽었다(모든 죽음은 의미가 있다). 그리고 역시 신의 계획의 일부였던 모든 죽음은 셀 수 없는 부수효과를 낳으며 전 세계에 잔물결을 일으켜 왔을 것이다. 신의 종합계획은 히틀러와 제2차 세계대전을 포함해 모든 사람, 모든 일을 포함했을 것이다.

이제 당신이 이런 세상에서 기도를 한다고 생각해보자. 무슨 차이가 있을까? 신은 계획을 세웠고 그것은 화물열차처럼 자신의 궤도를 달려 내려간다. 신에게 계획이 있다면 홀로코스트에서 죽은 사람들 모두 이유가 있다. 그 모든 죽음은 의미가 있다. 그러므로 홀로코스트 희생자들은 하루 종일 기도해도 죽음을 면하지 못했을 것이다. '계획'이라는 개념은 '신과 기도-응답하는 관계'의 개념을 우습게 만든다. 해결할 수 없는 모순에도 불구하고 사람들은 여전히 스스로 두 가지 개념에 집착하고 있다.

신의 계획은 당신 개인에게 어떤 의미가 있는지 생각해보라. 그 계획에 당신이 내일 버스에 치일 것이라거나 테러분자가 당신을 날릴 것이라거나 머리에 네 번이나 총을 맞을 것이라고 되어 있으면, 그 일이 일어나게 되어 있는 것이다. 그것은 다른 질병들과도 같을 것이다. 오늘 오후에 암에 걸려서 석 달 후에 죽게 된다면, 그것이 당신에 대한 신의 계획이다. 암을 고치려 하는 기도는 쓸모없다. 신이 당신을 죽도록 계획했으면 당신은 죽을 것이다. 신은 당신이 죽어야 할 정확한 시간도 미리 짜놓았다. 당신이 그 계획을 바꾸기 위해 할 수 있는 일은 없다. 아무리 기도해도 소용없다. 당신의 죽음은 의미가 있을 것이고 그 죽음 역시 계획의 일부인 부수효과를 일으킬 것이다.

당신은 누구와 결혼할 것인가? 사실 당신에게는 실제로 선택권이 없다. 신이 당신의 결혼도 아주 세밀하게 미리 짜놓았다. 릭 워렌은 "신은 당신이 마음먹고 있는 대로 '당신'을 만들기 위해 적합한 유전자를 가진 두 사람(당신의 부모)을 알았다. 그들은 신이 당신을 만들기 원했던 그 DNA를 가지고 있었다"라고 말한다. 그러므로 당신의 배우자 또한 신이 미리 골랐고 당신은 신의 계획의 일부인 아이들을 만들 것이다. 당신은 아이를 몇 명이나 낳을지에 대한 선택권이 없다. 신은 아이들의 탄생에 대해서도 계획을 미리 짜놓았다.

거기다가, 이런 세상은 히틀러에게 아무 죄가 없다는 것을 의미한다. 히틀러는 '악마'가 아니었다. 히틀러는 전혀 자유의지를 갖지 않았기 때문이다. 히틀러는 단순히 신의 계획에 따라 자기 역할을 하도록 강제된 배우였을 뿐이다. 홀로코스트에서 수백만 명의 사람들이 죽도록 계획한 것은 신이었다. 릭 워렌에 따르면 신은 그들의 죽음을 아주 세밀히 결정했다. 그들을 죽여야 했던 히틀러는 계획에 따라 수백만의 학살을 수행한 신의 대리인이었다.

같은 맥락으로, 모든 살인자도 아무 죄가 없다. 신이 우리 각자의 죽음을 세밀히 정해놓았으므로 살인자는 신의 계획에 아주 필수적이다. 왜 우리가 그들을 처벌하는가? 오히려 신이 짜놓은 의무를 수행한 것에 상을 줘야 할 것이다. 당신이 내일 강간당하고 임신을 한다면 어떨까? 신이 아이의 출생과 죽음에 관한 정확한 시간을 짜놓았기 때문에 그렇게 한 것이다. 신은 실제로 그 계획을 미리 짜놓았고 강간범은 신의 꼭두각시였다. 우리는 강간범을 증오하기보다 신의 계획을 축복해야 한다.

당신은 살인자와 강간범에게 상을 줘야 한다고 믿는가? 홀로코스트에서 수백만 명을 죽이라고 신이 히틀러를 보냈다고 믿는가? 지구상 모든 낙태의 직접적인 원인은 신이라고 믿는가? 당신의 배우자와 낳아 키울 아이들의 숫자에 대한 선택권이 없다고 믿는가? 아마도 아닐 것이다. 하지만 그것들은 신자들이 "모든 것은 신의 계획입니다"라고 말할 때 인정되는 말들이다.

이제 사실을 볼 수 있어야 한다. "그것은 신의 계획의 일부입니다"라는 말은 아무 의미도 없다. 보통의 상식으로 생각해본다면 말이 안 되는 것이다.

종교의 환상

이해하기

당신은 살아오는 동안 신의 계획이라는 걸 믿어왔을지 모른다. 당신이 릭의 책 한 권을 보유할 절호의 기회다. 그 책은 2,000만 권 이상 팔렸다.

문제는 릭의 제안이 불가능하다는 데 있다. 신이 출생과 사망일을 정확히 선정해서 미리 인생의 시간을 확정했다면 그건 바로 당신에게 전혀 자유의지가 없음을 의미한다. 사람은 아무것도 할 수 없다. 모두가 단순히 그 계획을 실행하는 꼭두각시일 뿐이다. 이 말은 또한 기도도 전혀 소용없다는 것을 의미한다.

보통의 상식으로 판단하면 간단히 그 환상을 이해할 수 있다. 릭 워렌이 말하는 속뜻을 잘 생각해보라. 그것을 생각하자마자 실제로 어떤 일이 일어나고 있는지 이해될 것이다. 조금만 더 생각하면 신은 환상이라는 사실이 분명해진다.

9장

누가 댄스파티에 가게 될까?

예수는 마가 11:24에서 기도에 대해 아주 분명히 이야기한다.

> 그러므로 내가 너희에게 말하노니 무엇이든지 기도하고 구하는 것은
> 받은 줄로 믿으라 그리하면 너희에게 그대로 되리라.

이보다 더 간단한 건 없다. 당신이 할 일은 그저 기도하는 것이다. 그리고 '너희가 그것을 받았다고 믿으면' 당신의 기도는 응답을 받을 것이다. 그것이 예수의 약속이고 예수는 신이므로 완전하다.

하지만 예수의 말은 사실일까? 우리는 실험을 통해 시험해볼 수 있다.

다음 상황을 상상해보자. 두 소녀가 가톨릭 고등학교에 다닌다. 이름은 '알리시아'와 '크리스틴'이다. 두 소녀 모두 좋은 학생이고 독실한 신자다. 십계명을 지키고 일주일에 두 번씩 교회에 간다. 매일 신에게

기도한다. 둘 다 예쁘고 신은 분명히 그들에게 호의를 보이고 있다.

댄스파티 날이 다가오고 있고 학교에서 가장 인기 있는 남학생은 '마가'다. 마가는 완벽하다. 대단한 학생이고 훌륭한 운동선수이며 잘생기고 겸손하며 친근하기까지 하다. 모두가 마가를 좋아한다. 마가도 독실한 신자이고 알리시아와 크리스틴 모두를 잘 안다.

댄스파티가 다가오자 알리시아와 크리스틴은 간단한 기도를 한다. 둘 다 댄스파티에서 마가와 데이트하게 해달라고 부탁한다. 각자 기도하는 것이어서 서로 다른 사람이 기도하는 것을 모른다.

알리시아는 진심으로 신이 기도에 응답할 것이라고 믿는다. 크리스틴도 마찬가지다. 마가가 초대할 것으로 알고 자신의 믿음을 표현하고자 둘 다 파티의상을 사러 간다.

이제 예수에게 문제가 생겼다. 지킬 수 없는 약속을 했으니. 신은 완전하고 틀릴 리 없으니 성경에는 실수가 없다. 하지만 예수는 분명히 여기서 실수를 했다. 이 두 소녀 모두 그들의 기도가 응답받을 것이라고 믿지만 한 명은 그렇지 못할 것이다. 예수는 알리시아와 크리스틴 중 하나에게 거짓말하며 끝내려 하고 있다. 또는 둘 모두에게 거짓말하면서 끝낼지도 모른다(마가는 '버피'와 사랑에 빠져 있다. 그래서 대신 버피를 초대한다).

진실은 예수의 약속이 거짓이라는 것이다. 오직 한 사람만이 가질 수 있는 일을 위하여 둘 또는 그 이상의 사람들이 기도할 때마다 어떤 사람은 지게 되어 있다. 상식적으로 그렇다. 그들의 믿음이나 열정이 어떠한지는 상관없다. 간단한 진실은 그 같은 상황에서는 모두가 같은 것을 얻을 수 없다는 것이다. 그래서 마가 11:24는 틀렸다.

게다가 믿음 구조에서는 사람들이 신의 꼭두각시라는 말이 없다. 신이 다른 사람의 기도를 이유로 어떤 사람을 사랑에 빠지게 하거나 헤어지라고 강요할 수는 없다. 상식적으로 그렇다. 우리가 신의 꼭두 각시라면 우리는 모두 신이 원하는 것을 하면서 좀비처럼 이리저리 걸어다니고 있을 것이다.

정반대

두 사람이 같은 상황에서 정반대의 결과를 기도 한다면 어떨까? 둘 다 신자라면 누가 이길까? 예를 들어

- 한 농부가 토요일에 비가 흠뻑 적시면서 하루 종일 왔으면 좋겠다 고 기도하는데, 근처에서 결혼식을 올리는 신부는 날씨가 쾌청하 기를 기도한다고 상상해보라. 그중 한 사람은 지게 된다.
- 축구 결승전. 팬들은 각자 응원팀의 우승을 기도한다고 생각해보 라. 둘 중 한 그룹은 지게 된다.
- 독실한 부부 중 한 사람은 임신을 위해 기도하고, 다른 사람은 임 신이 안 되기를 기도한다고 생각해보라. 둘 중 하나는 지게 된다.

결국 한 쪽은 지게 돼 있으므로 마가 11:24에 있는 예수의 약속은 거짓말이 된다. 얼마나 많이 믿거나 얼마나 열심히 기도하느냐는 상관 없다. 누군가 당신이 기도하는 반대쪽으로 기도하면 둘 중 하나는 반 드시 진다. 예수가 성경에서 약속한 것들이 지켜질 수 없는 수천 가지

의 상황을 생각하기란 쉬운 일이다.

그렇게…… 편하지 않은 상황이 된다. 예수는 성경에서 분명히 말한다.

> 그러므로 내가 너희에게 말하노니 무엇이든지 기도하고 구하는 것은 받은 줄로 믿으라 그리하면 너희에게 그대로 되리라.

아주 명쾌하고 간단하다. 잘못 해석하기가 불가능하다. 그리고 예수는 신이므로 그에 대해 거짓말할 이유가 없다. 불행히도 기도하는 사람들 또는 두 사람이 서로 반대로 기도한다면 그들 모두 아무리 지극히 믿어도 한 쪽은 필연적으로 진다. 예수의 말은 완전히 틀렸다.

실험

스스로 실험을 해보라. 독실한 신자를 카지노에 데려간다. 이기게 해달라고 진실하게 기도하게 한다. 그녀가 마가 11:24를 1,000번 암송하도록 한다. 그러고 나서 룰렛 원판 위 17번에 10달러를 걸게 한다.

마가 11:24는 신의 말씀이므로 사실이어야 한다. 따라서 그녀는 이길 것이고 350달러를 받을 것이다. 그렇지 않은가? 달리 어떤 가능성이 있겠는가? 예수는 완전하다. 그리고 분명히 말했다. "그러므로 내가 너희에게 말하노니 무엇이든지 기도하고 구하는 것은 받은 줄로 믿으라 그리하면 너희에게 그대로 되리라." 따라서 그녀는 이길 것이다.

그런 다음 그 350달러를 17번에 걸고 다시 기도하게 하라. 그녀는 이길 것이고 1만 2,250달러를 받을 것이다. 마가 11:24에 따르면 이길 가능성은 100퍼센트다. 이건 확실한 게임이다.

이 시점에서 아마 다른 테이블로 옮겨야 할 것이다. 테이블의 한도를 넘을 테니까. 다른 테이블로 옮긴다.

그녀에게 1만 2,250달러를 17번에 다시 걸게 하라. 그녀는 이길 것이다. 신이 약속한 일이다. 이 시점에 군중이 모여들 것이다. 아마 기자들이 가까이 있을 것이다. 그녀는 손안에 거의 50만 달러 가치의 칩을 갖게 될 것이다.

그녀에게 그 돈을 모두 17번에 다시 걸게 하라.

왜 멈춰야 하는가? 신에게 불가능한 일이란 없다. 예수는 기도를 통하면 무슨 일이든 가능하다고 분명히 말한다. 마태 17:20에서 예수는 말한다.

진실로 너희에게 이르노니 만일 너희에게 믿음이 겨자씨 한 알만큼만 있어도 이 산을 명하여 여기서 저기로 옮겨지라 하면 옮겨질 것이요 또 너희가 못할 것이 없으리라.

예수의 약속이 있었으니 당신의 친구는 곧 백만 달러를 갖게 될 것이다. 그렇지 않을까? 이제 무슨 일이 일어날까?

1. 그 뉴스를 듣고 수백만의 신자들이 라스베이거스로 몰려들 것이다.
2. 하루 뒤에 라스베이거스에 있는 모든 카지노는 파산할 것이다.

만약 성경에서 말하는 대로 기도가 작용한다면 라스베이거스는 존재할 수 없다. 사람들이 벌써 수년 전에 기도로 모든 돈을 가져갔을 것이다. 하지만 최근 라스베이거스를 방문한 누구라도 그곳이 아직 살아 있고 잘 돌아간다는 것을 볼 수 있다. 단지 존재하는 것이 아니라 성장하고 번영하고 있다. 카지노는 예수의 성경 약속에도 불구하고 변하지 않는 가능성의 법칙으로 수십억 달러를 벌어들인다.

여기 기도가 작용하지 않는 것을 증명하는 다른 방법이 있다. 룰렛 테이블에 38명의 독실한 신자들을 데려간다. 그들 모두에게 기도하게 한다. 그리고 휴대폰으로 자기들의 기도모임에 전화하게 한다. 그들 모두에게 마가 11:24를 확실히 암송하도록 한다. 그 다음 38명 모두들 다른 번호에 걸게 한다. 룰렛 원판에는 38개의 칸이 있고 각 칸에는 독실한 신자 한 명씩 판돈을 걸었다.

이제 원판을 돌린다.

이들 38명 중 승자는 얼마나 될까? 한 사람. 그것이 세계가 돌아가는 방식이다. 예수가 성경에서 뭐라고 약속했는지와는 상관없다. 38명이 얼마나 극진히 믿는지도 상관없다. 그들의 기도모임이 얼마나 크고 강력한지 또한 상관없다. 얼마나 열심히 기도하는지도 마찬가지다. 원판이 한 번 돌아가면 그들 중 오직 한 사람만 이긴다.

우리세계에서 보는

현실에 대한 설명

어떤 신자는 이렇게 말할 수도 있다. "38명 중 가

장 자격이 있는 사람을 뽑아서 신께서 그를 이기게 할 것이오.” 그 말이 거짓이란 걸 증명하는 쉬운 방법은 독실한 신자 한 사람과 살인기결수 37명을 원판에 배치하는 것이다. 신이 가장 자격이 있는 사람을 선발한다면 그 독실한 신자는 원판을 돌릴 때마다 이길 것이다. 하지만 그런 일은 일어나지 않는다. 가능성의 법칙은 각 살인기결수들이 신자가 이기는 만큼 똑같이 이긴다는 것을 확인해줄 것이다.

어떤 신자는 이렇게 말할 수도 있다. “신께서는 그것이 그분의 신성한 의지일 때에만 그저 가끔 복권이나 카지노에 관여하오.” 이 말은 예수가 성경에서 한 약속이 아니다. 그리고 신이 오직 자연의 가능성의 법칙을 정확히 따르는 방법으로 ‘관여’한다는 사실이 재미있다.

우리가 우리세계에서 무슨 일이 일어나는지 객관적인 방법으로 살펴보기만 해도, 이 상황의 실체적 진실은 명백하다. 결과는 자연의 가능성의 법칙을 정확히 따르고 있다는 진실이, 신이 기도에 응답하지 않는다는 것을 결론적으로 말해준다. 어떤 일이 자연의 가능성의 법칙을 정확히 따를 때, 우리가 보는 것은 우연의 일치 외에 아무것도 아니다. 만일 신이 실제로 기도에 응답한다면 우리는 신의 작업에 대한 통계적 효과를 볼 수 있을 것이다. 가능성의 법칙은 기도하는 사람들과 다른 사람들에게 다르게 작용할 것이다. ‘가능성의 법칙’은 실제로 ‘신자용 법칙과 비신자용 법칙’ 두 개가 있어야 할 것이다.

다른 사람은 “물론 예수님은 카지노에서 기도에 응답하시지 않아요. 예수님은 돈을 위한 기도에는 결코 응답하지 않으십니다. 돈을 위한 기도는 탐욕을 나타내거든요”라고 설명할지 모른다. 사실일 수 있다. 하지만 그 경우에 예수는 이렇게 이야기했어야 한다. “돈을 위한 기도가 아니라면, 너희에게 아무것도 불가능한 것이 없다." 이 말에 동의하지 않으려는 신자들도 많다. 왜냐하면 그 사람들은 신이 자기들의 돈에 관한 기도를 들어주었다고 믿기 때문이다.

다른 신자는 "신께서 자연의 법칙을 왜곡할 수 없는 것처럼, 가능성의 법칙을 왜곡할 수 없어요. 신께서 계속 가능성의 법칙을 왜곡하면 그것들은 더 이상 법칙이 아니지요"라고 말할 수도 있다. 일리가 있는 말이지만, 그것도 예수가 한 말이 아니다.

예수가 마가 11:24에서 한 말이 여기 있다.

> 그러므로 내가 너희에게 말하노니 무엇이든지 기도하고 구하는 것은 받은 줄로 믿으라 그리하면 너희에게 그대로 되리라.

명확하고 간단하다. 하지만 완전히 틀렸다. 그러면 왜 예수는 그렇게 말했나? 왜 예수는 우리에게 거짓말을 하는 것일까?

물어보아야 할 더 중요한 질문은 이렇다. 어떤 종류의 기도에 예수는 응답하는가? 예수가 장애인의 기도에 결코 응답하지 않고, 의료기도에 결코 응답하지 않고, 불가능한 기도에 결코 응답하지 않고, 가능성의 법칙을 깨는 기도에 결코 응답하지 않고, 다른 사람을 꼭두각시로 만드는 기도에 결코 응답을 하지 않는다면…… 무엇이 남았나? 언제 예수는 기도에 응답할까?

당신의 보통 상식은 당신에게 뭐라 말하는가? 지난 몇 개의 장에서 우리가 논의했던 실험들을 바탕으로 우리는 신이 결코 답하지 않는 모든 종류의 기도를 밝혀냈다. 성경에 있는 기도와, 우리가 우리세계에서 보는 실상과 관련한 신의 표준모델에 대해 예수는 뭐라고 해야 할 것 같은가?

이제 무엇을
해야 하나?

앞 장에서부터 있던 이 모든 것을 고려하면, 예수는 기도에 대해 생각보다 광범위하게 실언했음을 깨닫는다. 예수는 아마도 이렇게 말하려 했을지도 모른다.

> 그러므로 내가 너희에게 말한다. 무엇이든지 너희가 기도로 요청하고 그것을 받았다고 믿으면 그것이 불가능하지 않는 한, 그것이 나의 의지인 한, 너희가 기도하는 것이 자연의 법칙을 위배하지 않는 한, 너희가 기도하는 것이 가능성의 법칙을 위배하지 않는 한, 너희의 기도가 다른 사람을 꼭두각시로 만들지 않는 한, 같은 내용을 기도하는 사람이 너희보다 더 신실하게 믿지 않는 한, 너희 것이 될 것이다.

이것이 예수의 본심이라면 왜 그렇게 많은 기도가 응답을 못 받느냐를 설명하기 시작한다. 또한 예수가 성경에서 언급한 기도에 대한 내용이 틀렸음을 의미한다. 그리고 완전한 신이 왜 잘못된 것을 성경에 썼는지 설명하기가 힘들어진다.

더 나은 설명이 있는가? 그렇다. 있다. 신은 결코 어떤 기도에도 응답하지 않는다고 가정하면 이런 모든 갈등과 문제들이 완전히 사라진다. 이 설명의 커다란 장점은 우리가 세상에서 보는 데이터와 완벽하게 들어맞는다는 것이다. 이는 종교적 믿음의 시금석인 기도가 의미 없다는 것을 의미한다. '신이 기도에 응답'할 때마다 우리가 실제로 보는 것은 단순한 우연의 일치 외에 아무것도 아니다.

10장

전쟁터의 기도는 왜 설득력 있게 들리는가?

이제 일정한 유형을 알아차리기 시작했을 것이다. 신이 허상이라고 가정하면 이 세계는 신이 진짜라고 할 때보다 훨씬 합리적이 된다.

- 신은 왜 팔다리를 잃은 장애인들을 고치려 하지 않는가? 신이 진짜라면 그건 수수께끼다. 신이 허상이라면 완전히 말이 된다.
- 아파서 기도하는데 통계적으로 왜 더 나아지지 않는가? 신이 진짜라면 그건 수수께끼다. 신이 허상이라면 완전히 말이 된다.
- 당신은 왜 산을 움직일 수 없는가? 신은 왜 불가능한 기도에는 대답하지 않는가? 신이 진짜라면 그건 수수께끼다. 신이 허상이라면 완전히 말이 된다.
- 라스베이거스의 가능성의 법칙은 왜 다른 모든 사람에게 적용되는 것과 똑같은 방법으로 신자들에게 적용되는가? 그들이 라스베이거스에서 돈을 따서 가져가게 해달라고 기도하지 않았는가? 신

이 진짜라면 그건 수수께끼다. 신이 허상이라면 완전히 말이 된다.
- 왜 좋은 사람들에게 나쁜 일들이 생기는가? 신이 진짜라면 그건 수수께끼다. 신이 허상이라면 완전히 말이 된다.

이런 흐름을 확실히 하는 예를 하나 더 보기로 하자. 전쟁터 효과다. '전쟁터 효과'는 많은 사람들이 기도의 힘을 믿는 이유다. 그것이 어떻게 작용하는가를 이해함으로써 기도가 어떻게 작용하는지 이해할 수 있다.

장군이 1만 명의 병사들을 격렬한 전쟁터로 보낸다고 하자. 비록 그당시 장군은 몰랐지만 1만 명은 매복지로 행진해 들어가면서 끝이 난다. 3만의 포병과 공군지원을 갖춘 적은 간단한 명령으로 1만 명을 몰살시킨다. 한 번의 공격이 끝나자 처음의 1만 명 중 100명이 팔다리가 잘린 채 살아남아 기지로 기어서 돌아온다.

참호 속에는 무신론자가 없다는 말을 들어봤을 것이다. 매복지로 행진해 들어간 1만의 병사 각자는 죽기 전에 모두 신에게 목숨을 살려달라고 격렬하게 그리고 간절히 기도했을 것임을 추측할 수 있다. 그러한 기도에도 불구하고 적들은 엄청난 화력으로 공격을 진행했다. 기도했던 9,900명은 죽었다.

하지만 전쟁터에서 돌아온 100명은 기도가 응답받은 것으로 느낀다. 그들은 극도의 공포를 경험했고 살아서 도망친 것에 깊게 감사한다. 기도할 때 그들은 절대적으로, 완전히 무서웠고 절망적이었다. 살아남은 것이 기적처럼 보인다.

100명의 생존자들은 응답받은 기도에 대한 개인의 이야기들을 퍼뜨린다. 어떻게 목숨을 위해 기도하고 그 기도들이 응답받았는지 동료 병사들에게 말한다. 집에 도착해서는 가족과 친구들에게 전쟁터에서의 비참한 경험과, 기도만이 자신을 구할 수 있었음에 대해 이야기한다. 교회에서 증언하고 모임에서 연설을 하고 잡지에 기사를 쓴다. 수백만 명이 생존자 100명의 긍정적이고 역동적이며 개인적인 증언에 노출된다.

이것은 기도에 대한 대단한 광고다. 효과가 있다. 사람들은 생존자의 이야기를 듣고 믿는다. 하지만 이러한 접근방식의 진정한 힘은 9,900명의 죽은 병사들이 결코 증언할 수 없다는 사실에서 온다. 병사들 99퍼센트가 죽고 1퍼센트만 살아남았다. 더 많은 사람들이 기도하고 죽었지만 그들은 결코 아무에게도 실패담을 이야기하지 못한다.

따라서 기도에 대한 100명의 증언은 강하고 화려하고 흔하며 강제적이다. 반면 기도에 대한 9,900명의 증언은 조용하다. 죽은 병사는 말할 기회조차 없으니. 그래서 일상의 관찰자에게는 기도가 작용하는 것으로 보인다. 당신이 듣는 모든 이야기는 긍정적이다. 진실은 기도한 사람의 99퍼센트가 죽었다는 것이다. 신의 비율에 대한 또 다른 완벽한 사례다(2장 참고).

파리떼처럼 떨어지다

당신이 누군가 이렇게 이야기하는 것을 듣는다고 치자. "나는 전쟁터의 끔찍한 전투상황에 있었어요. 내 주위의 모든 친구들은 파리떼처럼 떨어져 나갔지요. 하지만 저는 신에게 기도했고 그분이 저를 구하셨어요." 보통사람이라면 누구든 이렇게 물을 것이다. "왜 신은 다른 사람들은 파리떼처럼 떨어지게 했을까요? 그리고 당신은 왜 당신과 똑같이 열렬하게 기도했어도 거기에 응답하는 대신 99퍼센트의 동료를 죽인 신으로부터 도망치지 않나요?"

겨우 100명이 살아남고 9,900명이 기도하고 죽은 사실은 기도가 작용하지 않음을 가리키는 충분한 증거가 될 것이다. 99퍼센트의 실패율은 의미심장하다. 하지만 어떤 이유인지 신자들은 죽은 9,900명에 대해서는 무심한 것 같다. 그 대신 100명의 '응답된 기도'를 축하한다. 죽은 9,900명은 관심 밖이다.

전쟁터에서 실제로 무슨 일이 일어나는지 이제 분명해질 것이다. 생존자들은 무작위 행운의 수혜자 외에 아무것도 아니다. 그들의 응답된 기도는 그저 우연의 일치인 것이다.

여기 똑같은 우연의 일치에 관한 몇 가지 사례가 있다. 당신이 4명의 생존자들로부터 다음의 이야기들을 듣는다고 생각하자.

- 강제수용소에 수감돼 있던 나는 그날 아침 줄을 지어 사형집행실에 들어갔어. 난 내가 죽지 않을 것이라는 걸 알았지(다시 내 아기를 볼 수 있도록 살아야 했어). 걸음이 시작되자마자 나는 그동안 했던 어느 기도보다 강렬한 기도를 시작했어. 가스실에 들어갔을 때 놀라운 기적이 일어났다(어찌어찌하여 난 줄의 맨 끝으로 이동하게 됐고 가스실 안에는 내가 들어갈 방이 없었어). 근처 작업반으로 가라는 말을 들었어. 그리고 살아남았다. 신께서 내 기도를 들었고 난 살았다고!

- 온두라스 역사상 가장 놀라운 홍수였다. 거대한 진흙벽이 폭포가 되어 산과 도시를 휩쓸어 2만 명이 죽었다. 나는 흐르는 진흙탕에 갇혀 급류 깊은 곳으로 빨려 들어갔다. 곧 진흙의 바다에 빠져 죽을 것이었다. 하지만 난 동정녀 마리아께 기도했고 즉시 내 머리가 표면으로 올라왔다. 나는 근처의 가지를 잡고 빠져나올 수 있었다.

- 다음에 일어난 기적을 설명할 방법이 없다. 내 차가 '쾅'하고 앞에 있는 트럭 밑으로 처박히기 전에 나는 재빨리 기도했다. 마치 마법처럼 우리가 앉아 있던 승객 좌석 부근을 제외한 차체 전체가 종이다발처럼 구겨졌다. 내 기도를 듣고 응답한 그분의 힘으로 차 내부를 보호하고 생명을 구한 것이다.

- 출장 중이었다. 나는 취했고 낯선 이와 하룻밤을 지냈다. 완전히 내가 아닌 딴사람 같았지만 그런 일이 일어났다. 아침에 난 지난밤의 일을 깨닫고 죄책감에 괴로웠다. 무릎을 꿇고 정말 진실하게 기도했다. "신이시여, 제발 에이즈에 걸리지 않게 해주세요. 에이즈로 죽을 수는 없습니다. 아내와 아이들과 부모님은 당혹함과 고통이 너무 클 겁니다. 오직 한 번뿐이었으며 다시는 그런 일이 없을 거예요. 이 기도를 들어주신다면 당신이 원하는 모든 것을 다 하겠습니다. 아멘." 그 뒤로 극도로 긴장한 3개월이 지났다. 의사에게 가서 검진을 받으니 깨끗했다. 내가 느낀 안도감은 믿을 수 없을 정도였다. 신이 나를 위해 기도를 들어주셨다!

신자들은 이런 이야기를 좋아하는 것 같다. 우리는 늘 이런 종류의

기적적인 증언을 듣는다. 그 증언들은 오늘날 세계에서 '기도의 힘'과 '신의 사랑'을 보여주려고 한다.

하지만 이야기의 양 측면을 생각해보기를 부탁한다. 기도의 성공과 실패를 모두 보시라. 이제 매우 찜찜한 기분이 든다. 그런 사례들 모두 2장에서 기술한 것처럼 신의 비율을 보여준다. 신이 홀로코스트에서 수백만 명을 죽게 했지만 한 사람의 '기도를 듣고' 그를 구했다면 그는 도대체 어떤 신인가? 수백만을 죽이고 한 명을 구한 것은 끔찍한 비율이다. 신은 괴물이어야 한다. 수백만 명을 학살한 것은 상상할 수 없는 잔인한 행위다.

이런 정신분열적 행동이 신자들에게는 아무렇지도 않은 듯하다. 홀로코스트에서 기도로 구원받은 단 한 사람에 대하여 행복해하니(그들은 그 이야기를 축하하고 기쁜 마음으로 이야기한다). 한 사람을 구한 것이 신이라면, 기도를 완전히 무시하면서 수백만을 죽인 것도 신이라는 사실은 어찌하나.

이 모든 상황을 상식적으로 검토하고 이야기의 양면을 모두 살펴보면 실제로 무슨 일이 일어났는지 알 수 있다.

- 홀로코스트 생존자의 경우, 그를 구한 것은 기적이 아니다. 믿어야 할 사실은 신이 특별히 그의 축복을 거두어 다른 수백만 명을 죽였다는 것이다. 실제로 일어난 일은 운 또는 우연의 일치였다.
- 진흙사태의 경우, 당신은 마리아가 일부러 다른 2만 명의 기도를 무시하고 죽이면서 그 한 사람의 기도를 들었다고 생각하는가? 물론 아니다. 그것은 수수께끼다. 이 사람의 생존도 운과 우연의

일치다. 그의 이야기가 사실이라면 마리아는 대량학살의 혐의가 있는 변덕스런 괴물이 될 것이다.

- 차의 경우, 좌석 부분이 손상되지 않은 것은 기적이 아니다(차가 그렇게 설계된 것이다. 그걸 승객 안전공간이라고 한다). 신은 전혀 그것과 관련이 없다. 미국에서는 매년 차사고로 4만 명이 죽는다. 신이 실제로 이 운전자를 구한 것이라면, 다른 4만 명의 기도를 무시하면서 죽게 한 것은 잔학행위다.

- 에이즈 생존자의 경우, 신은 그 기도에 답하지 않았다. 수천만 명이 에이즈로 죽어왔다. 신이 그 기도에 답했다고 믿는 것은 또한 신이 기도하는 다른 수천만 명을 죽였다는 것을 믿는 것이다. 실제로 일어난 일은 우연한 행운이다. 모든 언론매체의 에이즈 감염 주의 촉구에도 불구하고 미국에서 성생활이 가능한 성인인구의 1퍼센트가 HIV바이러스를 가지고 있다. 그리고 HIV가 모든 성행위 때마다 전염되는 것은 아니다. 그래서 한 번의 성적 접촉으로 에이즈에 감염될 가능성은 희박하다. 그가 기도를 했거나 안 했거나 상관없다. 그건 단지 자연의 가능성의 법칙을 통한 행운일 뿐이다.

축복받은 자들의 오만

'카트리나' 같은 엄청난 허리케인이 루이지애나를 강타했다고 가정하자. 허리케인은 가옥 수십만 채를 파괴하고, 수천 명이 죽고 도시 전체를 지도에서 사라지게 하는 엄청난 손상을 가져온다.

독실한 신자인 당신의 누이가 우연히 루이지애나에 살고 있다. 1주일 후 무선전화 서비스가 복구되고 누이가 전화한다. 누이 입에서 나온 첫 말은 이러하다.

> "오! 이번 주에 신께서 우리를 엄청 축복하셨어요. 우리는 폭풍이 부는 내내 기도했고 신께서 기도에 답하셨지요. 옆 동네는 완전히 망가졌는데 우리집은 아직 서 있어요. 우린 축복받은 거예요. 신께서 우리 기도에 응답하셨어요!"

잠시 뒤로 물러서 이 말을 살펴보고 그것이 보여주는 특별한 거만함을 생각해봤으면 한다. 누이가 말하는 내용은 이러하다. '나는 특별하므로 신이 엄청나게 나를 사랑해서 기도를 듣고 개인적으로 나를 도왔다. 저주받은 다른 사람들 수백만 명을 신은 분명히 증오한다. 신이 보기에 나는 멋지고, 저 밖의 불쌍한 사람들은 그렇지 않다. 그것이 아니라면 나를 도운 것처럼 그들도 도왔을 것이다.'

신자들이 카트리나 같은 거대한 자연재해에서 축복에 대해 이야기하는 것은 모든 사람이 분명히 볼 수 있는 손상과 고통을 은근히 무시하기 위해서다. 신이 정확히 똑같은 곤경에 빠진 다른 수백만 명을 완전히 무시하면서 한 사람만 '축복'했다면 그러한 축복이란 아무것도 아니다. 신이 미친 괴물이라는 것을 말해줄 뿐. 수백만 명은 황폐화시키면서 신이 자기만 도왔다고 믿는 사람은 오만하기 그지없다. 그런데도 신자들은 이런 오만함이 아주 편안한 모양이다.

시간을 내 사안의 양면을 살펴보면 누구라도 알 수 있는 진실이다.

허리케인이 강타했고 신은 어떤 축복이나 저주를 하지 않았다. 허리케인은 자연의 법칙에 따라 손상을 입힌 것이다. 다른 수천 채 집이 바다로 쓸려갔는데 한 채만 멀쩡했다는 사실은 축복이 아니다. 우연한 행운일 뿐이다.

기도의 위력에 대한 개인 경험을 들을 때는 그저 그들의 이야기를 듣고 양쪽 측면을 다 요청하라. 신의 비율을 보라. 어떤 경우라도 기도의 힘은 우연의 일치, 행운, 일반적 가능성, 물리법칙, 기적이 아닌 인간의 계획이나 다른 보통의 과정으로 설명할 수 있다.

11장

응답받은 기도의 증거들

1부의 시작에서 우리는 성경을 통해 기도와 관련한 예수의 특별하고 뚜렷한 약속들을 많이 찾아보았다. 거듭 확인한 것처럼 마태 7:7에서 예수는 말한다.

> 구하라 그러면 너희에게 주어질 것이요, 찾으라 그러면 찾을 것이다. 두드리라 그러면 너희에게 열릴 것이다. 누구라도 구하면 받고 찾으면 찾고 두드리면 열릴 것이다. 너희 중의 누가 아들이 빵을 구하는데 돌을 주겠느냐? 또는 물고기를 구하는데 뱀을 주겠느냐? 악마인 너희가 너희 아이들에게 좋은 선물을 줄줄 아는데 하늘에 계신 아버지께서는 얼마나 더 좋은 것들을 구하는 이들에게 주시겠느냐?

요한 14장에서 예수는 기도가 얼마나 쉬운지를 설명한다.

내가 진실로 진실로 너희에게 이르노니 나를 믿는 자는 내가 하는 일을 그도 할 것이요 또한 그보다 큰일도 하리니 이는 내가 아버지께로 감이라. 너희가 내 이름으로 무엇을 구하든지 내가 행하리니 이는 아버지로 하여금 아들로 말미암아 영광을 받으시게 하려 함이라. 내 이름으로 무엇이든지 내게 구하면 내가 행하리라.

의료문제에 대해서는 야고보서 5:15-16에서 말한다.

믿음의 기도는 병든 자를 구원하리니 주께서 그를 일으키시리라 혹시 죄를 범하였을지라도 사하심을 받으리라. 그러므로 너희 죄를 서로 고백하며 병이 낫기를 위하여 서로 기도하라 의인의 간구는 역사하는 힘이 큼이니라.

성경에 있는 예수의 메시지는 명백하고 간단하다. 신은 기도에 응답한다. 구하라 받을 것이다. 그 메시지는 몇 번이고 되풀이된다. 하지만 주위의 세상을 보면 전혀 그렇지 않다. 당신은 모순에 휩싸인 자신을 발견하게 된다.

- 신은 팔다리를 잃은 장애인들의 기도에 결코 답하지 않는다. 그랬다면 우리는 매일 잃어버린 팔다리들이 자연적으로 자라나는 것을 볼 수 있을 것이다.
- 신은 결코 산을 옮기지 않는다. 그랬다면 우리는 산들이 이리저리 옮겨다니는 것을 늘 볼 수 있을 것이다.

- 신은 불가능한 기도에는 결코 응답하지 않는다. 그랬다면 사람들은 슈퍼맨처럼 규칙적으로 공중을 날아다닐 것이다.
- 신은 사람들을 꼭두각시로 만드는 기도에는 결코 응답하지 않는다. 그랬다면 당신은 꼭두각시이다.
- 신은 자연의 법칙을 깨는 기도에 결코 응답하지 않는다. 그랬다면 과학적 문제와 컴퓨터 모델들은 신의 불규칙한 장난을 고려해야 할 것이다.
- 신은 개연성의 법칙을 깨는 기도에 결코 응답하지 않는다. 그랬다면 모든 신자들은 부자가 될 것이고 라스베이거스는 존재할 수 없을 것이다.
- 두 사람이 서로 정반대의 기도를 하면 분명히 한 사람의 기도는 응답받지 못한다. 1백만 명이 같은 것을 위해 기도하지만 오직 한 사람만이 그것을 가질 수 있다면(예컨대 복권당첨), 당연히 999,999명은 기도에 응답받지 못할 것이다.
- 신은 의료기도에 응답하지 않는다. 그랬다면 미국은 건강관리를 위해 1년에 2조 달러를 소비할 필요가 없을 것이다.
- 신은 자연재앙을 비껴가게 하는 기도에는 응답하지 않는다. 그랬다면 허리케인은 미국을 강타하지 않을 것이다.

신이 이런 다른 종류의 기도에 모두 응답하지 않는다는 것을 알기는 쉽다. 일상의 관찰로도 그렇지만 통계로도 쉽게 증명할 수 있다. 통계적 연구들은 기도의 어떤 효과도 보여주지 않는다. 사람들이 '기도의 힘'을 이야기할 때 우리가 실제로 보는 것은 '우연의 일치의 힘'이다.

그러하니 이런 관점에 동의하기로 하자. 신은 기도에 응답하지 않는다. 이 명백함을 받아들이기는 어렵지 않다. 이 결론은 우리가 세계에서 보는 증거와 완벽하게 일치한다. 사람의 기도에 신이 응답한다는 증거는 없다. 기도는 결코 응답받지 못한다는 것을 보여주는 무한한 경험적, 통계적 증거가 있다.

이렇게 분명한데 신자들은 왜 신이 기도에 응답한다고 그렇게 줄기차게 주장하는가? 신앙문학과 관련해 만들어진 모든 산업은 어떻게 존재하는 것일까? 왜 신자들은 공공학교에서 기도를 요구하는가? 이렇게 명백한데 왜 그들은 기도의 개념에 그렇게 심하게 매달릴까? 이 질문들에 답하기 위해서는 '기독교인의 동기 이해하기'를 보시라.

기도와 관련한 문제

기도와 관련한 문제는 간단하다. 기도는 환상이며 기도를 믿는 사람은 그것을 믿기 위해 진실을 부정해야 한다. 합리적으로 살펴보면 무슨 일이 일어나고 있는지 확실히 알 수 있다.

- 우리가 모호하지 않은 상황을 기도할 때 신은 결코 기도에 응답하지 않는다. 예를 들어 잃어버린 팔다리를 회복해달라고 기도하면 절대 아무 일도 일어나지 않는다.
- 통계적 방법을 이용해 모호한 기도를 분석해보면 기도는 효과가 전무하다. 기독교인들에게 1,000명의 암환자를 위해 기도하게 해도 조금이라도 더 빨리 회복하거나 더 오래 살지 않는다.

다른 말로 하면 모든 '응답받은 기도'는 사실상 우연의 일치 외에 아무것도 아니라는 말이다. 신이 기도에 응답한다는 모든 생각은 인간의 상상력이 가져온 환상이다.

불행하게도 기독교인들은 기도를 믿기 위해 진실을 무시해야 한다.

당신이 기독교인이든 아니든, '진실을 무시'하고 '그 능력을 가상의 정보에 맡겨 없애버리는' 사람들은 문제 있다는 데 동의할 것이라고 나는 생각한다. 그리고 그 문제는 심각하다. 예로, 진실을 무시하는 사람들을 사회에서 책임 있는 자리에 두고 싶지 않다는 데 동의할 것이다. 그럼에도 기독교인들은 믿음에 집착한다.

기독교인들은 이렇게 극도로 어색하고, 솔직히 말하면 황당한 입장에서 스스로를 발견한다. 신이 기도에 응답하지 않는 것이 명명백백한데도 응답한다고 믿어야 한다. 다음과 같은 불쾌한 대화에서도 마찬가지다.

> 기독교인: 신은 존재하십니다! 신은 자애롭고 전능하십니다! 기도에 응답하십니다! 신은 실재하며 나는 그분과 매일 생생한 관계를 유지하고 있어요. 당신의 인생으로 오늘 주 예수를 가슴으로 받아들이세요.
>
> 보통사람: 예를 들어주시겠어요?
>
> 기독교인: 물론이죠. 바로 어제 차에 열쇠를 두고 잠갔기에 기도했어요. 5분도 안 돼서 남편이 갑자기 점심을 먹으러 온 바람에 집에 들어갈 수 있었죠. 신께서 기도에 응답하셨어요.
>
> 보통사람: 그게 우연의 일치라고 볼 수는 없어요?
>
> 기독교인: 절대 아니죠. 신께서 그 순간에 남편을 집에 보내셨어요.

신께서 그렇게 하신 겁니다.

보통사람: 그건 당신 남편을 신의 애완동물로 만드는 거 아닌가요?

기독교인: 절대 아닙니다.

보통사람: 그렇게 남편을 집에 보냄으로써 당신의 특별한 기도를 5분 안에 들어주셨군요. 신이 실제로 지구에 내려와 당신의 남편을 안내 했네요. 하지만 같은 날, 신은 전 세계에서 기도하는 수천 명을 굶주림으로 죽게 하고, 기도하는 수천 명을 암과 다른 질병으로 죽게 하고, 또 더 열심히 기도하는 수천 명이 직장을 잃게 하고 사고로 죽고 병에 걸리게 했군요?

기독교인: 예, 신은 제 기도를 들어주세요.

보통사람: 그게 말이 돼요? 신은 왜 오늘 수천 명에게는 암을 주면서 당신하고는 그렇게 친밀한 관계를 갖고 아주 사소한 문제도 해결해준 단 말예요?

기독교인: 나를 사랑하시니까요.

보통사람: 그럼 당신이 무언가를 기도했는데 들어주지 않을 때는 어떤가요? 아니면, 수백만 명이 아주 진실하게 기도해도 매일 응답받지 못할 때는요?

기독교인: 제 기도를 들어주지 않는 건 그게 그분의 계획의 일부가 아니기 때문입니다.

보통사람: 신이 우리 각자에 대한 계획을 갖고 있나요?

기독교인: 물론이지요. 신께서는 제 머리에 있는 모든 머리카락을 셉니다. 신은 나를 위한 계획을 갖고 계세요.

보통사람: 그럼 홀로코스트에서 수백만 명이 끔찍한 죽음을 당한 것

도 신의 계획이었나요?

기독교인: 예.

보통사람: 미리 계획을 세우고 수백만 명을 죽이는 건 혐오스럽지 않나요? 끔찍한 괴물 아니에요?

기독교인: 절대 아녜요. 신은 모두를 사랑하십니다.

보통사람: 그럼 당신이 연쇄살인범에게 강간당하고 고문당한 다음 여러 번 찔려 죽게 되는 것이 신의 계획이라면요? 도망치게 해달라고 기도해도 신의 계획이 아니기 때문에 그걸 완전히 무시하고 당신은 죽게 됩니다. 그 경우에도 신이 기도를 들어주었다고 말할 건가요?

기독교인: 신께서는 결코 그런 일이 생기지 않게 하실 거예요. 신은 저를 사랑해요. 제 기도를 들어주십니다.

보통사람: 그럼 왜 홀로코스트에서 죽은 수백만 명의 기도하는 사람들을 완전히 무시했나요?

기독교인: 그들은 신자가 아니었어요. 신께서 그들을 벌하신 겁니다.

보통사람: 좋아요. 그럼 신은 왜 기도하는 신자 수천만 명(군인과 시민)을 2차 세계대전에서 죽였나요? 당신 남편은 점심 먹으라고 집으로 보내면서 왜 다른 수백만 명은 완전히 무시할까요?

기독교인: 그건 모두 신의 계획의 일부입니다.

대화는 이렇게 끊임없이 반복되면서 계속 이어질 수 있다. 신자는 여러 단계에서 혼란스러운 모습을 보인다. 그에게는 신이 존재하며 신이 성경을 썼다는 내부의 환상을 유지하는 것이 유일한 방법처럼 보인다.

정신 나간 신

우리가 사는 세상을 간단히 보라. 주위 도처에 살인자, 강간범, 강도, 아동학대자, 테러리스트 같은 자들이 있다.

그들은 어떻게 그런 행동을 하는가? 만일 신이 모든 것을 알고 기도에 응답한다면 우리는 그것을 믿어야 한다.

1. 신은 숱한 범죄자들이 하루에 수백만 번이나 살인하고 강간하고 학대하고 테러를 자행할 때 지켜보면서도 그들을 멈추기 위해서 아무것도 하지 않는다.
2. 신은 사람들이 죽고, 학대당하고 테러를 당할 때 지켜보면서도 그들을 돕기 위해 아무것도 하지 않는다.
3. 신은 살인자, 강간범, 아동학대범, 테러리즘을 없애달라는 지구상의 기도들을 무시하고 이런 악행들이 줄지 않고 계속되도록 허용한다.

표준모델에 따르면 신은 기도에 응답하는 전지전능하고 모두를 사랑하는 존재다. 천국의 숭고한 옥좌에 앉아 모든 세세한 것을 보면서 지구를 내려다보고 있다고 상상해보라. 신이 말한다.

"저 죽음의 캠프에서 고통받으며 기도하는 사람들을 봐라. 훌륭해! 저걸 멈추기 위해 아무것도 하지 않을 거야. 또 저 아래 강간당하고 죽임을 당하는 작은 소녀를 봐. 완벽해! 미친 듯이 기도하는군. 그 엄마도 그렇고. 하지만 난 아무것도 하지 않을 거야. 저기는 또 교회를 날려서 지금 내게 주기도문을 바치고 있는 사람들 1,500명을 죽이려고 준비하는 테러리스트가 세 명 있군. 끝내주네. 난 그래도 아무것도 안 할 거야. 지금 에티오피아에서 기도하는 1,000명이 굶주림으로 죽는 건 얼마나 멋진가? 난 그게 좋아! 난 아무것도 안 할 거야. 오! 저기 내일 차드랑 근사한 데이트를 하려고 코의 여드름을 없애달라는 꼬마 수지 잰킨스가 있네. 지금 당장 수지를 도와줘야겠다."

당신은 이렇게 행동하는 신을 믿는가? 물론 아닐 것이다. 특정한 기도를 무시함으로써 매일 2만 7,000명의 어린이들이 굶주림으로 죽어가게 하면서, 여드름을 없애달라거나 잃어버린 열쇠를 찾을 수 있게 도와달라는 사소한 기도를 들어주려 몸소 하늘에서 내려온다고 믿는다면, 당신의 신은 미쳤다.

그럼에도 매일 당신의 사소한 기도에 응답하는 신을 믿는다면, 이것은 정확히 당신이 숭배하는 미친 종류의 신이다. 그리고 그것을 믿는 당신도 미친 것으로 보인다.

우연의 일치의 힘

그러면 신이 기도에 '응답'할 때 실제로 무슨 일이 벌어지는 걸까? 사소한 기도의 간단한 예다.

"여자문제에 있어선 한계에 도달해서 그냥 신에게 맡겨버렸어요. 저는 기도했지요. '주님, 당신이 신호를 보내주시면 좋겠습니다. 제가 결혼하기를 원하는 여인을 발견하면, 그녀의 생일을 제 어머니와 같은 날짜로 해서 제게 보여주시면 좋겠습니다, 아멘.' 그리고 무슨 일이 일어났는지 아세요?

1년쯤 뒤 한 여자를 만났는데 지금까지 보아온 여자 중에 가장 아름다웠어요. 마침내 저는 용기를 내 데이트를 신청했지요. 첫 데이트에서 우린 멋진 시간을 보냈고 전 생일이 언제인지 물었어요. 제 어머니랑 같은 날이었어요! 저는 제 기도에 대해 이야기했고 우리는 6개월 뒤 결혼했습니다. 우리는 15년간 행복하게 살고 있어요."

광장한 사건같이 보인다. 분명 신이 그렇게 하신 것이니 놀랍다. 그렇지 않은가? 신의 관여가 없다면 불가능할 100만분의 1 같은 확률 같다. 어떻게 이 남자는 어머니와 생일이 똑같은 여인을 실제로 찾았을까?

그건 우연의 일치 외에 아무것도 아니다. 그리고 100만 개 중의 1개에 해당하는 확률도 아니다. 어떤 여성이든 어머니와 생일이 같을 확률은 1/365이다.

정말 무슨 일이 일어났을까? 만일 그녀의 생일이 달랐다면 그는 결혼하지 않고 생일이 같은 다른 여성을 찾았을 것이다. 또는, 단순히 그 기도를 잊어버리고 어쨌든 결혼했을 수도 있다. 그랬다면 우리는 이 이야기를 듣지 못했을 것이다.

우연의 일치는 매우 특별한 것이라도 항상 일어난다. 사실 '기도의 힘'은 '우연의 일치의 힘'이라고 불러야 한다. 사전은 '우연의 일치'를 이렇게 정의한다.

'응답된 기도'는 항상 우연의 일치 외에 아무것도 아니다. 그것을 알수 있는 쉬운 방법은 응답된 기도와 함께 응답되지 않은 기도를 헤아려보고 통계를 분석하는 것이다. 통계 분석을 하자마자 기도의 환상은 벗겨진다.

당신은 오늘 20개의 사소한 것을 기도해볼 수 있다.

1. 당신의 차가 아침에 출발하는 기도

2. 교통소통이 원활하여 제시간에 회사에 도착하는 기도

3. 어제의 실수 때문에 해고당하지 않는 기도

4. 커피 얼룩이 당신 지갑에서 없어지는 기도

5. 비가 오지 않는 기도

6. 주식가격이 오르는 기도

7. 컴퓨터가 말썽을 부리지 않는 기도

8. 아들의 수학시험 성적이 오르는 기도

9. 예금통장에 충분한 돈이 있는 기도

10. 토요일에 함께 나갔던 친구가 전화하는 기도

11. 장모님이 주말여행을 취소하는 기도

12. 셀프세탁소에 갔을 때 비어 있는 세탁기가 있는 기도

13. 자동차가 검사를 통과하는 기도

14. 사고 싶던 신발사이즈가 상점에 있는 기도

15. 당신이 여는 봉투에 지폐보다 수표가 들어 있는 기도

16. 고양이가 새 소파에 오줌을 싸지 않는 기도

17. 오늘밤 아기가 소리 질러서 당신을 깨우지 않는 기도

18. 이베이의 카메라 경매에서 당신이 이기는 기도

19. 오늘밤 비디오 가게에 원하는 비디오가 있는 기도

20. 응원하는 팀이 일요일에 이기는 기도

어떤 기도는 '응답'받을 것이고 어떤 기도는 그러지 못할 것이다. 다음날은 기도하지 않고 20개의 사소한 일이 일어나는 것을 그냥 지켜본다. 어떤 것은 될 것이고 어떤 것은 안 될 것이다. 아무 차이가 없다. 그것들에 관한 기도는 결과를 바꾸지 않는다.

우연의 일치는 매일 우리 모두에게 일어난다. 신자라면 그런 우연을 이런 식으로 다룬다.

- 뭔가 좋은 일이 일어나면 신에게 감사한다. 신이 기도에 응답했고 그것은 당신을 '살펴본다'는 것이다.
- 뭔가를 기도했는데 이루어지지 않거나 나쁜 일이 일어나면 '신의 계획'이라고 합리화한다. 나쁜 일이 일어난 것은 '그의 뜻'이다.

편견 없는 관찰자는 좋고 나쁜 사건을 보면 그것을 그냥 일어나는 일 그 자체로 본다. 신은 그 일들과 아무 관계가 없다.

그건 어떠한 미신하고도 똑같다. 사다리 밑에 걸어가면 재수 없는 것이 아니다. 거울이 깨져도 마찬가지다. 검은 고양이를 보아도 마찬가지다. 통계는 깨진 거울이 당신의 인생과 무관하다는 것을 증명한다.

같은 개념으로, 통계는 신이 결코 기도에 답하지 않는다는 것을 증명한다.

당신이 신자라면 이런 실험을 해보라. 기도하지 않고 일주일을 지내보라. 기도할 때와 똑같이 일들이 진행되거나 혹은 되지 않는다는 것을 발견할 것이다. 우연의 일치와 문제들은 기도하거나 안 하거나 여전히 같은 빈도로 발생한다. 기도는 결과에 아무 영향도 주지 않는다. 기도를 멈추더라도 좋은 우연의 일치는 계속된다. 아무리 열심히 기도해도 나쁜 우연의 일치는 계속된다.

사전은 '미신'을 이렇게 정의한다.

> 논리적으로 사건의 발생 과정에 연관이 없는 사물, 행동, 또는 환경이 그 결과에 영향을 미친다는 불합리한 믿음

기도에 대한 믿음은 미신이다. 응답받은 것처럼 보인다면 그건 우연의 일치다. 우리는 5장에서 10장까지 '응답받은 기도들'이 본질적으로 우연의 일치임을 나타내는 사례를 수없이 보아왔다.

스스로 증명하기

이 시점에서 당신에게 부탁하려는 바는 간단하다. 이 모든 일을 잘 생각해보라는 것이다. 많은 증거들을 본 당신은 무엇을 믿는가?

단언 1: 당신은 기도에 대한 성경에서의 예수 말씀을 믿는다. 누구라도 믿음이 있으면 산을 움직일 수 있다고 말하지만, 아무도 산을 움직인 적이 없는데도 당신은 믿는다. 예수가 불가능한 일은 아무것도 없다고 말하지만, 신이 팔다리를 잃은 장애인들을 결코 고친 적이 없는데도 당신은 믿는다. 예수의 이름으로 요청하면 무엇이라도 해줄 것이라고 말하지만, 당신이 당장 무엇을 요청하고 완전히 무시당하더라도 당신은 믿는다. 반대 증거가 있는데도 당신은 기도를 믿는다.

단언 2: 당신은 기도에 대한 성경에서의 예수 말씀을 믿지 않는다. 당신은 주변의 세상을 보기만 해도 그것이 사실이 아니라는 것을 안다. 신은 기도에 응답하지 않는다.

첫 번째 단언은 일반 상식과 당신이 매일 경험하는 모든 일과 어긋난다. 당신은 매일 삶을 살고 있고, 신이 기도에 응답하지 않는다는 것은 명백하다. 누군가 "신께서 내 기도에 응답하셨다"고 말할 때, 그건 우연의 일치가 발생했다는 얘기다.

당신 스스로도 당장 증명할 수 있다. 그냥 무엇이든 기도하라. 어떤 것이라도 좋다. 예수가 성경에서 약속한 것은 분명히 그리고 완전히 명백하다(너희가 기도할 때에 무엇이든지 믿고 구하는 것은 다 받으리라). 예수는 신이므로 당신에게 거짓말할 이유가 없다. 사실 그는 완전하므로 거짓말하는 것이 불가능하다. 그러니 나아가서 기도하라. 내일 지구상 모든 암을 치료해달라고 기도하라. 이 기도에 응답하면 수백만의 사람들을 특별한 방법으로 돕게 될 것임을 인식하고 진지하게 기도하라.

과연 그렇게 될까? 물론 아니다.

마음을 들여다보라

이제 무슨 일이 일어나고 있는지 마음을 들여다 보라. 당신은 기도했지만 기도는 응답받지 못했다. 마음속에선 그 이유에 대해 수천 가지 구실이 떠오르기 시작할 것이다. 그의 뜻이 아니다. 그의 계획의 일부가 아니다. 이 기도는 '너무 크다', 이 기도는 '너무 분명하다', 주님은 신비스러운 방법으로 일하신다, 오늘 말고 3년 후 응답받을 것이다, 진실이 부족하다, 신은 과학자들에게 결과적으로 영감을 주어 모든 암을 고칠 것이다, 등등……

당신은 이런 구실들을 만드는 데 전문가다. 그래야 한다. 당신이 전문가인 이유는 평생 예수를 위해 이런 평계들을 만들어왔기 때문이다. 예수는 당신을 수없이 실망시켰기 때문에 당신은 실망이 놀랍지 않다. 그것이 바로 이런 구실을 자동으로 만들게 되는 이유다.

신이 잃어버린 팔다리를 회복해달라는 기도에 절대 응답하지 않는 이유가 있다. 신은 기도에 응답하지 않기 때문이다. 모든 응답된 기도는 우연의 일치다. 통계를 이용해 그것을 증명하기는 쉽다.

TV에서 증명하기

이것을 실제 TV쇼에서 증명하는 것도 가능할 것이다. 생각해보라. 전국적으로 조사해서 1,000명의 가장 독실한 신자를 찾는다. 그들을 스튜디오에 모이게 하고 나라 안에서 가장 강력한 기도모임을 구성하도록 부탁한다. 그러고 나서 그들에게 TV 생방송에서 기도하도록 부탁한다. 그들에게 제시할 몇 가지 과제들이 있다.

1. 마태 17:20에서 예수는 말한다. "진실로 너희에게 이르노니 만일 너희에게 믿음이 겨자씨 한 알만큼만 있어도 이 산을 명하여 여기서 저기로 옮겨지라 하면 옮겨질 것이요 또 너희가 못할 것이 없으리라." 우리는 독실한 신자 1,000명에게 내일 에베레스트 산을 뉴어크로 움직이게 기도하도록 부탁한다. 무슨 일이 일어나는지 지켜본다.

2. 두 다리를 잃어버린 장애인을 데려와 무대 위에 있는 휠체어에 앉힌다. 우리의 독실한 신자 1,000명에게 그의 다리가 회복되게 기도하도록 부탁한다. 무슨 일이 일어나는지 지켜본다.

3. 말기 암으로 고통받는 사람을 찾는다. 바퀴 달린 들것에 실어 무대로 데려온다. 환자는 약하고 야위고 머리카락도 다 빠졌다. 악화된 종양이 온몸에 퍼져 한 주나 두 주 정도 살 수 있다. 우리의 독실한 신자 1,000명에게 환자를 고치는 기적을 기도해달라고 부탁한다. 무슨 일이 일어나는지 지켜본다. 기적이 일어났다고 치자. 환자는 완전히 나아서 10분 후 들것에서 뛰어 내려온다. 다른 환자를 데려온다. 10분 후 그 환자도 낫는다. 다른 환자를 데려오고 치료는 계속된다. 이제 우리의 독실한 신자 1,000명에게 내일 전세계의 암을 완전히 제거해달라고 기도하도록 부탁한다. 무슨 일이 일어나는지 지켜본다.

4. 허리케인의 계절. '요한슨'이라는 5호급 허리케인이 미국을 향해 똑바로 밀려온다. 우리의 독실한 신자 1,000명에게 허리케인이 완전히 소멸해서 아무 피해가 없게 해달라고 기도를 부탁한다. 기도가 먹혔다고 치자. 무슨 뜻이겠는가? 앞으로 미국은 결코 허리케인의 위협을 받지 않을 것임을 의미한다. 허리케인이 접근할 때마다 우리는 독실한 신자 1,000명을 모이게 하고 그들이 폭풍을 사라지게 할 것이다. 미국은 이제 매년 수십억 달러와 수천 명의 목숨을 구할 것이다.

5. 기타

실제로 무슨 일이 일어날지 알 수 있다. 독실한 신자 1,000명의 팀은 산을 움직일 수 없을 것이다. 그들은 장애인들의 잃어버린 팔다리를 회복할 수 없을 것이다. 전 세계의 암 또는 무대 위의 암환자 한 명도 치료하지 못할 것이다. 미국을 강타하는 모든 허리케인의 진로를 바꿀 수 없을 것이다. TV에서 기도를 통해 아무것도 분명히 이루지 못할 것이다. 우리는 모두 그걸 안다.

왜 그럴까? 왜 기도의 힘에 관한 예수의 모든 약속은 거짓말일까? 그것은 신이 기도에 응답하지 않기 때문이다.

이 모든 것은
무엇을 의미하는가?

몇 페이지를 거슬러서 단언 2를 보자. 신은 기도

에 응답하지 않는다는 단언이다. 이 시점쯤이면 받아들이기 어렵지 않을 것이다. 지금까지 여러 다른 각도에서 보여주었다. 그것이 당신의 상식과 매일의 경험과도 맞아떨어진다. 그것은 우리가 세상에서 보는 증거들과 완전히 엮여 있다. '기도의 힘'은 사실 '우연의 일치의 힘'이다. 분명해졌을 것이다.

이제 당신은 심오한 진실을 발견했다. 여기 몇 개의 함축사항이 있다.

- 그것은 세상이 말이 된다는 것을 의미한다. 만일 신은 왜 수십억의 기도를 무시하면서 어떤 기도들에만 '응답'하는가 의아해하면서 세계를 보아왔다면, 이제 이성적인 설명을 갖게 된다.

- 누군가 신이 '내 기도에 응답'했다고 말하거나 '기적을 일으키셨다'고 할 때, 당신이 실제로 보는 것은 우연의 일치의 힘이다.

- 하늘나라에 앉아 기분에 따라 어떤 사람에게는 호의를 보이고 어떤 사람에게는 그렇지 않은 최고의 존재는 없다는 것을 의미한다.

- 누군가 기도할 때 그것은 자신에게 이야기하는 것이다. 잘못이 아니다. 명상은 막강하고 유익한 행동이다. 하지만 기도를 듣고 응답하는 신은 없다.

- 허리케인이나 테러 공격 같은 어떠한 대참사에서라도 신에게 기대는 것은 소용없음을 의미한다.

- 집회나 스포츠 이벤트 같은 데서 하는 공공의 기도는 시간낭비임을 의미한다. 그 기도를 다른 쪽 끝에서 듣는 이는 없다.

- 세상의 문제는 사람이 해결해야 한다는 것을 말한다. 예를 들어 세계적 기아 같은 문제는 신에게 해결해달라고 기도하기보다 그

시간에 스스로 문제 해결을 위해 일하는 데 써야 한다. 신은 기아에 대해 아무것도 하지 않을 것이다.

- '기도의 힘'을 믿는 사람들을 진지하게 받아들이지 않아야 한다는 것을 말한다. 어떤 사람이 신이 기도를 들어줬다고 말할 때 그건 그가 미신을 믿는다는 증거다. 그는 점성술의 위력을 믿는 이와 똑같다.

- 성경에서 기도에 대한 예수의 이야기는 모두 틀렸다는 것을 말한다. 그러므로 성경은 '주님의 오류 없는 말씀'이 아니다. 수천 년 전 미개한 이들이 쓴 이야기들을 모아 놓은 것에 불과하다. 이 주제는 2부에서 더 논의할 것이다.

지성을 갖춘 인류로서 이제는 지구를 내려다보면서 기도에 응답하는 하늘나라의 신은 없음을 깨달아야 할 때다. 이집트의 피라미드건, 로마의 신전이건, 아스텍의 인류 희생이건 모두 의미 없는 것과 마찬가지로 신에게 기도하는 것 역시 아무 의미가 없다.

이 얘기가 안 믿어진다면 지금 당장 당신 스스로 증명할 수 있다. 구체적인 어떤 것이든 기도하라. 그리고 그 기도가 무시되는 것을 지켜보라.

개인적인 차원에서

신이 응답하지 않는다는 사실은 매우 개인적인 차원에서 당신에게 의미 있다. 그것이 무슨 의미인지 한 가지 예를 들어본다.

당신에게 35세 친구가 있다고 치자. 그녀는 유방암에 걸렸다는 사실을 알게 된다. 당연히 몹시 놀란다. 암은 상당히 진전되었고 예후는 즉시 나아질 것 같지 않다.

당신이 신자라면 제일 먼저 무엇을 할까? 첫 번째는 기도다. 경험 있는 신자라면 친구가 '주님의 치유력'에 연결되도록 기도모임을 구성할 것이다.

알다시피 기도나 기도모임 모두 소용없다. 신은 결코 응답하지 않는다. 기도가 작용한다면 장애인의 다리가 회복될 테지만, 그럴 수 없다는 것을 안다. 기도모임이 작용한다면 의사나 병원이 필요 없을 것이다. 기도모임이 작동한다면 유방암을 완전히 제거해달라고 기도할 것이고, 지구상 누구도 다시는 그 병에 걸리지 않을 것이다. 기도하느라고 소비하는 노력은 시간낭비다.

그럼 기도 대신 무엇을 할 것인가? 생각해보라. 무엇이 친구에게 실제로 도움이 될까? 기도하느라고 시간을 낭비하지 마라. 실제로 친구를 도와줄 무엇인가를 위해 시간을 현명하게 사용하라. 예를 들면

- 그녀의 가족을 위해 멋진 저녁을 차려서 그녀의 집에 가져다준다.
- 마지막 약물치료로부터 회복되는 며칠간 그녀의 아이들을 돌봐주겠다고 제의한다.
- 그녀의 힘을 북돋워주는 응원카드를 만든다.
- 유방암 연구를 위한 기금이 많아지도록 과자 제조 판매나 텔레비전 장기 프로그램을 구성한다.

- 병원에 가서 옆에 앉아 매일 책을 읽어준다.

- 그녀가 볼 수 있는 행복한 영화들을 병원에 가져다준다.

- 기타

신은 기도에 응답하지 않는다. 그 증거는 주변 어디에나 널려 있다.

2부

성경

12장

누가 성경을 썼는가?

성경은 기독교인이 믿는 신성한 글이다. 또한 오늘날 지구상에서 가장 잘 알려진 책이다. 전 세계에 인간의 모든 언어로 쓰인 수십억 권의 성경책이 있다. 지금 당신의 집에도 최소한 성경책 한 권은 있을 것이다. 거의 모든 사람이 그렇다.

기독교인들에게 성경은 오점 없는 신의 말씀이다. 성경은 사람의 작품이 아니고 신이 만든 신의 말씀이다. 이 사실을 강조하기 위해 성경에는 4,000군데가 넘는 곳에서 이렇게 말한다. '그러므로 주님께서 말씀하신다.' 성경은 스스로 수많은 곳에서 저자를 언급한다. 예를 들어 디모데후서 3:16에 이런 내용이 있다.

> 모든 성경은 하나님의 감동으로 된 것으로 교훈과 책망과 바르게 함과 의로 교육하기에 유익하니

데살로니가전서 2:13에는 이런 말이 있다.

이러므로 우리가 하나님께 끊임없이 감사함은 너희가 우리에게 들은 바 하나님의 말씀을 받을 때에 사람의 말로 받지 아니하고 하나님의 말씀으로 받음이니.

베드로후서 1:20-21에는 이렇게 쓰여 있다.

먼저 알 것은 성경의 모든 예언은 사사로이 풀 것이 아니니. 예언은 언제든지 사람의 뜻으로 낸 것이 아니요 오직 성령의 감동하심을 받은 사람들이 하나님께 받아 말한 것임이라.

시편 19:7은 이렇게 말한다.

여호와의 율법은 완전하여 영혼을 소성시키며 여호와의 증거는 확실하여 우둔한 자를 지혜롭게 하며

《크리스찬 커리어Christian Courier》에서 따온 구절은 성경의 기원에 관한 많은 기독교인들의 자세를 나타낸다.

비록 성경을 구성하는 데 인간의 글자를 사용하였더라도 신은 성경의 궁극적인 저자다. 그리고 완전한 신은 무질서(고린도전서 14:33)나 거짓말(히브리서 6:18)의 근원이 될 수 없으므로 성경은 완벽하게 조

화된다고 인식되어야 한다.

성경을 신이 썼다는 내용이 성경 자체에 근본적인 신의 권한을 수여한다. 성경은 완전하고 오류가 없는 신의 말씀이므로 기독교에 필수적이다. 성경은 기독교인에게 신이 준 정보의 유일한 출처로 작용한다.

신이 존재하고 성경이 신의 말이라면 기독교인들이 믿는 모든 것은 진실이다. 예수는 신이고, 신은 기도에 응답하고, 신은 아담을 만들었고, 인간은 영혼과 영원한 생명을 모두 갖는다.

그러나 성경을 신이 쓴 것이 아니라면? 잘못을 저지르기 쉬운 존재인 인간이 쓴 단순한 전설과 이야기책이라면? 신이 이 책과 아무 관련이 없다면? 그 경우, 기독교 신앙은 몰락한다.

누가 성경을 썼는지 알아내는 것이 가능할까? 이 질문에 답하는 것이 2부의 목적이다.

13장

신은 왜 노예제도를 사랑하는가?

'프리드리히 더글라스'는 노예로 인생을 시작했다. 그는 노예제도가 미국 전역에서 두루 시행되던 1818년에 여성 노예에게서 태어났다. 그리고 스무 살 때 탈출해 스스로 공부하여 비천한 신분을 벗어났다. 이 변화가 그로 하여금 노예제도에 대한 독특한 견해를 갖게 했다.

프리드리히 더글라스는 노예로서의 많은 경험을 시각적으로 자세히 묘사한 자서전을 썼다. 그는 잔인한 노예생활을 직접 경험한 사람이었다.

예를 들어 자기 주인의 폭력성을 이렇게 묘사한다.

그는 노예들을 오래 소유해오면서 단련된 잔인한 사람이었다. 그는 자주 노예를 때리면서 큰 기쁨을 맛보는 듯했다. 나는 가끔 아침에 극도로 심장을 찢는 것 같은 우리 이모의 비명소리에 깨어나곤 했는데, 주인은 이모를 들보에 매어놓고 글자 그대로 피가 온몸을 덮을 때까지 벗겨진 등에 채찍을 휘둘렀다.

피투성이 희생자의 어떤 말도, 눈물도, 기도도 피를 보고자 하는 주인의 철심장을 움직이지 못했다. 더 크게 비명을 지를수록 그는 더 세게 내리쳤다. 그는 피가 빨리 흐르는 곳을 가장 오래 때렸다. 그녀가 울부짖게 하려고 때리고 또 조용히 하도록 때렸는데 자기가 지칠 때까지 계속했다. 소가죽 채찍에 피가 엉겨 붙을 때가 되어서야 채찍질을 그치곤 했다.

처음 이 끔찍한 광경을 보았을 때를 기억한다. 아주 어릴 때였지만 똑똑히 기억한다. 내가 무엇인가를 기억하는 한 절대로 못 잊을 것이다. 그것은 내가 불운하게도 목격자와 참가자가 돼 경험한 일련의 극악한 폭력 사건들 중 첫 번째였다. 그것은 엄청난 충격을 주었다. 그것은 내가 막 지나야 했던 노예제도의 지옥으로 들어가는, 피로 물든 문이었다.

그는 노예 거래를 이렇게 말한다.

우리는 모두 평가에 따라 분류되었다. 남자와 여자, 늙은이와 젊은이, 기혼자와 미혼자는 말, 양, 돼지와 같이 분류된다. 말과 남자, 양과 여자, 돼지와 어린이가 같은 존재로 분류되고 똑같이 엄격한 검사를 거쳐야 했다. 머리가 희게 센 연령대와 싱싱한 젊은이, 처녀와 아줌마들이 모두 똑같이 검사를 받아야 했다. 이 순간에, 노예와 주인 모두에게서 노예제도의 잔인한 효과를 여느 때보다 훨씬 똑똑히 보았다.

－《프리드리히 더글라스의 인생이야기》 중에서

미국에서 노예 수백만 명의 인생에 걸쳐 확대된 이 부당한 행위들을 생각하면 미국사회에서 노예제도의 끔찍한 중요성을 이해할 수 있다. 노예제도는 재앙이다. 잔학행위다.

우리 모두 노예제도가 혐오스럽다는 것을 안다. 노예제도는 한 인간의 자유의지 상실과 다른 사람에 대한 예속을 말한다. 노예제도는 감금의 형태다. 인간을 다른 사람의 재산처럼 사고팔 수 있는 가축처럼 만든다. 프리드리히 더글라스가 묘사한 것처럼 노예제도는 늘 심각한 잔인성을 수반한다. 인간이라면 누구도 노예가 되기를 원하지 않을 것이다. 이것이 노예제도의 개념을 불쾌하게 만드는 요점이다.

이제 당신은 머릿속에 노예제도에 대한 또렷한 개념이 섰다. 여기 중요한 질문이 있다. 신은 노예제도를 어떻게 보고 있다고 생각하는가?

당신은 우주와 인간 영혼의 자애로운 창조자인 신이 인간의 노예화를 격렬히 반대할 것으로 기대할 것이다. 우리의 전지전능한 신은 보통의 사람들과 똑같이, 노예제도를 분명히 경멸할 것이다. 완전한 신께서 어찌 다른 입장을 취하시겠는가?

그러므로 성경에 다른 내용이 있다는 것이 매우 놀랍다. 성경을 읽으면 신이 노예제도를 진심으로 옹호하는 것을 알게 된다. 성경은 노예제도를 지지하고 있고, 사실상 시민전쟁 이전에 미국의 노예제도를 정당화하는 수단으로 자주 사용되었다.

종들아 모든 일에 육신의 상전들에게 순종하되 사람을 기쁘게 하는
자와 같이 눈가림만 하지 말고 오직 주를 두려워하여 성실한 마음으
로 하라. [골로새서 3:22]

신은 노예의 지위를 완벽히 알고 있으며 노예들에게 열심히 일하라
고 격려한다. 이 논조는 디도서 2:9-10에 반복된다.

종들은 자기 상전들에게 범사에 순종하여 기쁘게 하고 거슬러 말하
지 말며, 훔치지 말고 오히려 모든 참된 신실성을 나타내게 하라.

즉, 노예제도에 매혹되었다는 것을 거듭 보여준다.

신은 노예제도를
사랑한다

성경을 신이 썼다면, 그리고 주님의 말씀이라면,
이제 단 한 가지 가능한 결론에 도달한다. 신은 노예제도를 인상 깊게
변론하고 그 개념을 전적으로 지지한다.

당신이 기독교인이라면 내 말이 거북하다는 것을 안다. 하지만 이
책에서 제시하는 담론에 결정적이다. 내가 제시하고자 하는 것은 성경
의 이러한 노예제도에 대한 내용들이야말로 신이 성경을 쓰지 않았다
는 모든 증거를 제공한다는 것이다. 즉, 모두를 사랑하는 신이 노예제
도의 견고한 지지자일 리가 없다.

일반상식은 당신에게 신에 대해 뭐라고 말하는가? 보통사람들의 생각처럼 모두를 사랑하는 신은 노예제도를 혐오스럽게 생각할 것 같지 않은가? 전지전능하며 모두를 사랑한다는 신이 성경을 썼다면, 성경은 '노예제도는 잘못됐다. 너는 노예를 소유하면 안 된다'라고 되어 있어야 하지 않을까? 십계명 중 하나는 '노예를 삼지 마라'라고 해야 하지 않을까?

당신이 볼 수 있듯이 이런 노예 관련 구절은 우리에게 역설을 보여준다.

- 한편에서 보면, 우리는 모두 노예제도가 잔인하고 도덕적으로 혐오스럽다는 것을 안다. 결과적으로 노예제도는 모든 선진국에서 완전히 불법이다.
- 다른 한편으로 우주의 창조자는 책에서 노예제도가 완벽하게 만족스럽다고 말한다. 노예를 때리는 것도 괜찮다. 어린이를 노예로 삼는 것도 괜찮다. 노예 가족을 헤어지게 하는 것도 괜찮다. 성경에 따르면 우리는 오늘날 모두 노예제도에 동참해야 할 것이다.

이 역설의 강도는 대단하다.

성경의 중요성

대부분의 미국인들은 기독교인이고 그래서 성경을 아주 당연한 것으로 받아들인다. 마치 중력이나 해가 뜨는 것처럼 성경은 항상 있고 거기에 대해 생각하지도 않는다.

당연한 것으로 받아들이므로 성경이 생활에 얼마나 중요한지 잊어버리는 경향이 있다. 이 책이 얼마나 중요한지 세 가지 예를 들어보겠다.

우선, 예수를 생각해보라. 미국에 있는 모든 사람이 예수에 대해 들어왔다. 우리 모두 예수가 크리스마스에 태어난 것을 안다. 예수가 십자가 위에서 죽고 3일 뒤에 부활했다는 것을 안다. 신이 세상을 그토록 사랑해서 외아들을 보냈으며 누구라도 그를 믿으면 멸망하지 않고 영원한 생명을 얻을 것임을 안다(요한 3:16). 기타 등등……. 어떻게 우리는 그 모든 것을 아는 것일까? 성경 덕분이다. 성경이 없었다면 아무도 예수에 대해 듣지 못했을 것이다. 성경이 없었다면 기독교 신앙은 없었을 것이다.

둘째, 십계명이 있다. 대법원 판사인 안토닌 스칼리아에 따르면 '미국민의 99퍼센트가 십계명을 믿는다'고 한다. 스칼리아는 또 십계명은 '정부가 그 권위를 신에게 받는다는 사실의 상징'이라고 지적한다. 십계명은 어디서 왔는가? 성경이다. 그랬기 때문에 우리는 십계명이 신에게서 왔다고 추측한다. 성경은 신의 말씀이니까.

셋째, 당신의 영혼을 생각하라. 당신은 영혼을 갖고 있다고 믿을 것이다. 더욱이 당신이 죽으면 영혼은 영원히 산다고 믿을 수도 있다. 또한 당신의 영혼이 천국이나 지옥으로 간다고 믿는다. 이런 생각은 어디서 온 것일까? 성경이다. 성경은 우리가 천국과 지옥에 대해서 말하는 문화의 근거다. 성경이 없으면 이런 개념은 존재하지 않는다. '영원히 사는 생명'의 모든 개념은 성경에 기초를 두고 있다.

생각하면 정말 놀랍다. 우리는 예수, 십계명, 천국과 지옥을 당연한 것으로 받아들인다. 미국의 거의 모든 사람들이 그것을 들어왔고 소수만이 그 존재에 의문을 갖는다. 이 핵심 개념이 탄생한 장소가 성경이다. 성경 없이는 이들 개념이 존재하지 않을 것이다. 성경은 세계인의 인생에 어마어마한 영향을 미친다. 그 이유는 기독교인들은 성경을 신이 썼다고 믿기 때문이다.

성경이 신의 말씀이 아니라고 해보자. 2,000년 또는 3,000년 전 무작위 그룹의 사람들이 성경을 썼고 신은 아무 상관이 없다고 상상해보라. 당신은 천국과 지옥을 믿을 것인가? 십계명을 믿겠는가? 예수를 믿겠는가? 아니다. 물론 믿지 않는다. 신이 아닌 미개한 사람들이 성경을 썼다면 아무도 성경에 관심을 갖지 않을 것이다. 호머는 미개한 사람이었는데 3,000년 또는 그쯤 전에 《오딧세이》라는 책을 썼다. 그 책에서 호머는 키클롭스와 아테나라는 여신, 그리고 하데스라는 장소와 다른 많은 것들을 이야기한다. 우리가 그것을 믿는가? 물론 믿지 않는다. 그것은 사람이 쓴 상상의 이야기였다.

성경과
노예제도

지금 우리는 성경을 펼치고 그것을 보았다. 신의 말씀인 성경 안에서 노예제도에 대한 매우 명확하고 터무니없는 10개의 구절을 찾았다. 아무 문제없이 이 구절들이 가리키는 것은 성경이 노예제도를 지지한다는 것이다. 성경은 노예제도가 훌륭하다고 생각한다. 성경에 따르면 자유롭게 노예를 살 수 있고 노예를 맘대로 때릴 수 있다. 성경은 노예제도가 완벽히 맘에 든다는 것을 부정하지 않는다.

당신이 기독교인이라면 의심하지 않고 자동적으로 예수와 십계명, 천국과 지옥을 믿는다. 왜까? 성경을 신으로부터 온 것으로 믿어서다.

당신이 십계명을 지지하고 예수를 믿는다면, 노예제도도 지지한다는 데 문제가 있다. 십계명과 예수에 대해 우리에게 말하고 있는 같은 신, 같은 성경이 노예제도를 말하고 있다.

지금 잠깐 시간을 내어 이 간단한 질문을 자문해보라. 노예제도를 믿는가? 성경에서 신이 노예제도를 어떻게 생각하는가를 읽고 나선 미국과 전 세계에서 반노예제도법을 폐기하고 노예 거래를 다시 시작해야 한다고 믿는가? 기독교인 당신은 무엇을 선택할 것인가? 신은 성경에서 노예제도를 전적으로 옹호하고 당신은 신의 말씀을 믿는다.

신의 성경에 십계명이 있으므로 신에게서 왔다고 믿는다면 당신은 이 모든 노예제도 구절도 신에게서 왔다고 믿어야 한다. 당신과 스칼리아 판사와, 성경을 신이 썼다고 믿는 모든 사람은 노예 거래에 대해 매우 만족해야 할 것이다.

전부 아니면
아무것도 아닌 책

성경 속 노예 구절을 신이 쓴 것이 아니라는 생각이 든다면, 스스로 분명히 이렇게 질문해야 할 것이다. 어떤 부분은 신이 썼고 어떤 부분은 미개인들이 집어넣었는지 어떻게 알 수 있을까? 어떻게 골라서 선택할 수 있는가? 노예제도에 관한 구절을 신이 썼는지 미개인들이 썼는지, 당신은 분명히 알 길이 없다.

성경에 대해 매우 중요한 고찰을 시작할 때다. 성경 내용 전체가 정말 신의 말씀이거나, 아니면 전혀 그렇지 않고 미개인들이 썼거나. 아주 강력한 구분선이 있어야 하는 이유가 여기 있다.

> 만일 성경의 일부분이 신으로부터 왔고 일부분은 미개인에게서 왔다면 어떻게 각각을 구분할 수 있겠는가? 예수가 정말로 부활했는지 또는 미개인들이 만들어 넣은 가상의 이야기인지 어떻게 아는가? 십계명을 신이 썼는지 안 썼는지 어떻게 아는가? 성경의 얼마라도 미개인들에 의해 오염됐다면 전체를 거부해야 한다. 누가 그것을 썼는지 알 길이 없으므로 책 전체가 무효다.

실제로 중간 입장은 없다. 성경은 전부이거나 아니면 아무것도 아닌 책이어야 한다. 성경 전체가 신으로부터 왔거나 아니면 아니거나다.

타이레놀 공포

왜 중간 입장은 없는가? 문제를 이해하기 위해 간단히 성경에 있는 노예제도 구절을 보자. 많은 기독교인들은 이 구절들을 신이 쓰지 않았다고 믿으며 그래서 그것들을 거부한다. 신의 승인 없이 미개인들이 끼워 넣었다고 믿는 것이다. 하지만 그 믿음을 증명할 방법이 없다. 원작자에 대한 의문을 제기함으로써 그들은 성경의 모든 문장에 의문을 제기하게 만든다.

성경의 어떤 문장이라도 골라서 스스로 물어보라. '신이 이 말씀을 썼을까? 아니면 신에게서 아무 지시도 없이 미개인들이 썼을까?' 알 길이 없다. 이런저런 방법으로도 그것을 증명할 수 없고, 신보다는 미개인들이 어느 구절이라도 쓸 수 있기 때문에(성경의 모든 문장은 위조일 수도 있다), 우리는 모든 문장이 미개인들의 작품이라고 가정해야 한다.

한 가지 가정이 문제에 핵심을 제공할 수 있다. 미친 사람 몇이 가게 선반 위 타이레놀 병에 무작위로 청산가리가 든 캡슐을 넣었다고, 내가 당신에게 이야기한다 치자. 독이 든 캡슐은 보통의 캡슐과 똑같아 보이고 오염된 약병 역시 보통의 병들과 똑같다. 내가 선반에서 타이레놀 병을 건넨다면 당신은 약을 받겠는가? 물론 받지 않는다. 잠정적으로 모든 알약이 독을 가지고 있을 수 있다. 어떤 알약이 아닌지를 알 방법이 없으니, 모든 약이 독을 갖고 있다고 가정해야 한다. 누가 만들었는지 모르면 모든 알약을 미친 사람이 만들었다고 의심해야 한다.

이 타이레놀 상황은 실제로 1982년 미국에서 일어났고, 현재 처방 없이 살 수 있는 모든 의약품에 조작방지 마감 처리를 하는 근거가 되었다. 1982년의 교훈은 간단하다. 모든 타이레놀 캡슐이 독을 갖고 있을 수 있으니 모든 캡슐을 의심해야 하는 것이다. 우리는 그 불확실성 때문에 수백만 정의 캡슐을 폐기했다. 그리고 모든 제약업자가 그런 불확실성을 없애기 위해 조작방지 봉인을 적용하기 시작했다.

성경도 똑같은 문제를 갖고 있다. 하지만 성경에는 조작방지 봉인이 없다. 한 문장이라도 신의 승인 없이 미개인들이 끼워 넣은 것일 수 있다고 의심한다면, 성경의 모든 문장은 의심의 대상이 되어야 한다. 어느 문장은 신이 썼을지 모른다는 것은 상관없다. 불확실하고 증명할 방법이 없었으므로 모든 타이레놀 캡슐을 폐기한 것처럼 모든 문장을 던져버려야 한다. 미개인들이 어떤 문장이라도 썼을 수 있다면 그들이 성경 전체를 썼다고 가정해야 한다. 다른 선택이 없다. 성경은 전부이거나 아무것도 아닌 명제가 된다.

결론 도출

이제 성경의 노예제도 구절들에 대해 단지 두 가지 설명만 가능하다는 것을 알 수 있다.

- 성경은 맞다 그리고 신은 노예제도를 사랑한다. 성경 내용 전체는 신의 말씀이고 그래서 이런 노예제도 구절들도 그래야 한다. 노예제도를 불법시하는 미국과 다른 현대화된 국가의 법은 신의 말을 무시한다. 스칼리아 판사는 십계명을 촉진하는 것과 같은 방식으로 노예제도를 추진해야 할 것이다.
- 성경은 신이 아닌 노예를 소유한 사람이 썼으므로 노예제도를 묵인하는 것이다.

첫 번째 설명으로 당신은 문제에 봉착하게 된다. 신은 노예제도의 혐오감을 옹호하지 않을 것이다. 우리 모두 그걸 안다.

그러므로 남은 것은 두 번째 설명이다. 그리고 갑자기 성경은 독을 품은 책이 된다.

여기 이해를 돕고자 한다. 합리적인 사람으로서 당신은 노예제도가 잘못임을 안다. 그것이 세계의 모든 선진국이 노예제도를 완전히 불법화한 이유다. 인간은 신의 말씀에 직접 대항하여 노예제도를 불법으로 만들었다. 모두 노예제도가 분명히 잘못된 제도라는 것을 알기 때문이다. 신이 실제로 성경과 아무 관련이 없다면 11번째 계명은 '노예를 만들지 마라'가 될 것이다.

신약과 구약 모두에서 노예제도를 지지하는 성경에 대해 당신의 일반상식은 이제 무엇이라고 말하는가? 성경이 분명히 노예제도를 묵인하는 사실, 또 성경은 전부 또는 아무것도 아닌 책이라는 사실을 보고도, 성경을 신이 썼다고 믿는 것이 더 합리적인가 혹은 미개인들이 신의 개입 없이 성경을 썼다고 믿는 것이 더 말이 되는가? 솔직해져라. 그리고 나서 극악무도한 다른 사례를 살펴보자.

14장

신은 왜 제물을 사랑하는가?

13장은 신이 성경을 쓰지 않았다는 것을 증명하는 충분한 증거를 제시한다. 모두를 사랑하는 신은 분명히 노예제도의 막강한 지지자가 될 수 없다. 주님이 보시기에 노예제도가 흡족하다고 자세히 설명했으니, 성경은 신보다 미개인이 썼다고 결론짓기 쉬운 것이다.

하지만 추가 증거가 필요하다면 다른 각도에서 접근해 같은 결론에 이를 수 있다.

동물과 인간을 제물로 삼는다는 생각은 누구에게나 혐오스럽고 역겹다. 사전은 '제물'을 이렇게 정의한다.

속죄나 경의의 표시로 어떤 물건, 특히 동물이나 사람을 의식적으로 죽여 신에게 바치는 행위

분명히 이것은 미개한 야만인이 하는 짓이다. 단도직입적으로 말하

자면, 우리는 추호의 의심도 없이 동물이나 사람을 제물로 바치는 것이 멍청한 짓임을 안다. 제단에서 동물을 희생시키고 태우는 것은 누구에게도 아무 이익이 되지 않는다.

멕시코의 아스텍인들은 피라미드의 꼭대기에 처녀를 올려놓고 가슴에서 아직 뛰고 있는 심장을 잘라내어 먹곤 했다. 신앙의 개념을 넘어 우리 모두는 그들의 행위가 야만적이었다는 것을 잘 안다. 처녀의 죽음은 농작물 재배나 강우량 개선에 아무 소용도 없을 뿐 아니라, 아스텍 신을 진정시키지도 못했다(그런 신들은 완전히 허상이므로). 왜 아스텍인들이 그런 기괴하고 역겨운 일을 자행했는지 이해하기란 불가능하다. 다중 망상증이었을까? 제한 없이 미쳐 날뛰는 미신이었을까? 총체적인 자포자기였을까? 끔찍한 조합이었을까? 알 길이 없지만 우리는 아스텍인의 그 행동들이 미쳤다는 것을 안다.

보통사람 누구라도 종교적 제물에 역겨워하고 신도 그럴 것이라고 생각할 것이다. 이러한 제사의식의 살육은 전지전능하고 자애로우며 기도에 응답하는 우주의 창조자와 아무 관계가 없다. 동물을 죽이고 그 피를 뿌리고 그 살을 태우는 행위는 분명 어리석고 우스꽝스럽다. 신은 희생제물과 아무 상관이 없을 것이다.

하지만 이제 신의 거룩한 말씀이고 예수에 관한 모든 정보의 독보적이고 권위 있는 출처인 성경을 검토해본다. 이런 구절을 발견한다.

여호와께서 회막에서 모세를 부르시고 그에게 말씀하여 이르시되 이스라엘 자손에게 말하여 이르라 너희 중에 누구든지 여호와께 예물을 드리려거든 가축 중에서 소나 양으로 예물을 드릴지니라. 그 예물이 소의 '번제'이면 흠 없는 수컷으로 회막 문에서 여호와 앞에 기쁘게 받으시도록 드릴지니라. 그는 번제물의 머리에 안수할지니 그를 위하여 기쁘게 받으심이 되어 그를 위하여 속죄가 될 것이라. 그는 여호와 앞에서 그 수송아지를 잡을 것이요 아론의 자손 제사장들은 그 피를 가져다가 회막 문 앞 제단 사방에 뿌릴 것이며. 그는 또 그 번제물의 가죽을 벗기고 각을 뜰 것이요. 제사장 아론의 자손들은 제단 위에 불을 붙이고 불 위에 나무를 벌여 놓고. 아론의 자손 제사장들은 그 뜬 각과 머리와 기름을 제단 위의 불 위에 있는 나무에 벌여 놓을 것이며. 그 내장과 정강이를 물로 씻을 것이요 제사장은 그 전부를 제단 위에서 불살라 번제를 드릴지니 이는 화제라 여호와께 향기로운 냄새니라.

만일 그 예물이 가축 떼의 양이나 염소의 번제이면 흠 없는 수컷으로 드릴지니. 그가 제단 북쪽 여호와 앞에서 그것을 잡을 것이요 아론의 자손 제사장들은 그것의 피를 제단 사방에 뿌릴 것이며. 그는 그것의 각을 뜨고 그것의 머리와 그것의 기름을 베어낼 것이요 제사장은 그것을 다 제단 위의 불 위에 있는 나무 위에 벌여 놓을 것이며. 그 내장과 그 정강이를 물로 씻을 것이요 제사장은 그 전부를 가져다가 제단 위에서 불살라 번제를 드릴지니 이는 화제라 여호와께 향기로운 냄새니라.

만일 여호와께 드리는 예물이 새의 번제이면 산비둘기나 집비둘기 새끼로 예물을 드릴 것이요. 제사장은 그것을 제단으로 가져다가 그것의 머리를 비틀어 끊고 제단 위에서 불사르고 피는 제단 곁에 흘릴 것이며. 그것의 모이주머니와 그 더러운 것은 제거하여 제단 동쪽 재 버

희생적인 신에 대한 생각

이런 생각을 해본 적이 있는가? 기독교인이라면 이것이 얼마나 심기불편할지 생각해보았는가? 당신은 동물 제물을 요구하고 궁극적으로는 인간 제물로 위안을 받는 신을 섬긴다. 〈그리스도의 열정〉이라는 영화에 몰려든 수천만의 기독교인들을 어떻게 달리 설명할 수 있을까?

이 상황이 실제로 얼마나 불쾌한지 의식적으로 생각해보았는가?

잠깐 짬을 내서 이 장의 내용을 간단히 생각해보라. 당신이 고려할 두 가지 요점은 이러하다.

> 1. 신은 성경을 썼고 성경은 신의 말씀이다. 신은 동물 제물을 요구하고, 그것을 즐기기 때문에 어떻게 그 제물이 준비되기를 바라는지 성경에 아주 자세히 지정하고 있다. 의식이 된 이런 동물학살은 인간이 신에 대한 많은 죄를 갚도록 허락하며, 살코기를 태우는 향은 주님을 기쁘게 한다. 인간 제물의 단계로 감으로써 기독교인들은 마침내 신을 달랠 수 있다.
>
> 2. 동물 제물은 어리석고 혐오스러우며 우스꽝스럽고 구역질난다. 인간 제물은 더하다. 성경은 신이 아닌 미개인들이 썼다. 그런 미개인들은 아스텍인들만큼 미쳤다.

이 상황을 분석하는 데 머리와 가슴을 모두 사용하라. 어떤 관점이 더 말이 되는지?

이제 똑같이 극악무도한 다른 예를 보기로 하자.

15장

신은 왜 그토록 성차별주의자인가?

당신이 기독교를 믿는 여성이라면, 이 장에서 나는 신에 대해 직접적이고 공개적으로 당신과 이야기하고자 한다. 바로 본론으로 들어가 신의 말씀인 성경을 보면 신은 여성을 중차대한 문제가 있는 존재로 보는 것 같다.

사전은 여성혐오주의자를 '여자를 싫어하는 사람'이라고 설명한다. '성차별주의'는 이렇게 해석한다.

1. 성을 이유로 하는 차별. 특히 여성에 대한 차별
2. 성을 이유로 사회적 역할의 유형화를 추진하는 태도, 조건, 또는 행동들

여성으로서 당신은 신을 성차별주의자 또는 여성혐오주의자라고 생각하는가? 아마도 아닐 것이다. 신이 명백히 성차별주의자라면 기독

교를 믿는 여성은 그를 숭배할까? 신을 생각할 때는 보통 신이 특정 대상을 싫어한다고는 생각하지 않는다. 신의 표준모델 개념 아래서 우리는 신이 모든 것을 알고 모두를 사랑하는 아버지라고 생각한다. 공정한 존재라고 생각한다. 피부색이나 성별 같은 어떠한 구별에도 불구하고 신은 모든 사람을 똑같이 사랑한다고 생각한다.

그런데 이상하게도 신은 남성을 대하는 것과 아주 달리 여성을 대한다는 것을 발견한다. 예를 들어 고린도전서 14장에 이런 내용이 있다.

> 여자는 교회에서 잠잠하라 그들에게는 말하는 것을 허락함이 없나니 율법에 이른 것같이 오직 복종할 것이요. 만일 무엇을 배우려거든 집에서 자기 남편에게 물을지니 여자가 교회에서 말하는 것은 부끄러운 것이라.

직설적인 내용이다. 신은 성경을 만든 사람이다. 이사야 40:8에서 주님의 말씀은 영원할 것이라고 말하며 베드로전서 1:24-25에서도 같은 말을 반복한다. 여기 우리는 여성이 교회에서 말하는 것이 수치스럽다는, 영원하고 계속되는 말씀을 하는 신을 모시고 있다.

왜 신은 자신의 형상을 닮은 남자와 여자를 몸소 만들어놓고 여자에게 침묵을 강요하는가? 모두를 사랑하고 모든 것을 아시는 신이 어떤 이유로 성차별주의자가 되었을까?

더 재미있는 것은 이 질문이다. 당신은 여성으로서 왜 이렇게 행동하는 신을 섬기는가?

신의 성차별주의 범위

성경에는 신이 여성에 대해 이야기하는 내용이 많다. 예를 들어 고린도전서 11장에서 온 인용문은 이렇게 이상하다.

그러나 나는 너희가 알기를 원하노니 각 남자의 머리는 그리스도요 여자의 머리는 남자요 그리스도의 머리는 하나님이시라. 무릇 남자로서 머리에 무엇을 쓰고 기도나 예언을 하는 자는 그 머리를 욕되게 하는 것이요. 무릇 여자로서 머리에 쓴 것을 벗고 기도나 예언을 하는 자는 그 머리를 욕되게 하는 것이니 이는 머리를 민 것과 다름이 없음이라. 만일 여자가 머리를 가리지 않거든 깎을 것이요 만일 깎거나 미는 것이 여자에게 부끄러움이 되거든 가릴지니라. 남자는 하나님의 형상과 영광이니 그 머리를 마땅히 가리지 않거니와 여자는 남자의 영광이니라. 남자가 여자에게서 난 것이 아니요 여자가 남자에게서 났으며. 또 남자가 여자를 위하여 지음을 받지 아니하고 여자가 남자를 위하여 지음을 받은 것이니. 그러므로 여자는 천사들로 말미암아 권세 아래에 있는 표를 그 머리 위에 둘지니라.

정확히 뭐라는 것인가? 성경에 뭔가 헷갈리는 내용이 있다고 믿기 어렵겠지만 그런 내용이 있는 것이 사실이다.

또 이와 같이 여자들도 단정하게 옷을 입으며 소박함과 정절로써 자기를 단장하고 땋은 머리와 금이나 진주나 값진 옷으로 하지 말고. 오직 선행으로 하기를 원하노라 이것이 하나님을 경외한다 하는 자들에게 마땅한 것이니라. 여자는 일체 순종함으로 조용히 배우라. 여자가 가르치는 것과 남자를 주관하는 것을 허락하지 아니하노니 오직 조용할지니라. [디모데전서 2장]

신이 '여자가 가르치는 것과 남자를 주관하는 것을 허락하지 아니하노니 오직 조용할지니라'라고 직접적으로 말하는 뜻은 이해하기에 어렵지 않다(12장을 보라).

이런 종류의 성차별주의는 성경의 맨 처음부분에서 시작된 것을 알 수 있다. 창세기 17장에서 신은 말한다.

그런즉 너는 내 언약을 지키고 네 후손도 대대로 지키라. 너희 중 남자는 다 할례를 받으라 이것이 나와 너희와 너희 후손 사이에 지킬 내 언약이니라. 너희는 포피를 베어라 이것이 나와 너희 사이의 언약의 표징이니라.

그러나 신은 여성과는 아무 약속도 하지 않았다.
우리가 성경에서 찾을 수 있는 많은 예들이 있다.

- 마태 25:1에서 예수가 말한다. "그때에 천국은 마치 등을 들고 신랑을 맞으러 나간 열 처녀와 같다 하리니."
- 요한 20:17에서 예수는 여자가 손대는 것이 꺼림칙한 듯이 "나를 붙들지 말라 내가 아직 아버지께로 올라가지 아니하였노라"라고 마리아에게 말한다. 하지만 몇 구절 뒤에 도마가 그를 만지는 것은

기꺼이 허락한다.

- 창세기 3장에서 신은 이브와 모든 여성에게 출산할 때 극도의 고통으로 수천 년간 벌을 준다. 그런 고통을 아담에게는 주지 않았다.

- 신명기 22:28-29에는 이런 구절이 있다. '만일 남자가 약혼하지 아니한 처녀를 만나 그를 붙들고 동침하는 중에 그 두 사람이 발견되면 그 동침한 남자는 그 처녀의 아버지에게 은 오십 세겔을 주고 그 처녀를 아내로 삼을 것이라 그가 그 처녀를 욕보였은즉 평생에 그를 버리지 못하리라.' 이렇게, 신의 말은 만일 당신이 남자이고 소녀를 강간하면 그녀는 당신의 아내가 된다는 것이다. 아주 멋지다.

- 에베소서 5:22-24에서는 이런 내용을 발견한다. '아내들이여 자기 남편에게 복종하기를 주께 하듯 하라. 이는 남편이 아내의 머리됨이 그리스도께서 교회의 머리됨과 같음이니 그가 바로 몸의 구주시니라. 그러므로 교회가 그리스도에게 하듯 아내들도 범사에 자기 남편에게 복종할지니라.'

- 베드로전서 3:7: 남편들아 이와 같이 지식을 따라 너희 아내와 동거하고 그를 더 연약한 그릇이요 또 생명의 은혜를 함께 이어받을 자로 알아 귀히 여기라 이는 너희 기도가 막히지 아니하게 하려 함이라.

- 요한1서 2:13에서 요한은 말한다. "아비들아 내가 너희에게 쓰는 것은 너희가 태초부터 계신 이를 알았음이요 청년들아 내가 너희에게 쓰는 것은 너희가 악한 자를 이기었음이라. 아이들아 내가

너희에게 쓴 것은 너희가 아버지를 알았음이요." 여성에 대한 언급은 없다.

- 민수기 31:14-18에 이런 내용이 있다. '모세가 군대의 지휘관 곧 싸움에서 돌아온 천부장들과 백부장들에게 노하니라. 모세가 그들에게 이르되 너희가 여자들을 다 살려두었느냐. 보라 이들이 발람의 꾀를 따라 이스라엘 자손을 브올의 사건에서 여호와 앞에 범죄하게 하여 여호와의 회중 가운데에 염병이 일어나게 하였느니라. 그러므로 아이들 중에서 남자는 다 죽이고 남자와 동침하여 사내를 아는 여자도 다 죽이고 남자와 동침하지 아니하여 사내를 알지 못하는 여자들은 다 너희를 위하여 살려둘 것이니라.' 여자를 성 노예로 만드는 것은 분명히 신의 뜻이다.
- 기타 등등, 구약과 신약을 통틀어 이런 예들은 수없이 많다.

성경에 쉽게 보이는 여성혐오주의자의 폭넓은 다른 예들도 있다.

- 예수의 제자 중에 한 명이라도 여성이 있는가? 없다.
- 계시록에 있는 어른들 중에 한 명이라도 여성이 있는가? 없다.
- 성경책 중의 어느 부분이라도 여성이 쓴 것이 있는가? 없다.
- 기타

신은 여성과 아무 관련이 없기를 바란 것처럼 보인다.

신의 여성혐오주의에 대한
현대적 거부

여성으로서 이런 모든 성차별주의를 어떻게 느끼는가?

신의 여성혐오주의는 성경에 묘사된 것처럼 수세기 동안 사회에 영향을 미쳐왔음을 명심하라. 예를 들어 미합중국 헌법은 처음부터 여성의 권리를 명확히 부정하도록 기안되었다. 지난 1920년까지 미국에서 여성은 투표조차 할 수 없었다. 참정권 운동에서 투쟁한 수십 년이 지나고서야 가능했다.

이것을 생각하면 무언가 이상하다는 것을 깨달을 것이다. 성경과 성경의 광범위한 영향에도 불구하고, 그리고 신의 영원한 말씀으로 여겨진다는 사실에도 불구하고, 현대의 인간은 성경의 가르침을 넘어 많이 진화했다. 사실 우리는 신의 성차별주의를 총체적으로 거부한다. 현대의 인간은 신을 완전히 무시한다.

- 우리는 여성을 주요 기업의 대표로 만든다.
- 우리는 여성을 정부의 고위관료로 선출한다.
- 우리는 여성을 대학의 총장으로 지명한다.
- 우리는 학교를 여성 교사들로 채운다.
- 우리는 여성이 교회에서 자유롭게 말하게 한다.

우리는 신과 그의 영원한 말씀이 틀렸음을 알기에, 성경에 있는 신의 법에 직접적으로 도전하여 이런 모든 행동을 하는 것이다.

왜 이렇게 성경을 완전히 무시하는가? 성차별주의가 나오면 당신은 왜 여성으로서 신의 말씀을 거부하는가? 나는 이런 가능성을 제시해 본다. 여성에 대한 성경의 태도가 아주 불합리하므로 그렇게 한다. 여성과 남성이 어떤 방식이든 불평등하게 대우받을 합리적 이유가 없음을 현대의 지성적인 인간들은 완전한 확신을 가지고 인식한다. 그러므로 우리는 성경 속 신의 말씀을 거부해야 한다.

성경의 모순이 보이는가? 재미있는 것은 수십억의 기독교인들이 여전히 신을 숭배하고 성경이 신의 말씀이라고 주장하는 것이다. 신의 말씀에 전적으로 맞서 여성들은 교회에서 기쁘게 일어서서 얼마나 신을 사랑하는지를 공표한다. 대법원의 스칼리아 판사는 여성들은 닥치고 복종하라고 말한 그 책에서 나온 십계명을 지지한다고 나발을 불어댈 것이다(스칼리아 판사에 관해서는 13장을 보라).

여기 무슨 일이 진행되고 있는가?

여성혐오주의의
합리화

편견 없는 관찰자라면 아마 이 상황이 어리둥절할 것이다. '여자들은 교회에서 조용히 있어야 한다. 그들은 말하는 것이 허용되지 않으며 복종해야 한다'라는 신의 말은 잘못 해석할 구석이 없다. 또한 '여자가 가르치거나 남자보다 더 권위를 갖는 것을 허락할 수 없다. 여자는 침묵을 지켜야 한다'고 할 때도 마찬가지다. 그 뜻으로 한 말이 아니라면 왜 그 말을 했을까? 그리고 기독교인들은 신이 분명히 금지시켰는데도 왜 여자들이 교회에서 말하고 학교에서 가르치도록 허락하는 것일까?

종교적인 사람은 "신은 시대적 관습에 '맞춰야' 했습니다"라고 말할지도 모른다. 노예제도를 논의할 때 13장에서 이 논점을 이야기했다. 당신의 일반상식은 뭐라 하는가? 전능한 우주의 창조자이며 인류의 아버지인 신이 여성을 평등하게 대우하기를 원했다면, 그가 해야 했던 모든 일은 아담을 만들 때 정리되었다. 또는 '남자와 여자를 평등하게 대하라'고 하는 12계명을 썼을 것이다. 성경의 여기저기에 남성과 여성을 동등하게 표현했을 것이다. 예수 제자의 반은 여성이었을 것이다. 그것이 사안을 아주 분명하게 만든다. 남성과 여성이 동등하기를 원했다면 신은 그렇게 되도록 만들었을 것이다.

생각하고 또 생각해볼 수 있다. 아무리 꼼꼼히 따져봐도 성차별주의는 성경에 아주 명백히 존재한다. 아무런 모호함이 없다. 신은 전능한 여성혐오주의자라고 결론지을 수밖에 없다. 그렇지 않은가?

17장에서 다음 내용들을 논의할 것이지만 여기서 잠깐 소개하는 것이 좋겠다. 신이 '신의 말씀'을 쓰고 간행하려고 했다면 책은 왜 그렇게 많은 문제들을 포함하고 있는가?

- 왜 성경의 모든 페이지는 그 걸출함과 통찰력으로 우리를 놀라게 하지 못하고, 경이로움으로 채우지 않는가?
- 그 대신 왜 그렇게 많은 터무니없는 소리와 편협한 생각을 담고 있는가?
- 왜 기독교인들은 끊임없이 성경을 정당화하고 합리화하고 변명하

고 설명하는가? 그런 경우 우리는 여러 가지 다른 차원에서 여성들을 분명히 혐오하는 신에 대항하는 현대 기독교인들을 발견한다.

- 신은 왜 21세기의 지성적 인간들이 어떻게 기다릴지를 이해하지 못하고, 성경을 쓸 때 똑바로 반영하지 못했는가? 진실은 신이 '나는 여자들이 가르치거나 남자들보다 더 권위를 갖는 것을 허락하지 않는다. 여자는 침묵을 지켜야 한다'고 말할 때 우리가 완전히 무시할 수밖에 없다는 것이다. 특히 인구의 50퍼센트인 대부분의 여성은 아무도 그것을 믿지 않는다.

당신이 기독교인이라면, 성경에서 보는 성차별주의를 설명할 수 있는 두 가지 가능한 방법을 생각해보기를 부탁한다.

- 신이 실제로 성경을 썼고 성차별주의자와 여성혐오주의자가 존재하는 것이 사실이라고 가정할 수 있다. 그 경우 우리는 여성을 남성과 평등하게 대함으로써 신의 말씀에 직접적으로 대항하는 것이다.
- 또는 신은 성경과 아무 관계가 없다고 가정할 수 있다. 이 경우 성경은 의미 없어지고, 13장에서 논의한 것처럼 우리는 그것을 폐기할 수 있다.

간단한 결론 이끌어내기

편견 없는 관찰자라면 누구나 성경에 있는 성차별주의의 근거를 쉽사리 이해할 수 있다. 성경은 신이 쓴 것이 아니다.

그것은 명백한 성차별주의자였던 미개인들이 썼다. 오늘날 아프가니스탄 같은 나라에서 남성이 여성을 어떻게 대하는가를 보라. 그런 사람들이 성경을 쓴 사람들이다.

그리고 우리 모두는 안다. 기독교인이든 비기독교인이든 마찬가지다. 현대사회와 (그 사회에 살고 있는 대부분의 기독교인을 포함한 모두가) 성차별주의를 적극 거부하는 이유는 모두 성경의 성차별주의가 잘못됐음을 알아서다. 그것은 기독교인들이 성경에 있는 노예제도와 동물 제물을 대하는 것을 보는 것과 똑같은 상황이다. 기독교인과 비기독교인 모두 성경이 분명 틀렸기 때문에 이 분야의 가르침을 거부한다.

정말로 이상한 것은, 기독교인들이 성경의 이런 부분을 전적으로 거부하면서도 다른 부분은 신의 말씀이라고 주장할 것이라는 점이다. 그들은 명백한 모순에 눈감은 듯 보인다.

신이 성경을 썼거나 쓰지 않았거나 기독교인들은 모두가 볼 수 있는 증거들을 인정해야 한다. '신이 썼다면 신은 틀렸고, 우리는 성경과 신을 거부해야 한다. 신이 쓰지 않았다면 성경을 거부해야 한다.'

이 사실은 이제 모든 여성과 합리적인 남성 누구에게나 분명해졌다.

16장

신은 왜 수백만 어린이를 학살하는가?

지금까지의 3개 장은 신이 성경을 쓰지 않았음을 증명할 수 있는 모든 증거를 제시한다. 분명히 모두를 사랑하는 신은 노예제도의 막강한 지지자가 될 수 없다. 모두를 사랑하는 신은 동물/인간 제물을 모두 옹호할 수 없다. 두드러지는 여성혐오주의자가 될 수도 없다. 그런데 신이 노예제도와 동물/인간 제물을 사랑하고, 여성을 증오한다고 성경이 밝혔기 때문에 대부분의 사람들이 신보다는 미개한 이들이 성경을 썼다고 결론짓기 쉬운 것이다.

하지만 당신이 추가 증거를 요구한다면 우리는 다른 각도에서 접근해 같은 결론에 도달할 수 있다.

성경은 크리스마스 이야기가 뒤섞인 마태 2장에서 수천 명의 아기들에 대한 놀라운 학살을 묘사한다.

집에 들어가 아기와 그의 어머니 마리아가 함께 있는 것을 보고 엎드려 아기께 경배하고 보배합을 열어 황금과 유향과 몰약을 예물로 드리니라. 그들은 꿈에 헤롯에게로 돌아가지 말라 지시하심을 받아 다른 길로 고국에 돌아가니라.

그들이 떠난 후에 주의 사자가 요셉에게 현몽하여 이르되 헤롯이 아기를 찾아 죽이려 하니 일어나 아기와 그의 어머니를 데리고 애굽으로 피하여 내가 네게 이르기까지 거기 있으라 하시니. 요셉이 일어나서 밤에 아기와 그의 어머니를 데리고 애굽으로 떠나가 헤롯이 죽기까지 거기 있었으니 이는 주께서 선지자를 통하여 말씀하신 바 애굽으로부터 내 아들을 불렀다 함을 이루려 하심이라.

이에 헤롯이 박사들에게 속은 줄 알고 심히 노하여 사람을 보내어 베들레헴과 그 모든 지경 안에 있는 사내아이를 박사들에게 자세히 알아본 그때를 기준하여 두 살부터 그 아래로 다 죽이니. 이에 선지자 예레미야를 통하여 말씀하신 바 라마에서 슬퍼하며 크게 통곡하는 소리가 들리니 라헬이 그 자식을 위하여 애곡하는 것이라 그가 자식이 없으므로 위로 받기를 거절하였도다 함이 이루어졌느니라.

이 대량학살에 포함된 수천의 가족들을 생각해보라. 어떻게 신이 이런 짓을 했는가? 모든 것을 아는 존재인 신은 이런 일이 벌어질 것을 알고 있었다. 성경에 따르면 신은 사실상 자기 계산으로 그런 짓을 한 것이다. 왜 시간을 내서 지구에 내려와 자기 아들을 구하고, 죄 없이 죽은 다른 모든 아이들을 구하지 않았는가? 신이 사랑이라면 여기에 사랑이 어디에 있는가? 어떻게 자애로운 신께서 아무 조치도 취하지 않고 그런 엄청난 고통을 의도적으로 허용했는가?

신이라면 이 모든 고통을 방지하기 얼마나 쉬웠겠는가 생각해보라.

- 신이 헤롯의 꿈에 나타나 이 어린이들을 죽이지 마라고 말할 수 있었다.
- 헤롯을 죽일 수도 있었다.
- 현명한 사람들을 이끌어 헤롯이 그들에게 조롱당하지 않았다고 느끼게 할 수 있었다.
- 아기들을 보호할 수 있었다.
- 살인하는 병사들에게 그 임무를 수행하지 않게 할 수 있었다.
- 예수와 그 가족을 이집트로 보낼 때 아기들의 가족도 모두 보낼 수 있었다.
- 신이 조절해서 그 당시 예수 외에는 남자아이가 태어나지 않도록 할 수 있었다.
- 신이 역사를 바꾸어 헤롯이 왕이 못 되게 할 수 있었다.

수천 가지의 해결책을 얼마든지 생각해낼 수 있었건만, 신은 아무 것도 안 했다.

신은 아들을 지구에 보냄으로써 이 대량학살의 직접적인 원인을 제공했다. 그리고 전지전능한 존재인 신은 사건이 일어날 것을 알았고 그것을 막을 수 있는 힘도 지니고 있었다. 사실상 예수를 구하는 데 직접적인 행동을 했다. 하지만 수천 명의 다른 아이들을 구하는 대신 그들이 살육당할 때 지켜보기만 했다.

그러한 장면은 여기 한 곳만이 아니다. 출애굽기 12:28에서 신은 자신의 대량학살을 기술하고 있다.

> 이스라엘 자손이 물러가서 그대로 행하되 여호와께서 모세와 아론
> 에게 명령하신 대로 행하니라. 밤중에 여호와께서 애굽 땅에서 모든
> 처음 난 것 곧 왕위에 앉은 바로의 장자로부터 옥에 갇힌 사람의 장
> 자까지와 가축의 처음 난 것을 다 치시매. 그 밤에 바로와 그 모든
> 신하와 모든 애굽 사람이 일어나고 애굽에 큰 부르짖음이 있었으니
> 이는 그 나라에 죽임을 당하지 아니한 집이 하나도 없었음이었더라.

신이 손수 직접 어린이들을 죽인 것이다.
이사야 13장에서 신은 이런 말을 한다.

> 만나는 자마다 창에 찔리겠고 잡히는 자마다 칼에 엎드러지겠고. 그
> 들의 어린아이들은 그들의 목전에서 메어침을 당하겠고 그들의 집은
> 노략을 당하겠고 그들의 아내는 욕을 당하리라. 보라 은을 돌아보지
> 아니하며 금을 기뻐하지 아니하는 메대 사람을 내가 충동하여 그들
> 을 치게 하리니. 메대 사람이 활로 청년을 쏘아 죽이며 태의 열매를
> 긍휼히 여기지 아니하며 아이를 애석하게 보지 아니하리라.

얼마나 사랑스러운 형상인가!
예레미야 49:20에서도 신은 비슷한 그림을 그린다.

> 그런즉 에돔에 대한 여호와의 의도와 데만 주민에 대하여 결심하신

여호와의 계획을 들으라 양떼의 어린 것들을 그들이 반드시 끌고 다니며 괴롭히고 그 처소로 황폐하게 하지 않으랴. 그들이 넘어지는 소리에 땅이 진동하며 그가 부르짖는 소리는 홍해에 들리리라.

호세아 13장에도 비슷한 그림이 펼쳐진다.

사마리아가 그들의 하나님을 배반하였으므로 형벌을 당하여 칼에 엎드러질 것이요 그 어린아이는 부서뜨려지며 아이 밴 여인은 배가 갈라지리라.

민수기 31장도 그렇다.

모세가 그들에게 이르되 너희가 여자들을 다 살려두었느냐. 보라 이들이 발람의 꾀를 따라 이스라엘 자손을 브올의 사건에서 여호와 앞에 범죄하게 하여 여호와의 회중 가운데에 염병이 일어나게 하였느니라. 그러므로 아이들 중에서 남자는 다 죽이고 남자와 동침하여 사내를 아는 여자도 다 죽이고 남자와 동침하지 아니하여 사내를 알지 못하는 여자들은 다 너희를 위하여 살려둘 것이니라.

신의 대리인으로 일하는 모세가 수천 명의 남자아기와 어린이들 그리고 수천 명의 여인들도 죽이라고 명령한다. 35절에는 포로로 잡힌, '남자와 동침하지 아니하여서 사내를 알지 못하는 여자가 도합 삼만 이천 명이니'이라고 기술하고 있다. 소규모 공격이 아니었다. 수만 명의 남자, 여자, 어린이들이 대량으로 학살당했다.

　신명기 3장에서 우리는 이것을 본다.

　우리가 돌이켜 바산으로 올라가매 바산 왕 옥이 모든 백성을 거느리고 나와서 우리를 대적하여 에드레이에서 싸우고자 하는지라. 여호와께서 내게 이르시되 그를 두려워하지 말라 내가 그와 그의 모든 백성과 그의 땅을 네 손에 넘겼으니 네가 헤스본에 거주하던 아모리 족속의 왕 시혼에게 행한 것과 같이 그에게도 행할 것이니라 하시고. 우리 하나님 여호와께서 바산 왕 옥과 그의 모든 백성을 우리 손에 넘기시매 우리가 그들을 쳐서 한 사람도 남기지 아니하였느니라.

　그때에 우리가 그들에게서 빼앗지 아니한 성읍이 하나도 없이 다 빼앗았는데 그 성읍이 육십이니 곧 아르곱 온 지방이요 바산에 있는 옥의 나라이니라. 그 모든 성읍이 높은 성벽으로 둘려 있고 문과 빗장이 있어 견고하며 그 외에 성벽 없는 고을이 심히 많았느니라. 우리가 헤스본 왕 시혼에게 행한 것과 같이 그 성읍들을 멸망시키되 각 성읍의 남녀와 유아를 멸망시켰으나 다만 모든 가축과 그 성읍들에서 탈취한 것은 우리의 소유로 삼았으며.

　그들은 신의 요청에 따라 60개 도시에 있던 모든 남자, 여자, 어린이들을 몰살시켰다.

　또 지구 표면에서 모든 어린이들을 몰살시킨 노아의 홍수도 있다.

　성경에서 이런 이야기들을 보면 기이하게 느껴지지 않는가? 민수기 31장에 나오는 모세의 말은 더욱 그렇다. 십계명의 6번째가 '살인하지 마라'인 것을 상기해보라.

신은 어린이를 어떻게 생각하고 있는가? 왜 모두를 사랑하고 모든 것을 아는 신이 이런 식으로 행동하는가? 헤롯의 경우를 두고 종교적인 사람들은 이렇게 말할 수도 있다. "신은 성경에 나오는 예언을 실행하려고 그렇게 해야 했어요." 하지만 신이 그런 예언을 없애버릴 수도 있었으므로 이 얘기는 말이 되지 않는다.

보통사람들은 이런 구절을 읽으면 제일 먼저 역겨움을 느낀다. 보통사람이라면 누구나 이런 행동이 해괴하다는 것을 안다. 여기서 보는 것은 자애로운 신이라기보다는 엄청난 규모로 일을 벌이는 악마 같은 집행자일 뿐이다. 왜 이런 지독한 괴물을 섬기려고 하는가?

보통사람은 명료한 질문을 한다. "신이 정말로 이런 구절을 성경에 썼어? 신이 정말로 이런 행동을 용서할까?"

자애로운 신이라면 이런 행동을 용서하지 않을 것이라는 데 모두 동의하리라 생각한다. 따라서 성경의 이런 부분들은 신이 쓰지 않았을 것이다. 신이 성경을 쓰지 않았다는 것이 우리 모두에게 명백해진다.

이 대목에서 기독교인들, 특히 어쩌다 교회에 가는 '간편한 기독교인'에게 말하는 것이 적절하다. '해야 할 올바른 일'처럼 보이기 때문이다. 대부분의 기독교인들은 성경을 읽지 않는다. 그들은 성경의 신이 노예제도의 커다란 지지자이고, 여성을 혐오하고, 사랑스러운 어린아이를 학살한다는 사실을 모른다. 현대를 살아가는 인간으로서 우리는 이런 신을 섬겨야 하는가?

17장

성경에 관한 증거 평가

지금까지 꽤 많은 성경구절을 살펴보았다. 그래서 신은 노예제도의 지지자이고, 여성을 혐오하고, 어린이들을 몰살시키기를 즐기고, 동물과 인간 제물에 대한 방법을 자세히 기술했음을 발견했다. 당신이 기독교인이라면 스스로에게 물어야 할 중요한 질문이 있다.

당신은 모두를 사랑하고 전지전능하고 기도에 응답하는 신이 성경에 이런 구절들을 썼다고 믿는가?

이 질문은 이러한 사실 때문에 엄청나게 중요하다.

신이 성경을 썼다고 믿지 않는다면 당신에게 영혼이 있다거나, 당신이 죽은 뒤에 영원한 삶을 살게 될 것이라거나, 천국과 지옥이 있다거나, 신이 기도에 응답한다거나, 신이 십계명을 썼다거나, 신이 부활했다는 등등을 당신이 믿을 이유 또한 없다.

신이 성경을 썼다고 믿어 십계명이나 영원한 삶도 믿는다고 주장한다면 당신도 노예제도의 지지자이고 여성혐오주의자가 되어야 하는 것 아닌가? 두 가지 모두 같은 책이다.

요점은 단순하다. 신이 하늘나라의 영광된 옥좌에 앉아 이렇게 말하는 것을 상상할 수 있겠는가?

"전지전능한 우주의 창조자로서 내 피조물을 위해 책을 써야겠어. 그리고 그 책을 성경이라고 불러야지. 그런데 뭘 써넣을까? 옳거니! 구약과 신약에 모두 노예제도에 관한 절대적 필요성을 강조해야겠다. 노예제도는 아주 중요하니 사람들이 수천 년간 노예를 사고팔게 할 거야.

그리고 반드시 구약 신약 양쪽 모두에 내가 얼마나 여자를 싫어하는지를 보여줄 거다. 또 동물과 인간 제물에 관한 부분을 잊으면 안 되지. 제물은 모든 종교의 필수적인 요소이니 말이야. 사람들이 동물을 학살하고 그 피를 뿌리고 돌제단 위에서 사체를 불태우게 할 거야. 그 향기를 맡으면 기분이 좋아지거든.

그리고 인간 제물을 나에 대한 숭배의 핵심으로 만들어야지. 그리고 구약 신약 전부에 어린이 대량학살에 관한 멋진 부분도 분명히 포함시켜야겠다. 아기를 죽이는 건 내게 아주 중요하니까 이 책을 통해 강조해야 할 중요사항이야."

이걸 믿는가? 물론 아닐 것이다. 하지만 분명 신이 존재하고 성경을 썼다면 사실상 자신에게 그렇게 이야기한 것이다. 신이 성경에 열거한 이런 성향의 수많은 구절들을 당신 눈으로 직접 보아왔다. 신의 말을 보고 당신 스스로 확인해보라.

모든 것을 알고 모두를 사랑하는 신이 그런 무시무시한 구절들을 썼을 리 없다. 신이 아닌 미개인들 짓이라는 것이 당신에게 분명해질 것이다.

비기독교인들은
무엇을 해야 할까?

기독교인이라면, 그래서 성경을 신이 썼거나 혹은 '영감'을 주었다고 주장한다면 당신이 생각해봄 직한 두 번째 질문이 있다.

왜 당신은 이런 신을 믿는가? 그리고 왜 공공연하게 공개적으로 그 것을 받아들이는가?

옆집에 사는 비기독교인을 생각해보라. 그들은 성경을 읽을 수 있다. 그러한 존재를 믿는 당신을 괴물로 보는 이슬람교나 힌두교나 불교 같은, 기독교 신앙 밖에 있는 사람들이 논리적으로 보이지 않는가? 이런 신을 숭배하고 헌금을 함으로써 당신은 스스로가 노예제도, 여성혐오주의, 동물/인간 제물, 어린이 살인을 믿어야 한다는 것을 보여준다. 아닌가? 이런 구문들이 모두 바로 성경에 있다. 누구라도 그걸 읽을 수 있다. 이 신을 숭배함으로써 성경에 있는 그의 행동들을 지지함을 보여주고 있지 않은가? 비기독교인들이 어째서 노예제도를 지지하고, 여성을 혐오하고, 제물을 사랑하고, 어린이를 죽이는 신으로부터 당신이 메시지를 공개적으로 전파하기를 바라겠는가?

어떤 기독교인은 이 질문에 이렇게 대답할 것이다. "신은 살인자가 아니오! 신은 어린이들을 죽이시지 않소! 여성을 혐오하지도 않소! 당신이 말하는 어떠한 일도 결코 하시지 않을 것이오. 신은 사랑이오. 그렇게 성경에 쓰여 있소!" 그런 사람은 분명한 사항을 부정한다. 성경에 널려 있는 그런 구절들은 신이 원하지 않았으면 거기에 없었을 것이다. 전능한 신이 성경 쓸 시간을 냈다면 타락으로부터 그 내용을 보호하는 데 시간을 냈을 것이다. 신이 성경을 썼다면 의도적인 목적으로 신 자신이 모든 단어들을 배열한 것이다.

혹시 노예제도를 지지하는 것처럼 오역됐을 수도 있겠지만 그런 표현은 한 군데만 있는 게 아니다. 공개적으로 뻔뻔하게 노예제도를 절대적으로 찬양한 부분만 최소 10군데다. 여성을 싫어할 수도 있다는 '약간의 힌트'를 보인 것이 아니다. 신은 말과 행동에서 공개적인 적개심을 보인다. 동물 제물을 좋아할 뿐 아니라 그것을 요구하고 그것을 어떻게 만드는지 확실한 지침까지 준다. 어린이 한두 명을 죽인 것이 아니다. 공개적으로 수백만 명의 어린이를 대량학살했고 저서에서 그걸 인정한다.

이것이 성경의 신이다. 이것이 기독교인들이 숭배하는 신이다.

왜 그렇게도
터무니없는가?

        지금까지의 4개 장은 신이 성경을 쓰지 않았다는 것을 의심의 여지없이 증명한다. 고통스러울 만큼 명백하다.

하지만 증거가 더 필요하다면? 그렇다면 질문이 하나 있다. 성경을 읽을 때 당신은 왜 두렵지 않은가? 신이 쓴 책이 왜 당신을 경탄시키지 못하는가? 전지전능하고 모두를 사랑하는 우주의 창조자가 쓴 책인데, 저자의 찬란함, 명쾌함, 지혜에 압도돼 어리벙벙하지 않을까? 대단한 문장과 장엄한 통찰력으로 당신을 취하게 만드는 새로운 페이지를 기대하지 않을까?

성경을 열면 말문이 막힐 정도로 깜짝 놀랄 정도다. 그것을 알아챈 적이 있는가? 성경에는 찬란함 대신 터무니없는 내용이 넘쳐난다. 노예제도 옹호, 동물 제물, 여성혐오주의 등을 논의한 앞의 주제는 훌륭한 사례들이다. 빙산의 일각이랄까, 성경을 열면 거의 모든 페이지에서 지혜 대신 황당무계를 발견한다. 다음은 그 사례들이다.

> 그가 깊이 잠드니 헤벨의 아내 야엘이 장막 말뚝을 가지고 손에 방망이를 들고 그에게로 가만히 가서 말뚝을 그의 관자놀이에 박으매 말뚝이 꿰뚫고 땅에 박히니 그가 기절하여 죽으니라. [사사기 4장]

> 롯이 소알에 거주하기를 두려워하여 두 딸과 함께 소알에서 나와 산에 올라가 거주하되 그 두 딸과 함께 굴에 거주하였더니. 큰 딸이 작은 딸에게 이르되 우리 아버지는 늙으셨고 온 세상의 도리를 따라 우

리의 배필 될 사람이 이 땅에는 없으니. 우리가 우리 아버지에게 술을 마시게 하고 동침하여 우리 아버지로 말미암아 후손을 이어가자 하고. [창세기 19장]

유다가 오난에게 이르되 네 형수에게로 들어가서 남편의 아우 된 본분을 행하여 네 형을 위하여 씨가 있게 하라. 오난이 그 씨가 자기 것이 되지 않을 줄 알므로 형수에게 들어갔을 때에 그의 형에게 씨를 주지 아니하려고 땅에 설정하매. 그 일이 여호와가 보시기에 악하므로 여호와께서 그도 죽이시니. [창세기 38장]

에훗이 그에게로 들어가니 왕은 서늘한 다락방에 홀로 앉아 있는 중이라 에훗이 이르되 내가 하나님의 명령을 받들어 왕에게 아뢸 일이 있나이다 하매 왕이 그의 좌석에서 일어나니 에훗이 왼손을 뻗쳐 그의 오른쪽 허벅지 위에서 칼을 빼어 왕의 몸을 찌르매 칼자루도 날을 따라 들어가서 그 끝이 등 뒤까지 나갔고 그가 칼을 그의 몸에서 빼내지 아니하였으므로 기름이 칼날에 엉겼더라. 에훗이 현관에 나와서 다락문들을 뒤에서 닫아 잠그니라. [사사기 3장]

무리가 듣지 아니하므로 그 사람이 자기 첩을 붙잡아 그들에게 밖으로 끌어내매 그들이 그 여자와 관계하였고 밤새도록 그 여자를 능욕하다가 새벽 미명에 놓은지라. 동틀 때에 여인이 자기의 주인이 있는 그 사람의 집 문에 이르러 엎드러져 밝기까지 거기 엎드러져 있더라. 그의 주인이 일찍이 일어나 집 문을 열고 떠나고자 하더니 그 여인이

집 문에 엎드러져 있고 그의 두 손이 문지방에 있는 것을 보고 그에게 이르되 일어나라 우리가 떠나가자 하나 아무 대답이 없는지라 이에 그의 시체를 나귀에 싣고 행하여 자기 곳에 돌아가서 그 집에 이르러서는 칼을 가지고 자기 첩의 시체를 거두어 그 마디를 찍어 열두 덩이에 나누고 그것을 이스라엘 사방에 두루 보내매.

그것을 보는 자가 다 이르되 이스라엘 자손이 애굽 땅에서 올라온 날부터 오늘까지 이런 일은 일어나지도 아니하였고 보지도 못하였도다 이 일을 생각하고 상의한 후에 말하자 하니라. 〔사사기 19장〕

그 왕들을 여호수아에게로 끌어내매 여호수아가 이스라엘 모든 사람을 부르고 자기와 함께 갔던 지휘관들에게 이르되 가까이 와서 이 왕들의 목을 발로 밟으라 하매 그들이 가까이 가서 그들의 목을 밟으매.

여호수아가 그들에게 이르되 두려워하지 말며 놀라지 말고 강하고 담대하라 너희가 맞서서 싸우는 모든 대적에게 여호와께서 다 이와 같이 하시리라 하고. 그 후에 여호수아가 그 왕들을 쳐죽여 다섯 나무에 매달고 저녁까지 나무에 달린 채로 두었다가. 〔여호수아 10장〕

그가 무기를 든 자에게 이르되 네 칼을 빼어 그것으로 나를 찌르라 할례받지 않은 자들이 와서 나를 찌르고 모욕할까 두려워하노라 하나 무기를 든 자가 심히 두려워하여 감히 행하지 아니하는지라 이에 사울이 자기의 칼을 뽑아서 그 위에 엎드러지매. 무기를 든 자가 사울이 죽음을 보고 자기도 자기 칼 위에 엎드러져 그와 함께 죽으니

라. [사무엘상 31장]

모세가 그들에게 이르되 너희가 여자들을 다 살려두었느냐. 보라 이
들이 발람의 꾀를 따라 이스라엘 자손을 브올의 사건에서 여호와 앞
에 범죄하게 하여 여호와의 회중 가운데에 염병이 일어나게 하였느
니라. 그러므로 아이들 중에서 남자는 다 죽이고 남자와 동침하여 사
내를 아는 여자도 다 죽이고 남자와 동침하지 아니하여 사내를 알지
못하는 여자들은 다 너희를 위하여 살려둘 것이니라. [민수기 31장]

두 사람이 서로 싸울 때에 한 사람의 아내가 그 치는 자의 손에서 그
의 남편을 구하려 하여 가까이 가서 손을 벌려 그 사람의 음낭을 잡
거든 너는 그 여인의 손을 찍어버릴 것이고 네 눈이 그를 불쌍히 여
기지 말지니라. [신명기 25장]

이 인용문들에서 알아야 할 두 가지가 있다. 먼저, 모두가 역겹다는
것이다. 다음은 그것들은 모두 극도로, 그리고 완전히 부적절한 일을
하는 남자와 여자에 관한 이야기들이라는 것이다. 무엇 때문에 천막
말뚝으로 남자를 죽이는 여자 또는 동거녀를 토막 내 그것을 주위에
보내는 남자에게 관심을 가져야 하는가? 당신은 병사들에게 "모두 죽
여라, 하지만 처녀들은 너희를 위해 남겨두어라"라고 말하는 모세에
관심이 있는가? 신이 수천 년간 지속될 책을 쓸 시간을 내었다면, 왜
그런 쓸데없는 내용으로 채웠을까?

성경의 또 다른 문제는 성경이 신의 표준모델을 자주 부정한다는

것이다. 레위기 21:17에서 온 예가 있다.

> 아론에게 말하여 이르라 누구든지 너의 자손 중 대대로 육체에 흠이
> 있는 자는 그 하나님의 음식을 드리려고 가까이 오지 못할 것이니라.
> 누구든지 흠이 있는 자는 가까이 하지 못할지니 곧 맹인이나 다리 저
> 는 자나 코가 불완전한 자나 지체가 더한 자나 발 부러진 자나 손 부
> 러진 자나
> 등 굽은 자나 키 못 자란 자나 눈에 백막이 있는 자나 습진이나 버짐
> 이 있는 자나 고환 상한 자나 제사장 아론의 자손 중에 흠이 있는
> 자는 나와 여호와께 화제를 드리지 못할지니 그는 흠이 있은즉 나와
> 서 그의 하나님께 음식을 드리지 못하느니라.
> 그는 그의 하나님의 음식이 지성물이든지 성물이든지 먹을 것이나
> 휘장 안에 들어가지 못할 것이요 제단에 가까이 하지 못할지니 이는
> 그가 흠이 있음이니라 이와 같이 그가 내 성소를 더럽히지 못할 것은
> 나는 그들을 거룩하게 하는 여호와임이니라.

모두를 사랑하는 신이 장애나 태생적인 문제가 있는 사람들을 차
별한다는 것이 이상하지 않는가?
다른 예도 있다. 신명기 21:18에서 성경은 말한다.

> 사람에게 완악하고 패역한 아들이 있어 그의 아버지의 말이나 그 어
> 머니의 말을 순종하지 아니하고 부모가 징계하여도 순종하지 아니하
> 거든 그의 부모가 그를 끌고 성문에 이르러 그 성읍 장로들에게 나아

가서 그 성읍 장로들에게 말하기를 우리의 이 자식은 완악하고 패역하여 우리 말을 듣지 아니하고 방탕하며 술에 잠긴 자라 하면 그 성읍의 모든 사람들이 그를 돌로 쳐죽일지니 이같이 네가 너희 중에서 악을 제하라 그리하면 온 이스라엘이 듣고 두려워하리라.

'사람을 죽이지 마라'라는 여섯 번째 계명을 부정하는 걸로 보이지 않는가? 그리고 가혹해 보이지 않는가? 이런 종류의 철학을 현대에 적용한다면(기독교인들은 성경과 십계명을 신의 오류 없는 말씀으로 칭송하므로 현대에 적응해야 한다) 우리의 10대들 수백만 명이 돌에 맞아 죽어야 할 것이다.

다른 예를 들자면, 시나이 산에서 모세가 십계명이 들어 있는 돌판을 갖고 내려오던 날 그는 이스라엘 백성들이 금송아지를 만든 것을 발견한다. 모세는 그들을 벌하기 위해서 남자들 무리를 모으고 출애굽기 32장에 있는 다음의 행동을 취한다.

모세가 그들에게 이르되 이스라엘의 하나님 여호와께서 이렇게 말씀하시기를 너희는 각각 허리에 칼을 차고 진 이 문에서 저 문까지 왕래하며 각 사람이 그 형제를, 각 사람이 자기의 친구를, 각 사람이 자기의 이웃을 죽이라 하셨느니라. 레위 자손이 모세의 말대로 행하매 이 날에 백성 중에 삼천 명가량이 죽임을 당하니라.

그렇게…… '살인하지 마라'라고 돌에 새긴 신이 있고, 모든 남자는 칼을 차고 수천 명을 죽이라고 말하는 신이 있다. 우주의 전능한 통치자라면 이보다는 조금 더 일관적이기를 기대하게 되지 않을까? 죽은 3,000명은 계명 파괴의 엄청난 사례인 것이다.

어떤 기독교인들은 이렇게 말하면서 이 말도 안 되는 모순의 구실을 찾으려고 한다. "글쎄요. 난 구약을 안 믿어요. 신은 그걸 취소시키려고 예수를 보냈어요." 하지만 그건 진실이 아니다. 신이 성경을 썼다면 충분히 흠이 없고 영원한 책으로 기획했을 것이다. 이사야 40:8에서 신은 말한다. "풀은 마르고 꽃은 시드나 우리 하나님의 말씀은 영원히 서리라 하라." 마태 5:18에서 예수는 말한다. "진실로 너희에게 이르노니 천지가 없어지기 전에는 율법의 일점 일획도 결코 없어지지 아니하고 다 이루리라." 예수가 '법'을 이야기할 때 그 말은 신이 구약에 넣어놓은 모든 법을 말한다. 그런 법은 신이 노예제도, 여성혐오주의, 동물 제물, 십대를 돌로 쳐 죽이기, 손 자르기 그리고 다른 나머지에 대한 모든 말을 포함한다.

실험 하나

당신이 해볼 실험이 하나 있다. 곁에 있는 아무 성경이나 집어 들어 아무 페이지나 펴고 읽어본다. 난 이 책을 쓰는 오늘 아침에 같은 실험을 하고 있다. 내가 마주한 무작위 인용문 다섯 개가 여기 있다.

여호와께서 모세와 아론에게 말씀하여 이르시되 이스라엘 자손에게 말하여 이르라 누구든지 그의 몸에 유출병이 있으면 그 유출병으

214

로 말미암아 부정한 자라. 그의 유출병으로 말미암아 부정함이 이러하니 곧 그의 몸에서 흘러나오든지 그의 몸에서 흘러나오는 것이 막혔든지 부정한즉.

유출병 있는 자가 눕는 침상은 다 부정하고 그가 앉았던 자리도 다 부정하니 그의 침상에 접촉하는 자는 그의 옷을 빨고 물로 몸을 씻을 것이며 저녁까지 부정하리라. 유출병이 있는 자가 앉았던 자리에 앉는 자는 그의 옷을 빨고 물로 씻을 것이요 저녁까지 부정하리라.

유출병이 있는 자의 몸에 접촉하는 자는 그의 옷을 빨고 물로 몸을 씻을 것이며 저녁까지 부정하리라. 유출병이 있는 자가 정한 자에게 침을 뱉으면 정한 자는 그의 옷을 빨고 물로 몸을 씻을 것이며 저녁까지 부정하리라. 유출병이 있는 자가 탔던 안장은 다 부정하며 그의 몸 아래에 닿았던 것에 접촉한 자는 다 저녁까지 부정하며 그런 것을 옮기는 자는 그의 옷을 빨고 물로 몸을 씻을 것이며 저녁까지 부정하리라. [레위기 15장]

이렇다면, 신의 법칙을 따르는 의사와 간호사들을 상상할 수 있겠는가?

이에 솔로몬이 여호와의 언약궤를 다윗 성 곧 시온에서 메어 올리고자 하여 이스라엘 장로와 모든 지파의 우두머리 곧 이스라엘 자손의 족장들을 예루살렘에 있는 자기에게로 소집하니. 이스라엘 모든 사람이 다 에다님월 곧 일곱째 달 절기에 솔로몬 왕에게 모이고.

이스라엘 장로들이 다 이르매 제사장들이 궤를 메니라. 여호와의 궤와 회막과 성막 안의 모든 거룩한 기구들을 메고 올라가되 제사장과 레위 사람이 그것들을 메고 올라가매 솔로몬 왕과 그 앞에 모인 이스라엘 회중이 그와 함께 그 궤 앞에 있어 양과 소로 제사를 지냈으니 그 수가 많아 기록할 수도 없고 셀 수도 없었더라. 〔열왕기상 8장〕

그래서? 이게 무슨 관계가 있는가? 신은 왜 이런 말을 썼는가?

내가 여호와의 인자하심을 영원히 노래하며 주의 성실하심을 내 입으로 대대에 알게 하리이다. 내가 말하기를 인자하심을 영원히 세우시며 주의 성실하심을 하늘에서 견고히 하시리라 하였나이다. 주께서 이르시되 나는 내가 택한 자와 언약을 맺으며 내 종 다윗에게 맹세하기를 내가 네 자손을 영원히 견고히 하며 네 왕위를 대대에 세우리라 하셨나이다. (셀라)

여호와여 주의 기이한 일을 하늘이 찬양할 것이요 주의 성실도 거룩한 자들의 모임 가운데에서 찬양하리이다. 무릇 구름 위에서 능히 여호와와 비교할 자 누구며 신들 중에서 여호와와 같은 자 누구리이까. 하나님은 거룩한 자의 모임 가운데에서 매우 무서워할 이시오며 둘러 있는 모든 자 위에 더욱 두려워할 이시니이다. 여호와 만군의 하나님이여 주와 같이 능력 있는 이가 누구리이까 여호와여 주의 성실하심이 주를 둘렀나이다. 주께서 바다의 파도를 다스리시며 그 파도가 일어날 때에 잔잔하게 하시나이다. 주께서 라합을 죽임 당한 자같이 깨뜨리시고 주의 원수를 주의 능력의 팔로 흩으셨나이다. 〔시편 89〕

또, 얼마나 관계가 있는가?

이튿날 그들이 길을 가다가 그 성에 가까이 갔을 그 때에 베드로가 기도하려고 지붕에 올라가니 그 시각은 제 육 시더라. 그가 시장하여 먹고자 하매 사람들이 준비할 때에 황홀한 중에 하늘이 열리며 한 그릇이 내려오는 것을 보니 큰 보자기 같고 네 귀를 매어 땅에 드리웠더라. 그 안에는 땅에 있는 각종 네 발 가진 짐승과 기는 것과 공중에 나는 것들이 있더라.

또 소리가 있으되 베드로야 일어나 잡아먹어라 하거늘 베드로가 이르되 주여 그럴 수 없나이다 속되고 깨끗하지 아니한 것을 내가 결코 먹지 아니하였나이다 한 대 또 두 번째 소리가 있으되 하나님께서 깨끗하게 하신 것을 네가 속되다 하지 말라 하더라. 이런 일이 세 번 있은 후 그 그릇이 곧 하늘로 올려져 가니라.

베드로가 본 바 환상이 무슨 뜻인지 속으로 의아해하더니 마침 고넬료가 보낸 사람들이 시몬의 집을 찾아 문 밖에 서서 불러 묻되 베드로라 하는 시몬이 여기 유숙하느냐 하거늘. (사도행전 10장)

하늘에 큰 이적이 보이니 해를 옷 입은 한 여자가 있는데 그 발 아래에는 달이 있고 그 머리에는 열두 별의 관을 썼더라. 이 여자가 아이를 배어 해산하게 되매 아파서 애를 쓰며 부르짖더라.

하늘에 또 다른 이적이 보이니 보라 한 큰 붉은 용이 있어 머리가 일곱이요 뿔이 열이라 그 여러 머리에 일곱 왕관이 있는데 그 꼬리가 하늘의 별 삼분의 일을 끌어다가 땅에 던지더라 용이 해산하려는 여자 앞에서 그가 해산하면 그 아이를 삼키고자 하더니. 여자가 아들을 낳으니 이는 장차 철장으로 만국을 다스릴 남자라 그 아이를 하나님 앞과 그 보좌 앞으로 올려가더라. 그 여자가 광야로 도망하매 거기서 천이백육십 일 동안 그를 양육하기 위하여 하나님께서 예비하신 곳이 있더라. 〔요한계시록 12장〕

이 구절들이 놀라운가? 그 구절들의 광채와 지혜가 영감을 주는가? 경탄의 감각을 남기는가? 당신 또는 당신의 인생에 시사하는 바가 있는가? 성경이 계속 읽고 싶은 책으로 보이는가? 가장 중요하게는, 이 구절들은 전지전능한 신이 썼다는 인상을 주는가? 스스로 실험해보고 무엇을 알게 되는지 보라. 전지한 신의 문장에서 당신이 무엇을 읽는지 생각해보라.

스스로에게 솔직해지자. 성경이 당신을 놀라게 하는 것은 광채인가 또는 허튼소리인가?

당신이 읽는 것을 생각하라

'당신이 읽는 것을 생각하라'라고 이야기하는 것은 무슨 의미일까? 앞의 레위기 15장을 예로 인용해본다. 구절은 '분비'를 논의하고 있다. 신은 왜 이렇게 이야기하지 않는가.

사람의 몸을 만들 때 내가 주었던 47가지의 다른 종류의 비정상적인 분비가 있다. 발생 빈도에 따라 일반적으로 절상이나 창상으로 감염된 피부 상처에서 나오는 분비물들이다. 여기서 발생하는 것은 세균 감염이다.

먼저, 너희가 절상이나 창상을 입으면 세균을 죽이기 위해 살균용액으로 조심스럽게 세척하고, 세균침투를 막기 위해 상처를 멸균가제로 덮어야 한다. 또 파상풍 7백신을 확실히 맞아야 한다. 이 조치는 모든 감염의 98.7퍼센트를 방지할 것이다.

하지만 상처가 감염되었다면 상처를 도려내고 짜내야 한다. 아프겠지만 아주 중요한 과정이다. 왜냐하면 고름이 생기도록 놔두면……

신은 이 모든 것을 알아야 한다. 기독교인들에 따르면 그렇다. 레위기 15장을 읽을 때 보통사람이라면 이렇게 물을 것이다.

- 신은 왜 성경에 아무 쓸모도 없는 의식절차를 쓰기보다 이 미개인들을 위한 유용한 의료 안내를 기술하지 않았는가?
- 신은 왜 살균용액, 멸균가제, 파상풍 백신, 항생연고 등을 만드는 방법을 설명하지 않는가?
- 더 좋게는, 왜 상처를 즉시 치료할 수 있는 '스타트렉 트리코더'를 세우는 방법을 설명하지 않는가?
- 또한, 왜 처음 장소에서 모든 감염을 방지하고 분비물을 완전히 제거하도록 인간의 면역체계를 설계하지 않았는가? 신은 왜 사람에게 이런 다른 모든 종류의 비정상적 분비물을 심어주었는가?

이런 생각들을 확대하자면, 신은 왜 야금술, 화학, 생물학, 물리학, 제조, 수학, 의학, 공학 등을 미개한 사람들에게 설명하여 그들이 극적으로 발전을 가속화할 수 있도록 성경을 이용하지 않는가?

다른 말로 하면, 성경은 왜 그렇게 쓸모가 없는가? 신으로 여겨지고, 모든 것을 안다는 성경의 저자는 왜 그렇게 아는 것이 적은가? 왜 기껏해야 미개인의 지식에 한정되는가? 모든 것을 아는 신이 쓴 것으로 생각되는 성경 문장에서 읽은 것을 생각해보면 도대체 말이 되는 것이 없다.

이 2부에서 성경구절을 읽은 다음 당신의 일반상식은 뭐라고 하는가? 전지전능하고 모두를 사랑하는 존재가 썼다는 견해와 맞아 떨어지는가? 말도 안 되는 내용이 그렇게 많은 것이 이해되는가? 읽고 나니 인간에 대한 신의 사랑이 남는가, 아니면 극단의 멍청함 때문에 놀라서 말이 안 나오는가?

증거에 무게를 두라. 신인가, 아니면 미개인 집단이 쓴 것 같은가?

당신 자신에게
증명하기

이를 당신 자신에게 증명하기는 쉽다. 다음의 방법으로 그렇게 할 수 있다.

나와 함께 국영텔레비전 방송국에 가보자. 우리는 오프라, 래리 킹, 빌 오레일리 같은 주요 진행자들이 있는 국영방송의 쇼프로에 가려고 한다.

당신이 해야 할 모든 것이 여기 있다. 당신은 최신 국제판 또는 최신 미국표준판(당신이 선택한다) 성경을 30분간 읽는다. 꿈이 이루어지는 것이다. 여기서 당신은 신의 말씀의 힘을 직접적으로 나라에 전파할 기회를 갖게 될 것이다.

내 부탁은 딱 한 가지다. 당신이 읽을 구절을 내가 선택하는 것.

이 도전을 받아들일 텐가? 물론 아닐 것이다. 내게 선택권이 주어지면 나는 당신을 텔레비전에서 완전한 바보로 보이게 할 수 있다. 나는 당신에게 노예제도, 여성혐오주의, 동물 제물, 어린이 대량학살, 토막 난 동거녀, 천막 말뚝 그리고 나머지 모든 것에 대한 구절을 읽게 할 수 있다. 정상적인 생각으로는 아무도 이 도전을 받아들이지 않을 것이다.

이것이 우리가 신이 성경을 쓰지 않았다는 것을 의심 없이 알아차리는 방법이다. 실제로 전지전능하고 모두를 사랑하는 우주의 창조자가 썼다면, 책은 그렇게 멍청한 내용으로 채워지지 않았을 것이다.

이 모든 것이
의미하는 것

성경이 정말로 전능한 신의 오류 없는 말씀이라면, 그것은 심오하고, 의미 있고, 영원하고, 흥미롭고 영적 차원이나 기술적 차원 모두를 밝히는 것일 것이다. 우리가 지금까지 알지 못했던 것을 알려줄 것이며 저자의 광채로 우리를 놀라게 할 것이다. 우리는 성경의 단어들을 경외심을 갖고 볼 것이다.

하지만 신은 성경과 아무 관계가 없다는 것이 명백하다. 단순히 책을 열고 읽어보라. 성경은 '모든 것을 아는 우주의 창조자'의 아무런 지침도 없는, 2,000년 또는 3,000년 전에 살았던 미개한 사람들이 만든 작품이다. 앞 장은 아무 의심 없이 분명히 그것을 보여준다.

당신이 기독교인이라면 두 가지 선택이 남을 것이다.

- 당신은 성경을 신의 말씀이라고 계속 주장할 수 있다. 당신은 그것이 거짓말임을 모른다. 분명 모든 것을 알고 모두를 사랑하는 신은 노예제도를 옹호할 수 없다. 성차별주의자도 될 수 없다.
- 당신은 분명한 증거를 바탕으로 합리적인 결정을 내릴 수 있다. 성경을 거부할 수 있다. 미개인들의 작품이므로 오늘날 우리에게 완전히 부적절하다는 것을 받아들인다. 성경의 권위를 거부하고 성경이 신으로부터 전해지는 말이라고 주장하는 사람들을 모두 거부할 수 있다.

일단 신이 성경을 쓰지 않았다는 사실을 받아들이면 그것은 매우 막강한 현실이 된다. 많은 함축의미를 갖게 된다.

- 성경은 예수가 신의 아들이라고 주장한다. 이제 당신은 성경이 신의 작품이 아님을 알기 때문에 현실을 볼 수 있다. 예수는 보통의 다른 사람처럼 사람이었다.
- 기독교와 유대교는 신학적 기초인 성경을 잃었으므로 종교로서 무효하다.

- 성경은 더 이상 '신의 권위' 아래 압제의 도구로 쓰일 수 없다. 예를 들어 여성에 관한 성경의 입장을 보라. 고린도전서에서 성경은 말한다. '여자는 교회에서 잠잠하라 그들에게는 말하는 것을 허락함이 없나니 율법에 이른 것같이 오직 복종할 것이요. 만일 무엇을 배우려거든 집에서 자기 남편에게 물을지니 여자가 교회에서 말하는 것은 부끄러운 것이라.' 또는 동성애를 논의하는 방법을 보라. 레위기 20:13은 말한다. '누구든지 여인과 동침하듯 남자와 동침하면 둘 다 가증한 일을 행함인즉 반드시 죽일지니 자기의 피가 자기에게로 돌아가리라.' 보수적 기독교도들은 이 구절을 좋아해서 여성과 동성애자에 대한 그들의 편견을 정당화할 때 써먹는다. 그들 생각에 그들은 신의 축복으로 그리한다. 성경은 신의 말이 아님이 명명백백하므로 이런 구절을 인용하는 사람들은 신의 심부름꾼이라기보다 단순한 고집쟁이로 볼 수 있다. 앞으로 성경을 사용해 누군가를 소외시키고 깎아내리려는 말을 들으면 당신은 완전히 그들을 무시할 수 있다.
- 성경의 창조이야기는 무의미하므로 우리는 완전히 '창조론자들'과 '지적 설계설'의 지지자들을 무시할 수 있다. 신은 성경에 묘사된 것처럼 인간을 창조하지 않았다. 모든 창조이야기는 미개인들이 쓴 신화적인 전설이다. '원죄'와 인류의 신성한 창조라는 개념은 의미 없다.
- 당신에게는 영혼이 없고 죽은 뒤의 영원한 삶도 없다. 자세한 것은 27장을 보라.
- 미국 인구의 59퍼센트라는 놀라운 숫자가 성경책의 계시가 실제

로 실현될 것이라고 믿는다. 이제 책의 계시가 새하얀 허구임을 알아차리기 쉽다.

• 기타 등등

성경은 분명히 신의 말씀이 아니다. 실제로 사실을 감안하면 그 함축의미란 어마어마하다. 당신이 일단 성경을 제거하면 그 사실로 제거할 수 있는 것들은 놀라울 정도다.

지성인으로서 우리는 성경이 신의 말씀이라고 주장하는 수백만의 기독교인들에게 무엇을 해야 할까? 그 질문에는 다른 질문으로 답하고자 한다. 점성술을 믿는 사람들에게 우리는 무엇을 할 것인가? 그들은 천궁도를 믿고, 행성들의 정렬이 오늘날 지구상의 우리 생활에 영향을 준다고 믿는다. 그들에게 무엇을 할 것인가? 우리는 그들을 무시하고 진지하게 받아들이지 않는다. 그들을 합당한 공공 담화나 토론에서 배척한다.

만약 대통령 후보자가 "행성의 정렬은 외교정책상 우리가 이런 길을 따라야 한다는 것을 가리킵니다"라고 주장한다거나 또는 연설을 마치면서 "목성이여, 미국을 축복해주소서"라고 한다면 우리는 그에게 투표하지 않을 것이다.

성경을 믿는 사람들도 같은 배를 탔다. 노예제도를 믿고, 여성을 혐오하며, 분명한 아기 살인자인 신을 지원하는 사람의 이야기를 왜 들어야 하는가? 그런 사람이 공공사무실을 운영하고 법원에 앉고 기업을 경영하며 아이들을 가르치기를 원하는가?

성경은 분명히 다수가 제정신이 아닌 미개인들의 작품이다. 보통상식을 가진 사람이라면 누구라도 그것을 알 수 있다. 출애굽기 21:20-21 하나만으로도 그걸 증명하기에 충분하다. 사람들이 성경을 신의 말이라고 우길 때, 우리는 그들을 무시하고 공공의 이야기에서 배척시켜야 한다. 이 나라는 자유국가이고 사람들은 사적으로 우상을 숭배할 수 있는 권리를 갖는다. 하지만 공공좌담회에서는 누구도 그들을 진지하게 받아들이지 않는다.

단순히 13, 14, 15장과 16장을 돌아보라. 성경은 숱한 곳에 오점이 즐비하다. 왜 지성인들은 공공의 담화에서 이 책이 참조되도록 허용하는가? 이 책이 얼마나 많은 악마들을 숨겨주고 있는가를 생각하면 매우 놀랍다. 더 자세한 사항은 28장을 보시라.

3부

예수

18장

예수는 신의 아들이었는가?

기독교 신앙의 핵심은 예수다. 예수의 삶과 죽음, 부활을 전 세계 기독교인들이 칭송한다. 예수의 기적은 그가 신의 아들임을 기독교인들에게 증명한다. 14장에서 논의했듯이, 예수의 죽음은 마침내 신을 진정시킨 인간 제물이 되었다.

예수는 성경의 많은 곳에서 여러 가지 다른 방법으로 자신이 신이라는 것을 주장한다. 요한 4:25에서 우리는 이런 내용을 발견한다.

> 여자가 이르되 메시야 곧 그리스도라 하는 이가 오실 줄을 내가 아노니 그가 오시면 모든 것을 우리에게 알려 주시리이다. 예수께서 이르시되 네게 말하는 내가 그라 하시니라.

요한 10:24에는 이런 내용이 있다.

유대인들이 에워싸고 이르되 당신이 언제까지나 우리 마음을 의혹하게 하려 하나이까 그리스도이면 밝히 말씀하소서 하니. 예수께서 대답하시되 내가 너희에게 말하였으되 믿지 아니하는도다 내가 내 아버지의 이름으로 행하는 일들이 나를 증거하는 것이거늘.

요한 14:8에는 이런 내용이 있다.

빌립이 이르되 주여 아버지를 우리에게 보여 주옵소서 그리하면 족하겠나이다. 예수께서 이르시되 빌립아 내가 이렇게 오래 너희와 함께 있으되 네가 나를 알지 못하느냐 나를 본 자는 아버지를 보았거늘.

예수가 신이라고 주장한 것은 분명하다.
예수에 따르면 그의 기적들이 그가 신이라는 것을 증명한다. 예를 들어 마태 11장은 이런 내용이다.

요한이 옥에서 그리스도께서 하신 일을 듣고 제자들을 보내어 예수께 여짜오되 오실 그이가 당신이오니이까 우리가 다른 이를 기다리오리이까. 예수께서 대답하여 이르시되 너희가 가서 듣고 보는 것을 요한에게 알리되 맹인이 보며 못 걷는 사람이 걸으며 나병환자가 깨끗함을 받으며 못 듣는 자가 들으며 죽은 자가 살아나며 가난한 자에게 복음이 전파된다 하라.

여기서 자신은 신이고, 그의 기적이 그 사실을 증명한다고 말하는 어떤 남자를 본다. 보통사람이라면 누구라도 떠올릴 단순한 의문이 있다. 정말일까? 예수는 신일까 아니면 보통사람이었을까?

19장

예수는 왜 산을 옮기지 않았는가?

당신은 어느 날 뉴욕의 거리를 걷고 있다. 한 남자가 다른 방향에서 당신 쪽으로 걸어오는 것을 알아차린다. 당신이 그를 알아보는 이유는 두 가지다. 첫째, 그는 길고 흰 가운을 입고 가죽샌들을 신었다. 두 번째, 그는 분명히 당신에게 이야기하려고 하고 있다. 그는 당신과 눈을 맞추며 당신을 멈추게 해서 무언가를 이야기하려는 행동을 취한다.

땅을 내려다보고 지나치려 하지만, 그가 가는 길을 막고 걸어오므로 당신은 곧 멈추게 된다. 그는 당신을 보며 말한다. "나는 세상의 빛이다. 나를 따르는 자는 어둠 속을 헤매지 않고 인생의 광명을 얻을 것이다. 나는 길이요 진리요 생명이다. 나를 통하지 않고는 누구도 아버지께 갈 수 없다. 나는 평화의 왕이다. 나는 신이다. 나를 믿으면 너는 영원한 삶을 얻을 것이다……"

당신은 이 사람이 완전히 미쳤다고 생각한다. 필요하면 911에 전화할 요량으로 주머니 속 휴대폰을 만지작거린다. 다행스럽게도 길에는 행인들이 많아서 꽤 안전함을 느낀다. 그의 시선에는 강렬한 무엇이 있다. 당신은 도망가지 않고 말한다. "잠깐, 잠깐만요, 내가 제대로 들었는지 확인해볼게요. 당신이 신이라고요?"

> 남자: 그렇다. 나는 신이다. 나는 천상에 계신 분의 아들이다. 나는 우리 고결함의 왕이다. 나는 구원의 표시다. 나는…….
>
> 당신: 헐! 진정하세요. 당신이 신이라고요?
>
> 남자: 그렇다. 나는 신이다.
>
> 당신: 신분증을 보여줄 수 있어요?
>
> 남자: 아니, 난 신이다. 난 신분증이 필요 없다.
>
> 당신: 그러시겠지. 좋아. 이름은 말해줄 수 있어요?
>
> 남자: 내 이름은 예수 2이다.
>
> 당신: 당신이 신이라는 것을 증명할 수 있나요? 그것 참 아주 대단한 주장인걸요.
>
> 남자: 그렇다. 확실히 증명하지. 나를 따라오라.

예수 2는 반 블록 정도 걷고, 두 사람은 덜걱거리는 컵에 동전을 구걸하며 휠체어에 앉아 있는 노숙자를 만난다. 예수 2는 그에게 다가가서 말한다. "좋아요 선생, 우리가 당신을 잠깐 방해해도 될까요?"

> 노숙자: 예.
>
> 예수 2: 우리가 전에 만난 적이 있소?
>
> 노숙자: 아뇨. 전혀 본 적이 없습니다.

예수 2: 좋소! 선생, 얼마나 오랫동안 이 휠체어를 타셨소?

노숙자: 20년쯤 됩니다. 거의 평생이지요.

예수 2: 일어나 걸으시오. 당신은 나았소!

이 순간 그 노숙인은 소리를 지르며 그의 발로 뛴다. "기적이다! 나는 나았어! 내가 걸을 수 있어!" 그리고 기뻐서 거리로 뛰어간다.

이 광경에 이제 당신은 무슨 생각을 할까? 당신은 결정해야 한다. 이 남자가 신이고 방금 20년간 걷지 못했던 한 사람을 고쳤다. 이것이 선택 1이다. 또는…… 이 남자는 신이 아니다. 금방 본 것을 설명할 수 있는 무엇인가가 있다. 예를 들어 예수 2도 역시 노숙자일 가능성이 있고 두 노숙자가 짜고 사기를 칠 수도 있다. 이것이 선택 2이다.

두 개의 시나리오 중 선택 2가 더 의심스럽다. 그래서 당신은 예수 2에게 "와우, 대단하군요. 당신이 20년간 휠체어 신세였던 사람을 금방 고쳤네요. 하지만 조금 더 믿을 수 있는 게 필요한데, 길 건너에 저 초고층 건물이 보이죠. 그걸 들어다가 중앙공원으로 옮길 수 있겠어요?"

예수 2: 공원 어디로?

당신: 그건 상관없어요.

예수 2: 글쎄, 약간 문제가 있군.

당신: 정말요? 뭐가 문제인데요?

예수 2: 저 고층빌딩을 옮기는 건 내 뜻이 아니다.

당신: 그래요? 전 당신을 신으로 생각했는데요. 모든 것을 할 수 있

지 않나요?

예수 2: 나는 신이다. 그렇고말고. 나는 생명의 빵이다. 나는 축복받은 유일한 권력자다. 하지만 저 건물을 옮기는 것은 내 뜻이 아니다.

당신: 왜요?

예수 2: 그냥 아냐. 난 중앙공원의 원래 모습이 좋아.

당신: 좋아, 그럼 다른 곳으로 옮기시죠. 저기 공터는 어때요?

예수2: 그렇게 하는 건 내 뜻이 아니야.

당신: 알겠어, 어쨌든 좋은 시간 보내세요.

그리고 당신은 떠나버린다.

증명하라

어떤 사람이 당신에게 와서 "나는 신이다!"라고 말한다고 생각해보라. 증명이 필요하지 않겠는가? 당연히 필요할 것이다. 당신은 엉성한 증명을 원하지 않을 것이다. 천막소생에서 신앙치료사가 보여주는 쇼 따위는 물론, 마술의 눈속임 같은 것들도 인정하지 않을 것이다. 진짜로 확실한 증명이 필요하다. 당신은 신이라고 주장하는 이가 초고층 건물을 들어 올려 공중에 띄워서 중앙공원 한가운데로 옮기는 것 같은, 확실히 불가능한 무엇을 하기를 바란다.

분명히 그런 일은 전능한 신이어야 가능할 것이다. 고층건물을 띄워 올려 여기서 저기로 옮기는 것은 사람이 할 수 없는 일이므로 믿음을 줄 것이다. 속일 방법이 없다. 다른 수백만의 사람들이 고층건물이 원래의 자리에서 새 자리로 옮겨갔다고 증명할 수 있을 것이다. 만일 그 건물이 새 자리에서도 상하수도와 전기, 전화에 연결되면 완벽할 것이다.

보통사람이라면 누구든, 신이라고 주장하는 사람이 확실히 증명하지 않으면 아무것도 인정하지 않을 것이다.

이 이야기가 예수랑 무슨 차이가 있는가? 예수는 신이라고 주장하는 사람이었다. 그가 신이라면 실제로 비길 수 없는 방법으로 증명할 수 있어야 한다. 그러지 못할 땐 분명 그는 신이 아니다.

기독교인은 이렇게 말할지도 모른다. "하지만 예수는 증명했어요! 그가 성경에서 한 모든 기적들을 보세요! 그는 환자를 고쳤고 물을 술로 만들었어요! 그것이 예수가 주님임을 증명합니다!"

이 말을 믿는가? 오늘 누가 당신에게 와서 "나는 신이다. 환자를 고치고 물을 술로 변하게 함으로써 내가 신이라는 것을 증명할 것이다"라고 말한다고 생각해보라. 뭐라고 하겠는가? 솔직히 당신은 그를 믿지 않을 것이다. 왜냐하면

1. 누구나 병을 고칠 수 있는 여러 종류의 '신앙치료사'들을 보아왔다. 그리고 우리는 모두 이런 종류의 '치료'가 엉터리라는 것을 안다. 그것이 사실이라면 우리는 의사, 병원이나 약품처방전이 필요없을 것이다(6장을 보라).

2. 물을 술로 바꾼다…… 데이비드 카퍼필드가 되고 싶은 하류 마술사가 나이트클럽에서 할 일처럼 들리지 않는가? 물을 술로 바꾸는 것같이 보이는 마술을 공연하는 수많은 방법이 있다. 마술의

속임수를 보고 그가 신이라는 증거로 받아들일 이유는 없다.

그렇게 간단하다. 오늘날 누군가 신이라고 주장하고 그 증거가 신앙치료나 마술 속임수같이 구성돼 있다면 당신은 결코 믿지 않을 것이다. 하지만 수십억의 사람들이 예수의 신앙치료나 마술 속임수를 그가 신이라는 것을 증명하는 증거라고 주장한다.

실제 증거

예수가 정말로 신이라고 상상해보자. 그걸 증명하기 위해 무엇을 할 수 있었을까? 그는 성경에서 가장 유명한 사례를 골라 실행함으로써 시작할 수 있었을 것이다. 마태 17:20에서 예수는 아주 분명히 말한다.

진실로 너희에게 이르노니 만일 너희에게 믿음이 겨자씨 한 알만큼만 있어도 이 산을 명하여 여기서 저기로 옮겨지라 하면 옮겨질 것이요 또 너희가 못할 것이 없으리라.

신이라는 것을 증명하기 위하여 예수는 산을 움직일 것이다. 그것이 특별히 아주 쉽기 때문이다. 그리고 자신을 설명하기 위해 무엇인가를 적었을 것이다. 여기 예수의 책에서 볼 수 있을 법한 첫 페이지가 있다.

내 이름은 예수고 나는 신이다. 내가 신이라는 것을 의심하는 사람들이 많다는 것을 안다. 그래서 너희에게 그것을 증명하고자 한다. '시나이' 산을 보라. 오늘날까지 시나이 산이 여기서 가까운 곳에 있다는 것을 모두가 알고 있다. 시나이 산은 나의 아버지 신께서 모세에게 십계명을 주신 곳이다.

시나이 산이 오늘 아침에 사라졌고 그 자리에는 4평방마일 정도 되는 완전히 부드럽고 광택이 나는 바위기초만 남았다. 지금부터 수백 년 뒤에 사람들은 시나이 산이 '뉴저지 뉴어크'라고 불릴 곳의 가운데 자리를 잡았다는 것을 알게 될 것이다. 과학자들이 산을 파보면 바닥이 완전히 부드럽고 광택이 나며, 뉴저지에 있는 산 바닥이 광택 나는 평원과 완전히 일치한다는 사실을 발견할 것이다. 그들은 현미경으로 석영 구성물질을 검사해 산과 평원이 붙어 있었다는 것을 밝힐 것이다. 믿음이 있다면 산을 움직일 수 있다고 여러 번 말했다. 그것이 얼마나 쉬운지, 그리고 내가 신이라는 것을 증명하기 위해 시나이 산을 움직였다.

그것으로 충분하지 않다는 것을 알기에 두 번째 증거를 보여주고자 한다. 원을 그리면 원을 가로지르는 길이가 있다는 것을 너희는 안다. 그것을 원의 지름이라고 부르기로 한다. 원에는 또 바깥둘레의 길이가 있다. 그것을 원주라고 부르자. 원주를 지름으로 나누면 숫자가 나오는데 그것을 파이라고 부를 텐데 파이의 앞 6자리는 3.14159이다. 파이는 무리수다. 반복되지 않고 무한히 연속되는 숫자다.

컴퓨터라고 불리는 기계가 파이의 수십억 자리 숫자를 계산하게 될 날이 올 것이다. 너희가 파이를 억조 단위 자리에서 계산해내면 이것을 찾을 것이다.

98234564512378234922785834950834987 45······.

이제 산의 이동에 관한 문서와 파이의 억조 단위 자리 숫자에 대한 통찰력을 통해 어떠한 합리적인 사람들에게도 내가 신임을 증명했으므로, 너희의 창조자로서 또 우주의 창조자로서 인간에게 하고 싶은 말이 있다······.

그러면 훌륭하고 놀랍지 않겠는가? 그런 책이 있다면, 그리고 시나이 산이 실제로 움직였다면, 예수에 대한 질문들은 없을 것이다. 우리는 모두 그가 신임을 믿을 것이다. 어떻게 못 믿을 수 있겠는가? 그런 책이 다음 페이지로 계속된다고 상상해보라. 그런 책은 확실히 우리모두에게 경외심을 남길 것이다(17장을 보라).

불행히도 예수는 신성함에 대한 구체적인 증거를 제공하지 않았다. 누구나 간단히 알 수 있다. 예수는 신이 아니다. 구체적 증거 없이는 오늘날 누구도 신이라고 믿지 않을 것이다. 그가 2,000년 전에 살았다는 이유만으로 그냥 넘어갈 수는 없다.

하지만 종교인들에게는 다른 이야기다. 당신이 종교인에게 예수의 신성에 대해서 물으면 곧 이런 대화가 이어질 것이다.

보통사람: 예수가 신이라면 그는 왜 신이라는 것을 증명한 적이 없나요?

기독교인: 했습니다! 많은 기적을 행하셨고 부활하셨어요. 그것이 그가 신이라는 것을 증명합니다.

보통사람: 그럼 왜 결정적이고 과학적으로 증명할 수 있는 방법을 택하지 않았나요? 예를 들면 산을 옮기는 것처럼?

기독교인: 그건 할 수 없어요! 그건 그를 믿고자 하는 사람의 자유의지를 빼앗을 겁니다. 사람들은 믿음을 통해 신에게 다가가야 해요.

보통사람: 그러면 예수는 왜 복음에 적힌 기적들을 일으켰나요?

기독교인: 신이라는 것을 증명하기 위해서지요. 가장 놀랄 만한 부활에서 정점에 달했던 마지막 기적을 일으키지 않았으면 우리는 그가 신이라는 것을 몰랐을 거예요.

보통사람: 예수가 신이라는 것을 증명하려고 기적을 일으켰다면 그게 우리 자유의지를 뺏어간다고 생각했는데요.

기독교인: 아니에요.

보통사람: 이건 당신이 금방 말한 내용 아닌가요?

기독교인: 아니요. 내 말은 예수의 기적이 그가 신이라는 것을 증명한다는 거지요.

보통사람: 그런데 왜 산을 옮기는 것 같은 실제적이고 구체적인 기적을 행하지 않았냐고요.

기독교인: 그러면 우리 자유의지를 뺏어갈 것이기 때문이지요.

이런 대화를 시도해보면 아주 이상한 대화가 된다는 것을 알게 될 것이다. 순환되는 논리가 당신을 현기증 나게 할 것이다.

- 예수는 신성을 증명하기 위해 기적을 일으켜야 했다. 그리고 그것은 우리의 자유의지를 빼앗지 않는다.

- 하지만 우리가 보고 과학적으로 증명할 수 있는 기적을 행하면 그것은 자유의지를 빼앗아갈 것이다.

누구나 진실을 알 수 있다. 구체적이고 입증 가능한 기적을 실행하지 않은 이유는 예수가 다른 사람처럼 보통사람이기 때문이다. 성경에 거론된 '기적'은 전혀 기적이 아니다.

가려진 신?

기독교인들이 예수의 행위를 합리화하는 데 있어 자주 사용하는 일련의 추리가 있다.《믿음의 증거를 찾아서The Case for Faith》에서 저자 리 스트로벨Lee Strobel은 피터 크리프트 박사와 이렇게 인터뷰한다.

성경은 신을 가려진 신으로 묘사한다. 그를 찾는 데 믿음의 노력을 기울여야 한다. 당신이 따를 수 있는 단서들이 있다. 단서보다 더하거나 덜한 것이 있다면 그분을 선택할 때 나는 우리가 어떻게 진정으로 자유로울 수 있을까를 이해하기 어렵다.

이게 대체 무슨 소리인가? 단서들? 가려진? 성경에 따르면 신은 스스로 사람이 되었다. 그는 예수라는 온전한 사람의 몸을 만들었다. 그것은 단서가 아니다. 그것은 거대하고 분명한 증거다. 거리 여기저기에서 기적을 일으키며 다니는 170파운드의 사람을 '가리기'는 매우 어렵다. 당신은 그런 기적의 이야기들을 수집해서 책으로 펴낸다. 그 안에 어디 가리기가 있는가?

널리 알려지길 바라는 신의 갈망은 성경 전체를 통해 사례가 수두룩하다. 가장 유명한 사례가 출애굽기 14장에 나오는 홍해를 가르는 것이다.

> 모세가 바다 위로 손을 내밀매 여호와께서 큰 동풍이 밤새도록 바닷물을 물러가게 하시니 물이 갈라져 바다가 마른 땅이 된지라. 이스라엘 자손이 바다 가운데를 육지로 걸어가고 물은 그들의 좌우에 벽이 되니.

아주 인상적이고 아주 분명하다. 수천 명의 이스라엘인들이 이 사건을 목격했다. 이렇게 분명한 다른 많은 사건들이 있다. 하늘이 주신 양식, 돌판에 새겨진 십계명, 유월절 대학살 등등. 수십억 사람들이 그 사건을 읽었고 오늘날 그것을 대리 경험할 수 있도록 신이 썼다는 성경에 그 모든 것이 묘사돼 있다.

수천 명 앞에서 행하는 어떤 일을 숨기고 책에 기술하여 수십억 권을 발행하기란 불가능하다. 신은 분명히 가려지지 않았다.

그런데 가끔 잊어버리는 더 인상적인 징후가 있다. 신이 존재하고 신이 성경을 썼다면, 무지개는 실제로 신이 존재한다는 증거다. 신은 전혀 가려 있지 않다. 창세기 9:12-13을 읽으면 이것을 발견할 것이다.

> 하나님이 이르시되 내가 나와 너희와 및 너희와 함께하는 모든 생물

사이에 대대로 영원히 세우는 언약의 증거는 이것이니라. 내가 내 무지개를 구름 속에 두었나니 이것이 나와 세상 사이의 언약의 증거니라.

이보다 무엇이 더 확실할 수 있을까? 성경에 따르면 신은 모든 미래 세대를 위해 신호를 남겨놓았다. 분명히 신은 가려지기를 원하지 않는다.

신약성서에도 수많은 사례가 있다.

엿새 후에 예수께서 베드로와 야고보와 그 형제 요한을 데리시고 따로 높은 산에 올라가셨더니 그들 앞에서 변형되사 그 얼굴이 해같이 빛나며 옷이 빛과 같이 희어졌더라. 그때에 모세와 엘리야가 예수와 더불어 말하는 것이 그들에게 보이거늘. 베드로가 예수께 여쭈어 이르되 주여 우리가 여기 있는 것이 좋사오니 만일 주께서 원하시면 내가 여기서 초막 셋을 짓되 하나는 주님을 위하여, 하나는 모세를 위하여, 하나는 엘리야를 위하여 하리이다.

말할 때에 홀연히 빛난 구름이 그들을 덮으며 구름 속에서 소리가 나서 이르시되 이는 내 사랑하는 아들이요 내 기뻐하는 자니 너희는 그의 말을 들으라 하시는지라. [마태 17장]

가려 있는 행동은 확실히 없다. 분명히 베드로, 야고보, 요한의 자유의지는 신에게 중요하지 않았다. 또 다른 수십억 명이 읽을 수 있도록 그 내용이 성경에 실렸다.

아니면 마태 3장에서 이 구절을 들어보자.

예수께서 세례를 받으시고 곧 물에서 올라오실새 하늘이 열리고 하나님의 성령이 비둘기같이 내려 자기 위에 임하심을 보시더니. 하늘로부터 소리가 있어 말씀하시되 이는 내 사랑하는 아들이요 내 기뻐하는 자라 하시니라.

분명히 가려지지 않은 신이다.

그 지역에 목자들이 밤에 밖에서 자기 양떼를 지키더니. 주의 사자가 곁에 서고 주의 영광이 그들을 두루 비추매 크게 무서워하는지라. 천사가 이르되 무서워하지 말라 보라 내가 온 백성에게 미칠 큰 기쁨의 좋은 소식을 너희에게 전하노라. 오늘 다윗의 동네에 너희를 위하여 구주가 나셨으니 곧 그리스도 주시니라. 너희가 가서 강보에 싸여 구유에 뉘어 있는 아기를 보리니 이것이 너희에게 표적이니라 하더니 홀연히 수많은 천군이 그 천사와 함께 하나님을 찬송하여 이르되 지극히 높은 곳에서는 하나님께 영광이요 땅에서는 하나님이 기뻐하신 사람들 중에 평화로다 하니라.
천사들이 떠나 하늘로 올라가니 목자가 서로 말하되 이제 베들레헴으로 가서 주께서 우리에게 알리신 바 이 이루어진 일을 보자 하고.
〔누가 2장〕

양치기들의 자유의지는 여기서 분명히 조금 퇴색했다.
고린도전서 15:6에서 바울은 말한다.

244

그 후에 오백여 형제에게 일시에 보이셨나니

그 500명의 사람들은 자유의지를 잃었을 것이 분명하다. 또 요한은
말한다.

예수께서 행하신 일이 이 외에도 많으니 만일 낱낱이 기록된다면 이
세상이라도 이 기록된 책을 두기에 부족할 줄 아노라. 〔요한 21:25〕

엄청나게 많은 기적들이다. 기적을 묘사하는 책으로 세상이 넘칠
정도로 많은 기적들…… 짐작컨대 최소한 한 사람이라도 각 기적을
보았을 것이다. 전화번호부 한 권에 얼마나 많은 이름들을 있는지를
생각해보라. 이제 전화번호부로 가득 찬 온 세상을 상상해보라. 엄청
난 사람들이다. 그들 모두의 자유의지가 영향을 받지 않았을까? 수백
만 명이 예수와 그가 행한 기적들을 보았다면 어떻게 신이 가려 있을
수 있는가?

예수는 신이라고 주장한다. 그리고 모든 것을 보려고 이스라엘의 사
방을 돌아다니는 물리적 존재다. 그는 분명히 수백만 명 앞에서 수백
만 개의 기적을 행했다. 성경의 신은 숨어 있지 않다. 널리 알려지고
노출되고 싶어서 스스로 사람이 되었으며 지구상의 모든 이를 위해
기적을 일으키기 시작한다. 그리고 모든 것을 설명하기 위해 신의 책
을 만들었으며 전 세계에 수십억 권을 발행한다.

그런데 어떤 이유인지 신은 '가려 있을 필요' 때문에 '우리의 자유의
지를 훼손'하지 않기 위해 오늘날의 우리가 볼 수 있는 기적은 원하지

않는다. 그리 보이는가? 또는 예수는 결코 실제의 기적은 행하지 않은 것으로 보이는가? 예수가 기도에 응답하지 않는다는 사실(1부를 보라)과 이 증거들을 조합하면, 실제로 무슨 일이 벌어지는지 확실해진다.

결론

스스로에게 물어볼 중요한 질문이 있다. 예수가 신적 존재임을 증명하기 위해 기적이 필요했다면, 그 기적을 보는 그들의 '자유의지'를 해치지 않는다면, 그리고 이 모든 기적이 기록되었고 마태, 마가, 누가, 요한에 의해 증명돼 오늘날 그것을 간접적으로 경험할 수 있다면, 왜 예수는 단 한 개의 실제 기적은 행하지 않았는가? 왜 예수의 기적들은 시대를 초월해 그것을 증명할 물리적 영속성이 없는가?

질문을 더 잘 이해하기 위해 이렇게 해보라. 데이비드 카퍼필드 같은 마술사를 텔레비전에서 보고 있다고 상상하라. 그는 맹인을 보게 하고 절름발이를 걷게 하는 등 몇 사람을 '고친다'. 그는 '물을 술로 변하게' 할 수 있다는 것을 입증한다. 한 발 더 나가서 "나는 신이다! 내가 기적들로 너희에게 그것을 증명하였다!"라고 말한다.

우리 중 누구라도 그를 신이라고 믿겠는가? 물론 아니다. 어떤 대상을 신으로 믿으려면 명백한 증거가 필요하다. 우리는 마술 속임수를 용인하지 않을 것이다. 우리는 그것들이 의미 없다는 것을 안다.

신은 '가려져' 있으려고 하지 않는다. 우리 모두가 해야 할 일은 성경을 펴서 보는 것이다. 예수가 오늘날 입증할 수 있는 명백한 기적 단

246

한 개도 행하지 않았다는 사실은 예수가 당신이나 나처럼 보통사람이었음을 우리 모두에게 증명해준다.

20장

예수는 왜 개인에게 나타나지 않는가?

지난 장에서 예수의 기적들을 논의했다. 하지만 특별히 논의할 가치가 있는 기적은 하나뿐이다. 예수가 죽은 뒤 부활한 것은 신성을 궁극적으로 결정짓는 증거다.

모든 사람이 예수의 죽음과 부활에 관한 이야기를 안다. 그 이야기는 사도신경에 요약돼 있다. 예수는 십자가에 못 박혀 죽고 묻혔다가 셋째 날에 죽음에서 일어났다. 그리고 하늘로 올라가 전능하신 아버지인 신의 오른쪽에 앉는다.

예수가 죽음에서 일어났다고 증명하는 길은 한 가지뿐이다. 그는 사람들에게 나타나야 했다. 그래서 성경은 여러 곳에서 예수가 죽은 뒤 나타난 것을 묘사한다.

- 마태 28장
- 마가 16장

- 누가 24장
- 요한 20장과 21장

고린도전서 15:3-8은 바울이 쓴 것처럼 이런 멋진 구절들을 요약하고 있다.

> 내가 받은 것을 먼저 너희에게 전하였노니 이는 성경대로 그리스도께서 우리 죄를 위하여 죽으시고. 장사 지낸 바 되셨다가 성경대로 사흘 만에 다시 살아나사. 게바에게 보이시고 후에 열두 제자에게와 그 후에 오백여 형제에게 일시에 보이셨나니 그중에 지금까지 대다수는 살아 있고 어떤 사람은 잠들었으며. 그 후에 야고보에게 보이셨으며 그 후에 모든 사도에게와 맨 나중에 만삭되지 못하여 난 자 같은 내게도 보이셨느니라.

이 구절에서 볼 수 있듯이 예수는 여러 번 다른 시간에 수백 명에게 나타났다.

바울 같은 존재

이런 성경구절들을 볼 때 마음속에 떠오르는 질문이 있다. 예수는 왜 이렇게 나타나기를 멈추었는가? 왜 오늘날에는 나타나지 않는가?

정말 이상하다. 분명히 바울은 부활한 그리스도와 개인적으로 만남으로써 도움이 되었다. 개인적인 방문 덕분에 바울은 스스로 부활의 진실을 볼 수 있었다. 그리고 예수에게 물을 수 있었다.

그런데…… 예수는 왜 바울에게 그랬던 것처럼 모든 사람에게 나타나 부활했음을 증명하지 않을까? 오늘밤 당신의 주방에서 예수가 당신과 개인적인 대화를 실현하는 것을 막을 것은 아무것도 없다. 그리고 당신이 그렇게 생각한다면, 예수는 정말로 우리 모두에게 나타날 필요가 있다. 예수의 부활을 알기 위해 바울에게 예수의 방문이 필요했다면 당신은 왜 아닌가?

이 의문은 다음의 이유 때문에 아주 중요하다.

- 우리는 예수가 수백 명에게 나타났다고 성경에서 읽었다.
- 우리는 예수가 사람들에게 나타나도 괜찮다는 것을 안다. 그것이 그들의 자유의지를 없애지 않는다. 다른 수백 명에게 나타나도 괜찮았기 때문이다.
- 우리는 예수가 모든 사람 앞에 나타나는 것이 쉽다는 것을 이야기를 들어 안다. 예수는 전능하고 영원한 존재이기 때문이다.
- 예수가 모든 사람에게 나타난다면, 믿을 수 없을 만큼 유용할 것이다. 우리 모두는 예수가 부활했고 예수가 신이라는 것을 개인적으로 알게 될 것이다. 바울(그리고 성경에 있는 다른 모든 사람들)에게 예수의 부활을 알리기 위해 개인적인 방문이 필요했다면, 당신과 나는 왜 아니겠는가?
- 하지만 우리 모두는 예수가 2,000년 동안 아무에게도 나타나지 않았다는 것을 안다.

달리 말하자면, 예수가 당신 앞에 나타나는 것을 막을 이유란 없고, 오히려 그가 나타나야 할 좋은 이유가 넘쳐난다는 것이다.

예수에게 기도하기

예수에게 이렇게 기도하면 어떨까? "예수님, 바울과 500신도에게 그랬듯이 저희에게 나타나 우리가 부활의 증거를 볼 수 있게 해주세요. 주의 이름으로 기도합니다, 아멘." 예수가 성경에서 약속한 것이 여기 있다. 마태 7:7에서 예수는 말한다.

구하라 그러면 너희에게 주어질 것이요, 찾으라 그러면 찾을 것이다. 두드리라 그러면 너희에게 열릴 것이다. 누구라도 구하면 받고 찾으면 찾고 두드리면 열릴 것이다. 너희 중의 누가 아들이 빵을 구하는데 돌을 주겠느냐? 또는 물고기를 구하는데 뱀을 주겠느냐? 악마인 너희가 너희 아이들에게 좋은 선물을 줄줄 아는데 하늘에 계신 아버지께서는 얼마나 더 좋은 것들을 구하는 이들에게 주시겠느냐?

너희가 내 이름으로 무엇을 구하든지 내가 행하리니 이는 아버지로 하여금 아들로 말미암아 영광을 받으시게 하려 함이라. 내 이름으로 무엇이든지 내게 구하면 내가 행하리라. [요한 14:14]

진실로 다시 너희에게 이르노니 너희 중의 두 사람이 땅에서 합심하여 무엇이든지 구하면 하늘에 계신 내 아버지께서 그들을 위하여 이

루게 하시리라. 두세 사람이 내 이름으로 모인 곳에는 나도 그들 중에 있느니라. 〔마태 18:19〕

예수는 실제로 우리 가운데 있다. 아마 그는 이미 바로 여기 있을 것이다. 그런데도 다른 수백 명에게 한 것처럼 육체적으로 나타나달라고 기도해도 아무 일도 일어나지 않는다.

어떤 일이 일어날 것이라고 약속한 사실이 있는데, 이상하지 않은가? 예수는 분명 바로 여기에 우리와 함께 있고 실제로 나타나는 것쯤 그에게는 사소한 일일 텐데, 이상하지 않은가?

이를 통해 알게 되는 것은 여기서 보는 상황이 5장과 똑같다는 것이다. 우리는 우연의 일치가 기도에 '응답'하지 못한다는 상황을 만들었다. 기도가 응답받는 유일한 방법은 예수가 실제로, 명백하게 나타나는 것이다. 이 상황에서 우리는 또한, 예수의 현신이 사소한 일이고, 그럼으로써 많은 이점이 있을 것이고, 이미 다른 사람들 앞에 나타났을 것이고, 나타나달라는 기도에 응답할 것을 약속했다는 것을 안다.

누가 기도하든, 기도에 응답할 거라는 약속에도 불구하고 기도가 응답받지 못한다는 사실을 어떻게 설명할 것인가?

이것을 생각하면, 성경 속 바울의 이야기는 분명 거짓임을 깨닫게 될 것이다. 법정의 판사라면 누구라도 똑같이 행동할 방법으로 바울의 이야기를 단순히 살펴보라.

고린도전서 15장에 나오는 바울의 이야기가 암시하는 바는 완전히 전무한 사안이다. 치명상으로 죽은 남자가 사흘 만에 살아났다. 하지만 그것이 사실이라는 증거는 없다. 바울의 말을 대체할 수 있는 설명은 많다. 그가 이야기를 지어냈을 수 있고, 예수와 만났다는 환각에 빠졌거나 꿈을 꾸었을 수도 있다, 사기꾼을 보았을 수도 있다, 등등. 게다가 오늘날엔 예수를 본 사람이 아무도 없다.

이러한 증거로 볼 때, 이것이 종교적이 아닌 일반적 상황이라면 사람들은 바울의 말이 사실인지 의심할 것이다. 그의 이야기를 뒷받침하는 증거가 없고 그러니 믿어야 할 이유도 없다. 거짓말할 동기는 있고 대체할 수 있는 설명도 많다. 성경의 나머지 많은 부분들이 허위를 담고 있다는 사실은 또 있다. 예수가 다시 나타남으로써 바울의 이야기를 증명해줄 증거를 제공하기는 어렵지 않다는 사실을 추가하시라. 기도에 응답하기로 약속해놓고 기도할 때 나타나기를 거부한다는 사실을 추가하시라. 해야 할 일은 바울의 이야기를 거부하는 것뿐이다. 모든 증거가 부활이야기는 신화에 지나지 않는다는 사실을 지적한다.

성경에 있는 유명한 말 '보지 않고 믿는 자는 행복하다'는 어떤가? 이 말은 사기를 완벽히 덮어버린다. 당신이 예수인데 보통사람이라고 치자. 당신은 죽을 것임을 알고 그 사실을 감추고 싶어 한다. 당신은 이렇게 이야기할 것이다. "보지 않고 믿는 자는 행복하다." 그 이야기는 '나는 존재한다. 그리고 내가 존재한다는 것을 너희에게 보여주는 방법은 내가 존재한다고 보여줌으로써가 아니다'라는 말이다. 우주에 있는 모든 사물에 관한 한, 그것이 존재한다는 것을 아는 방법은 그 사물이 그 존재의 증거를 제공하는 것이다. 존재한다는 증거가 없으면 우리는 그것을 허상이라고 부른다(장난을 좋아하는 레프러콘 요정 같은). 하지만 예수에게는 증거가 없다는 것이 증거다. 영악하지만 분명히 사기다.

부활이 사실이었다면 예수는 성경의 약속대로 기도에 응답할 것이다. 또한 사람들이 그를 보려고 기도하면 나타날 것이다. 1부에서 본 것처럼 진실은 예수가 기도에 응답한다는 증거가 전혀 없다는 것이다.

21장

우리는 왜 예수를 먹는가?

당신 스스로 예수가 신이 아니라는 것을 증명하는 쉬운 방법을 찾고
자 한다면 간단한 실험을 해보라. 일요일에 4살이나 5살쯤 되는 어린
아이를 데리고 교회에 가서 성찬식을 보게 한다. 당신은 이런 경험을
할 것이다.

아이: 아빠, 저 사람들 뭐해요?

아빠: 어…… 얘야, 이것을 성찬식이라고 부른단다.

아이: 성찬식이 뭐예요?

아빠: 그게…… 어…… 그건…… 있잖아. 우리가 예수님의 몸을 먹
는 거란다…… 복잡한데. 가만 있자…….

아이: 우리가 예수님의 몸을 먹는다구요???

아빠: 응, 근데…… 아니…… 하지만…….

아이: 왜 예수님을 먹어야 해??? 난 그러기 싫어!!!

아빠: 아니, 아니, 아니. 괜찮아 얘야. 괜찮아. 조용히 해. 교회에서 울지 마. 쉬…… 쉿…… 이제 괜찮다.

아이: 하지만 아빠, 난 예수님을 먹기 싫어!

아빠: 여보, 나 좀 도와줘.

엄마: 그건 거룩한 성찬이란다. 봐. 우리는 예수님의 몸을 먹고 예수님의 피를 마신단다. 왜냐하면…….

아이: 피도 마셔야 돼요??? 엄마, 난 싫어!!!

엄마: 진정해! 진짜 피를 마시는 게 아냐.

아이: 근데 저기 아저씨는 컵을 들고 이것은 예수님의 피라고 말하고 있잖아! 엄마! 가고 싶어! 나 갈 거야!

엄마, 아빠: 아냐 얘야, 기다려, 지금 나가면 안 돼!

그렇게……

기독교인들은 오랫동안 성찬의식에 참여해왔기 때문에 이 의식이 얼마나 해괴한가를 망각하는 경향이 있다. 하지만 어린이는 순진한 눈으로 그걸 본다. 그리고 많은 어린이들이 당연히 예수의 몸을 먹고 피를 마신다는 생각을 무서워한다. 극도로 해괴한 것이며 아이는 그것을 있는 대로 이해한다.

이 의식이 어디서 왔는지, 또는 수십억 사람들이 왜 이러한 기이한 의식에 참여하는지 의문을 가져본 적이 있는가? 우선 의식을 묘사한 성경 부분을 살펴보자. 마가 14장에서 그 내용을 찾을 수 있다.

그들이 먹을 때에 예수께서 떡을 가지사 축복하시고 떼어 제자들에게 주시며 이르시되 받으라 이것은 내 몸이니라 하시고. 또 잔을 가지사 감사기도 하시고 그들에게 주시니 다 이를 마시매. 이르시되 이것은 많은 사람을 위하여 흘리는 나의 피 곧 언약의 피니라.

누가 22장에 거의 똑같은 몇 줄이 있다. 그런데 요한 6:53-55에서 예수는 그림을 더 그린다.

예수께서 이르시되 내가 진실로 진실로 너희에게 이르노니 인자의 살을 먹지 아니하고 인자의 피를 마시지 아니하면 너희 속에 생명이 없느니라. 내 살을 먹고 내 피를 마시는 자는 영생을 가졌고 마지막 날에 내가 그를 다시 살리리니. 내 살은 참된 양식이요 내 피는 참된 음료로다.

이 말은 보통사람이라면 누구에게나 마치 소름끼치는 공포영화의 대사처럼 들린다. 마치 어떤 역겨운 악마의 의식같이 들린다.

당신이 보통사람이고 기독교 신앙에 노출된 적이 없다고 상상하라. 이제 어떤 기독교인이 와서 요한 6:53을 말한다고 생각하라. 보통의 성인은 누구나 그를 미친 사람으로 판단할 것이다.

그 판단은 정확하다. 사전은 '카니발리즘'을 이렇게 표현한다.

일반적으로 인간이 인간의 고기를 의식으로 먹는 것

예수가 요구하는 것은 카니발리즘이다.

이런 내용을 여기서 처음 보았을 수도 있다. 14장에서 이미 구약성경 속 신이 동물 제물에 심취해 있는 것을 논의했다. 신은 동물을 제물로 바치는 법을 아주 자세히 일러준다. 신약에서는 그 내용이 완전히 새로운 수준으로 옮겨가고 이제 신은 인간 제물을 요구한다. 인간 제물에 흥분하는 유일한 존재가 신뿐만은 아니다. 많은 사람들이 〈그리스도의 열정〉이라는 영화를 보았다.

이제 우리는 '영원한 생명'을 얻으려면 인간 제물로는 불충분하고 의식적으로 예수의 몸을 먹고 악마처럼 그의 피를 마셔야 한다는 것을 배웠다.

이 모든 것에 대해 당신의 보통상식은 뭐라 하는가? 어린이의 눈으로 살펴보라. 여기서 말하고 있는 것은 카니발리즘이고, 기독교인들의 행위는 분명히 이교도/사탄의 의식처럼 보인다. 당신이 기독교인이라면 지금 스스로에게 물어야 할 질문은 이러하다.

1. 정신이 온전한 개인으로서 나는 왜 카니발리즘에 참여하는가? 어쩌다 이 지경에 이르게 되었나?
2. 전능하고 모두를 사랑하는 신은 왜 이렇게 하도록 요구하는 걸까? 나는 어떤 종류의 신을 섬기고 있나?

2부에서 보았듯이 신은 노예제도를 묵인하고 동물과 인간 제물을 요구하며 여성을 혐오하고 어린이를 대량 살육하면서 흥청댄다. 카니발리즘은 이런 짓들에 추가할 또 하나의 미친 짓이다.

의식의 근원

호기심 많은 사람이라면 기독교 신앙이 이런 해괴한 의식을 행하는 이유가 궁금할 것이다. 하늘에 계신 전능한 신이 이런 행동을 요구하는 것은 아니다. 기독교 신앙의 모든 의식은 완전히 사람이 만든 것이다. 기독교 신앙은 수많은 이교도들의 종교가 겹쳐서 생겨난 눈덩이다. 눈덩이가 커지듯 기독교 신앙은 변형에 더욱 입맛을 맞추기 위해 자유롭게 이교도의 의식이 첨가되었다. 그 과정은 댄 브라운Dan Brown이 쓴《다빈치 코드The Da Vinci Code》에 간단명료하고 정확하게 묘사되어 있다. 책은 의식의 축적과정을 이렇게 두 가지로 설명한다.

- 기독교의 상징에 있는 이교도 종교의 흔적은 부정할 수 없다. 이집트의 태양판이 가톨릭 성인의 후광이 되었다. 기적적으로 임신한 아들 '호루스'를 돌보는 '아이시스'의 그림문자는 아기 예수를 보육하는 처녀 마리아의 현대판 이미지에 대한 청사진이 되었다. 그리고 가톨릭 의식의 거의 모든 요소들(주교, 제단, 성가, 그리고 '신을 먹는' 행동인 성찬)은 초기 이교도들의 신비종교로부터 직접 받아들였다.

- 기독교 신앙에 고유한 것은 아무것도 없다. 기독교 이전의 신 '미트라'(신의 아들과 세계의 빛이라고 불린)는 12월 25일에 태어났고 죽어서 바위무덤에 묻혔다가 사흘 만에 부활하였다. 어쨌거나 12월 25일은 '오시리스, 아도니스, 디오니소스'의 생일이기도 하다. 새로 태어난 '크리슈나'는 금, 유향, 몰약을 선물로 받았다. 기독교 신앙

의 주일조차도 이교도로부터 훔친 것이다.

성찬의 습관은 기독교인들이 행하는 가장 기괴한 일 중 하나다. 예수의 인육을 먹는 성향은 예수가 신이 아니라는 확실한 증거를 제공한다.

역사적으로 고찰하면 예수가 다른 사람처럼 사람이었다는 것을 알게 된다. 출생, 삶, 죽음의 신화는 모두 사람이 만든 이교도의 이야기들이다.

22장

왜 그렇게 많은 어린이들이 가난한가?

미국의 일요일 아침, 어린아이들로 가득한 주일학교 교실에서 거의 늘 볼 수 있는 두 가지가 있다. 벽에는 한 무리의 어린이들에게 둘러싸인 예수의 그림이나 포스터가 있을 것이다. 그리고 그 교실은 '예수님은 어린아이들을 사랑하셔요'라는 노래를 부르며 끝날 것이다. 기독교인들은 그 장면과 음악을 아주 좋아한다.

　질문은 간단하다. 예수가 전지전능하고 모두를 사랑한다면, 그리고 어린아이들을 사랑한다면, 왜 그렇게 많은 어린이들이 절망적인 빈곤 속에 살고 있는가? 〈인도의 만성적 빈곤〉이라는 제목의 신문기사는 세계의 어린이들이 당면한 빈곤을 이렇게 쓰고 있다.

　　빈곤은 '복지의 뚜렷한 박탈' 상황. 가난하다는 것은 '배고프고, 주거
　　지와 옷이 없고, 병들어도 치료받지 못하고, 문맹으로 배우지도 못함.
　　가난한 사람들은 특히 그들의 통제 밖에 있는 일들을 바꾸기가 어려

지구상에서 가장 부유한 나라인 미국에서조차 빈곤은 중요한 문제다. 미국 농무부에 따르면 미국의 어린이 2,600만 명 이상의 빈곤층 어린이들이 무료 또는 저렴하게 점심을 제공하는 정부의 학교급식 프로그램에 참여한다. 2,600만 명은 미국 전체 어린이의 절반을 나타낸다.

이것을 생각할 때 바로 깨닫게 되는 한 가지는 지구상에 절망적 빈곤 상태인 사람들의 숫자가 상상을 초월한다는 것이다. '세계 인구의 1/5'은 10억 명 이상이다. 또한 하루 1달러라는 것은 이런 사람들이 아무 희망도 없이 비참한 상태로 살고 있음을 의미한다. 1달러로 얼마나 음식을 살 수 있는지 생각해보라. 1달러가 식비로 쓰이면 주거, 깨끗한 물, 화장실, 의류, 신발, 건강, 교육, 기반시설 등을 위해 쓸 돈은 없다는 것을 고려해보라. 질병은 창궐하고 굶주림은 일상이 된다. 이런 수준의 빈곤은 대부분의 미국인들에게는 거의 상상조차 할 수 없지만 현재 10억 명 이상이 이런 식으로 산다.

기준을 하루 3달러(아직 매우 빈약한 액수지만)로 올리면 지구 인구의 반이 그런 수준에서 살게 된다는 사실을 생각해보자. 이제 30억 명 이상에 이른다. 5장에서 논의했던 대로 1,000만 명의 어린이가 매년 절망적인 빈곤으로 사망한다.

이 세계 어디에 예수가 있는 것일까?

예수가 성경에다 빈곤에 대해 한 말이 여기 있다. 마태 6:25를 보면 이런 놀라운 인용문을 발견한다.

> 그러므로 내가 너희에게 이르노니 목숨을 위하여 무엇을 먹을까 무엇을 마실까 몸을 위하여 무엇을 입을까 염려하지 마라 목숨이 음식보다 중하지 아니하며 몸이 의복보다 중하지 아니하냐. 공중의 새를 보라 심지도 않고 거두지도 않고 창고에 모아들이지도 아니하되 너희 하늘 아버지께서 기르시나니 너희는 이것들보다 귀하지 아니하냐. 너희 중에 누가 염려함으로 그 키를 한 자라도 더할 수 있겠느냐.
> 또 너희가 어찌 의복을 위하여 염려하느냐 들의 백합화가 어떻게 자라는가 생각하여 보라 수고도 아니하고 길쌈도 아니하느니라. 그러나 내가 너희에게 말하노니 솔로몬의 모든 영광으로도 입은 것이 이 꽃 하나만 같지 못하였느니라. 오늘 있다가 내일 아궁이에 던져지는 들풀도 하나님이 이렇게 입히시거든 하물며 너희일까보냐 믿음이 작은 자들아. 그러므로 염려하여 이르기를 무엇을 먹을까 무엇을 마실까 무엇을 입을까 하지 마라. 이는 다 이방인들이 구하는 것이라 너희 하늘 아버지께서 이 모든 것이 너희에게 있어야 할 줄을 아시느니라. 그런즉 너희는 먼저 그의 나라와 그의 의를 구하라 그리하면 이 모든 것을 너희에게 더하시리라. 그러므로 내일 일을 위하여 염려하지 마라 내일 일은 내일이 염려할 것이요 한 날의 괴로움은 그날로 족하니라.

'하늘에 계신 아버지가 너희가 원하는 모든 것을 알고 계신다'면 이 세상에 무엇이 잘못되겠는가? '염려하지 마라'라고 말하는 예수는 무엇을 의미하는 것일까? 당신이 하루에 1달러로 살아야 한다면 음식, 깨끗한 식수, 옷, 기본 의료, 위생시설 그리고 교육을 포함한 모든 것을 걱정할 것이다. 10억 명 이상의 사람들이 지금 그렇게 살고 있다.

10억 명은 얼마나 많은 숫자일까? 미국 인구가 모두 3억 몇 백만이다. 꽤 많은 사람들이다. 그 수의 거의 4배다. 그것이 세계에서 절망적이고 비참하고 상상할 수 없는 빈곤 속에서 살아가는 사람들의 숫자다. 세상의 모든 어린이들을 사랑한다는 예수가 사랑을 보여주는 방법은 정말 기이하다.

세상에서 분명히 보이는 사실로 볼 때 평범한 사람들이 깨닫는 것은 예수가 성경에서 한 말이 완전히 틀렸다는 것이다. 마태 6:25-32의 빈곤에 관한 예수의 발언은 명백히 거짓이다. 신은 이들을 보지 않는다. 그들을 먹이지도 않고 백합처럼 입히지도 않는다. 예수는 세상의 많은 어린이들을 싫어하고, 그 아이들을 절망적인 빈곤에 감금함으로써 혐오감을 보여준다.

예수는 완전히 틀렸다

이 사실은 성경의 여러 곳에서 확인할 수 있다. 이미 1부에서 기도의 힘에 관한 예수의 언급은 분명히 잘못 됐음을 보았다. 마태 21:21에서 예수는 말한다.

내가 진실로 너희에게 이르노니 만일 너희가 믿음이 있고 의심하지 아니하면 이 무화과나무에게 된 이런 일만 할 뿐 아니라 이 산더러 들려 바다에 던져지라 하여도 될 것이요. 너희가 기도할 때에 무엇이든지 믿고 구하는 것은 다 받으리라.

이 말은 명백히 거짓이다. 1부에서 그것을 증명하는 수많은 사례를 보여주었다. 특히 7장을 보라.

요한 14:12에 있는 이 말도 역시 거짓이다.

내가 진실로 진실로 너희에게 이르노니 나를 믿는 자는 내가 하는 일을 그도 할 것이요 또한 그보다 큰일도 하리니 이는 내가 아버지께로 감이라. 너희가 내 이름으로 무엇을 구하든지 내가 행하리니 이는 아버지로 하여금 아들로 말미암아 영광을 받으시게 하려 함이라. 내 이름으로 무엇이든지 내게 구하면 내가 행하리라.

이 말이 사실이라면 우리는 몇 세기 전에 모든 질병을 완전히 괴멸시키고 모든 빈곤을 없앴을 것이다. 마가 16:15도 거짓이다.

또 이르시되 너희는 온 천하에 다니며 만민에게 복음을 전파하라. 믿고 세례를 받는 사람은 구원을 얻을 것이요 믿지 않는 사람은 정죄를 받으리라. 믿는 자들에게는 이런 표적이 따르리니 곧 그들이 내 이름으로 귀신을 쫓아내며 새 방언을 말하며. 뱀을 집어올리며 무슨 독을 마실지라도 해를 받지 아니하며 병든 사람에게 손을 얹은즉 나으리라 하시더라.

　사실이라면 의사와 병원 또는 제약회사가 필요 없을 것이다. 건강보험도 마찬가지다. 오늘날 지구상에 있는 20억 명의 기독교 신자들이 그저 손을 얹음으로써 무료로 모두의 의료 수요를 돌봐줄 수 있을 것이다. 마태 15:21-28의 구절은 아주 기괴하다.

　　예수께서 거기서 나가사 두로와 시돈 지방으로 들어가시니. 가나안 여자 하나가 그 지경에서 나와서 소리 질러 이르되 주 다윗의 자손이여 나를 불쌍히 여기소서 내 딸이 흉악하게 귀신 들렸나이다 하되. 예수는 한 말씀도 대답하지 아니하시니 제자들이 와서 청하여 말하되 그 여자가 우리 뒤에서 소리를 지르오니 그를 보내소서. 예수께서 대답하여 이르시되 나는 이스라엘 집의 잃어버린 양 외에는 다른 데로 보내심을 받지 아니하였노라 하시니.
　　여자가 와서 예수께 절하며 이르되 주여 저를 도우소서. 대답하여 이르시되 자녀의 떡을 취하여 개들에게 던짐이 마땅하지 아니하니라. 여자가 이르되 주여 옳소이다마는 개들도 제 주인의 상에서 떨어지는 부스러기를 먹나이다 하니. 이에 예수께서 대답하여 이르시되 여자여 네 믿음이 크도다 네 소원대로 되리라 하시니 그때로부터 그의 딸이 나으니라.

　믿을 수 없는 인종차별이다. 예수는 여자가 이스라엘 사람이 아니어서 개와 같이 취급했다. 신이 그렇게 하겠는가? 오늘날 어떤 지도자가

국적이나 종교가 다르다는 이유로 어떤 여자를 개와 같이 취급한다고 생각해보라. 그 반응은 실로 대단할 것이다.

성경을 처음부터 끝까지 읽고 예수가 뭐라고 했는지 실제로 읽는다면 수많은 상황에서 예수가 완전히 틀렸다는 것을 깨달을 것이다. 스스로에게 물을 질문은 이것이다. 신이라면 예수는 왜 완전하지 않은가?

당신의 이해를 돕고자 하는 것이 이것이다. 그렇게 많은 부분에서 왜 틀렸는지를 이해하기는 쉽다. 예수는 신이 아니었다. 예수는 보통 사람이었다.

23장

예수의 강림은 예언되었는가?

기독교인의 눈으로 볼 때 예수가 신적 존재임을 반박할 수 없도록 증명하는 한 가지는 예수가 구약성서의 많은 예언들을 실현했다는 사실이다. 예를 들어 웹사이트에서 그리스도를 위한 대학생 선교회를 찾으면 이런 구절이 보인다.

> 이처럼 300개 이상의 예언이 구약에 실려 있고 예수의 삶, 죽음과 부활을 통해 실현되었다. 한 사람이 이런 예언 중 8개만이라도 실현할 기회는 1017 중의 1이다. 한 사람이 이들 예언의 48개를 실현하면 숫자는 어마어마하게 된다. 10157의 10배 중 1이다. 거기에 다른 250개 예언을 더하면 예수 외에 다른 어떤 사람도 시간과 사건의 특별한 연속성에 들어맞기가 불가능하다.

300개는 분명히 엄청 많은 예언이고 기독교인들은 거기에 많은 의미를 둔다.

하지만 예수가 실현했다는 '예언들'은 이상하다. 그것은 구약 여기저기에 흩어져 있는 이상하고 모호한 언급의 집합이다. 사람들은 그 예언들이 왜 그런 건지 확실하지는 않을지라도, 그것을 예수와 연관된 어떤 상징으로 받아들이고 있다. 내 말이 무슨 뜻인지 알 수 있도록 몇 가지 예를 들어본다.

사례 1

여기 이사야서(7:1-15)에 풍부한 내용이 있다.

웃시야의 손자요 요담의 아들인 유다의 아하스 왕 때에 아람의 르신 왕과 르말리야의 아들 이스라엘의 베가 왕이 올라와서 예루살렘을 쳤으나 능히 이기지 못하니라. 어떤 사람이 다윗의 집에 알려 이르되 아람이 에브라임과 동맹하였다 하였으므로 왕의 마음과 그의 백성의 마음이 숲이 바람에 흔들림 같이 흔들렸더라. 그때에 여호와께서 이사야에게 이르시되 너와 네 아들 스알야숩은 윗못 수도 끝 세탁자의 밭 큰 길에 나가서 아하스를 만나, 그에게 이르기를 너는 삼가며 조용하라 르신과 아람과 르말리야의 아들이 심히 노할지라도 이들은 연기 나는 두 부지깽이 그루터기에 불과하니 두려워하지 말며 낙심하지 마라. 아람과 에브라임과 르말리야의 아들이 악한 꾀로 너를 대적하여 이르기를, 우리가 올라가 유다를 쳐서 그것을 쓰러뜨리고 우리를 위하여 그것을 무너뜨리고 다브엘의 아들을 그중에 세워 왕으

로 삼자 하였으나, 주 여호와의 말씀이 그 일은 서지 못하며 이루어
지지 못하리라. 대저 아람의 머리는 다메섹이요 다메섹의 머리는 르
신이며 육십오년 내에 에브라임이 패망하여 다시는 나라를 이루지
못할 것이며, 에브라임의 머리는 사마리아요 사마리아의 머리는 르말
리야의 아들이니라 만일 너희가 굳게 믿지 아니하면 너희는 굳게 서
지 못하리라 하시니라. 여호와께서 또 아하스에게 말씀하여 이르시
되, 너는 네 하나님 여호와께 한 징조를 구하되 깊은 데에서든지 높
은 데에서든지 구하라 하시니. 아하스가 이르되 나는 구하지 아니하
겠나이다 나는 여호와를 시험하지 아니하겠나이다 한지라. 이사야가
이르되 다윗의 집이여 원하건대 들을지어다 너희가 사람을 괴롭히고
서 그것을 작은 일로 여겨 또 나의 하나님을 괴롭히려 하느냐. 그러
므로 주께서 친히 징조를 너희에게 주실 것이라 보라 처녀가 잉태하
여 아들을 낳을 것이요 그의 이름을 임마누엘이라 하리라. 그가 악
을 버리며 선을 택할 줄 알 때가 되면 엉긴 젖과 꿀을 먹을 것이라.
대저 이 아이가 악을 버리며 선을 택할 줄 알기 전에 네가 미워하는
두 왕의 땅이 황폐하게 되리라. 여호와께서 에브라임이 유다를 떠날
때부터 당하여 보지 못한 날을 너와 네 백성과 네 아버지 집에 임하
게 하시리니 곧 앗수르 왕이 오는 날이니라. 그날에는 여호와께서 애
굽 하수에서 먼 곳의 파리와 앗수르 땅의 벌을 부르시리니. 다 와서
거친 골짜기와 바위틈과 가시나무 울타리와 모든 초장에 앉으리라.
그날에는 주께서 하수 저쪽에서 세내어 온 삭도 곧 앗수르 왕으로
네 백성의 머리털과 발털을 미실 것이요 수염도 깎으시리라. 그날에
는 사람이 한 어린 암소와 두 양을 기르리니, 그것들이 내는 젖이 많

으므로 엉긴 젖을 먹을 것이라 그 땅 가운데에 남아 있는 자는 엉긴 젖과 꿀을 먹으리라. 그날에는 천 그루에 은 천 개의 가치가 있는 포도나무가 있던 곳마다 찔레와 가시가 날 것이라. 온 땅에 찔레와 가시가 있으므로 화살과 활을 가지고 그리로 갈 것이요. 보습으로 갈던 모든 산에도 찔레와 가시 때문에 두려워서 그리로 가지 못할 것이요 그 땅은 소를 풀어 놓으며 양이 밟는 곳이 되리라.

많은 것들이 있다. 당신은 자세히 읽고 다시 읽는다. 아주 난해하고 많은 부분이 완전히 말도 안 된다는 것을 깨닫는다(성경의 부적절한 사항에 대해서는 17장을 보라). 정신을 차리지 않으면 반도 이해할 수 없다. 하지만 끝까지 버티고 전체를 읽으시라. 그 안에 예수의 인생에 관한 중요한 예언이 있다. 보이는가? 예언은 14절에 있다.

그러므로 주께서 친히 징조를 너희에게 주실 것이라 보라 처녀가 잉태하여 아들을 낳을 것이요 그의 이름을 임마누엘이라 하리라.

기독교인들에 따르면 이 문장이 예수가 처녀에게서 태어날 것임을 예언한다고 한다. 그것이 신의 아들임을 증명하는 구약성서의 300예언 중의 하나다.

여기서 우리가 예수에 대해 이야기하는 것을 가리키는 무언가가 보이는가? 그리고 여기 같은 장에 다른 모든 '예언들'이 있다. 파리와 벌들, 엉긴 젖과 꿀, 강 너머로부터 온 면도기, 암소와 양, 가시나무와 가시 등등. 젖과 꿀과 예수 사이의 관계는 무엇인가?

사례 2

　　　　　여기 다른 예가 있다. 호세아 11:1-12에 예수에 관한 중요한 예언이 있다. 장 전체로 내용이 풍부하다.

이스라엘이 어렸을 때에 내가 사랑하여 내 아들을 애굽에서 불러냈거늘. 선지자들이 그들을 부를수록 그들은 점점 멀리하고 바알들에게 제사하며 아로새긴 우상 앞에서 분향하였느니라. 그러나 내가 에브라임에게 걸음을 가르치고 내 팔로 안았음에도 내가 그들을 고치는 줄을 그들은 알지 못하였도다. 내가 사람의 줄곧 사랑의 줄로 그들을 이끌었고 그들에게 대하여 그 목에서 멍에를 벗기는 자같이 되었으며 그들 앞에 먹을 것을 두었노라. 그들은 애굽 땅으로 되돌아가지 못하겠거늘 내게 돌아오기를 싫어하니 앗수르 사람이 그 임금이 될 것이라. 칼이 그들의 성읍들을 치며 빗장을 깨뜨려 없이하리니 이는 그들의 계책으로 말미암음이니라. 내 백성이 끝끝내 내게서 물러가나니 비록 그들을 불러 위에 계신 이에게로 돌아오라 할지라도 일어나는 자가 하나도 없도다. 에브라임이여 내가 어찌 너를 놓겠느냐 이스라엘이여 내가 어찌 너를 버리겠느냐 내가 어찌 너를 아드마같이 놓겠느냐 어찌 너를 스보임같이 두겠느냐 내 마음이 내 속에서 돌이키어 나의 긍휼이 온전히 불붙듯 하도다. 내가 나의 맹렬한 진노를 나타내지 아니하며 내가 다시는 에브라임을 멸하지 아니하리니 이는 내가 하나님이요 사람이 아님이라 네 가운데 있는 거룩한 이니 진노함으로 네게 임하지 아니하리라. 그들은 사자처럼 소리를 내시는 여호와를 따를 것이라 여호와께서 소리를 내시면 자손들이 서쪽에서부터 떨며 오되.

그들은 애굽에서부터 새같이, 앗수르에서부터 비둘기같이 떨며 오리니 내가 그들을 그들의 집에 머물게 하리라 나 여호와의 말이니라. 에브라임은 거짓으로, 이스라엘 족속은 속임수로 나를 에워쌌고 유다는 하나님 곧 신실하시고 거룩하신 자에게 대하여 정함이 없도다.

이렇게 살펴보고 읽고 다시 읽고 또 읽지만 당신은 그 이야기들이 완전히 엉터리라는 것을 알아챈다(17장을 보라). 예수의 인생에 대한 중요한 예언이 있다. 1절 '이스라엘이 어렸을 때에 내가 사랑하여 내 아들을 애굽에서 불러냈거늘'이 그것이다. 이것은 신이 예수를 이집트로 보낸 후 수천 명의 아기학살을 피하기 위해 거기서 예수를 불러낼 것이라는 예언으로 보인다(16장을 보라).

내용 전체를 읽은 당신에게 무작위의 두 단어 '내 아들' 외에 예수를 암시하는 무엇이라도 보이는가? 2절 '선지자들이 그들을 부를수록 그들은 점점 멀리하고 바알들에게 제사하며 아로새긴 우상 앞에서 분향하였느니라'는 엉터리다. 여기 같은 장에는 다른 모든 '예언들'이 있다. 바알, 분향, 에브라임, 사랑의 줄, 이집트로의 귀환, 앗수르 왕국, 칼, 멍에, 아드마, 스보임, 사자, 새, 앗수르의 비둘기들……. 이 모든 무작위 말들과 예수는 무슨 관계가 있는가?

사례 3

스가랴 9:1-13에는 예수가 당나귀를 타고 예루살렘으로 들어올 것이라는 예언이 있다. 그 내용은 이러하다.

여호와의 말씀이 하드락 땅에 내리며 다메섹에 머물리니 사람들과 이스라엘 모든 지파의 눈이 여호와를 우러러봄이니라. 그 접경한 하맛에도 임하겠고 두로와 시돈에도 임하리니 그들이 매우 지혜로움이니라. 두로는 자기를 위하여 요새를 건축하며 은을 티끌같이, 금을 거리의 진흙같이 쌓았도다. 주께서 그를 정복하시며 그의 권세를 바다에 쳐넣으시리니 그가 불에 삼켜질지라. 아스글론이 보고 무서워하며 가사도 심히 아파할 것이며 에그론은 그 소망이 수치가 되므로 역시 그러하리라 가사에는 임금이 끊어질 것이며 아스글론에는 주민이 없을 것이며. 아스돗에는 잡족이 거주하리라 내가 블레셋 사람의 교만을 끊고. 그의 입에서 그의 피를, 그의 잇사이에서 그 가증한 것을 제거하리니 그들도 남아서 우리 하나님께로 돌아와서 유다의 한 지도자같이 되겠고 에그론은 여부스 사람같이 되리라. 내가 내 집을 둘러 진을 쳐서 적군을 막아 거기 왕래하지 못하게 할 것이라 포학한 자가 다시는 그 지경으로 지나가지 못하리니 이는 내가 눈으로 친히 봄이니라. 시온의 딸아 크게 기뻐할지어다 예루살렘의 딸아 즐거이 부를지어다 보라 네 왕이 네게 임하시나니 그는 공의로우시며 구원을 베푸시며 겸손하여서 나귀를 타시나니 나귀의 작은 것 곧 나귀 새끼니라. 내가 에브라임의 병거와 예루살렘의 말을 끊겠고 전쟁하는 활도 끊으리니 그가 이방 사람에게 화평을 전할 것이요 그의 통치는 바다에서 바다까지 이르고 유브라데 강에서 땅 끝까지 이르리라. 또 너로 말할진대 네 언약의 피로 말미암아 내가 네 갇힌 자들을 물 없는 구덩이에서 놓았나니. 갇혀 있으나 소망을 품은 자들아 너희는 요새로 돌아올지니라 내가 오늘도 이르노라 내가 네게 갑절이나 갚

274

을 것이라. 내가 유다를 당긴 활로 삼고 에브라임을 끼운 화살로 삼 았으니 시온아 내가 네 자식들을 일으켜 헬라 자식들을 치게 하며 너를 용사의 칼과 같게 하리라.

완전히 엉뚱하고 엉터리 이야기라는 것을 당신은 다시 알게 된다 (17장을 보라). 예언은 9절에 있다. '시온의 딸아 크게 기뻐할지어다 예 루살렘의 딸아 즐거이 부를지어다 보라 네 왕이 네게 임하시나니 그 는 공의로우시며 구원을 베푸시며 겸손하여서 나귀를 타시나니 나귀 의 작은 것 곧 나귀 새끼니라.' 당신은 우리가 말하는 예수에 대한 무 엇인가를 찾을 수 있는가? 8절, '내가 내 집을 둘러 진을 쳐서 적군을 막아 거기 왕래하지 못하게 할 것이라 포학한 자가 다시는 그 지경으 로 지나가지 못하리니 이는 내가 눈으로 친히 봄이니라'도 히틀러를 고려하면 흥미롭다.

사례 4

미가 5:2에는 예수가 베들레헴에서 태어날 것이 라는 '예언'이 있다.

딸 군대여 너는 떼를 모을지어다 그들이 우리를 에워쌌으니 막대기로 이스라엘 재판자의 뺨을 치리로다. '베들레헴 에브라다야 너는 유다 족속 중에 작을지라도 이스라엘을 다스릴 자가 네게서 내게로 나올 것이라 그의 근본은 상고에, 영원에 있느니라.' 그러므로 여인이 해산하기까지 그들을 붙여 두시겠고 그 후에는 그의 형제 가운데에 남은 자가 이스라엘 자손에게로 돌아오리니. 그가 여호와의 능력과 그의 하나님 여호와의 이름의 위엄을 의지하고 서서 목축하니 그들이 거주할 것이라 이제 그가 창대하여 땅 끝까지 미치리라. 이 사람은 평강이 될 것이라 앗수르 사람이 우리 땅에 들어와서 우리 궁들을 밟을 때에는 우리가 일곱 목자와 여덟 군왕을 일으켜 그를 치리니. 그들이 칼로 앗수르 땅을 황폐하게 하며 니므롯 땅 어귀를 황폐하게 하리라 앗수르 사람이 우리 땅에 들어와서 우리 지경을 밟을 때에는 그가 우리를 그에게서 건져내리라.

이 '예언'에 있는 다른 모든 내용들을 보라. 포위, 막대기, 뺨, 앗수르, 일곱 목자, 여덟 군왕, 니므롯, 칼, 기타 등등이 있다. 다시 말하지만 이 모든 내용은 아무 상관이 없고 엉터리다(17장을 보라).

당신이 알아챌 수 있는 무엇인가가 있다. 이 구절을 보라. '막대기로 이스라엘 재판자의 뺨을 치리로다.' 복음의 의미에서 말해보자. '폰티우스 필레이트'는 막대기로 예수의 뺨을 때렸다. 그런 일이 일어났다면 미가 5장의 시작은 예수의 강림에 대한 예언이 될 것이다. 신약에서 예수는 결코 뺨을 맞은 적이 없기에 이 예언은 언급된 바가 없다. 그것만 이해하면 당신은 '예수의 300예언'을 완전히 파악한다.

이 '막대기와 뺨' 현상은 예수에 관한 '예언'의 출처다. 구약은 수백만 개의 단어를 담고 있는데, 대부분은 엉터리다. 그 수천 단어 중에서 몇 개만 예수에 관한 신약성서 내용과 애매한 방법으로 맞아떨어지는 것을 보게 될 것이다. 하지만 막대기와 뺨, 엉긴 젖과 꿀, 강 건너에서 온 면도기, 니므롯 등과 같은 엉뚱한 단어들을 더 많이 볼 것이다. 몇몇의 조응하는 사례만 보고 연관되지 않는 수백만 개를 무시한다면 구약이 예수의 강림을 예언한다고 주장할 수도 있다. 그러나 보통사람이라면 누구라도 그것이 모두 알 수 없는 말이라는 것을 안다. 일치되는 것은 모두 완전히 우연의 일치다.

17장에서 성경 속 많은 엉터리 내용을 논의했다. 지금껏 둘러본 이런 예언의 모든 인용구에서 주님의 말씀에 경탄하고 있는 당신을 발견하는가? 아니면 모두 완전히 무의미하다는 것을 발견하는가? 성경과 이런 예언들이 주님의 말씀이라면 왜 그런 무의미하고 쓸모없고 어처구니없는 엉터리로 가득 차 있는가?

마지막으로 고려할 것이 있다. 실제로 예수가 신이라는 것을 증명했더라면 구약의 이런 예언들에 대해 아무도 상관하지 않는다. 그러지 않았기 때문에(19장을 보라), 기독교인들은 '예언들'로 물러나야 한다. 이것이 그들이 가진 전부이기 때문이다. 일반 사람은 누구나 그 예언들이 완전히 무의미함을 알 수 있기 때문에 기독교인으로 지내기에는 이것이 매우 슬픈 지점이다.

결론

당신이 기독교인이라면 이런 내용을 수없이 들었을 것이다.

예수의 강림은 예수의 탄생 수세기 전에 구약에서 수백 번 예언되었다. 신이 성경을 썼고 예수를 신이 보냈다는 것이 그렇게 될 수 있는 유일한 길이다. 한 사람이 이 모든 예언을 함께 실행할 기회는 극히 적다. 예수는 신이 분명하다!

　하지만 실제로 성경을 읽고 이 '예언들'을 검토해본 적이 있는가? 여기서처럼 그런 내용을 살펴본 적이 있는가? 그런 예언들을 함께 묶는 같은 내용이 없고, 그것이 예수를 가리킨다는 암시도 없이 구약 전체에 걸쳐 광범위하게 흩어져 있음을 인식한 적이 있는가? 구약에 막대기와 뺨, 벌과 엉긴 젖, 일곱 목동, 여덟 왕, 앗수르의 비둘기 등등 수천의 다른 예언들이 있다는 것을 알았는가? 아니면 모르고 있었는가?

　이 23장의 모든 사례를 읽었다면 그리고 특히 예언과 관련한 성경의 내용을 읽었다면 두 가지를 이해할 것이라고 믿는다.

　첫째, 예수가 신이라고 '증명'하는 '예언들'은 관계가 없고 의미도 없다. 편견 없는 사람이라면 알 수 있다. 예수의 강림은 성경에 결코 '예언'되지 않았다. 이들 예언들은 신문에 있는 점괘처럼 무작위이고 제멋대로다. 막연하고 산란하며 무관한 내용이어서 완전히 무의미하다.

　두 번째로 볼 사항은 17장의 반복이다. 성경의 많은 부분이 오늘날 우리와 아무 상관이 없다. 신은 모든 것을 알고 시대를 초월하기 때문에, 신이 성경과 아무 관계도 없다고 가정하지 않으면 왜 그런지 이해하기 어렵다.

24장

예수는 왜 당신의 돈을 필요로 하는가?

어느 날 라디오에서 이런 광고를 듣는다고 생각해보라.

"여러분, 내 이름은 예수입니다. 그리고 나는 신입니다. 나는 전능한 우주의 창조자입니다. 나는 당신들이 보고 있는 모든 것, 하늘의 은하와 별, 태양, 지구의 산과 들판, 해와 달 그리고 하늘, 지구에 살고 있는 모든 생명체를 만들었습니다. 몸소 당신을 만들고 유일한 영혼을 주었습니다. 내가 모든 것을 만들었습니다!

지구상 가치 있는 모든 것을 만들었습니다. 지구곳곳의 광산에 금 수천 톤을 묻었습니다. 중동의 사막 아래엔 수십억 갤런의 오일을 두었습니다. 남아프리카에는 수백만 캐럿의 다이아몬드가 개발되도록 했습니다. 그리고 당신들의 기도에 응답할 것입니다. 무엇이든지 기도하면 내가 듣고 응답할 것입니다. 나는 그것을 성경 여러 곳에서 말합니다. 하지만 마가 11:24에서 말한 방식을 가장 좋아합니다. '그러므로 내가 너희에게 말하노니 무엇이든지 기도하고 구하는 것은 받은 줄로 믿으라 그리하면 너희에게 그대로 되리라.' 여러분이 필요한 모든 것(돈, 사랑, 행복, 그 밖에 무엇이든)을 주기 위해서 내가 여기 있습니다.

대신 이제 필요한 것이 하나 있습니다. 당신들의 돈이 필요합니다. 많이요. 성경은 총수입의 10퍼센트를 내라고 자세히 설명하고 있습니다만 그건 시작이라고 생각하세요. 더 내는 데 주저하지 마세요! 교회에서 헌금통이 지나갈 때 넉넉하게 내도록 하세요!

비록 우주와 그 안에 있는 모든 것을 만들었지만, 그리고 당신들이 기도로 요청하는 모든 것을 주겠지만, 나는 한 푼도 교회에 줄 수는 없습니다. 결코!

그러니 오늘 당신이 참배하는 그 자리에서 충분히 내세요! 협조에 감사합니다!"

매주 일요일 아침 모든 교회가 헌금통을 돌릴 때 하는 말이다. 예수는 전능한 우주와 그 안에 있는 모든 것의 창조자다. 그는 당신의 모든 기도를 들어줄 테지만 돈이 없다.

교회의 목사와 집사는 왜 매주 일요일 아침에 모여 예수가 헌금통에 금괴 백만 달러를 축적하도록 기도하지 않는가? 예수는 왜 그들의 기도에 응답하지 않는가? 왜 사람들은 자신이 구하는 모든 것을 공급해야 할 불멸의 전능하신 신이 있는데도 단순한 인간에게 돈을 구걸해야 하는 걸까?

예수가 매주 일요일 아침에 당신의 돈을 필요로 하는 이유는 이제 명백해졌을 것이다.

25장

예수에 대한 증거 평가

기독교인과 예수를 화제로 대화한다면 이렇게 진행될 것이다.

기독교인: 당신은 예수님에 대해 완전히 틀렸어요. 예수님은 주님이에요! 예수님은 부활했고 전능하신 아버지 신의 오른쪽에 앉아 계세요!

보통사람: 왜 그걸 믿으시는데요?

기독교인: 마음으로 알아요. 저는 매일 예수님과 대화합니다. 저는 우리의 주님 예수 그리스도와 사랑하고 살아 있는 관계를 유지하고 있어요!

보통사람: 예수가 부활했다는 것을 어떻게 알아요?

기독교인: 바로 성경에 그렇게 쓰여 있어요. 마태, 마가, 누가, 요한은 실존인물들이었지요. 바울도 그렇구요. 그들이 거짓말할 이유가 없어요. 그들은 부활하신 예수를 보았어요.

보통사람: 당신 말을 이해합니다. 당신을 돕고 싶은 건 성경이 문제투

성이라는 거예요. 성경에 있는 부활에 관한 이야기를 우리가 믿을 이유가 없어요.

기독교인: 성경은 문제투성이가 아니에요!

보통사람: 2부에서 본 것이 그겁니다. 성경에는 노예제도가 위대하고, 여성은 싫어해야 하고, 사람들은 동물을 제물로 바쳐야 하고 신은 어린이들 죽이기를 좋아한다고 돼 있어요. 아무 쪽이나 펼쳐도 엉터리들을 찾을 수 있어요. 노아의 이야기는 이야기일 뿐이라는 것을 우리가 알아요. 다른 것들도 마찬가지고요. 성경에는 보는 곳마다 문제가 있습니다. 이 문제들을 볼 때, 성경이 하는 말은 아무것도 믿을 이유가 없어요.

기독교인: 예수님은 부활하셨어요! 예수님은 주님입니다!

보통사람: 예수에게 기도해서 이 문제를 해결하도록 지금 우리 앞에 나타나도록 요청합시다.

기독교인: 그분은 그렇게 할 수 없어요! 우리에게 나타나실 수 없어요!

보통사람: 왜요?

기독교인: 할 수 없다고요!

보통사람: 왜 안 되냐고요?

기독교인 : 신이 그분께 시킨 모든 일을 하시느라고 바빠요. 예수님이 지금 여기 나타나시면 우리 자유의지를 빼앗아 갈 겁니다. 우리는 모두 그분이 존재하는걸 알아요. 그분은 그렇게 할 수 없어요!

보통사람: 그러면 어떻게 바울에게 나타날 수 있었나요? 어떻게 500명 신도에게 나타날 수 있었죠? 그들이 예수가 존재한다는 걸 아는 건 어째서 괜찮은가요?

기독교인: 그건 달랐어요.

보통사람: 왜요?

기독교인: 예수는 며칠 동안만 돌아가셨어요.

보통사람: 그게 시간을 초월하고 전능한 존재에게 무슨 상관있나요?

기독교인: 당신은 틀렸어요!

보통사람: 좋아요. 그럼 아무것이라도 기도해봅시다. 지금 당장 우리를 위해 무엇이라도 하도록 요청합시다. 1부에서 살펴본 건 예수는 어떤 기도에도 응답하지 않는다는 거예요. 우리를 위해 산을 옮기라고 요청해보는 건 어떨까요?

기독교인: 당신은 틀렸어요.

보통사람: 지금 당장 기도해보는 게 어때요? 마가 11:24에 있는 메시지는 아주 명백합니다. '그러므로 내가 너희에게 말하노니 무엇이든지 기도하고 구하는 것은 받은 줄로 믿으라 그리하면 너희에게 그대로 되리라.' 그는 '구하라, 그러면 받을 것이다'라고 말합니다. 누가 1:37에는 '대저 하나님의 모든 말씀은 능하지 못하심이 없느니라'라고 합니다. 기도를 통하면 어떤 것도 불가능하지 않아요. 지금 당장 기도하면 왜 응답하지 않겠어요?

기독교인: 당신은 완전히 틀렸어요. 그건 기도의 작용방식이 아닙니다!

보통사람: 그걸 살펴볼 방법이 있어요. 투표를 해보는 건 어때요? 지구상 60억 사람들에게 예수가 신인지 아닌지 투표를 부탁하는 겁니다. 지구에서 20억 명만 기독교인입니다. 다른 40억 명은 예수에 반대하는 투표를 할 겁니다. 모든 기독교인에게는, 당신들이 망상에 빠져 있다고 생각하는 두 배의 비기독교인이 있어요.

기독교인: 그들 모두 틀렸어요! 그들이 나처럼 주 예수를 알기만 하면 됩니다!

보통사람: 당신은 10억 명의 무슬림들이 모두 틀리다고 말하고 있네요. 그들은 예수가 신이 아니고 사람이었다고 믿습니다. 코란에서 그렇게 말합니다[코란 5:75].

기독교인: 무슬림들은 환상에 빠져 있어요!

보통사람: 그건 싸우자는 이야기인데요.

기독교인: 그들이 환상에 빠져 있어요. 모두가 그걸 압니다! 예수님은 주님이에요!

보통사람: 모든 기독교인이 환상에 빠져 있다고 생각하는 10억 명의 무슬림이 있어요. 그리고 모든 무슬림이 환상에 빠져 있다고 생각하는 20억 명의 기독교인들이 있구요. 잠깐이라도 당신들 30억 명 모두가 환상에 빠져 있을 가능성을 생각해보시겠어요?

기독교인: 나는 환상 속에 있지 않아요! 예수 그리스도는 부활한 주님이세요! 나는 그분께 매일 말하고 그분은 내게 말씀하세요! 그리고 그분은 내 기도에 응답하십니다!

보통사람: 좋아요. 그럼 제게 예수가 실재한다는 증거를 아무거나 줘보세요.

기독교인: 성경이 예수에 관한 모든 것을 말합니다!

보통사람: 그럼 당신은 노예 거래를 원상 복귀해야 한다고 생각하는군요? 당신 기독교인들은 여성을 혐오해야 한다고 생각하네요.

기독교인: 아니에요!

보통사람: 아무거라도 증거를 줘보세요.

기독교인: 할 수 없어요. 예수님은 감춰져 있어야 해요. 그렇지 않으면 우리는 그가 실재한다는 것을 모두 알 겁니다. 그럼 믿음이 깨져요.

보통사람: 예수가 감춰져 있어야 한다면 당신은 그가 실재하는 걸 어떻게 아나요?

대화는 이렇게 계속될 수 있다.

기독교 신앙의 밖에서 예수를 이성적으로 보는 사람 누구에게나, 예수는 결코 존재하지 않았던 완전한 신화 또는 사실과 달리 신화가 된 보통사람이었다는 것이 명백하다. 그런데 모든 문제, 모순, 증거 부족 등에도 불구하고 기독교인들은 예수에게 집착할 것이다. 왜 그러는 지는 27장에서 이해하기 시작할 것이지만, 지금은 우리가 보아온 증거를 단순히 고찰해보기로 하자.

이 장에서는 예수를 여러 다른 각도에서 살펴보았다. 우리가 발견한 것은 예수가 당신과 나처럼 보통사람이었다는 것이다. 자신을 신이라고 우기는 사람에게 보통사람이라면 누구라도 물어볼 간단한 질문을 해본다. 예를 들어

• 만약 예수가 신이라면, 왜 유의미한 방법으로 그것을 증명하지 않았을까? 그의 기적들은 오늘날 왜 하나도 볼 수 없는 것일까? 이 질문은 19장에서 검토했다. 24장의 질문 중에서 이것이 가장 중요하다. 이 단순한 이유 때문에 중요한 것이다. 만약 누군가 오늘 당신에게 걸어와 자신이 신이라고 말한다면, 당신은 증거를 보고 싶어 할 것이다. 그 증거는 모든 사람에게 분명하고 과학적으로 반박

의 여지가 없어야 한다. 예수는 증거가 없다.

- 예수가 신이라면 그리고 부활했다면, 왜 그것을 증명하기 위해 당신에게 실제로 나타나지 않는 것일까? 이 문제는 20장에서 검토했다. 예수는 부활을 믿게 하려고 제자들 앞에 나타났다. 바울에게 믿게 하려고 그의 눈앞에 나타났다. 모두를 사랑하고 영원한 존재인 예수는 왜 당신을 바울보다 덜 중요하게 생각하는가? 그 이유는 예수가 아무에게도 나타나지 않아서다.

- 우리는 왜 예수를 먹어야 하는가? 21장에서 이 문제를 검토했다. 영원한 삶을 얻으려면 의례적으로 예수의 몸을 먹고 악마처럼 그의 피를 마시라고 자애로운 우주의 창조자 예수는 요구한다. 이 해괴한 의식의 근원은 예수가 아니다. 그 의식은 당시 일반적이던 원시 종교에서 온 것이다.

- 왜 그렇게 많은 어린이들이 빈곤하게 살아야 하고, 예수는 왜 신약에서 그렇게 여러 번 실언을 했을까? 22장에서 예수의 수많은 잘못된 언급을 검토했다. 완전한 신은 왜 성경에 잘못된 일들을 썼을까?

- 예수는 왜 매주 일요일 아침에 당신의 돈을 필요로 하는가? 24장에서 이 흥미로운 역설을 검토했다.

증거는 충분하다. 1부에서 지적했듯이 예수는 기도에 응답하지 않는다. 2부에서 지적한 것처럼 성경은 분명 미개인의 작품이다.

여러 가지 다른 각도에서 검토해도 우리는 같은 결론에 도달할 수 있다.

예수의
가장 큰 문제

바로 믿기 어려운 근시안적 안목이다. 우리는 2,000년이 지나 그를 되돌아봄으로써 그것을 알 수 있다. 예수는 왜 성경에서처럼 '힘'을 낭비하기보다, 전능한 힘을 이용해서 지구에서 중요하고 아름다운 무엇을 실제로 실행하지 않았는가?

아주 최소한으로, 예수는 성경에 성차별주의, 인종차별주의, 노예제도를 영원히 끝내도록 쓸 수도 있었다. 매우 간단한 예로 노예제도가 불러일으킨 고난들을 생각해보라. 13장에 기술했듯이, 예수와 성경이 노예제도를 전적으로 지지한 것 때문에 수백만의 사람들이 속박당하고 엄청난 만행을 겪었다. 예수가 "노예제도는 금지한다. 노예를 해방시켜라"라고 간단명료하게 선언했다면, 많은 고난을 막을 수 있었을 것이다. 하지만 아무것도 하지 않았다. 같은 맥락에서, 예수는 제자 여섯을 여성으로 골라 여성의 평등을 주제로 연설할 수 있었고 그랬으면 성차별에 커다란 변화를 주었을 것이다(15장을 보라). 이 방면에서 우리는 오늘날까지 예수가 선견지명이 없었던 여파를 본다.

넓은 시각으로 볼 때 예수가 신이었다면 실제로 많은 기적을 일으킬 수 있었을 것이다. 이를테면 천연두와 오늘날 과학이 퇴치하기에 바쁜 다른 질병들의 숙주를 제거할 수 있었을 것이다. 기술사회를 시작하는 데 필요한 지식을 이스라엘 백성들에게 주어 그 당시 미개한 생활 조건을 향상시킬 수 있었을 것이다. 17장에서 언급했듯이 이스라엘 사람들에게 야금, 화학, 생물학, 물리학, 제조, 수학, 의학, 공업 등을 가르칠 수 있었을 것이다. 또한 오늘날 자주 대두되는 공해와 환경 파괴 문제를 해결하도록 그 기술들을 확실히 사용하는 방법은 물론, 핵 확산을 막기 위해 분명한 언급도 할 수 있었을 것이다.

인간들이 부를 공유하여 오늘날의 거대한 세계적 빈곤이 오래전에 해결되도록 인간을 가르칠 수 있었을 것이다. 통치의 표본을 확립해 군주제, 독재정권, 군사정권을 영원히 종식시킬 수 있었을 것이다. 지구상의 60억 인구가 수많은 괴상한 파벌로 나뉘어 늘 싸워대기보다, 함께 어울리도록 메시지를 분명히 하고 명백한 증거들을 남길 수 있었을 것이다.

예수, 영원한 고문자

다음에 대해 잠깐 간단히 생각해보자.

"여러분, 내 이름은 예수다. 나는 너희를 깊이 사랑한다. 너희가 자궁에 임신됐을 때부터 사랑했고, 영원히 사랑할 것이다. 그토록 사랑했기에 너희를 위해 십자가에서 죽었다. 나는 너희와 사랑스러운 관계를 갖기를 열망한다. 내 사랑을 통해 너희의 모든 기도에 응답할 것이다. 하지만 무릎을 꿇고 숭배하지 않으면, 그리고 내 몸을 먹고 내 피를 마시지 않으면, 나는 지옥불의 상상할 수 없는 고통으로 너희를 영원히 태울 것이다. 와하하하하하!"

그렇다. 이것이 기독교의 중심 메시지다.

생각해보라. 신의 표준모델에 따르면 사랑을 실현하는 존재가 있다.

하지만 무릎을 꿇고 숭배하지 않으면 당신은 영원히 육체적으로 고문 당할 것이다. 이건 뭐하는 사랑인가?

이렇게 행동하는 사람을 상상해보라. 누군가 어떤 이유로 '당신과 사랑에 빠진다'고 생각해보라. 그는 몰래카메라를 설치하고 매일 매시간 당신이 가는 모든 곳을 쫓아다니기 시작한다. 그리고 당신을 얼마나 사랑하는지 고백하는 책을 문 앞에 남긴다. 하지만 그는 한계선을 정하고 말한다. "내가 원하는 만큼 나를 사랑하지 않으면 당신을 납치해서 가장 무서운 방법으로 고문할 거야." 그런 사람을 어떻게 표현하겠는가? 미쳤다 생각하고 평생 감옥에 처박아놓을 것이다.

주여, 나타나주소서

당신 스스로에게 증명하는 다른 방법이 있다. 그저 무릎을 꿇고 기도하라. 바울에게처럼(20장을 보라) 당신 앞에 실제로 나타나달라고 부탁하라. 부활했다는 것을 내게도 보여달라고 부탁하라. 예수가 나타나면 자손을 위하여 가정용 캠코더로 그 사건을 기록하라.

물론 예수는 나타나지 않을 것이다.

요한 14:12-13에서 예수가 한 말은 분명하다.

> 내가 진실로 진실로 너희에게 이르노니 나를 믿는 자는 내가 하는 일을 그도 할 것이요 또한 그보다 큰일도 하리니 이는 내가 아버지께로 감이라. 너희가 내 이름으로 무엇을 구하든지 내가 행하리니 이는 아

버지로 하여금 아들로 말미암아 영광을 받으시게 하려 함이라.

그의 이름으로 무엇인가를 요청했다. 당신은 그가 분명히 할 수 있는 무엇인가를 요청했다. 성경은 예수가 수백 명 앞에 나타났다고 말한다. 따라서 당신에게 나타나는 건 아무 문제가 안 된다.

하지만 예상대로 예수는 나타나지 않을 것이다.

이제 더 깊은 수준에서 실험하도록 부탁하려 한다. 지금 당신의 마음속에서 일어나는 것을 살펴보라. 당신은 성경을 읽고 예수의 분명한 발언을 보았다. '내 이름으로 요청하면 내가 행하리니.' 그는 '할 수도 있다'고 말하지 않았다. 당신은 예수가 나타나기를 기도했고 예수는 당신을 무시했다.

예수가 나타나지 않았음에도, 그리고 성경에서 아주 분명히 이야기했음에도 당신이 이 상황에 어떻게 대처하는지 보라. 그 증거에서 분명한 결론을 도출해내는가? 당신이 기독교인이라면 아마도 아닐 것이다. 대신 마음속에 왜 예수가 나타나지 않았는지를 설명하는 수많은 핑계가 떠오를 것이다.

- 그분의 의지가 아니다.
- 그분은 시간이 없다.
- 그분은 나타날 것이다. 하지만 죽은 다음이 될 것이다.
- 내가 올바로 기도하지 않았다.
- 나는 그럴 가치가 없다.
- 내 믿음이 불충분하다.

- 주님을 시험할 수는 없다.

- 예수님은 제자들에게만 나타나신다.

- 예수님은 신의 오른편에 앉아 계셔서 더 이상 지구에는 나타나지 않으신다.

- 실제로 내 주위에 계시지만 나는 그분을 볼 수 없다.

- 그것은 나에 대한 예수님의 계획의 일부가 아니다.

- 육체적으로는 아니지만 대신 공중에 먼지와 티끌을 재배열하며 나타나실 것이다. 그런데 여기는 먼지가 충분하지 않다.

- 내 꿈속에 나타나실 것이다.

- 예수님은 여기 계시다 나는 가슴으로 그분을 느낄 수 있다.

- 등등

 당신은 이렇게 핑계를 만드는 데 전문가다. 예수가 계속 당신을 엎드리게 하므로 당신은 그래야 한다. 당신이 전문가인 이유는 평생 동안 예수를 위해 이렇게 핑계를 만들어왔기 때문이다. 예수는 당신을 수없이 실망시켜왔기 때문에 당신은 이러한 실망이 놀랍지도 않다. 이런 핑계거리 목록을 만드는 것이 그토록 쉽고 자연스러운 이유다.

 하지만 더 재미있는 일이 있다. 예수가 그렇게 하는 적정한 이유가 있다고 치자. 예를 들면 당신이 기도할 때 우연히 청바지를 입었고, 예수는 푸른색을 좋아하지 않는 것으로 밝혀졌다. 사실, 부활한 예수는 아무에게도 나타나지 않았다. 그럴 만한 가치를 지닌 사람이 전무했다는 말이다. 그렇지 않았다면 우리는 기독교 서점에서 파는 비디오물에서 그를 볼 수 있을 것이다.

이 실험에 기독교인이 어떻게 반응할지를 상상하기는 쉽다.

> 기독교인: 물론 예수님은 나타나시지 않을 것입니다. 그러면 당신의
> 자유의지를 빼앗아가거든요. 비디오로 그 장면을 찍으면 모든 사람
> 들의 자유의지를 빼앗을 거구요.
> 보통사람: 그럼 아무에게도 나타날 수 없네요. 맞죠?
> 기독교인: 예, 맞아요. 그게 부활하신 예수께서 오늘날 나타나지 않
> 는 이유예요.
> 보통사람: 그럼 예수의 부활을 어떻게 증명했을까요?
> 기독교인: 물론, 사람들에게 나타남으로써 했지요. 그렇지 않으면 우
> 리가 어떻게 알 수 있겠어요?

모순의 순환이다. 예수가 부활했다는 것을 증명하는 유일한 방법은 사람 앞에 나타나는 것이었고 그렇게 나타났었다. 하지만 당신 앞에 나타나기란 불가능하다.

그 이유는 당신의 자유의지와 아무 상관이 없다. 그것은 예수가 아무에게도 나타나지 않았다는 사실과 관계가 있다.

예수의 증거

스스로에게 예수가 존재하지 않는다는 것을 증명할 다른 방법은 이런 간단한 질문을 해보는 것이다.

이를 자문해보면 증거란 없다는 것을 깨달을 것이다. 당신이 믿는 다른 모든 것은 그 존재를 증명하는 일련의 증거들을 남긴다. 하지만 예수와 관련해서는 아무것도 없다. 그의 존재에 관한 물리적 증거도, 기적의 증거도 없다. 매우 이상하다. 예수의 기적은 오늘날 우리가 볼 수 있는 물리적 증거를 하나도 남기지 않았다. 기도의 증거도 없다. 아무리 열심히 기도해도 아무 일도 일어나지 않는다(1부를 보라). 아주 간단히 말하면, 오늘날 예수가 존재한다고 증명하는 증거는 전무하다.

독실한 기독교 신자는 신의 완벽한 말씀인 성경이 있음을 지적할 것이다. 그렇다, 성경. 성경은 예수에 관한 모든 것을 말한다. 예수의 강림을 예견하고(23장) 지구상 예수의 시대를 이야기한다.

하지만 또한 노예제도는 위대하다고, 여성은 혐오해야 한다고, 동물과 인간 제물이 필요하다고, 아기들과 어린이들을 대량학살하는 것이 과거에 신이 좋아하던 일 중의 하나라고 말한다(자세한 내용은 2부를 보라). 우리는 성경이 그러한 기타 등등을 이야기할 때는 믿지 않다가도 예수에 대해 말할 때는 왜 믿는가?

증거 이해하기

두 가지 선택이 있다. 예수는 신이거나 보통의 인간이었거나. 모든 증거들로 미루어볼 때 이 둘 중에 어떤 것이 더 진실로 보이는가?

당신이 기독교인이라면, 그리고 평생 동안 예수는 부활했고 신이라고 믿어왔다면, 이 모든 증거를 잠시 살펴보기를 부탁드린다. 또한 당신의 믿음이 어디서 오는지를 이해하기 위해 27장을 보시라.

4부

종교와 인간

—

26장

이는 모두 무엇을 의미하는가?

잠시 멈춰 지금까지의 증거를 다시 돌아보도록 하자. 신이 존재한다면 우리가 보아온 모든 일들을 어떻게 설명할까?

1. 네바 로저스의 죽음을 어떻게 설명하는가(1장)

2. 샌디에이고에서 파괴된 39채의 가옥을 어떻게 설명하는가(2장)

3. 래니카의 죽음을 어떻게 설명하는가(4장)

4. 신이 팔다리를 잃은 장애인들을 무시하는 속성을 어떻게 설명하는가(5장)

5. 기독교인에게 건강보험이 필요하다는 사실을 어떻게 설명하는가(6장)

6. 당신이 산을 옮길 수 없다는 사실을 어떻게 설명하는가(7장)

7. 좋은 사람들에게 나쁜 일들이 끊임없이 벌어진다는 사실을 어떻게 설명하는가(8장)

8. 신의 계획을 어떻게 설명하는가(8장)

9. 기도하는 기독교인과 기도하지 않는 사람의 라스베이거스에서 이
   길 가능성은 정확히 똑같다는 사실을 어떻게 설명하는가(9장)

10. 전쟁터에서 모두 기도하는데도 많은 사람들이 죽는 사실을 어떻
    게 설명하는가(10장)

11. 신이 노예제도의 막강한 지지자라는 사실을 어떻게 설명하는가
    (13장)

12. 출애굽기 21:20에서 '사람이 매로 그 남종이나 여종을 쳐서 당장
    에 죽으면 반드시 형벌을 받으려니와 그가 하루나 이틀을 연명하
    면 형벌을 면하리니 그는 상전의 재산임이라'라는 신의 말을 어떻
    게 설명하는가? 신이 어떻게 인간이 다른 인간을 때리라고 조장
    할 수 있는가(13장)

13. 죽이지만 않으면 노예들을 때려도 된다고 말하는 출애굽기 21장
    이, 십계명을 열거한 20장 뒤에 바로 나오는 사실을 어떻게 설명
    하는가? 출애굽기 21장이 터무니없다는 사실은 알면서 십계명은
    왜 변하지 않는 신성한 신의 말씀이라고 고집하는가(13장)

14. 신이 동물과 인간 제물을 요구한다는 사실을 어떻게 설명하는가
    (14장)

15. 신이 여성을 혐오하는 것을 어떻게 설명하는가(15장)

16. 성경에서 그렇게 많은 어린이들을 대량학살하는 사실을 어떻게
    설명하는가(16장)

17. 성경이 부적절하고, 맞지 않고 쓸모없는 내용으로 가득하다는 사
    실을 어떻게 설명하는가(17장)

18. 성경이 모든 동성애자를 죽이라고 하는 사실을 어떻게 설명하는가(17장)

19. 성경이 전지한 존재로부터 영감받은 것으로 여겨지지만 그 저자는 그것을 쓴 미개인보다 더 알지 못한다는 사실을 어떻게 설명하는가(17장)

20. 예수는 자신이 신이라는 것을 결코 증명하지 않았다는 사실을 어떻게 설명하는가(19장)

21. 예수는 죽은 뒤에 결코 누구에게도 나타난 적이 없다는 사실을 어떻게 설명하는가(20장)

22. 우리가 예수의 몸을 먹고 피를 마셔야 한다는 사실을 어떻게 설명하는가(21장)

23. 매년 1,000만 명의 어린이가 굶주림 같은 단순한 원인으로 죽어간다는 사실을 어떻게 설명하는가(22장)

24. 전능하고 기도에 응답하는 우주의 창조자인 예수가 당신의 돈을 필요로 한다는 사실을 어떻게 설명하는가(24장)

25. 모든 기독교인은 망상에 잡혀 있다고 생각하는 10억의 이슬람교도가 있고, 모든 이슬람 신자는 망상에 잡혀 있다고 믿는 20억 기독교도가 있다는 사실을 어떻게 설명하는가(25장)

이 모든 질문들에 어떻게 답을 할까?

당신의 이해를 돕고자 한다. 신이 존재한다고 가정하면, 위 질문은 그 자체로 각각의 수수께끼를 우리에게 던진다. 각 질문은 변명과 합리화와 뒤얽힌 설명을 필요로 하는 역설을 만든다. 이 역설과 핑계들은 말도 안 되므로 매우 불편하다. 신이 존재한다고 가정하면 신은 어처구니없어진다.

다른 한편으로 신을 허상이라고 가정하면, 이 모든 질문은 답하기가 매우 쉬워진다. 우리들 세상은 완전히 말이 된다.

종교를 규명해보고 그것을 깊이 생각하는 시간을 가지면 이 모든 증거가 당신에게 무언가 중요한 것을 말하고 있음을 깨닫게 된다. 그것은 간단명료하게 신은 허상이라고 말한다.

당신이 기독교인이라면, 즉시 여기서 읽은 것을 완전히 무시하고 그로부터 멀어지고 싶을 것이다. 하지만 그보다는 이 책에서 보아온 모든 증거를 검토해보기를 부탁한다. 위 질문들을 생각해보라. 그 증거들이 실제로 의미하는 것을 이해하려고 마음을 열어보라. 당신의 뇌가 당신의 종교를 이성적으로 분석하게 하라. 당신은 이 모든 증거들이 같은 방향을 가리킨다는 것을 알게 될 것이다. 신은 허상이다.

증거의 재고찰

우리는 많은 다른 각도에서 신을 살펴봤다. 우리가 찾아낸 것은 신이 존재한다는 증거는 없다는 것이다. 신은 기도에 응답하지 않는다. 신은 성경을 쓰지 않았다. 신은 스스로 사람이 되지도 않았다. 즉, 신은 허상이다.

신이 기도에 응답하지 않는다는 걸 어떻게 확실히 알까? 1부에서처럼 단지 기도하고 무슨 일이 일어나는지 살펴본다. 우리는 아무 일도 일어나지 않는다는 것을 알게 된다. 아무리 많은 사람들이 기도해도, 아무리 자주 기도해도, 아무리 성실히 기도해도, 그 기도가 아무리 가치가 있어도, 결코 아무 일도 일어나지 않는다. 우리가 잃어버린 팔다리의 재생 혹은 에베레스트 산을 뉴어크로 옮기는 것 같은 불가능한 무엇을 기도하면 결코 아무 일도 일어나지 않는다. 우리 모두 그걸 안다. 불가능한 무엇을 기도하면 그 결과는 가능성의 일반법칙에 정확히 일치하여 발생할 것이다. 이 사실을 보여주기는 쉽다. 예를 들어 독실한 기독교 신자 1,000명에게 동전의 앞면이 위로 올라오도록 기도하라고 부탁하고 한꺼번에 동전을 던지게 하면, 그중 약 500명은 동전의 뒷면이 나오는 것을 볼 것이다. 실험을 계속해도 같은 일이 벌어질 것이다. 통계적으로 기도의 효과를 분석하는 모든 상황에서 기도의 성공과 실패를 모두 살펴보면, 우리는 기도가 아무런 효과가 없다는 것을 발견한다. 항상 그렇다. 신은 허상이기 때문이다. 기독교인들은 늘 말한다. "주님이 기도에 응답하셨어요." 대신 우리가 보는 것은 단순한 우연의 일치다. 기독교인들은 실패한 기도에 대해서는 결코 이야기하지 않는다. 하지만 성공한 기도와 실패한 기도 모두를 살펴 통계적으로 분석하면 신은 기도에 응답하지 않는다는 것이 증명된다. 자세한 사항은 1부를 보라.

신이 성경을 쓰지 않았다는 것을 어떻게 확실히 아는가? 2부에서 논의했듯이 우리는 그저 성경을 읽고 많은 곳에 얼마나 불편한 내용이 있는지를 확인한다. 보통의 인간으로서 노예제도가 도덕적으로 혐오스럽다고 절대 확신하는데도 불구하고, 신은 노예제도의 거대한 지지자임을 확인한다. 여성혐오주의도 똑같이 도덕적으로 혐오스럽다고 확신함에도 신은 대단한 여성혐오주의자임을 확인한다. 우리는 신이 엄청난 숫자의 아기와 어린이들을 죽이는 것에 주목하고, 끔찍하고 역겨워진다. 모든 것을 아는 것으로 여겨지는 신이 실제로 성경을 쓴 미개인보다 더 모른다는 것에 우리는 주목한다. 실제로 성경을 읽어본 사람이라면 누구나 이것은 모든 것을 아는 신이 아니라 미개인들이 썼다는 결론에 빨리 도달한다. 자세한 사항은 2부를 보라.

예수가 보통사람이었다는 것을 어떻게 확실히 아는가? 3부에서처럼 단순한 질문을 해볼 수 있다. 현대에 누군가 자신을 신의 아들이라고 주장한다면 어찌하겠는가? 우리는 분명한 증거를 원할 것이다. 예수가 2,000년 전에 살았다 해서 그냥 지나칠 순 없다. 예수의 기적들은 그 증거가 아무것도 존재하지 않는다는 사실에 우리는 주목한다. 아무나 산을 옮길 수 있다고 주장했지만 우리는 아무도, 예수조차도 산을 옮기지 않았다는 것에 주목한다. 예수의 기적은 모두 신앙치료 또는 마술 속임수이고, 우리는 신앙치료사나 마술사들이 사기꾼임을 안다. 우리는 또한 예수가 부활했다는 증거가 없다는 사실을 주목한다. 예수는 부활을 증명하기 위해 바울에게 했듯이 육체적으로 우리 모두에게 쉽게 나타날 수 있을 것인데 결코 나타나지 않는다. 그랬다면 인터넷 여기저기에 예수의 출현을 보여주는 수천 개의 영상물이 떠다니고 있을 것이다. 우리는 예수가 성경에서 명백하게 잘못된 이야기를 많이 했다는 것에 주목한다. 전능한 우주의 창조자이고 기도에 응답한다고 약속했음에도, 모든 교회는 먹고살기 위해 돈에 매달리는 사실에 주목한다. 기타 등등. 예수는 다른 사람들처럼 보통사람이었음이 명백하다. 자세한 사항은 3부를 보라.

이 중 하나라도 증명하면 자동적으로 다른 두 가지가 증명된다는 것을 짚어보는 것도 재미있다. 예로 성경을 신이 아니라 미개인들이 썼다는 사실을 일단 알면, 신이 기도에 응답하지 않고 예수는 완전히 보통사람이었음을 자동적으로 알게 된다. 성경은 기도와 예수에 관해 일러주는 책이다. 그러므로 성경이 의미 없다면 기도와 예수도 똑같이 의미가 없게 된다. 진실은 우리가 세 가지 모두를 따로따로 증명했다는 것이다. 예수는 신이 아니고 성경은 신의 말씀이 아니며 신은 결코 기도에 응답하지 않는다. 그러므로 이 세 가지는 따로 보거나 한꺼번에 보더라도 진실이다.

당신의 환상 이해하기

이 책에는 신이 허상임을 보여주는 어마어마한 증거가 있다. 25장에서 훌륭하고 확실하며 잘 요약된 증거를 보아왔다. 그것과 같은 백 개의 장을 쉽게 더 찾을 수 있을 것이다. 증거는 우리들 주위 도처에 있다.

뒤집어보면 신이 진짜임을 보여주는 증거는 없다. 기독교인들은 기도를 가리키겠지만 통계적 분석으로 기도의 효과를 반박하기란 아주 쉽다(1부). 기독교인들은 성경을 말하겠지만 성경에 수많은 문제가 있다는 것을 보여주는 것 역시 쉽다(2부). 그들이 제시할 만한 입증 가능한 증거는 없다.

신은 진짜인가 아니면 허상인가? 이제 우리에게 답이 있다. 우리는 이 모든 증거를 볼 수 있고 따라서 신이 허상이라는 것을 알 수 있다. 기독교는 환상이다. 종교는 일반적으로 환상이다.

'환상'이라는 단어가 불편하다는 것을 이해한다. 하지만 영어에서 사용하기에 알맞은 단어다. 사전은 이렇게 정의한다.

> 설득력이 없는 증거에도 불구하고 강력하게 자리 잡고 있는 잘못된 믿음

설득력 없는 증거는 도처에 널려 있다. 당신은 수년간 그것을 알 기회는 많았으나 그 상황에 실제로 부딪히기는 불가능했다(27장에서는 실제상황에 부딪히기가 왜 무서운가를 논의할 것이다).

종교가 환상이라고 말할 때, 무례하거나 경멸하는 의미에서의 언급은 아니다. 오히려 친구로서 하듯이 말하는 것이다. 여기서의 목표는 종교적 믿음에 대해 비판하자는 것이 아니라, 그 대신 환상에서 회복하도록 돕는 것이다.

무엇을 생각하는지 안다. 기독교인이라면 이렇게 생각할 것이다. '환상이 아니다. 그리스도는 길이요, 진리요, 생명이다.' 당신의 환상을 당신에게 보여주면 어떨까? 당신의 환상을 당신이 볼 수 있도록 비추는 거울이 있다면 어떨까? 기독교의 환상이 어떻게 작용하는지 분명히 보고 싶다면 '환상 이해하기'를 읽기 바란다.

모든 종교는 환상이다. 뜻대로 된다면 지금 그것을 보고, 회복의 길로 출발할 수 있다. 당신은 스스로의 개인적 환상에서 당신을 자유롭게 할 치료과정을 시작할 수 있다.

무슨 뜻인가?

           종교의 환상에 관해 솔직하게 공개적으로 이야기하는 것이 중요한 이유가 세 가지 있다.

1. 종교는 정말로 환상이다. 바뀌지 않으려고 지속하는 이 환상적 행동을 허용함으로써 우리는 스스로에게 손상을 입힌다.
2. 우리는 지금 종교를 둘러싸고 제기되는 중요한 자유발언과 자유사고를 하고 있다.
3. 지금은 지성을 지닌 인류로서, 인간이 종교를 만드는 이유를 이해하고 그 이유를 환상적이 아니라 합리적으로 검토하기 시작해야 할 때다.

이 모든 점이 중요하다. 그것이 의미하는 바를 이해하도록 하나하나 검토해본다.

이유 하나: 종교는 정말로 환상이다

질문으로 시작하자. 무슨 상관이람? 이 책에서 우리는 신이 기도에 응답하지 않고, 성경을 쓰지 않았고, 예수는 신이 아니라는 것을 결론적으로 증명했다. 달리 말하자면 유명 종교의 신이 허상이다. 그런데 그게 정말로 상관이 있나? 미국 인구의 반이 허상을 믿고 싶어 한다면 무슨 차이가 있을까? 무슨 해를 끼칠까?

2001년 911 테러와 아프가니스탄, 이라크, 마드리드, 런던의 일련의 사건에서 찾을 수 있는 위험은 무시하기로 하자. 지하드를 통해 비이슬람교도(특히 기독교인과 유대교인)를 죽여야 한다고 믿는 열광적이고 무모한 이슬람교도가 많다. 그것은 무시하자.

지난 수십 년간 전 세계에 퍼진 종교의 악영향 역시 무시하기로 하자. 기독교인을 죽이는 이슬람교인(반대의 경우도 있다), 이슬람교도를 죽이는 유대교인(반대 경우도 있다), 가톨릭 신자를 죽이는 개신교 신자(반대 경우도 있다), 수니파를 죽이는 시아파(반대 경우도 있다) 등등. 그것들 모두 완전히 의미가 없다. 인간의 모든 신들은 허상이기 때문이다. 하지만 모든 살인과 파괴는 무시하자.

또한 종교가 오랫동안 가져다준 모든 미친 짓들(십자군전쟁, 마녀사냥 그리고 다른 것들)도 무시하기로 하자. 모두 과거지사니 무시하자.

현대의 선진국인 미국에서조차 종교가 문제를 만들어낸다. 기독교가 만든 환상은 매우 심각하고 만연돼, 신이 성경에서 십계명을 내려줬다고 공공연하게 주장하는 대법원 판사와 정치인들이 있는 형편이다(13장을 보라). 이들 판사와 정치인들은 어리석음에 한 술 더 떠 다른 개념들과 더불어 노예제도와 여성혐오주의를 공개적으로 옹호하는 책을 이야기하고 있다. 하지만 그 주장에 아무도 공개적으로 질문할 수 없다. 너무 위험하기 때문이다(자세한 사항은 다음 장을 보라).

이같이 허상의 신을 이야기하는 다른 총명한 미국인들을 확보하는 것은 위험하다. 이렇듯 종교에서 환상에 빠진 경우 많은 사람들이 머릿속의 환상을 어딘가로 숨긴다는 사실이 당신을 놀라게 할 것이기 때문이다. 게다가 미국에서 종교는 지금 과학 연구와 사회적 진보를 보란 듯이 억누르고 있다. 미국 과학자들이 줄기세포에 관해 당면한 문제는 오늘날 나타난 수많은 문제 중 하나일 뿐이다.

종교의 환상이 중대한 사회적 역기능을 야기한다는 증거는 늘어간다. 통계 연구는 종교적 환상과 함께 진행되는 문제점들을 드러낸다. 예를 들어 《종교와 사회》지의 최근 기사는 종교가 미국에서 보이는 중대한 사회적 어려움과 상관있다고 지적한다.

> 일반적으로 조물주에 대한 믿음과 숭배 비율이 높을수록 발전된 민주주의에서 살인, 청소년 및 성인 조기사망, 성병감염률, 10대 임신, 낙태의 비율과 상관관계가 있다. 가장 유신론적으로 민주주의가 번성하고 있는 미국은 예외라고 보고 싶겠지만, 프랭클린이 예언한 방법에 의하면 그렇지도 않다. 미국은 발전된 민주주의 국가 중 거의 언제나 가장 역기능적이고, 가끔은 굉장히 그런 상황이 되며, 거의 항상 점수가 저조하다. 세계 다른 나라에게 언덕 위의 빛나는 도시로서의 미국의 풍경은 사회건강이라는 기본 잣대로 볼 때 거짓이다.

일반적인 견해는 종교는 환상이더라도 해롭지 않다는 것인데, 그렇지 않은 것으로 판명된다. 미국은 선진국 중에서 가장 종교적인 나라다. 또한 살인, 청소년 및 성인 조기사망, 성병감염률, 10대 임신과 낙태 같은 사건의 관점에서 가장 큰 문제를 갖고 있다.

종교는 환상이다. 환상에 사로잡힌 사람들로 가득 찬 지구는 건강하지 않다.

이유 둘: 종교적 환상을 자유롭게 논의해야 한다

종교는 미국과 전 세계에서 중요한 자유발언과 자유사고의 문제를

만들어낸다. 내 말이 무슨 뜻인지 이해를 돕고 대안을 제공하고자
한다.

　보통의 지성인이 오늘 공공장소에 서서 이렇게 이야기한다고 생각
하자. "나는 전지전능하고 모두를 사랑하는 신이 성경이나 십계명을
썼다고 믿지 않는다. 그 이유는 성경이 구약이나 신약 모두에서 공개
적으로 노예제도와 여성혐오주의를 옹호하기 때문이다. 신은 노예제
도를 사랑하거나 여성을 혐오할 수 없다."

　이렇게 솔직하고 완전히 이성적인 발언을 하자마자 미국인들은 그
를 무신론자로 분류할 것이다.

　오늘날 미국에서 무신론자로 분류되는 것은 위험하다. 1950년대 매
카시 시대에 분류되던 것과 똑같이 위험하다. 무신론자로 알려진 이
가 오늘날 미국에서 공공기관에 출마하려 한다고 생각해보라. 많은
기독교인들이 당장 무리를 지어 몰려와 반대 견해를 가진 사람을 궤
멸시킬 것이다. 한번 무신론자로 분류되면 그 후보는 공공토론회에서
공격받는다.

　이제 세계의 나머지 지역을 보자. 많은 이슬람 국가에서 여성은 어
떻게 입고 무엇을 할 것이며 어디서 일하고 어떻게 행동해야 하는지
자유롭게 선택할 수 없다. 때로는 자동차 운전조차 할 수 없다. 이슬
람 국가의 여성억압은 잘 알려져 있으며 웃기는 일이다.

　여기에는 한 가지 해결책뿐이다. 종교인이든 아니든 공개적으로 신
이 허상임을 보여주는 증거에 대해 논의할 때다. 그런 논의를 숨기거
나 공격하는 것을 멈추자. 공개적으로 이야기하자. 이 책에서 보아온
모든 증거들에 대해 솔직하고 공개적이며 이성적이고 신사적인 대화

를 하자.

공개 좌담회에서 그러한 토론을 한다면 우리 대다수는 신이 허상이라는 데 동의하게 될 것이다. 그런 결론에 이르게 되는 이유는 이 책에서 보여주듯이 압도적으로 확실한 증거 덕분이다.

우리는 또한 세상에 무신론자 같은 것은 없다는 것을 깨달아야 한다. 무신론자 분류와 낙인찍기를 그만둬야 한다.

이유 셋: 사람들은 왜 종교를 만드는가

이 책의 제안이 심오하고 당황스러울 것이다. 내용은 바로 이렇다. 종교와 관련된 것은 모두가 허상이다. 신, 성경, 예수, 부활, 기도, 십계명, 창조론, 당신의 영혼, 영원한 삶, 천국…… 이 모든 것이 인간의 상상의 산물이다. 알라, 코란 그 외의 것들도 마찬가지다. 인간으로서 우리는 이 모든 종교적 교리를 수세기 동안 믿어왔으며 우리 대부분은 지금도 어느 정도까지는 그것을 믿는다. 하지만 그 모든 것은 허구다. 이집트, 로마, 아스텍의 신들이 그랬듯이 똑같이 허구다. 우리는 분명하고 명백한 증거들을 25장에서 보았고 그것이 모두 이 결론을 뒷받침한다.

신은 허상이라는 것이 그토록 명백한데도 왜 미국 인구의 절반은 신을 믿는다고 고백하는가? 모든 상황이 심각하게 이상하므로 우리는 계속 이 질문을 던졌다. 인류로서 우리는 왜 수천 년간 이 모든 신화와 허튼소리를 계속 반복해서 만들어왔는가? 분명 이유가 있을 것이다.

어리석고 신화적인 종교를 통해서가 아니라 이성적으로 그 이유들을 이해하고 대처할 수 있다면, 우리는 실제로 스스로 큰 성과를 이룰 수 있을 것이다.

인간이 종교를 만드는 데는 두 가지 중요한 이유가 있다.

1. 인간은 죽음에 대처하는 방법으로 신을 만든다. 많은 인간은 어떤 이유로 죽음을 무서워한다. 그들은 두려움을 다루는 방법으로 종교를 만든다.
2. 사람들은 선의 대리로서 신을 만든다. 사회에서 '선'을 진작하고 '악'을 제거하는 방법을 원한다. 과거에는 허상의 신을 만드는 것이 그 과정을 촉진하는 방법으로 생각되었다.

인간에게 죽음과 선은 중요하다. 그것들은 근본적인 인간의 감성을 자극한다. 죽음과 선을 신의 신화에서 분리할 수 있고 그렇게 함으로써 그것을 이해하고 긍정적인 방법으로 대할 수 있으면, 실제로 매우 유용한 무엇인가를 할 수 있을 것이다. 우리는 인간을 이롭게 하는 데 초점을 맞춰 우리 자신을 위한 합리적 세상을 만들 수 있다.

27장과 28장에서 죽음과 선을 이야기할 것이다. 왜 신을 만들고 그 안에서 행동하는지 그 이유를 이성적으로 이해할 필요가 있다.

일단 왜 종교를 만드는지를 이해하면 종교를 대체할 사회구조를 만들기 시작할 수 있다. 이 책의 나머지 부분에서 그 과정을 논의한다.

27장

당신이 죽을 때, 당신은 죽는 것이다

죽음은 모든 인간의 삶의 중심에 있다. 우리가 사는 한 우리는 죽는 다는 것을 안다.

많은 사람들은 죽음을 무섭고 혼란스럽게 받아들인다. 아주 오랫동 안 이 공포는 지속돼왔다. 네안데르탈인의 시대를 살펴보면 시신을 묻 은 것을 볼 수 있다. 그들은 무덤에 꽃이나 인공유품을 놓기도 했다. 수만 년 전에 있었던 일이다. 분명히 죽음은 아주 오랫동안 커다란 사 건이었다.

그래서 기독교 신앙의 중심에 '영원한 삶'이 있다. 요한 3:16에 이 주 제에 관한 기독교의 특징이 나타난다.

> 하나님이 세상을 이처럼 사랑하사 독생자를 주셨으니 이는 그를 믿 는 자마다 멸망하지 않고 영생을 얻게 하려 하심이라.

예수를 믿음으로써 영원히 살 수 있다. 이것이 기독교의 약속이다.

죽음의 생각으로 무서워지면 '영원한 삶'의 약속을 떨쳐버리기가 매우 어렵다. 이것이 그렇게 많은 사람들이 종교를 갖게 되는 근본적인 이유 중 하나다.

한 가지 문제가 있을 뿐이다. '영원한 삶'은 뻥이다. 성경은 미개인들이 쓴 허구의 책이므로 영원한 삶의 약속은 믿으라고 만든 말이다.

사람의 실체는 아주 간단하다. 바로 이것이다. 우리가 지구상에서 보내는 시간은 우리가 갖는 모든 시간이라는 것. 많은 사람들에게 이 개념은 끔찍하다. 하지만 그것이 삶의 진실이다.

- 천국도 지옥도 없다. 이 두 곳은 인간의 상상력에서 튀어나온 동화의 세상이다.
- 당신에게 '영원한 영혼'은 없다. 영혼의 개념은 완전히 허상이다.
- 사람들은 죽은 뒤에 '영원한 삶'을 갖지 못한다. 영원한 삶에 대한 모든 개념은 공상이다.
- 사람들은 죽은 후에 죽은 친구나 가족들을 만나지 못하며, 영혼의 재생은 없다.
- 자살폭탄으로 자신을 순교한다 한들, 천국에 당신을 기다리는 72명의 처녀는 없다.
- 기타 등등

이 모든 것이 허상이다. 진실은 간단하다. 당신이 죽을 때 당신은 죽는다.

어떤 사람들은 이 삶의 진실을 둘러싸고 연연하며 엄청나게 힘들어한다. 당신은 아기였을 때부터 '영원한 삶'과 '영원한 영혼'에 대해 수없이 들어왔다. 천국은 모국어처럼 당신 안에 깊게 뿌리박혀 있다. 그럼에도 불구하고 '영원한 삶'은 허상이다. 증거를 보면서 이것을 더 잘 이해해보자.

삶의 화학적 성질
이해하기

'영원한 삶'은 허상이라는 것이 우리 모두에게 분명해야 한다. 삶의 화학적 성질만 이해하면 사후의 삶이 왜 불가능한지를 이해할 수 있다.

죽음이 어떻게 진행되는지 이해하기 위해 박테리아 세포에서 시작해본다. 박테리아는 다양한 분자들로 채워진 작은 주머니(세포막)이다. 이 분자들이 우리가 삶이라고 부르는 것을 만들기 위하여 여러 가지 다른 방식으로 서로 반응한다. 어떤 분자는 세포벽을 만들고 수선한다. 어떤 분자는 세포를 움직인다. 어떤 분자는 세포에 에너지를 공급한다. 박테리아 세포는 작은 화학공장이다.

박테리아 세포 안의 분자들 중 긴 DNA 요소가 있다. 새 분자를 만드는 DNA의 구성물질을 복사할 수 있는, DNA 주변을 떠다니는 분자들이 있다.

비록 이 모든 분자들이 멋지게 연동하면서 반응하지만, 그것은 화학반응에 불과할 뿐이다. '삶의 기적'은 기적이 아니라 거대한 화학반응이다. 외부 분자가 박테리아 세포에 들어가 DNA 화학성질의 일부로 들러붙는다고 치자. 또는 어떤 물질이 박테리아 속 DNA 요소를 손상시켜 더 이상 세포가 필요로 하는 주요 분자를 만들 수 없다고 치자. 궁극적으로 박테리아 내부의 화학반응은 정지할 것이다. 세포가 '죽는' 것이다. 그 세포벽은 부서져 터진다. 세포 안의 모든 화학물질들이 분산되고 박테리아는 생존을 끝낸다.

박테리아는 일련의 화학반응에 불과하다. 그런 반응들이 그치면 세포는 죽는다.

이제 질문이 있다. 박테리아가 죽으면 천국으로 가는가?

당신이 무슨 생각을 하는지 안다. "천국으로 가냐고요??? 물론 아니죠!!!" 당신이 종교인이든 아니든 상관없다. 미국에서 박테리아가 천국으로 간다고 믿는 사람은 많지 않다. 성경은 박테리아가 야기한 모든 질병, 부패, 역병으로 가득 찬 천국을 이야기하지 않는다. 그럼 정확히 무엇이 천국에 가는 걸까? 계속 반응할 수 있도록 모든 박테리아의 분자들이 천국으로 옮겨지는 것일까? 그런 일이 벌어진다면, 수천 톤의 화학물질이 매일 지구를 떠날 것이다. 분명히 박테리아는 천국에 가지 않는다.

이제 모기를 보자. 모기는 박테리아 세포보다 훨씬 복잡하다. 모기는 약간 놀라운 능력(귀찮게 하는 것이기는 하지만)을 가진 다중세포성 곤충이다. 그러나 모기 안의 세포를 보면 기본 기능을 가진 박테리아에 가깝다. 각 세포를 들여다보면 그것은 DNA를 기초로 한 흥미로운 일련의 화학반응일 뿐이다. 그런 화학반응들이 그칠 때 모기는 죽는다.

모기들은 분명 천국에 가지 않는다. 수백 년간 얼마나 많은 모기들이 살다가 죽었나를 생각해보라. 영원히 사는 모기들 셉틸리온 septillions(10의 24제곱) 마리로 가득 찬 천국은 누구도 상상하지 않는다.

쥐는 어떤가? 쥐의 세포들은 작은 화학공장이다. 그것들은 환상적이지만 영혼이 없고 자력으로 행동할 수 없다. 쥐들은 천국에 가지 않는다. 쥐들이 천국에 가면 천국은 쥐들 콰드릴리온quadrillions(천의 5제곱) 마리로 넘쳐날 것이다.

개는 어떤가? 많은 수의사들과 개 주인들은 여기서 당신과 논쟁할지도 모른다. 하지만 개도 천국에 가지 않는다. 개들이 죽으면 죽는 것이다.

사람의 가장 가까운 친척인 침팬지는 어떤가? 마찬가지다.

그럼 사람은 어떤가?

사람의 몸은 일련의 화학반응에 불과하다. 인간의 삶을 유지하게 하는 화학반응은 박테리아, 모기, 쥐, 개 또는 침팬지의 화학반응과 다르지 않다. 인간이 죽을 때 화학반응은 멈춘다. 박테리아, 모기, 쥐, 개 또는 침팬지에 영혼이 없는 것처럼, 사람의 화학물질에 섞여 있는 영혼이란 없다. 사람의 몸을 만드는 화학물질에게 사후의 삶, 천국이나 지옥은 없다.

사람이 죽으면 존재는 멈춘다는 이 개념은 많은 사람들을 미칠 지경으로 몰고 갈 것이다. 그들은 그렇게 생각하지 못한다. "내가? 죽어? 내가 완전히 사라진다고? 모든 생각, 모든 경험, 모든 관계, 모든 기억…… 그것들이 모두 사라지고 내가 간다고? 있을 수 없는 일이야!!!"

그럼에도 불구하고 그것이 실제 상황이다.

당신은 화학반응의 집합체다. 이 반응들이 멈추면 죽는다. 당신이 죽을 때 '당신'은 존재하지 않는다. 영원한 삶을 구상하고 '천국'이라고 불리는 공상을 만든다고 달라지는 것은 아무것도 없다. 당신이 죽을 때, 당신은 죽는다.

기독교인과 대화하기

기독교인과 죽음의 실상에 대해 이야기해보면 천국과 영원한 삶의 개념이 허상임을 확실히 이해할 수 있다. 각각의 대화가 다르겠지만 전형적인 대화는 이렇게 진행될 것이다.

기독교인: 당신 말은 완전히 희망이 결여돼 있어요. 예수님은 죽음을 초월하고 그분을 믿는 모든 사람에게 영원한 삶을 약속하셨어요! 당신의 마음을 주 예수 그리스도에게 맡기면 그분이 당신에게 영원한 삶을 주실 거예요!

보통사람: 좋아요. 그가 어떻게 그걸 하나요?

기독교인: 《휴거의 시작》이라는 책을 읽어봤나요?

보통사람: 아뇨.

기독교인: 읽어봐야 해요! 2,000만 권이 팔린 책인데, 진실이기 때문이지요! 책은 무슨 일이 일어날지 정확히 묘사하고 있어요. 어느 날 주 예수께서 어린이들을 집에 부르시고 아이들은 바로 천국으로 가게 되지요! 조종사들이 사라졌기 때문에 비행기들이 추락하고요. 차들

은 공중전화로 처박힙니다. 이것은 분명히 성경에 쓰여 있는 거예요.

보통사람: 사람들이 완전히 사라져요?

기독교인: 예. 뒤에 남겨진 것은 그들의 옷가지와 보석 그리고 보청기들뿐이지요! 신자들은 곧바로 천국으로 가게 됩니다!

보통사람: 벌거벗은 몸이 천국으로 간다고요?

기독교인: 예!

보통사람: 지구상에는 60억의 사람들이 있어요. 각자의 몸무게가 약 68킬로그램 정도라 친다면 당신 말은 지구상의 사람들 몸 4억 5,000만 톤을 신이 즉시 들어 올린다는 거예요?

기독교인: 절대 아니죠! 믿는 자들만 천국으로 옮겨집니다!

보통사람: 좋아요. 2억 2,700만 톤?

기독교인: 예!

보통사람: 그럼 2억 2,700만 톤의 몸들이 어디로 가나요?

기독교인: 천국으로요!

보통사람: 천국으로…… 그게 어디 있는데요?

기독교인: 물론 다른 차원이지요! 신이 천국에 사세요!

보통사람: 그 모든 몸이 어떻게 천국이라고 불리는 '다른 차원'에 도달하나요? 하늘로 떠오른 다음 진공의 공간을 통해 여행하나요?

기독교인: 아뇨, 어리석긴! 무형화한 다음 다시 천국에서 재생되는 겁니다!

보통사람: 그러면 당신 말은 2억 2,700만 톤의 벌거벗은 사람 몸들이 어떻게든 우리가 사는 우주에서 '무형화'하고, 그런 다음 천국이라고 불리는 다른 차원에서 '유형화'한다는 거예요? 그리고 그 '무형화'

과정은 자연적인 사람의 몸과 옷이나 보청기 같은 비자연물질이 구분이 되는 거구요?

기독교인: 예!

보통사람: 그러면…… 사람에게 인공 심장밸브나, 한 쌍의 스탠트, 두 개의 티타늄 고관절이 있으면 어떻게 되나요? 그것들도 분리돼서 그의 보석들과 남게 되나요?

기독교인: !

보통사람: 그러면 심장이 망가지고 골반에서 다리가 분리돼 떨어진 불쌍한 사람은 어떻게 되나요?

기독교인: 거기에 대해선 언급이 없습니다…… 내 생각엔 신께서 그들을 고쳐주실 겁니다!

보통사람: 그럼 몸이 암, 에이즈, 폐기종 등으로 망가진 사람들은 다 어떻게 되나요?

기독교인: 신께서 모두 고쳐주십니다!

보통사람: 그럼 80 먹어서 노쇠해빠진 몸들도요?

기독교인: 신께서 새롭고 젊고 아름다운 몸을 주시지요!

보통사람: 그럼 죽어서 몸이 다 분해된 사람들은 어떻게 돼요?

기독교인: 그들에게도 새롭고 젊고 아름다운 몸을 주십니다!

보통사람: 그럼 뭐하러 성가시게 천국으로 신자들을 옮기나요? 그냥 사람들에게 새롭고 젊고 아름다운 몸을 주고 예전의 몸은 지구에 남겨놓지 않구요?

기독교인: 성경에 너의 몸이 천국으로 간다고 쓰여 있어요! 《휴거의 시작》에 분명히 있구요! 그게 신의 뜻입니다!

상상하고 매우 자주 반복함으로써 그것이 실제인 양 믿는다.

그 환상이 얼마나 웃길 수 있는가? 카이로로 날아가 피라미드를 보라. 그곳엔 아직도 지구인이 만든 가장 거대한 물건 중 하나인 피라미드가 있다. 또한 미라를 만드는 모든 과정, 해체된 보트, 신성한 삽화 등이 있다. 이 모든 것은 파라오가 사후세계에 도달하는 것을 돕기 위해 설계되었다. 지금 그것을 보는 우리는 그것이 완전한 시간낭비였음을 확실히 안다. 이집트인들의 사후세계에 대한 개념은 공상이었다.

기독교인들의 개념도 똑같다.

생화학적 수준에서 보면 우리는 모기와 다르지 않다는 것이 진실이다. 인간의 삶을 지원하는 화학적 기질은 모기의 화학적 기질과 완전히 같다. 인간도 모기도 천국에 가지 않는다.

인간과 모기 사이의 커다란 차이는 인간은 천국이라고 불리는 장소를 상상하는 지능이 있다는 사실이다. 하지만 천국을 상상할 수 있다 해서 천국이 존재하는 것은 아니다. 머릿속에서 보이는 천국의 환상세계 어느 것이라도 생각해보면 그 역시 이 대화 속의 천국처럼 이상하고 우스꽝스러움을 깨닫게 될 것이다. 그것은 또한 대형 피라미드처럼 웃기다. 그런 천국은 존재하지 않는다.

죽음이 편하지 않은 개념이라는 사실은 그 실체를 바꾸지 않는다. 죽음이란 개념을 좋아하지 않는다면 당신이 좋아하는 어떤 동화라도 만들어낼 수 있다. 수천 년 동안 사람들은 온갖 종류의 동화들을 만들어왔다. 이것이 종교의 근원이다. 하지만 그런 동화들은 죽음을 둘러싼 핵심 실체를 바꾸지 않는다.

당신이 죽을 때 당신은 죽는 것이다. 당신은 사후세계에 살지 않는다. 이 사실에 실망하거나 우울해하는 것, 또는 천국 같은 장소를 상상하는 것이 당신이 커다랗고 걸어 다니는 화학반응체라는 엄연한 사실을 바꾸지는 않는다. 반응이 멈추면 당신은 완전히 죽는다. 그 화학반응과 섞인 영원한 영혼이란 없다.

죽음의 공포

어린이의 반응을 보면 죽음이 얼마나 유쾌하지 않은지 더 잘 이해된다. 우리 집에서는 이 불유쾌한 일이 '햄스티'가 죽었을 때 처음 나타났다. 죽음의 핵심 포인트를 잘 설명하기 때문에 햄스티 이야기를 하려고 한다.

이미 추측했겠지만 햄스티는 햄스터였다. 나의 아이들은 넷인데 햄스티가 죽을 당시 아이들의 나이는 7살(데이빗), 4살(이레나), 2살(존과 랜)이었다. 햄스티는 아이들의 애완동물이었다. 햄스티는 아이들 놀이방의 호화로운 2층 침대가 있는 햄스터 콘도에 살았다. 아이들은 먹이를 주고 물을 갈아주고 살펴보고 우리에서 꺼내 같이 놀아주는 등 햄스티를 사랑했다.

설치류인 햄스티는 한정된 수명을 가졌다. 어느 날 병이 들었다. 이윽고 햄스티가 죽은 것을 발견했다. 햄스티는 위층에서 자다가 평화롭게 죽었다.

쌍둥이 아이들은 무슨 일이 일어났는지 알아차리곤 넋이 나갔다. 그 사실이 나를 정말 놀라게 했다. 아이들은 "햄스티가 죽었어!"라고 계속 울부짖으며 온 집 안을 뛰어다녔다. 그 생각이 떠오를 때마다 그

울부짖음은 새로 시작됐다. 아이들은 울다가 잠들었지만 다음날 안정을 찾았다.

더 흥미로운 것은 이레나의 반응이었다. 이레나는 애완동물들을 좋아해서 허락만 한다면 수백 마리라도 갖고 싶어 했다. 이레나는 〈발, 발톱, 깃털, 지느러미〉라는 비디오를 수십 번이나 보았다. 아이들이 자기의 애완동물에 대해 이야기하는 이 비디오는 다른 종류의 동물들을 어떻게 적절히 보살필 필요가 있는지를 보여준다.

비디오에는 작은 애완동물이 죽는 장면이 있다. 비디오의 어린이들은 죽은 동물을 작은 상자에 넣어 뒷마당에 묻는다. 이 부분을 여러 번 본 이레나는 햄스티를 비슷하게 묻어주고 싶어 했다.

이레나와 나는 작은 보석상자를 찾았다. 우리는 햄스티를 상자에 정중히 넣고 뚜껑을 덮었다. 이레나가 햄스티를 쓰다듬고 싶다고 해서 나는 뚜껑을 열어주었고 아이는 마지막으로 햄스티를 아주 정중히 쓰다듬었다. 그러고 나서 괜찮아진 것 같았다. 우리는 흙손을 찾아서 뒷마당으로 나가 구덩이를 팠다. 햄스티를 구덩이에 넣으려 할 때 이레나는 한 번 더 쓰다듬게 해달라고 부탁했다. 아이는 아주 정중히 쓰다듬었고 다시 괜찮아진 것 같았다. 나는 햄스티를 구덩이에 넣고 이레나에게 흙을 덮겠느냐고 물었다. 이레나가 하지 않아서 내가 흙을 덮었다.

아이가 4살이었다는 것을 기억하시길. 4살짜리들은 많은 질문을 해대는 것으로 유명하다. 햄스티를 묻고 있을 때 이레나가 물었다. "내일 햄스티를 쓰다듬을 수 있어요?"

나: 음…… 아니, 안 될 거야.

이레나: 왜 안 돼요?

나: 음…… 일반적으로 누군가를 한번 묻으면 다시 파내지 않는단다. 그걸 시신에 대한 존중이라고 해.

이레나: 왜요?

나: 시신은 먼지로 돌아간단다. 그래서 파낼 것이 별로 없지. 햄스터는 먼지가 될 거야.

이레나: 왜 먼지가 돼요?

나: 살아 있는 모든 것은 죽으면 먼지가 된단다. 벌레들이 그걸 먹고 박테리아도 먹어. 그건 분해돼 먼지가 되는 거야.

이레나: 아파요? 아프지 않아요?

나: 안 아파. 햄스터는 죽었기 때문에 아무것도 못 느낀단다.

이레나는 나를 오랫동안 보았고, 당신은 아이가 무슨 생각을 하고 있는지 알 수 있을 것이다. 나는 그 다음의 질문에 놀랐다.

이레나: 할아버지도 돌아가세요?

나: 그럼, 돌아가시지. 누구나 결국은 죽는단다.

이레나: 벌레가 할아버지를 먹을 거예요?

나: 그래. 할아버지 몸은 먼지가 될 거야.

이레나는 머릿속으로 잠시 생각하고 잠시 멈췄다.

이레나: 아빠도 돌아가세요?

나: 그럼. 나도 죽을 거란다. 하지만 금방은 아니야.

이레나: 벌레가 아빠도 먹어요?

나: 그럼, 먹지.

이레나는 오랫동안 아무 말도 하지 않고 있다가 분명한 다음 질문을 했다.

이레나: 나도 죽어요?

나: 그럼. 사람은 모두 죽는단다.

이레나: 그럼 벌레가 나를 먹어요? 벌레에게 먹히는 거 싫은데! 나는 땅에 묻히고 싶지 않아요!

우리는 오랫동안 이야기했다. 대화는 결국 사람들이 죽으면 어떤 일이 일어나는지 이레나가 볼 수 있도록 차를 타고 근처에 있는 공동묘지로 가면서 끝났다. 우리는 많은 무덤표지와 무덤을 보았고, 우리 앞에 놓인 다른 이야기들을 이야기했다. 예를 들자면 '힐다 시섬'의 묘비를 보았는데 힐다는 1928년에 단 한 달만 살다 죽었다. 우리는 힐다에게 무슨 일이 있었고 부모는 얼마나 슬퍼했을까에 대해 이야기했다.

여기서 당신이 볼 수 있는 것은 중요하다. 죽음에 대한 생각은 아주 괴로운 개념이다. 수십 년의 기억들, 수백 명의 친한 친구들, 사랑하는 많고 행복한 가족과 일곱 손자를 가진 할아버지 같은 사람에게는 어떨까? 이 모든 것이 사라져버리는 순간은 어떻겠는가? 어느 순간에는 할아버지가 살아 있다. 다음 순간에 그는 죽고 뇌 안에 저장된 모든 것이 사라진다. 우리는 다시는 그를 볼 수 없을 것이다.

괴롭기 짝이 없지만 그 논리를 이해하고, 스스로 유쾌하지 않겠지만 이레나는 자기 운명을 깨달아야 할 때다. 그 작은 머리에 떠오르는 것은 간단하다. 내가 죽게 되면 어떻게 될까? 내 몸이 먼지가 되면 어떻게 될까?

네 살짜리조차 이런 생각을 한꺼번에 할 수 있었고, 그 생각이 유쾌하지 않다는 것을 알게 됐다. 많은 사람들에게 이 생각은 상상하기 어려울 만큼 유쾌하지 않다.

많은 성인들이 어릴 적 죽음의 공포를 극복하지 못한다. 누군가에게 죽음에 대한 생각은 아주 괴롭기 때문에 탈출구를 만들어내려는 것은 놀랍지 않다. 기독교인들이 만들어낸 동화는 천국이라고 불리며, 그들은 또한 영원한 삶의 개념을 구성했다. 그리고 물론, 당신이 하늘에 있는 영원한 스파/리조트로 이동되려면 그 장소를 관리하고 평화를 지키는 누군가가 필요하다. 여기서 신이 탄생한 것이다.

생각해보라. 영원한 삶이 여기 지구의 삶과 같다면 누가 갖고 싶어 하겠는가? 아무도 천국에 살인, 강간, 근친상간, 강도, 폭력, 정치술수, 사내정치, 잡담, 소문, 갱년기 증후군, 논쟁, 분노, 불만, 질병이 있다고는 생각하지 않는다. 천국에는 모든 사람이 아름답고 모든 사람이 언제나 행복하다. 신은 거기서 나쁜 사과를 (다른 발명품인) 지옥으로 던지고 평화를 지키기 위해 거기 있다.

기독교인들은 이 모든 것을 근거 없이 날조했다. 그들의 천국, 지옥 그리고 신은 완전히 허상이다. 기독교의 날조 내용은 물론 다른 모든 종교의 천국이나 신과 다르지 않다. 왜냐하면 그 모든 것이 허상이기 때문이다. 이집트인은 피라미드와 태양신 등을 포함한 터무니없는 것들을 믿었다. 그리스인은 저승의 강과 망자의 나라 같은 것들을 믿었다. 이슬람교도는 72명의 처녀 같은 것을 믿는다. 이들 모두가 허깨비지만 사람들은 그들의 환상을 아주 열정적으로 믿는다.

더 잘 알아야 하는 성인이 되어서도 이런 환상들을 믿고 그것을 합리화하려고 무진 애를 쓴다. 《믿음의 증거를 찾아서》에서 리 스트로벨은 노먼 기슬러 박사와 인터뷰한다. 박사는 다음과 같이 말한다.

"결국, 신이 창조한 모든 것은 선이었다. 바뀐 것은 타락(아담과 이브가 사과를 먹는 것)이었다. 요컨대 신이 꺼지라고 하자 그는 부분적으로 그리 했다. 로마서 8은 식물의 운명, 사람, 동물, 모든 것 등 모든 창조물이 영향을 받았다고 말한다. 근본적인 유전적 변화가 있었다. 예를 들어 우리는 그 타락 후에 수명이 얼마나 빠르게 감소했는지 본다. 신의 계획은 이런 식으로 설계된 것이 아니었다. 죄 때문에 이렇게 된 것일 뿐이다."

이것은 '원죄'의 개념이다. 이 생각은 사과를 먹음으로써 아담과 이브가 신을 아주 화나게 했고 그 벌로 신이 모든 살아 있는 것들을 변하게 해서 죽게 만들었다는 것이다. 어떤 이들에게는 이것이 우리가 왜 영원히 살지 않고 죽는지에 대한 설명이 된다.

박사학위를 가진 성인이 왜 그런 어리석은 이야기를 믿을까? 기독교인과 유대인들은 왜 이 원죄의 개념에 집착할까? 사람들은 아담과 이브의 이야기를 읽고 왜 우리가 어른이 되어 산타 이야기를 읽을 때처럼 웃어넘기지 않을까?

그것은 원죄가 죽음을 설명하려고 하고, 많은 성인이 죽음을 엄청나게 두려워하기 때문이다. 원죄는 죽음이라고 불리는 삶의 진실에 대한 성경의 설명 중의 하나다. 그래서 기독교인들은 박사학위를 가진 사람도 마치 어린애처럼 그것에 집착하는 것이다.

아담과 이브와 사과 한 알 때문에 죽는 것이 아니다. 사람은 커다랗고 걸어 다니는 화학반응체라서 죽는 것이다. 화학반응이 멈추면 우리는 죽는다. 모기의 '영혼'이 없는 것처럼 화학반응과 뒤섞인 인간의 '영혼'은 없다. 우리가 죽을 때 우리는 죽는다.

죽음 이해하기

죽음의 생각이 어린이들을 불안하게 한다는 것을 볼 수 있었다. 많은 성인이 그것에서 벗어나지 못하므로 죽음은 성인도, 심지어는 박사학위를 가진 성인조차 불안하게 한다. 이런 성인들은 물론 어린이들같이 행동한다.

당신은 어린이가 아니다. 천국이라고 불리는 장소를 상상하는 것이 당신의 세포들을 살게 하는 화학반응에 관한 핵심을 바꾸진 못한다. 당신은 어린 시절의 다른 정신적 충격에 맞서는 것과 같은 방법으로 그저 성장해서 성인답게 죽음에 맞서야 하는 것이다.

당신의 운명을 있는 그대로 보는 것이 아주 유익하다. 지금부터 일주일 또는 이주일 뒤에 죽음에 대해 성인답게 생각할 때, 죽음에 관한 진실은 당신 자신의 이미지와 미래를 상상하는 방법을 바꾸기 시작할 것이다. 종교와 사후세계에 관한 종교의 개념은 당신이 영원히 살 것이라고 믿게 함으로써 생각을 왜곡한다. 당신은 영원히 살지 못할 것이다. 운이 좋다면 70 또는 80세가 되고 그 다음엔 영원히 죽게 되는 것이다.

가장 간단한 수준에서 영원한 운명을 이해하는 것은 당신의 인생이 얼마나 소중한지 더 확실히 깨닫게 도와줄 것이다. 당신이 82세를 살면 대략 30,000일을 살게 된다. 그 다음에는 영원히 살기 위해 '천국'으로 이동하지 않는다. 30,000일이 당신이 가진 모든 것이다.

일단 이 간단한 사실을 이해하고 받아들이면 당신의 생각이 바뀔 내용들이 여기 몇 가지 있다.

- 지구상에서 당신의 시간은 당신에게 더 소중해진다.
- 다른 모든 사람들의 인생도 소중하다고 깨닫기 시작하고 그들을 달리 보기 시작한다.
- 죽은 뒤에 무엇을 남길 것인가 더 생각한다.
- 연속체의 하나로서의 당신과 함께, 연속체로서의 인류를 더 생각하고, 인류와 지구의 장래를 생각하기 시작한다.

어쨌거나 당신의 모든 경험은 지구에 있다. 그런 인식이 자동차 매장의 줄에서 허비한 시간과 국세청에 낼 세금을 준비하느라 허비한 일주일을 조금 달리 보게 만들 것이다. 당신이 가진 모든 것은 30,000일이다. 모든 행정관료, 상점의 모든 긴 줄 같은, 당신의 시간을 낭비하는 모든 사람들은 당신을 잠시 쉬게 해야 할 것이다.

죽을 때 유산은 무엇인가? 뒤에 무엇을 남길 것인가?

- 당신의 의지에 따라 당신이 좋아하는 누구에게라도 주어지는 당신의 물건들
- 전체적으로 사회에 했던 기부들. 암 치료를 위한 연구를 했다면 당신은 그것을 남긴다. 책을 썼거나 영화를 만들었으면 그것을 남긴다. 대학에 건물을 설립했다면 그것을 남긴다.
- 사진과 비디오에 있는 당신의 모습, 편지, 저서와 기록들
- 당신의 아이들 그리고 당신에 대한 그들의 기억
- 친구와 가족에게 남긴 당신의 기억

그것이다. 이제 당신은 죽음이 마지막이라는 것을 이해하고 그런 일들을 다른 시각으로 볼 것이다.

28장

선, 도덕성, 십계명

지금까지 우리는 신이 허상이라는 사실을 논의해왔다. 또한 성경이 수천 년 전의 보통사람들이 쓴 보통의 책이므로 현대에는 부적절하다는 사실도 알았다. 이 두 가지 사실은 많은 함축사항을 쉽게 알게 하는 추정자료가 된다. 가장 중요한 함축은 이것이다.

당신에게 영혼은 없고, 또 천국이나 지옥에 당신을 위한 영원한 삶은 없다는 것이다. 발달된 세상에서 사는 전형적인 인간은 사는 동안 경험할 수 있는 30,000일을 갖는다. 그것이 전부다.

이 간단한 진실은 실제로 우리 모두에게 무엇을 의미하는가? 이 핵심의 이로운 점을 어떻게 취하고 어떻게 유용하게 사용할 것인가? 이것이 중요한 질문이다.

처음에는 건방지게 들릴지 모르지만 그것을 생각해볼 방법이 있다.

당신의 지구상 30,000일과 디즈니월드 여행을 비교하면 어떨까? 이 비교를 검토하면 인생과 전체로서의 우리 사회가 잘 이해될 수 있을 것이다.

디즈니월드 여행

　　　　　　당신은 디즈니월드로 떠나는 대대적인 가족휴가를 계획 중이다. 일주일간 휴가를 내고, 비행기 표를 사고, 호텔방을 예약하고 출발한다. 대부분의 사람들은 올랜도 전체를 여행하고 마술 왕국 입장료를 지불하고 벤치에서 잠자는 여행을 하지 않을 것이다. 사람들은 가능하면 많은 놀이기구를 타고 싶어 한다. 공원 전체를 구경하고, 퍼레이드를 보고, 음식을 먹고, 기념품을 사면서 그 여행에서 할 수 있는 많은 즐거움을 얻고 싶어 한다. 그것이 디즈니월드를 구경하는 아주 값진 방법이다. 그리고 그것이 지구에 있는 당신의 시간을 보내는 아주 값진 방법이다. 당신은 인생에서 가장 좋은 것을 얻기 원하므로.

　디즈니월드에 입장료를 내고 들어갔는데, 강도짓을 하며 설쳐대는 10대 무리가 있고, 놀이기구 줄에는 새치기하는 사람들이 있고, 많은 기구들이 망가져 작동하지 않고, 도처에 쓰레기가 널려 있는 것을 목격한다. 다시 말해 다른 사람들이 그 장소를 완전히 망가뜨리고 있다면 어떨까? 화가 날 것이다. 관리자에게 항의할 것이다. 환불해달라고 요구할 것이다.

　인생에 관해 이런 식으로 생각하면 몇 가지를 깨닫게 된다. 예를 들어 사회에서 범죄가 들끓는 것을 사람들이 왜 싫어하는지 알게 된다. 지구상에 사는 30,000일 동안 당신은 뉴스에서 모든 종류의 사건사고를 접한다.

- 강도짓하고 마약을 파는 10대 청소년 무리
- 여성과 어린이를 공격하는 강간범
- 사람들을 죽이는 살인자
- 건물과 집들을 날려버리는 테러리스트
- 죄 없는 사람의 인생을 파괴하는 음주운전자
- 업무와 관련해 수백만 달러를 훔치는 최고경영자
- 기타

이 통제 불능의 사람들이 우리에게 남아 있는 경험을 망친다. 그들이 이런 짓을 하며 디즈니월드를 설치고 돌아다닌다면, 관리자는 그들을 즉시 쫓아낼 것이다. 그들은 그냥 참지 않을 것이다.

여기 지구에 있는 당신의 시간은 아주 소중하고 그것을 경험할 기회라곤 한 번뿐이다. 경험을 망치는 이들을 막기 위해 사람들이 법과 경찰서와 법원을 만드는 이유도 그래서다. 대다수의 선한 사람들은 나쁜 인간들이 그들의 인생을 망치는 것을 원하지 않는다.

인생의 가치

인생은 제한적이고 가치가 있다는 것을 일단 깨닫게 되면, 다른 사람들의 인생도 똑같이 가치가 있음을 이해하기 시작한다. 이것이 2001년 9월 11일 직후 나타난 현저한 현상이다. 미국에 있는 사람들은 얼마나 인생이 덧없고 소중한지 깨달았기 때문에 서로에게 더 친절해졌고 더 인내하고 보살피게 되었다.

영원한 삶에 대한 환상을 일단 없애면 '9월 11일의 정신'은 더 강하고 더 중요하게 된다. 우리는 모두 지구에서 매우 제한된 시간을 허락받았다. 모두 여기에 함께 있다. 최상의 인생을 만들기 위해 우리는 서로 도와야 한다.

이런 생각이 '선'과 '도덕성'의 개념이 시작되는 지점이다. '우리는 모두 여기에 같이 있다'는 개념은 인간에 대한 모든 선의 시작이다.

선 이해하기

이 책을 읽는 많은 종교인들은 다음의 논리를 사용하려고 할 것이다.

> 신은 존재해야 한다. 사람은 신 없이는 무엇이 선이고 무엇이 악인지 결정할 수 없다.

그들은 신이 없이는 십계명이 있을 수 없다고 믿는다. 신 없이는 선과 악이 있을 수 없고 어떤 행동도 다른 것처럼 '선하다'고 말할 것이다. 물론 그 논리는 어리석다. 신은 분명히 존재하지 않지만 수천 년간 사람들은 무엇이 선이고 무엇이 악인지 결정해왔다.

여기 간단한 진실이 있다. 신은 제우스, 알라, 비슈누 그리고 다른 모든 나머지들처럼 허상이다. 선의 개념은 그래서 신과 아무 관련이 없다. 선은 인간에게서 온다. 선은 인간의 지성과 일반상식에서 튀어 나온다. 인생의 이런 진실을 이해함으로써 우리는 선에 힘을 더 실어 준다.

신은 존재하지 않지만 신의 개념은 지금 사회에서 가장 중요한 역할을 한다. 지금 당장 신은 선에 대한 우리의 대리인이다. 여러 경우 신에 대해 이야기할 때 사실은 선을 이야기하는 것이다. 선과 도덕적 행동이 우리 사회의 중요한 부분이라는 것을 확신한다.

존재하지도 않는 신을 선의 대리인으로 사용하는 방법의 문제는, 실제로 선이 인간의 지성에서 뿜어 나온 개념인데도 신이라고 불리는 허상인 '다른' 곳에 선을 놓는다는 데 있다. 인간이 선을 만들고 시행 한다고 보는 데는 합당한 이유가 있다.

인간의 선의 힘과 가치를 이해할 필요가 있다. 그런 다음 사회에서 악을 제거해야 한다. 악은 어떤 문명에도 설 자리나 가치가 없기 때문 이다.

선의 근원

선이 어디에서 오고 인간은 왜 그것을 창조하는 지를 입증하기는 매우 쉽다. 모든 사람이 이해하는 질문으로 그 증명을 시작할 수 있다. 살인은 선인가 악인가? 신은 잊고 당신의 일반상식을 사용하여 대답하라. 살인은 옳은가 그른가?

분명히 살인은 잘못이다. 모든 사람이 그것을 안다. 어떻게 그럴 수 있는가? 우리 모든 각자는 내면에 물을 수 있다. '나는 살해당하기를 원하는가?' 답은 '아니다'이다. 물론 아니다. 그건 분명하다.

100명에게 물어보라. "당신은 살해당하고 싶나요?" 100명 모두 말할 것이다. "아뇨." '살아 있지' 않으면 아무도 질문에 답하는 사람이 '있을 수' 없다. 그렇게 사람은 분명히 살인자에게 '죽고' 싶지 않다. 지구상 모든 사람들이 서로 죽이며 돌아다닌다면 인류는 존속할 수 없다. 그처럼 간단하다.

가끔 1,000명 중 한 사람은 "그래요. 난 살해당하고 싶어요"라고 말하는 이도 있을지 모른다. 그에겐 정신질환이 있고 우리 중 다른 999명은 그가 치료받도록 도울 수 있다. 생명은 우리 모두에게 가장 소중한 것이고 우리는 그것을 안다. 생명 없이 우리는 존재하지 않는다.

이처럼 우리 모두는 살해당하고 싶지 않다는 것을 이해한다. 다음 단계는 대입이다. 우리는 개인적인 이해를 다른 사람에게 대입한다. 우리가 믿는 것은 보편적인 것임을 깨닫는다. 이 세상 어디에 사는 누구라도 살해당하기를 원하지 않을 것이다. 그 또한 분명하다. 보통사람이 이쯤을 알아내는 건 천재나 신이 아니어도 된다.

추정을 통해 우리는 중요한 것을 깨닫는다. 우리는 모두 여기 함께 있다. 살인자의 위협으로부터 자유롭게 살 권리를 보호함으로써 나 자신도 보호한다. 모든 사람을 위해 살인을 방지하기 위해 같이 노력함으로써 우리는 모두 각자의 인생을 개선한다. 그렇게 모든 사람이 동의할 수 있는 결론을 도출할 수 있다. 살인은 잘못이다. '다른 사람을 죽이지 마라'라는 개념은 이 보편적인 진리를 보호하기 위해 만든 계명이다. 우리는 이 보편적 진실을 우리 자신과 서로를 보호하기 위해 만든 법, 경찰서, 법원을 통해 강제로 실행되게 한다.

'다른 사람을 죽이지 마라'는 성경이 한 말이 아님을 주목하는 것은 흥미롭다. 성경의 6번째 계명은 실제로 '죽이지 마라'이다. 이것을 신의 말로 받아들이면 계명은 더 광범위해진다. 고기를 먹을 때 우리는 죽인다. 신이 구약에 묘사한 것처럼 동물을 제물로 바칠 때 그 동물들은 죽임을 당한다. 재목을 위해 벌목하는 것은 나무를 죽이는 일이다. 사실 리졸을 뿌리면 수백만의 세균이 죽는다. 신의 실제 계명은 미쳤다. 그것이 아무도 그것을 따르지 않는 이유다. 그럼에도 불구하고 우리는 모두 살인이 악이라는 보편적 진리를 이해한다.

지성인으로서 우리는 또한 계명에 가치 있는 예외가 있다는 것을 이해한다. 두뇌를 통해 우리는 '더 높은 선'을 포함하는 상황을 볼 수 있고 결론을 내린다. 예를 들어

- 어떤 사람이 당신을 공격해 죽이려 들면, 필요한 경우 자기방어를 위해 그를 죽여도 된다. 우리는 개인적인 수준에서 우리자신의 목숨을 방어할 권리가 있음을 이해한다. 사회적 수준에서도 그것을 이해한다. 사회적으로 보면 이것이 '방위권'의 모든 개념이 나온 배경이다. 그것을 '공격권'이라고 부르지 않는 점에 주목하라. 또한 일반적으로 방위권을 우리가 마지막으로 기댈 곳으로 인식하는 것을 주목하라.

- 어떤 사람이 교통사고를 당해 뇌사상태지만 아직 '살아 있다면' 산소호흡기와 영양공급관을 통해 그를 막연히 살아 있게 할 수 있다. 하지만 그가 회복될 수 없다는 것을 알면 더 높은 선이 산소호흡기를 끄고 그의 장기를 필요로 하는 다른 사람에게 기증할 것을 결정할 수 있다. 기술적으로는 그 사람을 죽이는 것이고 성경에 도전하는 것이지만 모든 사람은 그것이 괜찮다는 것을 이해한다. 인간은 이런 구분을 하기에 충분히 지혜롭다.

살인은 분명하고 직접적인 개념이다. '다른 사람을 죽이지 마라'라는 계명을 만들기는 쉽다. 그리고 우리는 그것이 보편적인 진실이라는데 모두 동의할 수 있다. 또한 그 법칙에 가치 있는 예외가 있다는 것에도 동의할 수 있다.

절도는 어떤가? 그것도 똑같다. 절도가 잘못이라는 것을 아는 데 허상의 신은 필요 없다. 자신에게 간단히 물어보라. '내 물건을 도둑맞기를 바라는가?' 아니다. 분명히 아니다. 그러므로 다른 사람에게 이를 대입하면 그도 마찬가지일 것이므로 당신은 다른 사람의 물건을 훔칠 수 없다. 그렇게 절도는 잘못이다. '훔치지 마라.'

성경이 어떤 것은 괜찮다고 말할지라도 우리의 뇌는 도덕적 권위로써 그것은 잘못이라고 객관적으로 이야기할 수 있다. 예를 들어 성경은 노예제도가 훌륭하다고 말한다. 이 문제는 13장에서 광범위하게 논의했다. 성경은 분명히 그리고 확실하게 이렇게 말한다.

네 종은 남녀를 막론하고 네 사방 이방인 중에서 취할지니 남녀 종

현대에 우리가 노예제도를 허용하는가? 물론 아니다. 누구라도 노예제도는 도덕적으로 혐오스럽다는 것을 안다. 간단히 스스로에게 묻는다. '나는 노예가 되고 싶은가?' 답은 '아니다'이다. 이런 분명한 결론을 다른 사람에게 대입한다. 그러므로 노예제도는 잘못이다. '다른 사람을 노예로 삼지 마라'라는 계명이 있어야 한다. 성경에 노예제도를 묵인했을지라도 우리는 모두 노예제도가 잘못임을 안다. 미국과 다른 선진국에서 사람들은 '주님의 잘못 없는 말씀'인 성경을 무효화한다. 그것이 잘못이라는 것을 알아서다. 우리는 주저 없이 성경을 무효화한다. 허상의 신이 아닌 인간이 선을 정의하기 때문에 쉽게 그리하는 것이다.

도덕적 권위자로 행동하는 허상의 신은 필요 없다. 지성적인 인간이 옳고 그름을 판단하는 것은 간단하다. 우리는 늘 그렇게 한다. 그것이 우리의 법제도가 나오는 곳이다.

우리자신의
계명 만들기

이제 여기서 일어나는 일의 위력을 볼 수 있을 것이다. 신은 허상의 존재이고 성경은 미개인에 의해 쓰인 것을 증명하였으므로 우리는 이제 성경을 폐기하는 데 자유롭다. 그와 관련하여 우리는 원래의 십계명을 폐기한다.

십계명은 사회에서 유용한 기능을 수행해왔다. 십계명은 법제도의 간결한 요약으로 작용해왔다. 십계명이 신성으로 정해진 것이 아니고 대부분이 일반상식이라서 그렇게 해온 것이다.

이제 번영을 증진하고 자신과 자손의 자유를 축복하도록 설계된 우리만의 계명을 만들 위치에 이르렀다. 그것은 국가차원에서 이루어져야 한다. 우리는 함께 살기 위해 모두가 동의할 새 계명을 만들어야 한다. 우리가 만드는 것은 법제도의 간결한 요약으로 작용하는 일련의 큰 그림 계명이다.

미개한 호색한 목동 무리가 쓴 2,000년 된 책에 우리 법제도의 기초만큼 중요한 무언가를 양도해서는 안 된다. 지성인으로서 우리 스스로 그 계명들을 통제해야 한다. 보통의 정치적 과정(공개토론회, 투표 등)을 통해 우리의 계명에 도달해야 한다. 모든 과정에 참여할 수 있고 실제로 훨씬 나은 계명을 가질 것이므로 우리 스스로 이렇게 하는 것은 아주 강력한 생각이다.

지성인으로서 어떤 계명들을 만들어야 할까? 새 계명을 위한 시작점은 이러하다.

- 다른 사람을 죽이거나 해치지 마라.
- 노예를 만들지 마라.
- 훔치지 마라.
- 다른 사람의 재산을 파괴하지 마라.
- 속이거나 거짓말하지 마라.
- 임의의 특징을 바탕으로 사람의 집단을 차별하지 마라(성별, 연령,

인종 등 구체적 집단의 특징의 목록을 추가할 수 있지만 그럴 필요는 없다. 모든 집단의 목록을 만드는 것은 불가능하다).

- 다른 사람의 시간을 낭비하지 마라(지구상의 우리 시간은 우리가 가진 모든 것이기 때문이다).

- 지구를 오염시키지 마라(우리가 모두 공유하기 때문이다).

- 공동체의 법과 조례를 따르라. 법과 조례에 동조하지 않으면 위반하기보다는 바꾸도록 하라.

- 기타 등등

이 나라 인구의 99퍼센트가 아무도 살해당하길 원하지 않는다는 분명한 이유로 살인은 잘못이라는 데 동의할 수 있다. 인구의 99퍼센트가 아무도 노예가 되고 싶지 않다는 분명한 이유로 노예제도가 잘못이라는 데 동의할 수 있다. 그렇게 강력한 동의를 바탕으로 계명을 만든다. 그리고 그것을 비준하기 위해 투표한다.

이런 개념들이 왜 중요한가? 좋은 사람들이 평화롭고 행복하게 살 수 있게 하기 때문이다. 살인하고 노예로 만들고 훔치고 파괴하고 거짓말하고 속이는 나쁜 사람들이 사회로 들어오면, 다른 사람들을 망가뜨린다.

그러므로 나쁜 사람들은 제거해서 나머지 우리가 지구상에서 소중한 시간을 즐길 수 있게 해야 한다. 현재 나쁜 사람들을 다루는 방법은 감옥, 교도소 그리고 갱생훈련이다.

이러한 일반상식은 이미 법제도의 기초다. 예를 들어 '다른 사람을 죽이거나 해치지 마라'라는 상식적 표현은 하나의 기본 개념이다.

그 기초로부터 우리는 수천 개의 구체적 개념을 이끌어낸다. 1급 살인, 2급 살인, 매개물 살인, 무장강도, 위법 의료행위, 제품안전법 등등……

'살인하지 마라'라는 광범위한 표현은 상식에서 오고 우리가 만들 모든 구체법도 그렇다. 우리는 또 자기방어와 뇌사 장기의 이식 같은 예외사항을 만들기에도 충분히 지혜롭다.

우리 사회에 살고 있는 모든 사람에게 기대하는 행동의 기본 원칙을 만들어야 한다. 앞에 예를 든 것 같은 20개의 광범위한 '계명들'을 가질 수 있다. 우리의 행동지침을 법원, 상점, 학교 등에 걸어야 한다.

'20개의 행동지침'을 만드는 과정은 종교 또는 신에 기초를 두지 않는다. 상식에 기초한다. '살인하지 마라'는 간단하고 분명하다. 그리고 기능적인 사회에 살고 싶다면 필수적이다. 이 원칙들이 사회의 표준과 목표라는 것을 명심할 수 있도록 눈에 잘 보이게 걸어놓는다.

우리 각자는 이 지구상에서 소비하게 되는 약 30,000일을 갖는다. 그것이다. 사회 법칙을 거슬러 다른 99퍼센트를 비참하게 만드는 1퍼센트를 참아줄 이유가 없다. 상식을 지닌 모든 사람은 신이 없더라도 거기에 동의할 수 있다.

29장

우리는 신을 믿는다

미국사회에서는 신에 연결되는 일이 많다. 예를 들면 돈에는 모두 '우리는 신을 믿는다'라고 적혀 있다. 헌신의 맹세에서 우리는 '신 아래 하나의 국가'라고 말한다. "신이여 미국을 축복하소서"라고 노래한다.

신이 존재하지 않는다는 사실을 생각할 때 놀랍기 그지없는 일이다.

'성경의 신'임을 주장하는 사람을 생각할 때 또한 놀랍다. 지금까지 이 책에서 신에 대해 발견한 수많은 내용을 살펴보라. 신이 존재해야 한다면 우리는 왜 이 지독한 괴물을 믿으려고 하는가?

- 신은 공공연한 고문자다.
- 신은 노아의 홍수로 수십억의 동물과 사람들을 전멸시켰으며, 히틀러보다도 가증스럽고 정신이 이상한 존재다.
- 신은 생식기능을 불구로 만들도록 요구하는 성도착자다.
- 신은 노예제도의 커다란 지지자다.

- 신은 여성을 혐오한다.
- 신은 어린이 수백만 명을 행복해하면서 죽이고 그걸 자랑한다.
- 신은 동물과 사람 제물을 요구한다.
- 기타 등등(상세한 내용은 2부를 보라)

이것이 신이 썼다는 책에서 자기 자신을 묘사한 내용이다. 정말로 신이 썼다면 스스로 혐오스러움을 기술한 것이다.

그런데 왜 우리는 돈에 '우리는 신을 믿는다'라고 쓰는가? 앞 장에서 논의했듯이 우리가 선의 대리인으로서 신이라는 개념을 사용하기 때문이다. 우리는 신의 모든 결점들을 간과하고 신에 초점을 맞춘다(사실 우리는 망상 때문에 그것을 완전히 무시한다).

신은 존재하지 않는다고 우리 스스로에게 증명한 지금, 대리인 사용을 그만두고 솔직해지기 시작해야 한다. 선같이 중요한 개념을 허상의 존재에게 맡길 이유가 없다. 선이 힘을 많이 잃게 된다.

'신 아래 하나의 나라'라고 말할 때 의미하는 바는 '선을 지향하는 하나의 나라'이다. 그것이 미국에 대한 모든 것이다. 미국은 좋은 사람들, 정직한 사람들, 우호적인 사람들, 협조적인 사람들의 나라다. 우리는 내가 가진 것을 다른 사람도 갖도록 돕고 싶어 한다. 우리는 분명히 이렇게 말해야 한다. "하나의 국가로서 우리는 선을 지향하는 사람들이다."

선에 대한 정의를 포함하는 명백한 문구를 만들어야 한다. 앞 장에 나열한 계명들은 그러기에 좋은 방법이다. 그것은 우리 법률제도의 간결한 요약이다. 우리는 그것을 계명이라고 부르거나, 우리의 '행동지침' 또는 '선에 대한 국가의 정의' 또는 어떤 용어로 정해 부를 수 있다. 국가차원에서 제정한 계명의 형태로 선에 대한 정의를 우리가 갖는 것이다. 우리는 우리나라에서 그 표준을 떠받치고 그것을 성취하기 위해 다른 나라를 도울 것이다.

"우리는 신을 믿는다" 대신 "우리는 선을 믿는다" 또는 "우리는 선을 지향한다"라고 말해야 한다. 그런 다음 선의 자기증명 표준을 분명히 천명하고 존중해야 한다. 선의 정의를 계명의 형태로 지폐에 인쇄한다. '살인하지 마라'는 사람들이 매일 보게 되는 좋은 계명이 된다.

계명을 불합리한 책이나 허상의 존재에게 맡기는 것보다 스스로 정의하고 통제하는 단계에 접어들게 되면 무엇인가를 인식하는 것이 중요하다. 사전은 도덕성을 이렇게 정의한다.

> 정의롭고 선량한 행동의 표준에 부합하는 존재의 특성

우리는 지금 이 표준을 모든 사람을 포함하는 공개된 절차에 올려놓는다. 그것이 '종교'와 미신에 기대는 것보다 훨씬 훌륭한 방법이다.

그렇게 할 때 "당신의 도덕 기준을 나에게 강요하는 당신은 누구인가"라고 말하는 극소수의 사람이 있을 것이다. 그들은 우리가 무시할수 있다는 사실이 중요하다. 표준은 스스로 명백하다. 아무도 살해당하길 원하지 않는다. 그러므로 살인은 기본적으로, 객관적으로 잘못된 일이다. 이 명백한 진실을 이해하고 믿는 우리들 99퍼센트는 우리의 '도덕성'을 사람을 죽일 필요를 느끼는 1퍼센트의 인구에게 강요할권리가 있다. '살인하지 마라'는 모든 정상인이 동의할 수 있는 보편적

진실이다. 동의하지 않는 1퍼센트를 뿌리 뽑고 억제함으로써 나머지 사람들의 인생을 망치지 않게 해야 할 필요가 있다. 그것이 법제도를 갖추는 이유다.

미국은 선과 도덕의 특성을 기초로 세워졌다. 강한 사회는 정직과 진실과 신뢰를 기초로 요구하기 때문에 이 개념은 중요하다. 신이 존재하지 않는다는 것을 받아들여도 그러한 가치들은 바뀌지 않는다. 그것은 어떤 사회에서도 필수적이다. 그런 생각의 초점만 바뀔 뿐이다. 초점은 허상의 존재로부터 사회에 속해 있는 우리에게 옮겨진다.

30장

네 이웃을 사랑하라

이웃 간 연계가 잘되는 곳에 살 정도로 운이 좋았다면, 공동체란 개념이 얼마나 유익한지를 알 수 있다. 좋은 이웃은 서로 돕고 나누는 경향이 있는 환경으로 사람들을 끌어오므로 유익하다. '좋은 사람들'과 '돕고 나누는' 조합은 아주 막강할 수 있다. 좋은 사람들이 집단으로 뭉쳐서 공통의 목표를 달성하기 위해 서로 도울 때, 그것은 지구상에서 매우 강력한 힘이 된다. 우리는 공동체의 힘을 이해하고 가능한 한 그 장점을 취할 필요가 있다.

당신에게 아기가 있다면 첫 주가 얼마나 힘들지 알 것이다. 연계가 잘된 이웃이 있는 곳에서 부부가 신생아를 낳는다고 하자. 그 공동체에서 이웃들은 필요성을 인식하고 도와준다. 아마도 가족을 위해 몇 주 동안 저녁 준비를 도와줄 것이다. 그 가족에게 엄청나게 도움이 되고 이웃의 모든 이들이 도우며 행복해할 것이다.

같은 맥락에서, 어떤 이가 입원하면 이웃사람들이 방문하여 그 사람을 돕는다. 음식을 요리하고 아기 돌보는 것을 돕는다. 우편물을 가져다준다. 잔디를 깎아준다. 이웃은 서로 돕기를 바라고 그 도움을 받으려는 사람들의 강력한 조직이다. 사람들은 차를 같이 타고, 서로 아이들을 돌보고, 함께 일하고, 음식 나누기 파티를 열고, 구직을 돕는다. 그것은 신뢰, 사랑, 이해, 나눔 같은 이상 위에 세워진 막강한 개념이다.

어떻게 이런 일이 일어나는가? 그것은 신이나 종교와 아무 관련이 없다. 그것은 인간의 지성과 친절과 도움이라는 기초적 갈망에서 비롯된다. 우리는 모두 때때로 도움이 필요하다는 것을 알고, 친절하게 대우받고 싶어 한다. 그 개념을 다른 사람에게 대입한다. 누군가 도움이 필요하듯 가끔 다른 사람도 내 도움이 필요한 법이다. 그것을 알아차리는 데는 뛰어난 지식이 필요하지 않다. 그래서 우리는 사람들을 돕는다. 우리는 서로에게 친절하다. 서로 나눈다. 가는 것이 있으면 오는 것이 있다. 우리 모두 그것을 안다.

이 간단한 개념을 있지도 않는 존재나 종교 의식에 대한 믿음으로 망칠 이유가 없다. 당신은 이웃을 '신'이나 '사후 천국에 가는 것' 때문에 도울 필요가 없다. 당신은 이웃을 보살피기 때문에, 그리고 같은 방법으로 누군가의 도움에 당신 역시 고마워할 것이기에 이웃을 돕는 것이다. 그렇게 간단하고 그런 존재가 인간이다.

구성원들이 진실로 서로를 보살피는 공동체에 사는 것은 매우 가치가 있다. 사랑하는 공동체는 내부의 모두에게 막대한 가치를 갖는다. 여기 지구상에 같이 사는 동안 서로 돕고 서로 나누며 가깝게 보살피는 사람집단을 만드는 것이 전부다.

교회는 어떠한가?

　　　　　　　　신이 허상임을 인식하면 교회에선 무슨 일이 일어날까? 그들에게 무슨 일이 일어날 것 같진 않다. 그들은 유용한 기능을 수행하므로 계속 존재한다.

　교회는 무엇인가? 교회는 주기적으로 모여 다른 각개 모임에서 서로 돕고 나누기로 동의한 사람들의 공동체다. 교회도 일주일에 한 번 선의 일반적인 개념에 초점을 맞추도록 사람들을 돕는다. 게다가 많은 교회들이 봉사하는 기능을 갖고 있다. 재난이 발생하면 공동체나 세상의 어디에선가 교회 구성원들은 어떤 방법으로든 도우려고 종종 함께 모인다. 돈이나 구호품을 모아 보내기도 한다. 대형 교회는 자체적으로 재난팀을 구성하기도 한다. 허리케인 카트리나의 사례에서 우리는 교회와 일반 집단들의 그런 활동을 많이 보았다.

　당신이 살인과 증오를 옹호한 미개인들이 쓴 책에 따른 (처음부터 결코 존재하지 않았던) 허상의 존재를 제거하면 교회들은 갑자기 사라질까? 나는 꼭 그럴 거라고는 생각하지 않는다. 사실, 그러면 사안은 더 나아질 것이다. 환상을 제거하는 것은 바람직한 일이다.

　번성하는 교회공동체는 대단한 존재가 될 수 있다. 하지만 그것은 허상의 존재가 아니라 그렇게 되도록 만드는 사람들이다. 허상의 존재가 사라지면 교회는 서로의 모임을 즐기고, 필요한 순간에 서로 돕고, 전체적으로 사회의 이익을 위해 선과 좋은 행동에 초점을 맞추는 사람들의 공동체로서 계속 존재한다. 그렇지 않을 이유가 무엇인가? 허상을 제거하면 강한 교회가 제공할 것이 많기 때문에 교회참석률은 실제로 올라갈 것이다.

31장

인생의 의미

오랜 동안 수십억의 사람들은 스스로 물어왔다. '인생의 의미는 무엇인가?' 많은 사람들은 종교에 의지해 그 질문에 대답한다.

종교적 관점의 문제는 지구에 사는 동안 당신 시간의 의미를 낭비하는 것이다. 많은 종교인들은 지금 이것이 인생의 의미라고 믿는다.

지구에 있는 동안 선하게 살면, 죽을 때 거리가 금으로 포장된 천국에 갈 것이고, 신과 호화롭게 살 것이며 내가 원하고 필요로 하는 무엇이든지 영원히 갖게 될 것이다! 여기 지구에서 내 시간은 영원에 비하면 단순한 나노세컨드다. 무한한 보상을 얻기 위해선 여기서 나노세컨드 동안 고난을 감수해야 한다.

이 각본에서 당신의 지구상 나노세컨드는 아무런 의미가 없다. 전반적인 목표는 '천국'이다.

이런 생각이 어디로 흐르게 되는지 생각해보라.

- 사례 1: 이런 생각은 이슬람의 자살폭탄 행동에서 볼 수 있다. 그들은 자신(그리고 다른 사람들)을 날려버림으로써 상으로 모든 기분을 만족시켜줄 72명의 처녀들이 있는 천국의 장소를 받을 것이라고 믿는다.
- 사례 2: 마음을 완전히 왜곡시키는 종교의 힘은 '천국의 문'으로 알려진 광신적 교단에서도 볼 수 있다. 1997년 이 광신집단의 39명 구성원이 모두 같이 자살했다. 왜? 죽음으로써 헤일 밥 혜성 근처를 여행하는 우주선으로 옮겨진다고 그들의 종교가 가르쳤기 때문이다. 그들 인생의 의미는 이 어처구니없는 동화에 휩싸여 자발적으로 그리고 평화롭게 자살하는 지경에 이르렀다.

이런 생각은 환상이다. 우리는 모두 자살폭탄으로 처녀 72명에 의한 영원한 즐거움을 얻지 못한다는 것을 안다. 또 우리 모두는 '천국의 문' 구성원들이 자살했지만 우주선에 옮겨가지 못했다는 것을 알고 있다. 이들 두 가지 몽상은 분명히 어리석다.

하지만 수십억의 기독교인들은 천국에 갈 것이라고 믿는다. 그들은 이들 세 가지 믿음이 사실 모두 똑같이 환상임에도 자신의 환상은 사실이라고 믿는다. 세 믿음은 또 종교가 얼마나 암적일 수 있는지 보여준다. 여기 그리고 현재에 초점을 맞추는 대신, 종교는 완전히 허구인 환상의 장소와 시간에 초점을 맞춘다.

인생의 의미

신은 진실로 허상이다. 당신은 의심의 여지없이 스스로에게 그것을 증명했다. 그러면 이제 인생의 의미는 무엇인가?

인생의 의미는 간단하며, 세 가지가 연동한다.

- 당신은 인간의 인생을 부여받았다. 당신의 인생은 지구에서 약 30,000일이다.
- 주어진 인생으로 당신은 좋아하는 무엇이든 선택할 수 있다. 당신은, 오직 당신만이, 당신에게 주어진 인생으로 하고 싶은 것을 선택하게 된다.
- 당신은 하고 싶은 것을 스스로 선택함으로써 인생에 의미를 부여한다.

그것이 인생의 의미다. 당신이, 오직 당신만이, 당신의 인생에 의미를 부여한다.

당신의 인생으로 무엇을 할 것인가? 당신은 믿는 것이면 무엇이든지, 또는 가장 중요한 것이면 무엇이든지, 또는 가장 하고 싶어 하는 것이면 무엇이든지 골라야 할 것이다. 그리고 그것이 이루어지도록 행동해야 할 것이다. 하나뿐인, 유일한, 가치 있는, 인간으로서 하고자 하는 것 또는 원하는 것들을 선택하고 이루어지도록 하라.

무엇을 선택하든지 상관없다. 무엇이든 하는 것이 중요하다.

- 그것이 당신의 아이들이라면, 아이들과 당신이 하고 싶은 것을 찾

아내고 가서 그것을 하라.

- 그것이 환경을 보호하는 것이라면 가서 그것을 하라.
- 그것이 베이스 낚시라면 가서 그것을 하라.
- 그것이 암 연구라면 가서 그것을 하라.
- 그것이 강렬하게 끌리는 무엇인가에 관한 영화를 만드는 것이라면, 가서 그것을 하라.
- 그것이 사람들의 삶을 밝게 하는 접대라면, 가서 그것을 하라.
- 그것이 돈을 많이 벌어서 더 많은 물건을 사는 것이라면, 가서 그것을 하라.
- 기타 등등

당신은 원하는 의미를 삶에 부여할 수 있다. 그것이 무엇이든 고르는 것이 중요하다. 인간으로서 인간을 돕기 위해 할 수 있다고 생각하는 것을 결정하고, 앞으로 나아가 적정하다고 생각하는 어떤 방식으로라도 그것을 하라. 그것이 당신의 인생이고 30,000일간 지속된다. 최고의 인생을 만드시길.

진실은 당신이, 오직 당신만이 유일한 인생에 자기만의 개인적 의미를 부여한다는 것이다. 당신은 좋아하는 무엇이든 절대적으로 선택할 수 있다. 모든 인생은 그것을 설계하는 사람에게 유일하며, 인생의 의미를 정의하는 방법은 당신에게 달려 있다. 늘 그래왔고 항상 그렇게 될 일이다.

이렇게 말하고 나면, 명심해야 할 주의사항이 있다. 동료인 인간이 허락하는 범위에 머무르는 한, 인생 동안 원하는 무엇이든지 할 수 있다. 단, 그것은 합법적이어야 한다. 예를 들어 될 수 있는 한 많은 사람들을 죽이는 것을 삶의 목표로 결정하면, 우리들 나머지는 당신을 멈추려고 최선을 다할 것이다. 그 이유는 간단하다. 당신의 목표가 다른 인간들의 존재를 끝내기 때문이다. 어느 게임이나 마찬가지로, 다른 선수가 경기할 수 있게 만드는 규칙이 있다. 인생의 게임에도 동료 인간들이 인생을 공평하게 지키기 위해 수립한 규칙이 있다. 자세한 사항은 28장을 보라.

함께 행동하는 힘

이것 또한 명심해야 한다. 30장에서 논의한 것처럼, 사람들은 함께 행동할 때 종종 더 많이 성취할 수 있다. 이해를 돕기 위해 예를 하나 들어본다.

병원은 삶을 똑똑히 전망할 수 있게 한다. 내 아들 '데이빗'은 병원을 일반적인 아이들보다 많이 보아왔고 나 역시 지능발달이 늦은 아이, 마비된 아이, 팔다리를 잃은 아이, 관으로 호흡하면서 휠체어를 탄 아이, 약물치료를 받고 있는 암환자 등 수많은 환자 어린이들을 만났다.

암 때문에 아이들은 머리가 다 빠졌다. 약이 너무 독해서 가끔 토하기도 한다. 모두 영아, 유아, 유치원생, 10대 청소년들이다. 어떤 아이는 정맥주사를 너무 많이 맞아서 가슴 부위 윗도리까지 정맥주사 줄이 자리를 잡고 감아 올라간다.

병원은 인간에 대해 중요한 무엇인가를 보여준다. 병원은 사람들을 돕기 위해 설계된 시설이다. 현대의 병원에는 괄목할 만한 기술들이 있고, 의료과학은 날이 갈수록 더 많이 사람을 이해한다. 그 모든 기술은 사람들을 돕기 위해 고안되었다. 우리는 그것이 중요하다는 데 동의하고, 질병이 야기한 문제를 해결하기 위해 함께 행동해 그 모든 것을 만들었다. 우리가 마음과 자원을 그곳에 쏟을 때 놀라운 일을 이룰 수 있다.

미국 도처에서 그와 같은 종류의 협력을 본다. 이해를 돕기 위해 몇 가지 예를 들어본다.

나에게는 음식과 옷과 집이 있다. 지금 바깥은 섭씨 4도지만 집은 22도로 따뜻하다. 3.2킬로미터 남짓 운전하면 세 개의 다른 쇼핑센터와, 1인당 8달러도 안 되는 뷔페식당 세 곳을 포함해 24개 이상의 식당을 만날 수 있다. 나는 인간이 보아온 것 중 가장 다양한 수천 가지의 음식제품이 쌓여 있는 식료잡화점에서 물건을 살 수 있다.

엄청나게 정렬된 제품 덕에 삶은 더 수월해지고 향상된다.

- TV로 케이블 80채널을 볼 수 있다.
- 컴퓨터로 인터넷을 검색하고 게임을 할 수 있다.
- 휴대폰으로 사람들에게 무선전화를 걸 수 있다.
- 세탁기로 옷을 빨고 건조기에서 말릴 수 있다.
- 3달러에 DVD를 빌려볼 수 있다.
- 따뜻한 물로 샤워할 수 있다.
- 어두울 때 수십 개의 전등스위치를 켤 수 있다.

갑자기 아파서 911에 전화하면 매우 능력 있는 구호팀이 우리 집에서 16킬로미터 떨어진 응급실을 갖춘 현대식 병원 3개 중 하나로 옮기기 위해 5분 안에 문 앞에 올 것이다.

배가 고프면 냉장고 문을 열거나 식료품 창고를 열어 스토브나 전자레인지에 간식이나 음식을 요리할 수 있다. 여행하고 싶으면 16킬로미터 떨어진 국제공항에서 세계 어디로든 거의 다 날아갈 수 있다. 내가 원하고 결정하는 대로 오늘밤 디즈니월드로 차를 몰고 가서 내일 아침에 미키와 악수할 수 있다. 지금은 12월이라 거실에는 크리스마스트리 아래로 선물꾸러미가 있고, 현관을 장식하는 전등 줄과 문 위로 화환이 있다. 우편은 매일 도착한다. 신문도 그렇다. FedEX와 UPS로부터 소포도 온다. 주문하고 10달러를 내면 총열량 2,500칼로리짜리 멋진 뜨거운 피자도 도착한다. 욕실에는 너무 많이 먹는다고 말해주는 체중계도 있다. 벽에는 온도를 적정하게 유지해주는 온도계가 있다. 불이 나면 깨워서 나와 가족들이 건물에서 안전하게 나가게 해줄 연기감지기가 천장에 5개 있다. 그런 경우, 나의 보험증권이 손해액을 지불할 것이다.

요점은 간단하다. 우리는 이 모두를 아주 당연하게 받아들이지만 미국에서 산다는 건 아주 굉장하다. 절대적으로 엄청나게 굉장하다.

이 모든 것을 누가 만들었는가? 신이 만들었는가? 분명히 아니다. 사람들이 함께 일하기로 동의하면서 이 모든 것을 만들었다. 협조를 통해 더 좋아지는 질서정연한 사회를 만들면서 같이 해왔다.

제2차 세계대전에서 악과 싸우기 위해 같이했던 연합군을 생각해보라. 또는 불가능한 일을 이루려고 수천 명이 함께해서 달에 도달했던 1960년대와 1970년대의 우주선 계획을 생각해보라. 또는 갈등을 극복하려는 대규모 정치 활동이나 환상적인 임무와 전망의 업무를 생각해보라. 또는 무언가 좋고 가치 있는 일을 이루는 데 초점을 맞춘 아무 자선단체를 생각해보라. 이런 프로젝트에 합류하면 동료 집단과 공통의 목적을 위해 일하기 때문에 삶이 부유하고 풍부해진다. 그런 경험 속에서 인생의 의미에 관한 강력한 교훈을 찾을 수 있다.

당신 개인의 의미는 인간의 성취에 달려 있다. 각자의 인생은 순식간이어도, 전체로서의 우리 인간은 수천 년 전부터 시작하여 알 수 없는 곳까지 앞으로 뻗어가는 사슬이다. 당신은 그 사슬의 한 고리이다. 우리 각자는 세계에 기여한다. 우리 아이들은 우리가 만드는 세상을 물려받는다.

인생의 의미는 무엇인가? 그것은 사랑하고 사랑받는 것에 관한 것이다. 도와주고 도움받는 것에 관한 것이다. 주고받는 것, 부탁하고 들어주는 것에 관한 것이다. 다른 사람과 일하고 그들이 당신과 일하는 것에 관한 것이다. 무언가 나은 것을 꿈꾸고 그것이 이루어지도록 하는 것이다. 지금 우리 모두를 위하여, 미래의 아이들을 위하여, 인생의 의미는 가용한 시간을 갖고 오늘과 내일 우리가 하는 것에 관한 것이다. 그 소중한 순간이라는 시간과, 당신만의 독특한 방법으로 가장 최선의 인생을 만드는 생각에 도달한다.

신호등을 기다리면서 앉아 있을 때 곁에 있는 사람을 둘러보라. 웃으라. 그 사람은 동료인간이다. 당신과 그와 60억 명의 다른 사람들은 이 지구를 구성하고 우리 아이들을 위한 미래를 만든다. 우리는 함께 우리 종족의 길을 만든다.

32장

인류의 미래

이 책에서 당신은 중요한 지혜를 얻었다. 신은 없다. 그 지혜로 다른 많은 것들을 이끌어낼 수 있다. 가장 중요한 사실은 이것이다. 당신은 죽게 된다. 천국도 지옥도 없다. 당신은 지구에서 80년 정도 살다가 영원히 사라진다.

일반적인 철학적 질문은 '우리는 왜 존재하는가?'이다. 이들 두 가지 지혜로 이제 그 질문에 확실히 답할 수 있다. 우리 존재에 대한 '이유'는 없다. 진실은 우리가 '존재한다'는 것이다. 진화 과정을 통해, 자연은 인간이라는 이성적 생명체를 만들었다.

자신에게 물어야 할 질문은 더 심오한 것이다. '존재하는 동안, 우리의 존재로 무엇을 이룰 것인가?' 지금 당장은 인간으로서 스스로에게 묻지 않기에 존재를 크게 낭비하고 있다.

우리의 상황은 어떠한가? 우리는 약 60억 되는 인류라는 것을 발견한다. 우리는 우주공간을 떠다니는 철, 바위, 물 덩어리에 살고 있다.

우리가 몸담고 있는 우주는 대략 3,000,000,000,000,000,000,000,000,00 0,000,000입방광년의 크기다. 우리 지식으로는 이 우주에 지성 있고 의식 있는 다른 존재가 없다. 있다 하더라도 수백만 또는 수십억 광년 떨어져 있어 당분간 전혀 도달할 수 없을 것이다.

우리가 스스로에게 물어야 할 질문은 간단하다. 인류로서 우리의 목표는 무엇인가? 잠정적으로 우리는 전 우주에서 유일한 지성적 존재다. 이 존재로 우리는 무엇을 할 것인가?

그것을 생각해본 적이 있는가? 인류의 목표에 대해 생각해본 적이 있는가?

지구에 있는 천국

한 가지 제안하고자 한다. 여기 우리의 존재로써 우리가 해야 한다고 믿는 한 가지가 있다. 우리는 지구상 모든 사람들을 위해 지구에 천국을 만들어야 한다.

그렇다. 지구상에 있는 천국. 신은 허상이므로 종교적 감각의 '사후세계'와 '천국'은 없다. 그러므로 지구에 천국을 건설해야 한다.

이것이 왜 중요한가? 지금 이 지구에 있는 대다수 사람들에게 우리가 만들어온 것은 지구에 있는 지옥이기 때문이다(22장에서 논의한 것처럼).

지구상에서 가장 부유한 나라인 미국에서조차 빈곤은 중요한 문제다. 미국 농무부에 따르면 미국의 어린이 2,600만 명 이상의 빈곤층 어린이들이 무료 또는 저렴하게 점심을 제공하는 정부의 학교급식 프로그램에 참여한다. 2,600만 명은 미국 전체 어린이의 절반을 나타낸다.

이것을 생각할 때 바로 깨닫게 되는 한 가지는 지구상에 절망적 빈곤 상태인 사람들의 숫자가 상상을 초월한다는 것이다. '세계 인구의 1/5'은 10억 명 이상이다. 또한 하루 1달러라는 것은 이런 사람들이 아무 희망도 없이 비참한 상태로 살고 있음을 의미한다. 1달러로 얼마나 음식을 살 수 있는지 생각해보라. 1달러가 식비로 쓰이면 주거, 깨끗한 물, 화장실, 의류, 신발, 건강, 교육, 기반시설 등을 위해 쓸 돈은 없다는 것을 고려해보라. 질병은 창궐하고 굶주림은 일상이 된다. 이런 수준의 빈곤은 대부분의 미국인들에게는 거의 상상조차 할 수 없지만 현재 10억 명 이상이 이런 식으로 산다.

기준을 하루 3달러(아직 매우 빈약한 액수지만)로 올리면 지구 인구의 반이 그런 수준에서 살게 된다는 사실을 생각해보자. 이제 30억 명 이상에 이른다. 5장에서 논의했던 대로 1,000만 명의 어린이가 매년 절망적인 빈곤으로 사망한다.

이 수십억 명을 위해 지구의 지옥을 없애고 그것을 천국으로 대체하는 일은 중요한 축복이 될 것이다.

지구에 있는 천국은 어떠할까? 허상의 천국에서 많은 공통 개념을 취하고 그것을 실제로 구현하도록 시도해야 한다.

- 허상의 천국에서는 아무도 병에 걸리지 않는다. 같은 방법으로 우

리 지구의 천국에서는 의료기술이 모든 질병을 치료하고 나이 드는 것을 되돌린다.

- 허상의 천국에는 팔다리를 잃은 장애인이 없다. 그와 똑같이, 우리 지구의 천국에서는 줄기세포, 팔다리 복제, 나노기술 또는 보철술을 사용해서 자연수족과 같은 또는 능가하는 수준으로 장애인들의 팔다리를 재생하는 방법을 찾아야 한다.

- 허상의 천국에서는 모두가 영원한 삶을 산다. 그와 똑같이, 우리 지구의 천국에서 사람들은 죽지 않는다. 혹은 지금의 우리보다 훨씬 더 오래 산다. 나이가 들어 쇠약해지는 일 따윈 없다.

- 허상의 천국에서는 아무도 가난하지 않다. 굶주림, 영양결핍 등은 존재하지 않는다. 천국의 사람들은 똑같이 '부유'하다. 천국의 좋은 모든 것에 똑같이 접근한다. 같은 방법으로 우리 지구의 천국에서는 세계의 빈곤과 부의 집중을 해결할 방법을 찾을 것이다. 모든 지구인은 세계의 부에 똑같이 접근하고 똑같은 표준의 삶을 살 것이다.

- 허상의 천국에서는 아무도 일할 필요가 없다. 모두 실질적으로 경제적 자유를 갖는다. 같은 방법으로 우리 지구의 천국에서는 일을 없애고 모든 사람이 계속 휴가를 가도록 할 것이다.

- 허상의 천국에는 대기오염, 멸종, 서식환경 파괴, 지구온난화 등이 없다. 같은 방법으로 지구의 천국에서 우리는 이 모든 문제들을 해결할 것이다.

- 허상의 천국에는 범죄가 없고 '나쁜' 사람들은 지옥으로 던져질 것이다. 같은 방법으로 지구의 천국에서 우리는 더 신속하고 강력

한 사법체제로 범죄를 제거할 것이다.

- 기타 등등

지구에 천국을 만드는 일이 가능할까? 그렇다. 우리는 이미 얼마간 그쪽으로 나아가고 있다. 예를 들어 질병을 사라지게 하고 수명을 늘리는 의료연구가 활발하다. 우리가 사회에 초점을 맞추어 지구에 천국을 만든다면, 그 과정을 매우 가속할 수 있다. 우리는 또한 지구상 모든 사람에게 비싸지 않고 보편적으로 의료기술의 이익을 퍼뜨릴 방법을 찾을 것이다.

지구에 천국을 만들 수 있는 다른 여러 방법들이 있다. 예로 자본주의를 사용할 수 있을 것이다. 자본주의가 그 과업에 적합한지는 불분명하지만. 결국

- 미국은 세계에서 가장 자본주의적인 나라지만 앞서 지적했듯이 미국 어린이의 절반이 점심을 굶는다.
- 자본주의는 현대적인 형태로 1세기 이상 자리를 잡아왔다는 것 또한 문제다. 하지만 지적했듯이 아직 지구상에는 세계인구의 반인 30억 명이 놀랄 정도의 빈곤 상태로 산다. 자본주의가 과업을 빨리 이루게 할 것 같지는 않다.
- 중국이 빠르게 자본주의화하고 있다. 하지만 많은 중국 노동자들은 미국의 노예에 비교할 만한 조건에서 일하고 있다. 과도한 노동시간과 낮은 수입은 미국에 있는 누구에게라도 하던 일을 멈추고 무슨 일이 있는지 묻게 하는 양심적 이유를 제공한다.

자본주의를 그 도전에 적용할 수 있다면 더할 나위 없다. 적용할 수 없다면 새로운 것을 만들자. 우리는 지성인이고 마음만 먹으면 문제를 해결할 수 있다. 인간은 근본적으로 선량하므로 우리 중 누구도 30억 명이 그렇게 열악한 빈곤 속에 사는 것을 반기지 않는다.

경제를 적정히 설계한다면, 로봇의 출현, 나노기술과 발전된 기술이 가까운 미래에 지구에 천국을 만들 기회를 줄 것이다. 그 과정에서 우리는 빈곤을 완전히 퇴치하고 모든 사람을 위한 삶의 표준을 올려서 지구에 사는 사람들 각자에게 진정한 경제적 자유를 줄 수 있을 것이다.

하지만 그것은 도덕적 결정을 해야 이루어질 것이며, 그러면 우리는 전적으로 따를 것이다.

이제 인류가 성장해 진실을 감싸 안을 때다. 이제는 허상의 신을 버리고 지적인 진화의 다음 단계로 옮겨가야 할 때다. 우주에서 현재 우리가 있는 곳을 이해하고 운명을 다스려야 할 때다. 모두를 위한 지구의 천국을 만들어야 할 때다. 신은 없으며 인류로서 따를 수 있는 수많은 일들이 기다린다. 우주가 부여한 최상의 기회를 만들어 나가자.

이 장에서는 지금까지 논증해온 내용을 다시 한 번 정리한다.
'신은 존재하며, 우리 기도에 응답하는가?'
이에 대한 이성적이고 합리적인 결론에 이르기 위해
신을 향한 질문은 매우 중요하며, 그러므로 계속되어야 함을 확인한다.

✝

논쟁거리 :
모든 기독교인에게 던지는 질문

———

신을 향한 질문은 왜 중요한가?

'신은 왜 팔다리를 잃은 장애인들을 고치려 하지 않는가?'는 웹사이트의 이름으로는 이상해 보일지 모른다. 그렇게 한 이유는 간단하다. 그것이 신에 관해 물을 수 있는 가장 중요한 질문 중의 하나라서다.

이 질문은 기도의 근본 양상을 들여다보고 관찰하기 위해 그것을 노출시킨다. 이 기도의 양상은 모호함과 우연의 일치에 관련된다.

이 질문이 왜 중요한지 이해를 돕기 위해 예를 들어본다. 어느 날 병원을 갔는데 의사는 당신이 암에 걸렸다고 이야기한다. 낙관적인 의사는 치료를 위해 수술과 약물치료 일정을 잡는다. 그런 반면 당신은 두렵다. 죽고 싶지 않아서 신에게 치료해달라고 밤낮으로 기도한다. 수술은 성공적이어서 6개월 후 검사해보니 암은 사라졌다. 당신은 기도에 응답한 것에 대해 신을 칭송한다. 신이 기적을 일으킨 데 대하여 온 마음으로 믿는다.

여기서 짚고 넘어가야 할 질문이 있다. 무엇이 당신을 고쳤는가? 수술과 약물치료였을까 아니면 신이었을까? 우리가 기도할 때 신이 역할을 하는지 안 하는지 확인할 방법은 있는가?

이성적으로 분석할 시간을 갖지 않으면 이 상황은 모호해진다. 많은 기독교인들이 믿는 것처럼 신이 기적적으로 암을 치료했을 수도 있다. 하지만 신은 허상이고, 약품과 수술 덕분일 수도 있다. 또는 당신 몸의 면역체계가 자가치료했을 수도 있다.

달리 말하면, 종양이 사라졌을 때 당신이 기도한 것이 완전한 우연의 일치일 수도 있다. 기도는 아무 효과가 없었을지도 모른다는 말이다.

치료한 것이 신인지 우연의 일치인지 어떻게 결정할 수 있을까? 방법은 모호성을 제거하는 것이다. 명백한 상황에서는 우연의 일치가 될 가능성이 없어진다. 모호하지 않으므로 우리는 실제로 신이 기도에 응답했는지 안 했는지 알 수 있다.

팔다리를 잃은 장애인들의 경우가 바로 그러하다.

이렇게 생각해보라. 성경은 신이 기도에 응답한다고 분명히 약속한다. 예를 들어 마가 11:24에서 예수는 말한다. "그러므로 내가 너희에게 말하노니 무엇이든지 기도하고 구하는 것은 받은 줄로 믿으라 그리하면 너희에게 그대로 되리라." 그리하여 수십억 명의 기독교인들이 이 약속을 믿는다. 기도의 힘에 대해 말하는 수천 권의 책, 잡지기사, 웹사이트를 찾을 수 있다. 신자들에 따르면 신은 매일 수백만 건의 그들 기도를 들어주고 있다.

이제 우리가 장애인의 팔다리를 재생시켜달라고 기도하면 무슨 일이 일어날까? 신이 분명 진짜라면 기도를 통해 팔다리가 재생돼야 할 것이다. 실제는 그렇지 않다.

왜 안 될까? 신이 허상이기 때문이다. 이 상황에서는 모호성이 없다는 것을 주목하자. 팔다리가 기도를 통해 재생되는 길은 딱 한 가지뿐이다. 신이 존재하고 신이 기도에 응답해야 한다는 것. 이처럼 모호하지 않은 상황을 만들고 결과를 확인할 때마다 기도는 결코 작동하지 않는 것을 본다. 우연의 일치의 가능성이 없으면 신은 결코 '기도에 응답'하지 않는다. 이 책은 이 주제를 여러 가지 다른 각도에서 접근한다. 하지만 5장, 6장, 7장, 8장은 특별히 중요하다.

- 5장. 신은 왜 팔다리를 잃은 장애인들을 고치려고 하지 않는가?
- 6장. 기독교인에게 왜 건강보험이 필요한가?
- 7장. 왜 산을 옮길 수 없는가?
- 8장. 좋은 사람들에게 왜 나쁜 일이 일어날까?

우연의 일치 가능성이 제거되면 기도는 결코 응답받지 못한다는 사실은 다른 사실과 맞물린다. 통계 도구를 이용해 모호한 기도에 대한 신의 응답을 분석하면, 기도에 대한 통계적 증거는 전무하다. 즉, 어떤 상황을 설명하는 데 기도와 우연의 일치를 통계적으로 비교하면 둘은 일치한다. 예를 들면 여기 그 사실을 가리키는 기사가 있다.

이달 초 간행된 과학적으로 가장 엄격한 연구 중 하나가 원거리 집회기도는 심장치료를 위해 입원한 환자들의 주요 합병증 및 치사율을 낮추지 못했다고 확인했다.

보고서는 또한 이렇게 쓰고 있다.

영국 연구소에서 2003년에 간행된 '원거리 치료'에 관한 과거 17개 연구에 대한 평가는 기도나 다른 치료법들이 특이할 만한 효과가 없다는 것을 확인했다.

기도가 작동한다는 증거를 발견한 유효한 과학적 연구는 없다. 자세한 사항은 '기도는 미신이다'를 보라.

다음 기도에서도 같은 효과를 확인할 수 있다. 진정한 신자인 당신은 신이 암을 치료한다고 믿는다. 무릎을 꿇고 신에게 이렇게 기도하면 무슨 일이 일어날까?

전지전능하신 우주의 창조자 신이시여, 우리는 오늘밤 지구에 있는 모든 암을 치료해주시기를 기도합니다. 우리는 당신이 마태 7:7, 마태 17:20, 마태 21:21, 마가 11:24, 요한 14:12-14, 마태 18:19 그리고 야고보서 5:15-16에서 말씀하셨듯이 우리를 축복하실 것을 알고 믿음으로 기도합니다. 예수님 이름으로 기도합니다, 아멘.

우리는 신이 이렇게 완전히 진실하고 이타적이며 비유물론적인 기도에 응답할 때 영광스럽고, 분명한 방법으로 수백만 명을 도울 것을 알면서 진심으로 기도한다. 신이 암을 치료한다면, 이것은 전능하고 모두를 사랑하시는 신이 응답하기 쉬운 기도다.

사실 이 기도는 모호함을 제거한다. 기도하자마자 우리는 '신'의 진정한 본질을 본다. 이 기도에는 우연의 일치가 적용될 방법이 없고, 분명히 기도는 응답받지 않는다.

자료를 보면 여기서 무슨 일이 일어나는지 분명히 알 수 있다.

- 우리가 애매하지 않은 상황을 기도하면 신은 결코 기도에 응답하지 않는다.
- 통계 도구를 이용해 모호한 기도를 분석하면 기도는 아무 효과가 없다는 것을 알게 된다.

다른 말로 하면 '응답된 기도'는 모두 실제로 우연의 일치에 불과하다. '신'은 전혀 '기도에 응답'하지 않는다. 기도에 대한 믿음은 순전히 미신이다. (팔다리를 잃은 장애인들에 대한 기도처럼) 모호하지 않은 기도는 결론적으로 '신이 기도에 응답한다'라는 모든 개념이 인간의 생각이 만들어낸 환상임을 보여준다.

망상 이해하기

종교가 오늘날 세계에서 어떻게 작동하는지 이해하는 데 도움이 되는 몇 가지 사례가 있다.

사례 1

내가 당신에게 이런 이야기를 한다고 상상해보자.

- 한 사람이 북극에 산다.
- 그는 거기서 아내와 요정 무리와 같이 산다.
- 1년 동안 그와 요정들은 장난감을 만든다.
- 크리스마스 전날 밤에 모든 장난감을 자루에 담는다.
- 자루를 썰매에 싣는다.
- 하늘을 나는 순록 여덟 마리(아홉 마리일 수도 있다)를 썰매에 매단다.

- 그는 집에서 집으로 날아다니며 옥상에 내려앉는다.
- 그는 자루를 꺼내고 굴뚝을 타고 내려간다.
- 집 안에 있는 어린이를 위해 장난감을 남긴다.
- 굴뚝을 타고 올라가서 썰매로 돌아가 다음 집으로 날아간다.
- 그는 하룻밤에 전 세계를 모두 돌아다니며 이 일을 한다.
- 그다음 다음해에 또 그러기 위해 북극으로 날아서 돌아간다.

물론 이것은 산타클로스의 이야기다.

하지만 내가 성인이고 당신의 친구인데 이 이야기를 사실로 믿는다고 고백했다고 하자. 온 마음으로 그것을 믿는 나는 당신과 이야기하고 나처럼 당신도 믿도록 설득한다.

당신은 나를 어찌 생각할까? 내가 망상적이라고 생각할 것이고, 그 말이 맞다.

왜 망상적이라고 생각하는가? 당신은 산타가 허상임을 알기 때문이다. 그 이야기는 완전히 동화다. 아무리 열심히 산타에 대해 이야기한다 한들 당신은 진짜라고 믿지 않을 것이다. 이를테면 날아다니는 순록은 공상이다. 사전은 망상을 '근거 없는 증거에도 불구하고 강하게 자리 잡힌 그릇된 믿음'이라고 정의한다. 그 정의는 완벽하게 맞다.

당신은 내 친구이므로 내 믿음이 환상임을 깨닫도록 도우려고 노력할 것이다. 내 환상을 깨기 위한 방법은 몇 가지를 질문하는 것이다. 예를 들어 내게 이렇게 이야기할 수 있다.

- "그런데 전 세계 사람들에게 줄 장난감을 썰매가 어떻게 옮길 수

있을까?" 나는 마술썰매라서 본질적으로 그것이 가능하다고 말한다.

- "굴뚝이 없는 집이나 아파트에는 어떻게 들어갈까?" 나는 영화 〈산타클로스〉에서 본 것처럼 산타는 굴뚝이 나타나게 만들 수 있다고 말한다.

- "아궁이에 불이 있으면 산타는 어떻게 굴뚝으로 내려갈 수 있을까?" 나는 산타는 특별한 방화복을 갖고 있어서 문제없다고 말한다.

- "보안장치는 왜 산타를 감지하지 않을까?" 산타는 보안장치에 보이지 않아.

- "어떻게 하룻밤에 모든 아이들을 찾아갈 만큼 빨리 다닐 수 있을까?" 산타는 시간을 초월해.

- "어떻게 나쁜 아이와 착한 아이를 모두 알아볼 수 있을까?" 산타는 모든 것을 다 아는 존재거든.

- "장난감들은 왜 불공평하게 배분될까? 부잣집 아이들은 착하지 않은데도 산타는 왜 가난한 집 아이에게보다 더 많은 선물을 배달할까?" 우리로선 산타의 신비에 대해 이해할 길이 없어. 하지만 그럴 만한 이유가 있겠지. 어쩌면 가난한 집 아이들은 비싼 전자 장난감을 다룰 수 없을지도 몰라. 어떻게 배터리를 감당할 수 있겠어? 그래서 산타가 그렇게 하는 거야.

당신의 질문은 모두 매우 논리적이다. 나는 모든 질문에 대답했다. 나는 내가 보는 것을 당신은 왜 못 보는지 이해하지 못하고, 당신은 또 내가 어떻게 그렇게 정신 나간 소리를 할까 싶어 놀란다.

내 대답은 왜 당신을 만족시키지 못했는가? 왜 당신은 여전히 나를 망상에 빠져 있다 여기는가? 내 대답이 환상을 강화하기만 할 뿐이기 때문이다. 갑자기 나는 마술썰매, 마술 방염복, 마술 굴뚝, 영원하고 마술적인 투명인간을 만들어냈다. 내가 이렇다는 것을 알아차린 당신은 내 대답을 믿지 않는다. 말도 안 되는 것을 보여주는 증거는 허다하다.

이제 다른 예들을 제시해본다.

사례 2

내가 당신에게 이런 이야기를 한다고 가정해보자.

- 어느 날 밤 나는 내 방에 있었다.
- 갑자기 내 방이 엄청나게 환해졌다.
- 다음에 내가 알게 된 것은 내 방에 천사가 있다는 것이다.
- 천사는 놀라운 이야기를 해준다.
- 천사는 뉴욕의 어느 언덕 옆에 고대의 금 접시가 한 벌 묻혀 있다고 말한다.
- 금 접시에는 북아메리카에 살았던 사라진 유대민족의 책이 적혀 있다.
- 접시들에는 그들의 이질언어로 된 비문이 새겨져 있다.
- 결국 천사는 나를 접시가 있는 곳으로 이끌어 그것을 집에 가져

오게 했다.

- 이질언어로 쓰여 있었지만 내가 판독하고 번역할 수 있도록 천사가 도와주었다.
- 그런 다음 천사는 그것을 다시는 볼 수 없도록 하늘로 가져갔다.
- 나는 그 접시에서 번역한 책을 갖고 있다. 거기에는 2,000년 전 여기 미국에서 살았던 유대민족의 완전한 문명세계에 관한 놀라운 이야기가 있다.
- 부활한 예수가 와서 이 사람들을 방문했다!
- 나 역시 실제로 많은 목격자들에게 그 금 접시를 보여주었고, 천사가 가져가기 전에 그들이 실제로 접시를 보고 만졌다고 서명한 증거를 갖고 있다.

자, 이 이야기를 듣고 당신은 무슨 말을 할까? 비록 내가 사라진 유대 문명의 이야기를 전하는 영어로 된 책을 갖고 있다 해도, 그리고 서명된 증거들이 있어도 당신은 무슨 생각을 할까? 이 이야기는 환상적으로 들린다. 그렇지 않은가?

당신은 몇 가지 분명한 질문을 할 것이다. 예를 들어 가장 간단한 수준에서 "이 유대 문명사회의 폐허와 유물들은 미국 어디에 있어?"라고 물을 것이다. 접시에서 번역한 책은 미국에서 일하고 있는 수백만 명의 유대인들에 대해 이야기한다. 그들은 말과 소들, 전차와 갑옷 그리고 큰 도시들을 소유했다. 이 모든 것들에 무슨 일이 일어났을까? 나는 간단히 대답한다. 저기 바깥에 있지만 아직 우리가 찾지 못했다고. "도시 하나도? 전차바퀴 하나도? 투구 하나도?" 당신이 거듭 묻는다. 못 찾았어, 우리는 아무런 증거도 찾지 못했어. 하지만 저쪽 어딘가에 있어. 당신은 이런 질문들을 묻고 나는 그 질문 모두에 대답한다.

이런 이야기를 하면 대부분의 사람들은 내가 환상에 빠져 있다고 추측할 것이다. 접시와 천사는 없고 나 혼자서 그 책을 썼다고 추측할 것이다. 대부분의 사람들은 그것을 증언하게 하는 것은 무의미하다면서 나의 증거물을 무시할 것이다. 증인들에게 돈을 줬거나 날조했을 수도 있다고, 대부분의 사람들은 내게 물어볼 것도 없이 내 이야기를 거부할 것이다.

재미있는 것은 천사와 접시, 책과 2,000년 전 북아메리카 유대인의 이야기를 실제로 믿는 사람들이 지금도 수백만 명이라는 것이다. 그 수백만의 사람들은 유타 주 솔트레이크 시에 본부가 있는 몰몬교인들이다. 이 믿을 수 없는 이야기를 한 사람은 '조셉 스미스'라는 사람으로 1,800년대 초기에 미국에 살았다. 그가 이야기를 하고 '접시에서 번역한' 것을 몰몬교 책에 기록했다.

몰몬교인을 만나 이 이야기에 대해 물으면 그들은 몇 시간도 이야기할 수 있다. 그들은 당신의 모든 질문에 답할 수 있다. 하지만 몰몬교인이 아닌 우리들 59억 9,000만 명은 몰몬교인들이 환상에 빠져 있다는 것을 아주 분명히 볼 수 있다. 당신과 나는 몰몬교의 이야기가 산타 이야기와 차이가 없다는 것을 100퍼센트 확신한다. 그리고 우리의 평가가 맞다. 말이 안 되는 것을 보여주는 증거는 허다하다.

사례 3

내가 당신에게 이런 이야기를 한다고 생각해보자.

- 어떤 사람이 자기 사업을 생각하면서 동굴에 앉아 있었다.

- 매우 밝은 빛의 섬광이 나타난다.

- 어떤 목소리가 한마디 내뱉는다. "읽어라!" 남자는 죽을 만큼 압박감을 느낀다. 이런 일이 여러 번 일어난다.

- 그래서 그가 물었다. "무엇을 읽어야 합니까?"

- 목소리가 말한다. "접합체로부터 사람을 만든 너의 주님의 이름으로 읽어라. 너의 주님을 위해 읽는 것이 가장 좋다. 그분은 사람들이 전에 모르던 펜으로 그들을 가르치셨다."

- 그는 집에 있는 부인에게 달려갔다.

- 집으로 달려가면서 그는 하늘에 있는 천사의 커다란 얼굴을 보았다. 천사는 남자에게 자기가 신의 전령이 될 것이라고 말했다. 천사는 자신을 가브리엘이라고 알려주었다.

- 그날 밤 집에서 천사가 그의 꿈에 나타났다.

- 가브리엘은 그 남자에게 계속 나타났다. 때로는 꿈속에서, 때로는 '심장 속의 계시'처럼 낮에, 때로는 귓속의 고통스런 울림 뒤에(그리고 가브리엘의 시가 남자로부터 흘러나오곤 했다), 때로는 가브리엘이 육체적으로 나타나 말하기도 하였다. 그 남자가 말하는 모든 것을 사본 필사자가 받아 적었다.

- 가브리엘과 첫 만남 후 약 11년 지난 어느 날 밤, 가브리엘이 마술 말을 갖고 그에게 나타났다. 남자는 말에 올라탔고 말은 그를 예

루살렘으로 데려갔다. 그다음 날개 달린 말이 그를 천국의 일곱 개 층으로 데려갔다. 남자는 실제로 천국을 보고 거기에 있는 사람들을 만나 이야기할 수 있었다. 그리고 가브리엘은 그를 지구로 다시 데려왔다.

- 남자는 예루살렘의 건물과 특색에 관한 질문들에 정확히 대답함으로써 날개 달린 말을 타고 실제로 예루살렘에 가봤다는 것을 증명했다.

- 그는 23년간 가브리엘로부터 계속 계시를 받았다. 그 모든 계시는 사본 필사자들에 의해 우리가 오늘날 아직도 갖고 있는 책에 기록되었다.

— 출처: 야히야 에머릭Yahiya Emerick의 《이슬람 이해Understanding Islam》

어떤가? 전에 들어보지 못했다면 당신은 금 접시들과 산타 이야기에서 느낀 것과 똑같이 그것이 터무니없음을 알 것이다. 특히 가브리엘로부터 왔다고 여겨지는 책을 한 번 읽으면 그렇게 느낄 것이다. 그것들 대부분이 불명확하기 때문이다. 꿈, 말, 천사, 승천, 천사가 몸소 나타나기…… 모두가 허상이므로 당신은 그것들을 무시할 것이다.

하지만 조심할 필요가 있다. 이 이야기는 전 세계 10억 명 이상이 믿는 이슬람 종교의 기초다. 남자는 모하메드이고 책은 코란이다. 즉, 코란의 탄생과 인류에 대한 알라의 계시를 담은 신성한 이야기다.

10억 이슬람교인들이 어느 수준까지 이 이야기를 믿는다고 공언함에도 불구하고 이슬람 신앙의 바깥 사람들은 허상이라고 생각한다. 이야기는 동화이기 때문에 아무도 믿지 않는다. 그들은 코란을 사람이 쓴 책 이상으로 보지 않는다. 천국으로 날아간 날개 달린 말? 그것은 마치 날아다니는 순록처럼 허상이다.

당신이 기독교인이라면 몰몬교와 이슬람교 이야기를 다시 되짚는 시간을 가져보길 바란다. 당신은 그것들이 상상의 동화라는 것을 어찌 그리 쉽게 알았을까? 어떻게 완전히 확신에 차서 몰몬교와 이슬람교가 망상이란 것을 아는가? 당신은 산타가 허상임을 아는 것과 같은 이유로 그것을 안다. 그 증거는 어디에도 없다. 이야기는 천사와 날개 달린 말, 환영, 꿈같은 마술적인 것들을 포함한다. 말은 날지 못한다. 물론 우리 모두가 안다. 날 수 있다 쳐도 어디로 날아갈 것인가? 우주의 진공 속으로? 또는 말이 '무형화'(27장)하고 나서 하늘에서 '유형화'하는가? 그렇다면 그런 과정도 역시 만들어진 이야기다. 모든 것이 상상이다. 우리 모두가 그걸 안다.

편견 없는 관찰자라면 이런 이야기들이 얼마나 허상인지 알 수 있다. 거기다가 이슬람교인들은 몰몬교가 환상임을 알 수 있고, 몰몬교인들은 이슬람교가 환상임을 알 수 있고, 기독교인들은 몰몬교와 이슬람교 모두가 환상임을 알 수 있다.

마지막 사례

이제 마지막 이야기다.

- 신은 자기 아들을 우리세계에 인간의 모습으로 태어나게 하려고 마리아라는 처녀를 임신시켰다.

- 마리아와 남편 요셉은 출생신고를 위해 베들레헴으로 여행해야 했다. 거기서 마리아는 신의 아들을 낳는다.

- 신은 사람들을 아기에게 안내하기 위해 하늘에 별을 띄웠다.

- 꿈속에서 신은 요셉에게 가족을 이집트로 데려가라고 말했다. 그러고는 헤롯이 예수를 죽이려고 이스라엘의 아기들 수천 명을 죽이는 것을 지켜보았다(16장).

- 신의 아들은 자기가 사람이 된 신이라고 주장했다. '나는 길이요, 진리요 생명이다'라고 말했다(18장).

- 그는 많은 기적을 일으켰다. 병든 사람들을 많이 고쳤다. 물을 술로 만들었다. 이런 기적들이 그가 신이라는 것을 증명한다.

- 하지만 그는 결국 사형선고를 받고 십자가형으로 죽는다.

- 그의 시신은 무덤에 안치됐다.

- 하지만 사흘 뒤에 무덤은 비었다.

- 그는 다시 살아서 (의심하는 사람들이 보고 만질 수 있도록) 아직 상처를 지닌 채 여러 곳에서 많은 사람 앞에 나타났다.

- 그다음 하늘로 올라가 지금 전능하신 아버지 신의 오른편에 앉아 있는데 다시는 볼 수 없다.

- 오늘날 당신은 그와 개인적으로 관계를 유지할 수 있다. 그에게 기도할 수 있고 그러면 그가 응답할 것이다. 그는 당신의 질병을 고쳐주고 위험에서 구하고, 중요한 사업을 하고 가족 결정을 하도록 도와주고, 당신이 걱정하고 슬퍼할 때 위로해줄 것이다.

- 그는 또 영원한 삶을 주고, 당신이 착하면 죽은 뒤 천국에 자리를 마련해줄 것이다.

- 우리가 이 모든 것을 아는 이유는 그가 죽은 뒤에 마태, 마가, 누가, 요한이라는 네 사람이 그의 일생을 기록했기 때문이다. 그들이 쓴 증거들은 이 이야기가 정확하다는 증거다.

물론 이것은 예수의 이야기다. 당신은 이 이야기를 믿는가? 기독교인이라면 아마도 그러할 것이다. 나는 당신에게 몇 시간 동안 질문할 수 있고(25장), 당신은 사례 1에서 친구의 산타 질문 모두에 내가 대답했던 것과 같은 방식으로 그 모든 질문에 대답할 것이다. 당신에게는 이 이야기가 그렇게 명백하기 때문에 사람들이 어떻게 그런 질문을 할 수 있는지 이해하지 못한다.

당신의 이해를 돕고자 한다. 기독교인이 아닌 40억의 사람들은 당신이 산타와 몰몬교, 이슬람교 이야기를 보는 것과 똑같이 기독교 이야기를 본다. 즉, 기독교 거품 밖에 서 있는 40억의 사람들이 있고 그들은 진실을 분명히 볼 수 있다. 진실은 기독교 이야기가 완전히 허상이라는 것이다.

40억의 비기독교인들은 어떻게 한 치의 의심도 없이 그 이야기가 허상임을 알까? 그것이 산타 이야기, 몰몬교 이야기, 이슬람교 이야기와 똑같기 때문이다. 마술 같은 임신, 마술 별, 마술 꿈, 마술 기적, 마술 같은 부활, 마술 같은 승천 등…… 기독교 신앙의 밖에 있는 사람들은 기독교 이야기에서 이 사실들을 주목한다.

- 기적이 예수가 신이라는 것을 '증명'한다고 생각되지만, 예상대로 이런 기적들은 우리가 오늘날 검토하고 과학적으로 증명할 만한

분명한 증거를 남기지 않았다. 기적은 신앙치료와 마술 속임수들을 포함한다. 19장을 보라.

- 예수가 부활했다지만, 예상대로 그는 오늘날 누구 앞에도 나타나지 않는다. 20장을 보라.

- 예수는 천국으로 올라가 기도에 응답하지만, 예상대로 우리가 기도할 때 아무 일도 일어나지 않는다. 우리는 통계적으로 기도를 분석하고 그것이 결코 응답되지 않는다는 것을 발견한다. 1부를 보라.

- 마태, 마가, 누가, 요한이 책을 썼지만, 예상대로 그 책들은 문제와 모순들로 가득 차 있다. 2부를 보라.

- 기타 등등

다른 말로 하면, 기독교 이야기는 우리가 검토한 다른 세 가지 예와 똑같이 동화다.

이제 지금 이 순간 당신의 마음속에 무슨 일이 일어나는가 보라. 나는 기독교 이야기가 허상이라는 것을 보여주려고 구체적이고 입증 가능한 증거를 사용하고 있다. 당신의 합리적인 생각은 증거들을 볼 수 있다. 40억의 비기독교인들은 기독교 이야기가 허상임을 확인하는 당신을 보고 행복해할 것이다. 하지만 당신이 기독교를 믿는다면 당신은 아마 '종교심'이 합리적인 마음과 우리가 말하는 일반상식보다 중요하다고 느낄 수 있다. 왜? 왜 상식을 바탕으로 산타, 몰몬교, 이슬람교 이야기를 쉽게 거부할 수 있으면서, 똑같은 허상인 기독교 이야기에 이르면 그렇지 못한가.

잠시 동안 산타, 요셉 스미스, 모하메드의 이야기에 접근할 때 사용한 것과 같은 정도의 건강한 비판정신으로 기독교를 살펴보라. 스스로에게 아주 간단한 질문들을 하는 데 당신의 상식을 사용해보라.

- 예수가 존재했다는 물리적인 증거가 있는가? 없다. 그는 아무 자취도 남기지 않았다. 그의 몸은 '천국으로 올라갔다.' 그는 아무것도 쓰지 않았다. 그의 '기적들' 어느 것도 아무런 영속적인 증거를 남기지 않았다. 문자 그대로 아무것도 없다.
- 예수가 실제로 이런 기적들을 행했다는 것, 또는 그가 죽음에서 일어났다는 것, 또는 천국으로 올라갔다는 것을 믿을 어떠한 이유라도 있는가? 조셉 스미스가 뉴욕에 숨겨져 있는 금 접시를 찾았다는 것, 또는 모하메드가 날개 달린 마술 말을 타고 천국에 갔다고 믿는 것보다 이 말을 믿어야 할 더 이상의 이유는 없다. 조셉 스미스의 행적이 200년도 안 된 반면 예수는 2,000년 된 기록이므로 믿을 이유를 따진다면 당연히 더 적다.
- 당신은 내가 예수의 이 이야기를 믿게 되어 있고, 십중팔구 의미 없는 신약의 몇몇 증거를 넘어서는 증거나 흔적이 없다고 말하는 것인가? 그렇다. 당신은 그걸 믿게 되어 있다. 당신은 그걸 '신앙'으로 받아들이게 되어 있다.

아무도 (어린아이들 외에는) 산타클로스를 믿지 않는다. 몰몬교 교회 밖에 있는 사람은 누구도 조셉 스미스의 이야기를 믿지 않는다. 이슬람 신앙의 밖에 있는 사람은 모하메드와 가브리엘과 날개 달린 말의 이야기를 믿지 않는다. 기독교 신앙의 밖에 있는 사람 또한 누구도 예수의 신성, 기적, 부활 등을 믿지 않는다.

그러므로 내가 지금 생각해보기를 권하는 질문은 간단하다. 인간은 다른 신앙에서 온 동화는 분명히 알아챌 수 있으면서 왜 자신의 신앙을 떠받치는 동화는 감지하지 못할까? 인간은 왜 자기가 고른 동화는 확고한 열정으로 믿으면서 다른 동화는 말도 안 되는 소리라고 거부할까? 예를 들어

- 기독교인들은 이집트인들이 거대한 피라미드를 건설하고 파라오의 시체를 미라로 만들었을 때, 그것이 완전히 시간낭비라는 것을 안다. 그렇지 않으면 기독교인도 피라미드를 건설할 것이다.
- 기독교인들은 아스텍인들이 처녀의 심장을 도려내 그것을 먹었을 때, 그것이 어떤 것도 성취하지 못한다는 것을 안다. 그렇지 않으면 기독교인도 처녀들을 죽일 것이다.
- 기독교인들은 이슬람교도가 기도하려고 메카를 향할 때, 그것이 의미 없음을 안다. 그렇지 않으면 기독교인도 기도를 위해 메카로 향할 것이다.
- 기독교인들은 유대인들이 고기와 유제품을 분리할 때, 그들이 시간을 낭비한다는 것을 안다. 그렇지 않으면 미국인들이 치즈버거를 그렇게 좋아하지 않을 것이다.

하지만 기독교인들이 자신의 종교를 볼 때는 어떤 이유에서인지 맹인이 된다. 왜일까? 그것은 기독교 이야기가 진짜라는 사실과는 아무 관

계가 없다. 당신의 이성은 확실히 그것을 알고 있으며, 다른 40억 명
도 그렇다. 당신이 그걸 인정하면 이유를 말할 수 있다.

간단한 실험

　　　　　당신이 기도의 힘을 믿는 기독교인이라면 신앙에
대해 매우 흥미 있는 것을 보여줄 초간단 실험이 여기 있다.
　주머니에서 동전을 꺼낸다. 그리고 진지하게 '라'에게 기도한다.

> 전능하신 태양의 신 '라'이시여, 나는 이 보통의 동전을 50번 던져보
> 려고 하는데 50번 모두 앞면이 나오도록 갈구합니다. '라'의 이름으로
> 기도합니다. 아멘.

　이제 동전을 던진다. 아마도 다섯 번이나 여섯 번째가 되기 전에 뒷
면이 나올 것이다.
　이것은 무슨 의미일까? 사람들은 대부분 이 자료를 보고 '라'가 허
상이라고 결론짓는다. 우리는 라에게 기도했고 라는 아무것도 하지
않았다. 우리는 통계 분석을 통해 (최소한 기도에 대답하는 능력 면에서
는) 라가 허상이라는 것을 증명할 수 있다. 라에게 던질 때마다 기도하
면서 수천 번 던지면 동전은 가능성의 일반법칙에 정확히 일치해 앞
면과 뒷면이 나올 것이다. 아무리 열심히 기도해도 전혀 효과가 없다.
라를 믿는 가장 독실한 신자들을 찾아서 동전던지기를 부탁해도 결
과는 같을 것이다. 그러므로 이성적인 인간으로서 우리는 라가 허상

이라고 결론짓는다. 우리는 레프러콘, 인어, 산타, 기타 등등을 보는 것과 똑같이 라를 본다. 라를 믿는 사람들이 환상에 빠져 있다는 것을 안다.

이제 그 실험을 당신이 한 번 해보기를 원한다. 하지만 이번에는 라 대신 예수 그리스도에게 기도하기로 한다. 예수에게 이렇게 진실하게 기도하라.

> 예수님, 저는 당신이 존재하는 것을 알며, 성경에서 약속한 대로 기도를 듣고 응답하시는 것을 압니다. 이 보통의 동전을 50번 던지려고 하는데, 50번 모두 앞면이 나오도록 부탁드립니다. 예수의 이름으로 기도합니다. 아멘.

이제 동전을 던진다. 아마도 다섯 번이나 여섯 번째가 되기 전에 뒷면이 나올 것이다.

당신이 기도하면서 수천 번을 던지면, 동전은 가능성의 일반법칙에 정확히 일치해 앞뒷면이 나온다는 사실을 발견하게 될 것이다. 하나는 기도하는 기독교용, 다른 하나는 비기독교인용으로 가능성의 법칙이 두 개가 있는 것이 아니다. 기도는 전혀 효과가 없으므로 오직 한 가지의 가능성 법칙이 있을 뿐이다. 예수는 아무리 열심히 기도해도 우리 지구에 아무 영향도 주지 않는다. 우리는 그것을 통계 분석을 사용하여 결정적으로 증명할 수 있다.

기독교인이라면 지금 당신의 마음속에서 무슨 일이 일어나고 있는지 보라. 두 실험에서 데이터는 절대적으로 동일하다. 라의 경우에 당신은 이성적으로 데이터를 보고 라가 허상이라고 결론짓는다. 하지만 예수의 경우에는 다르다. 마음속으로 당신은 이미 왜 예수가 기도에 응답하지 않았는지를 설명하기 위한 수많은 핑계를 떠올린다.

- 그분의 뜻이 아니다.
- 그분은 시간이 없다.
- 내가 올바르게 기도하지 않았다.
- 나는 응답받을 가치가 없다.
- 내 믿음이 충분하지 못하다.
- 주님을 이렇게 시험할 순 없다.
- 그것은 나에 대한 예수님의 계획의 일부가 아니다.
- 기타 등등

스스로 개발하는 핑계 한 가지가 특히 재미있다. 당신은 스스로에게 말할 것이다. "물론 내가 동전을 던지며 기도할 때 예수님은 응답하지 않아. 그건 너무 사소한 일이잖아." 이 합리화는 어디서 오는가? 성경에서 기도에 대해 한 말을 읽어보면(5장), 예수는 '동전던지기에 대해선 기도하지 마라'라고 말하지 않는다. 기도에 응답할 것이라고 분명히 말하고 있고, 그것이 어떤 기도인지에 대해 경계를 설정하지 않는다. 이 핑계는 당신이 갑자기 만들어낸 것이다.

동전던지기에 관한 사안으로 공격받는 기독교인이라면 대신 이것을 시도해보자. 지금 당장 무릎을 꿇고 이렇게 기도하라.

"전능하고 모두를 사랑하시는 우주의 창조자이신 신의 아들 예수님, 우리는 오늘밤 지구에 있는 모든 종류의 암을 치료해주시기를 기도합니다. 우리의 진실하고 이기적이 아니며 물질적이 아닌 기도를 들어주시고, 마태 7:7, 마태 17:20, 마가 11:24, 요한 14:12, 마태 18:19, 마가 9:23, 누가 1:37, 야고보서 5:15-16, 그리고 다른 많은 곳에서 약속한 것을 이행해주세요. 우리는 주께서 이 기도에 응답하면 그것이 신을 영광스럽게 하고 수백만 명을 의미 있는 방법으로 돕게 될 것을 알고 기도합니다. 주님의 이름으로 기도합니다. 아멘."

내일 모든 암이 사라질까? 물론 아니다. 당신이 신자라면 이 응답받지 못한 기도에 대해 수많은 핑계를 만들 수 있다. 하지만 그것이 상황을 바꾸지는 않는다.

당신은 예수를 위한 핑계를 만드는 데 전문가다. 그 이유는 예수가 당신의 어떤 기도에도 응답하지 않기 때문이다(1부). 그 이유는 예수가 허상이라서다.

이 간단한 실험이 보여주는 내용은 흥미롭다. 라에게 기도할 때 수천 번 시도해도 아무 일도 일어나지 않는다. 우리는 이성적으로 그 데이터를 보고 라가 허상이라고 결론짓는다. 그러나 예수에게 기도하고 역시 아무 일이 일어나지 않으면 당신은 같은 결론에 도달하지 않는다. 왜 예수가 기도에 응답하지 않았는지 모든 이유를 대 가며 합리화하려고 애쓴다. 당신 스스로에게 이 간단한 질문을 해보라. 무슨 차이가 있을까? '신자'일 때 당신은 왜 완전히 비합리적인 행동을 하는가?

왜 망상을 치료하도록
도와야 하는가

기독교인들은 가끔 묻는다. "왜 괴롭히나요? 우리가 행복하다는데 우리를 좀 놔두세요." 여기서의 목적은 그들이 이 질문에 대한 답을 이해하도록 돕는 것이다.

내게 성인인 친구가 하나 있다고 생각하시라. 그녀를 알고 나면 당신은 무엇인가를 알아차리게 된다. 그녀는 레프러콘을 믿는다. 그것도 온 마음을 다해서.

- 그녀는 손으로 그들에게 조용히 말하거나 손을 접고 큰소리로 말함으로써 레프러콘에게 이야기할 수 있다고 믿는다.
- 레프러콘과 대화함으로써 자신의 소원들을 이룰 것이라고 믿는다.
- 또한 레프러콘이 질병치료를 도와줄 것이라고 믿는다.
- 무엇인가를 잃어버리면 자기 집에 사는 레프러콘에게 전화해서 찾는 것을 도와달라고 한다.
- 그녀는 레프러콘과 개인적 관계를 유지하며, 그것이 삶의 많은 부분을 안내한다고 말한다.
- 그녀는 토끼풀 목걸이를 했다.
- 매주 일요일이면 레프러콘이 해주는 모든 것에 감사하는 특별한 의식을 갖는다.
- 그녀는 레프러콘이 우주를 만들었다고 믿는다. 그녀는 "레프러콘이 우주를 만들었다는 걸 아무도 부정할 수 없고, 아무도 그들이 그러지 않았다고 증명할 수 없어"라고 말한다.

- 결혼할 때 결혼식에 레프러콘 목사가 오기를 바란다.
- 죽을 때 마법의 성에서 하늘에 있는 레프러콘과 만나 영원히 살 것이라고 믿는다.

이제 내 친구가 어찌 보이는가? 그녀의 믿음은 해로울 것이 없다. 그렇지 않은가? 그녀는 한집에서 보이지 않게 살고 있는 레프러콘에게 크게 이야기함으로써 덜 외롭고 더 행복하다.

그렇지만…… 뭔가 섬뜩하다. 그렇지 않은가? 정말 그렇다. 내 친구가 완전히 총체적으로 망상적이라는 것을 알기 때문에 섬뜩한 것이다. 그녀는 실상에서 허상을 사라지게 할 능력을 잃었다.

당신은 내 친구가 우리 사회에서 책임 있는 위치에 있기를 바라는가? 이를테면, 그녀가 외국에 핵무기를 날릴 수 있는 자리에 있기를 바라는가? 아마도 아닐 것이다.

내 친구에게 말하고 도우려는 것은 적절한 행동일까? 이 망상은 치료할 수 있을까?

신과 레프러콘은 차이가 없다. 신은 완전히 허상이고, 우리는 이것을 이해하도록 도울 수 있다.

당신이 기독교인이라면 우리는 기꺼이 당신의 망상을 치료하도록 도울 것이다.

기도는 미신이다

사전은 '미신'이라는 단어를 이렇게 정의한다.

> 사건의 진행 과정에 논리적으로 관련이 없는 사물, 행동 또는 환경이
> 그 결과에 영향을 미친다는 비이성적인 믿음

우리는 숱한 미신들을 보아왔다. 토끼발 또는 네잎클로버가 행운을 가져다준다는 이야기, 거울을 깨거나 검은 고양이를 보면 재수 없다는 설도 있다. 우리는 모두 이런 미신들이 어리석다는 것을 안다. 토끼발이나 깨진 거울은 사건의 과정에 아무 영향도 미치지 않는다. 지성인이라면 누구에게나 이것은 명백하다.

다음 상황을 상상해보자. 당신이 암에 걸렸다고 치자. 한 차례 약물 치료 후 병원에 누워 있는 당신은 기분이 좋지 않다. 어떤 사람이 만면에 웃음을 띠고 손에 '편자(말발굽쇠)'를 든 채 병실로 뛰어 들어온

면 기도를 들어주시고 당신이 죽으면 천국으로 인도할 것입니다"
라고 말하는 사람은 완전한 사기꾼이다.

지성인들이 미신이나 사기를 받아들이거나 '인내하기'를 끝내고 대신 그것이 무엇인지를 말할 때가 되었다. 신은 허상이라고 분명히 말할 때다. 종교는 순전히 미신 외에 아무것도 아니다. 이는 수많은 과학 실험으로 여러 번 증명되었다. 미신과 사기는 사회에 해악을 끼치므로 공공의 담론에서 미신과 사기를 제거하기 시작해야 한다.

예수 이해하기

대부분의 기독교인들은 따뜻하고 사랑스런 예수의 모습을 그리고 있다. 예수는 그들 눈에 '평화의 왕자'이며 '신의 어린양'이다. 하지만 그것이 정확한가? 당신이 예수에 대해 들어본 적이 없다면, 그래서 성경을 읽음으로써 그를 알고자 한다면 어떤 사람을 발견하게 될까?

사전은 '양아치'를 '어리석은, 무례한, 또는 비열한 사람'으로 정의한다. 또 '비현실적인'이란 용어는 '공허하게, 자신만만하게, 그리고 무의식적으로 멍청한'으로 정의한다.

이런 정의를 바탕으로 우리는 예수가 '양아치'였다는 사례를 만날 수 있다. 소위 신의 말씀이라는 것에서 찾을 수 있는 내용을 보자.

위선적인 사람은 분명 양아치다. 자신만만하게 멍청하기 때문에 아무도 위선자를 좋아하지 않는다. 그런데 바로 예수에게 위선의 문제가 있는 것 같다. 예를 들어 가장 유명한 예수의 말은 마태 5:43에서 말하는 '원수를 사랑하라'이다.

네 이웃을 사랑하고 네 원수를 미워하라 하였다는 것을 너희가 들었으나. 나는 너희에게 이르노니 너희 원수를 사랑하며 너희를 박해하는 자를 위하여 기도하라. 이같이 한즉 하늘에 계신 너희 아버지의 아들이 되리니.

그리고 누가 6:27에서 그 말을 다시 인용한다.

그러나 너희 듣는 자에게 내가 이르노니 너희 원수를 사랑하며 너희를 미워하는 자를 선대하며. 너희를 저주하는 자를 위하여 축복하며 너희를 모욕하는 자를 위하여 기도하라.

아주 간단해 보인다. 당연히 예수가 원수를 사랑하기를 기대하지 않겠는가? 그가 위선자가 아니라면 그러리라 기대할 것이다. 그렇기 때문에 마가 16:15-16에서 보는 내용은 놀랍다.
예수가 원수들을 어떻게 대하는지 보여주는 부분이다.

또 이르시되 너희는 온 천하에 다니며 만민에게 복음을 전파하라. 믿고 세례를 받는 사람은 구원을 얻을 것이요 믿지 않는 사람은 정죄를 받으리라.

이것이 '좋은' 소식인가? 예수는 원수를 전혀 사랑하지 않는다. 예수를 '믿지' 않으려는 자들은 불 속에서 영원한 고통의 벌을 받게 된다. 이러한 위선과 모순의 더 심한 예들을 마태 5:16과 마태 6:1, 요한

14:27과 마태 10:34, 또는 열왕기하 2:11과 요한 3:13, 또는 출애굽기 33:11과 요한 1:18, 마가 9:40과 누가 11:23에서 찾아볼 수 있다.

같은 맥락으로 자기가 한 약속을 깨는 사람은 양아치다. 마가 11:24를 보면 예수는 보란 듯이 약속을 깬다.

> 그러므로 내가 너희에게 말하노니 무엇이든지 기도하고 구하는 것은 받은 줄로 믿으라 그리하면 너희에게 그대로 되리라.

요한 14장 12절부터 14절에서 우리는 같은 내용을 본다.

> 내가 진실로 진실로 너희에게 이르노니 나를 믿는 자는 내가 하는 일을 그도 할 것이요 또한 그보다 큰일도 하리니 이는 내가 아버지께로 감이라. 너희가 내 이름으로 무엇을 구하든지 내가 행하리니 이는 아버지로 하여금 아들로 말미암아 영광을 받으시게 하려 함이라. 내 이름으로 무엇이든지 내게 구하면 내가 행하리라.

누군가 '내 이름으로 무엇이든지 요청하면 나는 그것을 할 것이다'라고 말할 때 그건 무슨 뜻일까? 무엇이든 요청하면 예수가 그것을 하겠다는 뜻이다. 그가 정직하다면 그 밖에 뭘 의미할 수 있을까? 그것도 한 번만 이야기한 것이 아니다. 그는 같은 내용을 여러 번 반복해서 이야기한다. 마태 7:7에서 '구하라 그리하면 너희에게 주실 것이요', 마태 17:20에서 '또 너희가 못할 것이 없으리라', 마태 21:22에 '너희가 기도할 때에 무엇이든지 믿고 구하는 것은 다 받으리라'라고 말한다. 하지만 당신은 예수의 거짓말을 알아챘을 것이다. 어떤 기도를 아무리 열심히 해도 아무 일도 일어나지 않을 것이다. 우리 모두 그것을 안다. 이렇게 자기 약속을 깨는 사람이 예수다.

예수가 완전히 거짓말을 한다면? 예를 들어 마태 4:8을 들어보라.

> 마귀가 또 그를 데리고 지극히 높은 산으로 가서 천하만국과 그 영광을 보여

이 이야기의 문제점은 그렇게 되려면 지구가 평평해야 한다는 것이다. 높은 산에서 천하만국을 보기란 불가능하다. 지구에서 가장 높은 에베레스트 산에 서서 보더라도 당신이 볼 수 있는 가장 먼 거리는 지평선 250마일(약 400킬로미터)이다. 하지만 예수 시대에는 중국과 남아메리카, 유럽 등에 번성하는 왕국들이 있었다. 분명히 이 이야기는 있을 수 없다. 이렇게 정직하지 못한 사람들이라니.

또 다른 쉬운 방법은 예수의 편협함을 인식하는 것이다. 마태 15:22-26에는 이런 대화가 나온다.

> 가나안 여자 하나가 그 지경에서 나와서 소리 질러 이르되 주 다윗의 자손이여 나를 불쌍히 여기소서 내 딸이 흉악하게 귀신 들렸나이다 하되. 예수는 한 말씀도 대답하지 아니하시니 제자들이 와서 청하여 말하되 그 여자가 우리 뒤에서 소리를 지르오니 그를 보내소서. 예수께서 대답하여 이르시되 나는 이스라엘 집의 잃어버린 양 외에는 다른 데로 보내심을 받지 아니하였노라 하시니.

여자가 와서 예수께 절하며 이르되 주여 저를 도우소서. 대답하여 이르시되 자녀의 떡을 취하여 개들에게 던짐이 마땅하지 아니하니라.

예수는 이 여인의 민족이 다르다고 그녀를 개라고 부른다. 어처구니없지만 이 또한 그가 양아치라는 분명한 표시다.

다른 사람들의 물건을 훔치면 당신은 도둑이다. 마가 11:1-3에서 우리는 이 거래를 발견한다.

그들이 예루살렘에 가까이 와서 감람 산 벳바게와 베다니에 이르렀을 때에 예수께서 제자 중 둘을 보내시며 이르시되 너희는 맞은편 마을로 가라 그리로 들어가면 곧 아직 아무도 타보지 않은 나귀 새끼가 매여 있는 것을 보리니 풀어 끌고 오라 만일 누가 너희에게 왜 이렇게 하느냐 묻거든 주가 쓰시겠다 하라 그리하면 즉시 이리로 보내리라 하시니.

"이것을 빌려주면 곧 돌려주겠소"라고 하곤 다시는 볼 수 없었던 이들을 얼마나 많이 보았던가. 이것은 통상적인 사기다. 그리고 예수는 정확히 그 짓을 한다. 제자들은 나귀 새끼를 가져가지만, 성경을 찾아보면 그것을 돌려주는 귀찮은 일은 결코 하지 않았음을 발견한다. 와우! 이런……

어쨌거나 예수가 물건을 훔치는 장면이 성경에 한 군데만 있는 것이 아니다. 마태 8:28-34에서 예수는 돼지무리를 통째로 훔쳐 모두 몰살한다.

예수가 사려 깊기보다는 많은 경우에 유치하다는 것을 알아차렸는지? 이렇게 행동하는 사람들이 양아치다. 마태 18:7-9에 나오는 사례는 이러하다.

> 실족하게 하는 일들이 있음으로 말미암아 세상에 화가 있도다 실족하게 하는 일이 없을 수는 없으나 실족하게 하는 그 사람에게는 화가 있도다. 만일 네 손이나 네 발이 너를 범죄하게 하거든 찍어 내버리라 장애인이나 다리 저는 자로 영생에 들어가는 것이 두 손과 두 발을 가지고 영원한 불에 던져지는 것보다 나으니라. 만일 네 눈이 너를 범죄하게 하거든 빼어 내버리라 한 눈으로 영생에 들어가는 것이 두 눈을 가지고 지옥 불에 던져지는 것보다 나으니라.

이 내용은 몇 가지 수준에서 완전히 황당하다. 첫째, 손 하나 같은 것은 '당신을 범죄하게' 할 수 없다. 당신의 두뇌가 죄를 짓게 하는 것이다. 지성인이라면 모두 그것을 안다. 그러므로 눈을 파내거나 손을 자를 필요가 없다. 죄와 관련해 문제가 있어 그것을 해결하기 위해 무엇인가를 잘라내려면, 뇌를 손대야 할 것이다. 모든 죄를 발원하는 곳이기 때문이다.

그러나 조금 더 생각해보면 예수가 실제로 완전히 잘못 진단했음을 알게 된다. 비생산적인 행동에 문제가 있다면 당신이 할 일은 교육을 받거나 기능회복 훈련을 하는 것이다. 상담사와 이야기하거나 전문치료사를 만남으로써 그렇게 할 수 있을 것이다. 잘라내는 것은 모두가 아는 것처럼 어리석은 처방이다. 예수는 양아치일 뿐 아니라 멍청이다. 그는 완전히 쓸데없고 무모하며 위험하기까지 한 충고를 남발한다.

마가 11:15-16에 또 다른 감정 분출 사례가 있다.

> 그들이 예루살렘에 들어가니라 예수께서 성전에 들어가사 성전 안에서 매매하는 자들을 내쫓으시며 돈 바꾸는 자들의 상과 비둘기 파는 자들의 의자를 둘러엎으시며. 아무나 물건을 가지고 성전 안으로 지나다님을 허락하지 아니하시고.

이것이 과연 현명한 행동인가? 사려 깊고 이성적인 성인에게 기대되는 행동방식인가? 아니다. 그것은 어린이의 행동 같다. 분명 신의 전능한 아들은 일시적인 분노로 의자를 둘러엎기보다는 더 나은 계획으로 대처해야 했다.

마가 11:12-14에서 우리는 다른 감정적 행동을 본다.

> 이튿날 그들이 베다니에서 나왔을 때에 예수께서 시장하신지라. 멀리서 잎사귀 있는 한 무화과나무를 보시고 혹 그 나무에 무엇이 있을까 하여 가셨더니 가서 보신즉 잎사귀 외에 아무것도 없더라 이는 무화과의 때가 아님이라. 예수께서 나무에게 말씀하여 이르시되 이제부터 영원토록 사람이 네게서 열매를 따 먹지 못하리라 하시니 제자들이 이를 듣더라.

나중에 우리는 그 나무가 죽은 것을 알았다.

가만있자…… 신의 아들이 배고프다. 그가 무화과나무에 다가간다. 제철이 아니어서 나무에는 열매가 없다. 열매를 원했던 예수는 그 나무를 죽인다. 이런 양아치가 있나! 그는 왜 전능한 손을 흔들어 무화과가 나타나게 하지 않았을까? 아니면 누군가에게 건포도를 빌려 그것을 무화과 5,000바구니로 바꾸는 것은 어떤가? 진정한 건달만이 원한 때문에 무엇인가를 죽일 수 있다.

여기 마지막 예를 들어본다. 당신이 주변 사람들에게 정말 막되게 굴고 싶다 하자. 그렇기 할 방법 중 하나는 끊임없이 스스로를 모순되게 하는 것이다. 우리는 누가 14:26에서 예수가 이렇게 말하는 것을 발견한다.

> 무릇 내게 오는 자가 자기 부모와 처자와 형제와 자매와 더욱이 자기 목숨까지 미워하지 아니하면 능히 내 제자가 되지 못하고

좋다. 모든 것을 증오하면 예수의 제자가 될 수 있다. 거참 어디에선 '원수를 사랑하라'고, 또 '너 자신을 사랑하듯 이웃을 사랑하라'라고 말했던 이로부터 온 대단한 메시지다. 여기서 십계명 중 하나가 부모를 공경하라는 것임을 잊지 말자. 예수여, 어찌 하오리까? 당신의 제자가 되려면 원수와 이웃과 부모를 사랑해야 합니까, 아니면 증오해야 하나요? 이런 완전히 모순덩어리 요구조건이 없다.

당신이 영원한 삶을 원한다면 무엇을 해야 할까. 아마도 모든 사람과 인생 그 자체를 증오할 필요가 있을 것 같다. 누가 10:25-28에서는 다른 요구사항을 발견한다.

어떤 율법교사가 일어나 예수를 시험하여 이르되 선생님 내가 무엇을 하여야 영생을 얻으리이까.

예수께서 이르시되 율법에 무엇이라 기록되었으며 네가 어떻게 읽느냐.

대답하여 이르되 네 마음을 다하며 목숨을 다하며 힘을 다하며 뜻을 다하여 주 너의 하나님을 사랑하고 또한 네 이웃을 네 자신같이 사랑하라 하였나이다.

예수께서 이르시되 네 대답이 옳도다 이를 행하라 그러면 살리라 하시니.

이것이 사실인가? 이렇게 하면 영원한 삶을 얻게 될까. 분명 이는 사실이 아니다. 누가 18:18-22에서 예수는 말한다.

어떤 관리가 물어 이르되 선한 선생님이여 내가 무엇을 하여야 영생을 얻으리이까.

예수께서 이르시되 네가 어찌하여 나를 선하다 일컫느냐 하나님 한 분 외에는 선한 이가 없느니라.

네가 계명을 아나니 간음하지 마라, 살인하지 마라, 도둑질하지 마라, 거짓 증언 하지 마라, 네 부모를 공경하라 하였느니라.

여짜오되 이것은 내가 어려서부터 다 지키었나이다.

예수께서 이 말을 들으시고 이르시되 네게 아직도 한 가지 부족한 것이 있으니 네게 있는 것을 다 팔아 가난한 자들에게 나눠주라 그리하면 하늘에서 네게 보화가 있으리라 그리고 와서 나를 따르라 하시니.

누가 10장과 18장에 있는 답은 판이하다. 이것은 분명 예수가 그때 그때 이런 말들을 꿰맞추고 있다는 것을 의미한다.

요한 6:53-58에서 우리는 부가 요구조건을 발견한다.

예수께서 이르시되 내가 진실로 진실로 너희에게 이르노니 인자의 살을 먹지 아니하고 인자의 피를 마시지 아니하면 너희 속에 생명이 없느니라. 내 살을 먹고 내 피를 마시는 자는 영생을 가졌고 마지막 날에 내가 그를 다시 살리리니. 내 살은 참된 양식이요 내 피는 참된 음료로다. 내 살을 먹고 내 피를 마시는 자는 내 안에 거하고 나도 그의 안에 거하나니. 살아 계신 아버지께서 나를 보내시매 내가 아버지로 말미암아 사는 것같이 나를 먹는 그 사람도 나로 말미암아 살리라. 이것은 하늘에서 내려온 떡이니 조상들이 먹고도 죽은 그것과 같지 아니하여 이 떡을 먹는 자는 영원히 살리라.

해괴하게 들리지 않는가? 그리고 이것은 예수가 누가 10장과 18장에서 두 사람에게 말한 것과 완전히 모순된다. 그런가 하면 마태 18:2-3은 어떠한가.

예수께서 한 어린아이를 불러 그들 가운데 세우시고. 이르시되 진실로 너희에게 이르노니 너희가 돌이켜 어린아이들과 같이 되지 아니하면 결단코 천국에 들어가지 못하리라.

도대체 사람이 어떻게 '어린아이처럼 되는가?' 예를 들어 아주 어린아이들은 산타클로스와 부활절 토끼를 믿고, 가끔 형제자매와 심하게 싸울 것이다. 성인인 우리가 이런 수준이 되어야 하는가? 예수는 이 요구를 완전히 애매하게 만들어 진실을 말해주지 않는다.

하지만 사실인가? 당신이 어린아이처럼 되면 천국에 가게 될까? 아니, 분명히 아니다. 실제로 당신이 신의 왕국을 보기 위해서는 '거듭나야' 한다. 요한 3:3-8에서 예수는 말한다.

> 예수께서 대답하여 이르시되 진실로 진실로 네게 이르노니 사람이 거듭나지 아니하면 하나님의 나라를 볼 수 없느니라.
> 니고데모가 이르되 사람이 늙으면 어떻게 날 수 있사옵나이까 두 번째 모태에 들어갔다가 날 수 있사옵나이까.
> 예수께서 대답하시되 진실로 진실로 네게 이르노니 사람이 물과 성령으로 나지 아니하면 하나님의 나라에 들어갈 수 없느니라. 육으로 난 것은 육이요 영으로 난 것은 영이니. 내가 네게 거듭나야 하겠다 하는 말을 놀랍게 여기지 말라. 바람이 임의로 불매 네가 그 소리는 들어도 어디서 와서 어디로 가는지 알지 못하나니 성령으로 난 사람도 다 그러하니라.

무슨 말인지 종잡을 수 없다. 하지만 예수가 한 말이고 그의 다른 모든 말과 완전히 모순된다.

그렇지만 모순은 잠시 무시하자. 이것은 사실인가? 어린아이처럼 되면…… 사실 우리가 물과 성령으로 거듭나 완전히 유아로 퇴행하면 천국에 가게 되는가? 아니다…… 예수는 또 틀렸다. 마태 5:17-20에

모든 기독교인에게 던지는 질문
성경 이해하기

여기서는 신선한 시각으로 성경을 보도록 돕고자 한다. 지금껏 전혀 본 적이 없는 것처럼 성경을 보도록 하자.

우리가 좋은 친구들이라고 생각한다. 어느 날 우리의 대화 내용이다.

나: 와우! 넌 내가 읽고 있는 이 책을 믿지 않을 거야.

당신: 무슨 책인데?

나: 더 나은 삶을 살기 위한 지침서. 또한 우리자신과 아이들을 위해 더 좋은 사회를 만드는 안내서이기도 하지. 이 책이 인생을 바꿨어!

당신: 중요한 책인 것처럼 들리네. 누가 썼는데?

나: 저자는 우주에서 가장 현명한 사람인 것 같아.

당신: 대단하다. 우주에서 가장 현명한 사람이라면 책이 완전히 빛나겠는걸. 읽어보고 싶다. 갖고 있어?

나: 그럼! 어디든지 늘 갖고 다니지! 여기, 한 번 봐봐……

당신은 아무 쪽이나 책을 펴고 이 내용을 발견한다.

너는 이스라엘 자손에게 또 이르라 그가 이스라엘 자손이든지 이스라엘에 거류하는 거류민이든지 그의 자식을 몰렉에게 주면 반드시 죽이되 그 지방 사람이 돌로 칠 것이요. 나도 그 사람에게 진노하여 그를 그의 백성 중에서 끊으리니 이는 그가 그의 자식을 몰렉에게 주어서 내 성소를 더럽히고 내 성호를 욕되게 하였음이라. 내가 그 사람과 그의 권속에게 진노하여 그와 그를 본받아 몰렉을 음란하게 섬기는 모든 사람을 그들의 백성 중에서 끊으리라.

접신한 자와 박수무당을 음란하게 따르는 자에게는 내가 진노하여 그를 그의 백성 중에서 끊으리니. 너희는 스스로 깨끗하게 하여 거룩할지어다 나는 너희의 하나님 여호와이니라. 너희는 내 규례를 지켜 행하라 나는 너희를 거룩하게 하는 여호와이니라. 만일 누구든지 자기의 아버지나 어머니를 저주하는 자는 반드시 죽일지니 그가 자기의 아버지나 어머니를 저주하였은즉 그의 피가 자기에게로 돌아가리라.

누구든지 남의 아내와 간음하는 자 곧 그의 이웃의 아내와 간음하는 자는 그 간부와 음부를 반드시 죽일지니라. 누구든지 그의 아버지의 아내와 동침하는 자는 그의 아버지의 하체를 범하였은즉 둘 다 반드시 죽일지니 그들의 피가 자기들에게로 돌아가리라. 누구든지 그의 며느리와 동침하거든 둘 다 반드시 죽일지니 그들이 가증한 일을 행하였음이라 그들의 피가 자기들에게로 돌아가리라. 누구든지 여인과 동침하듯 남자와 동침하면 둘 다 가증한 일을 행함인즉 반드시 죽일지니 자기의 피가 자기에게로 돌아가리라. [레위기 20장]

당신은 무슨 말을 할까 머뭇거린다. 잠깐 동안 나를 본다.

> 당신: 네가 이 책을 우주에서 가장 현명한 사람이 썼다고 말한 걸로 생각했어. 저자의 말대로라면 우리는 미국인 절반을 죽여야 해. 부모를 저주한 모든 사람, 간음한 모든 사람, 그리고 모든 동성애자들까지 말야.
>
> 나: 글쎄, 그건 구약성경이야. 봐. 책은 두 권이고 구약부분은 실제로 적용되지 않아.
>
> 당신: 우주에서 가장 현명한 사람이 모든 간음자와 동성애자를 죽이고 싶어 하다 마음을 바꿨다는 거야? 그러면 조금 나아지나? 구약은 더 이상 적용되지 않는다면 책을 보여달라고 했을 때 왜 준 거야?
>
> 나: 음…… 일부분은 적용할 수도.
>
> 당신: 금방 그건 그렇지 않다고 말하지 않았어?

이제 당신은 다른 쪽을 되는 대로 열고 이 내용을 발견한다.

> 네가 히브리 종을 사면 그는 여섯 해 동안 섬길 것이요 일곱째 해에는 몸값을 물지 않고 나가 자유인이 될 것이며. 만일 그가 단신으로 왔으면 단신으로 나갈 것이요 장가들었으면 그의 아내도 그와 함께 나가려니와. 만일 상전이 그에게 아내를 주어 그의 아내가 아들이나 딸을 낳았으면 그의 아내와 그의 자식들은 상전에게 속할 것이요 그는 단신으로 나갈 것이로되.
>
> 만일 종이 분명히 말하기를 내가 상전과 내 처자를 사랑하니 나가서

자유인이 되지 않겠노라 하면. 상전이 그를 데리고 재판장에게로 갈 것이요 또 그를 문이나 문설주 앞으로 데리고 가서 그것에다가 송곳으로 그의 귀를 뚫을 것이라 그는 종신토록 그 상전을 섬기리라.

사람이 자기의 딸을 여종으로 팔았으면 그는 남종 같이 나오지 못할지며. 만일 상전이 그를 기뻐하지 아니하여 상관하지 아니하면 그를 속량하게 할 것이나 상전이 그 여자를 속인 것이 되었으니 외국인에게는 팔지 못할 것이요.

만일 그를 자기 아들에게 주기로 하였으면 그를 딸같이 대우할 것이요. 만일 상전이 다른 여자에게 장가들지라도 그 여자의 음식과 의복과 동침하는 것은 끊지 말 것이요. 그가 이 세 가지를 시행하지 아니하면, 여자는 속전을 내지 않고 거저 나가게 할 것이니라.

사람을 쳐죽인 자는 반드시 죽일 것이나. 만일 사람이 고의적으로 한 것이 아니라 나 하나님이 사람을 그의 손에 넘긴 것이면 내가 그를 위하여 한 곳을 정하리니 그 사람이 그리로 도망할 것이며. 사람이 그의 이웃을 고의로 죽였으면 너는 그를 내 제단에서라도 잡아내려 죽일지니라.

자기 아버지나 어머니를 치는 자는 반드시 죽일지니라.

사람을 납치한 자가 그 사람을 팔았든지 자기 수하에 두었든지 그를 반드시 죽일지니라. 자기의 아버지나 어머니를 저주하는 자는 반드시 죽일지니라.

사람이 서로 싸우다가 하나가 돌이나 주먹으로 그의 상대방을 쳤으나 그가 죽지 않고 자리에 누웠다가. 지팡이를 짚고 일어나 걸으면 그를 친 자가 형벌은 면하되 그간의 손해를 배상하고 그가 완치되게 할 것이니라.

사람이 매로 그 남종이나 여종을 쳐서 당장에 죽으면 반드시 형벌을 받으려니와. 그가 하루나 이틀을 연명하면 형벌을 면하리니 그는 상전의 재산임이라. [출애굽기 21장]

다시, 당신은 말문이 막혔다. 저자는 여기서 노예제도, 노예 거래, 그리고 노예 구타까지 옹호한다. 당신은 무슨 말을 해야 할지 몰라 잠깐 동안 나를 본다.

당신: 농담하시네. 여기 '우주에서 가장 현명한 사람'이 노예제도를 찬성하면서 노예를 때려도 된다고 말하고 있잖아.

당신은 또 다른 쪽을 펴고 이런 내용을 발견한다.

그러므로 각처에서 남자들이 분노와 다툼이 없이 거룩한 손을 들어 기도하기를 원하노라. 또 이와 같이 여자들도 단정하게 옷을 입으며 소박함과 정절로써 자기를 단장하고 땋은 머리와 금이나 진주나 값진 옷으로 하지 말고. 오직 선행으로 하기를 원하노라 이것이 하나님을 경외한다 하는 자들에게 마땅한 것이니라. 여자는 일체 순종함으로 조용히 배우라. 여자가 가르치는 것과 남자를 주관하는 것을 허락하지 아니하노니 오직 조용할지니라. 이는 아담이 먼저 지음을 받고 하와가 그 후며. 아담이 속은 것이 아니고 여자가 속아 죄에 빠졌음이라. 그러나 여자들이 만일 정숙함으로써 믿음과 사랑과 거룩함에 거

하면 그의 해산함으로 구원을 얻으리라. 〔디모데전서 2장〕

이제 당신은 거의 말이 없다가 겨우 말을 꺼낸다.

> 당신: 이건 농담이지? '여자가 가르치는 것과 남자를 주관하는 것을 허락하지 아니하노니 오직 조용할지니라'라니, 완전한 성차별주의잖아! 미국에는 수백만 명의 여성 교사가 있고 회사와 정부조직에도 여성들이 있어. 지성인이라면 여성이 조용해야 한다고 믿지 않아.

책을 통틀어 찾아볼수록 처음부터 끝까지 총체적인 성차별주의를 더 찾게 된다.

당신은 계속 아무 장이나 펴보지만 보이는 내용은 모두 터무니없는 것들이다. 의미도 없고, 완전히 부당하고, 역겹거나 완전히 틀렸다.

당신이 과학자라면 더 형편없이 느끼는 부분은 맨 첫줄부터 시작된다.

> 태초에 하나님이 천지를 창조하시니라······

사실이 아니다. 익히 알고 있듯이 자연현상이 우주를 창조했고 지구는 수십억 년 뒤까지 나타나지 않았다. 창세기에 있는 창조론은 완전히 잘못됐다. 그저 읽기만 해도 그쯤은 알 수 있다. 예를 들어 성경은 빛과 어둠이 물보다 뒤에 태양보다 앞에 만들어졌다고 말한다. 태양이 먼저 생기고 행성과 그 순환(빛과 어둠을 매일 생기게 하는)이 있은 후 물이 생겼으며, 이 모든 일이 수억 년 동안 일어난 것을 누구나 안다. 성경에는 많은 다른 문제가 있다.

- 인간은 어떤 신화적 존재를 통해 한줌의 흙에서 생기지 않았다. 수억 년간 다른 생물체가 그런 것처럼 인간은 다른 종에서 진화되었다.
- 성경은 지구를 5.5마일(약 9킬로미터)로 덮고 모든 것을 죽인 세계적인 홍수를 이야기한다. 하지만 우리는 그런 일이 없었다는 것을 안다. 고고학상의 기록으로도 분명히 그렇다.
- 바벨탑은 없었다.

목록은 계속된다. 성경은 다른 수많은 과학적 맥락에서 말이 되지 않는다.

스스로 이런 질문을 해보라. 성경을 읽을 때 왜 경외심이 남지 않는가? 전능한 존재가 쓴 책이 왜 경이롭거나 경탄을 남기지 않는가? 전지전능하고 모두를 사랑하는 우주의 창조자가 쓴 책을 읽고 있다면 저자의 걸출함과 명쾌함과 지혜에 어안이 벙벙해지는 것을 기대하지 않겠는가? 모든 새로운 페이지가 믿기 어려운 문장과 장대한 식견으로 당신을 마비시키기를 기대하지 않겠는가? 과학자들이 아직 발견할 수 없었던 사항에 대해 말해주기를 기대하지 않겠는가?

하지만, 실제로 성경을 읽으면 아무것도 아님을 알게 된다. 경외감 대신 그것이 담고 있는 모든 엉터리와 후진성에 말문이 막힌다. 성경을 새롭게 보고 실제로 읽는다면 성경이 우스꽝스럽다는 것을 알게 된다. 앞의 예들은 성경의 수많은 문제점의 표면을 겨우 긁는 정도다. 우리자신에게 솔직하다면 전지한 신이 이 책과 아무 관계가 없다는 것이 명백해진다.

성경은 수천 년 전에 미개인들이 쓴 책이다. 무감각한 살인, 노예제도와 여성 압박을 옹호하는 책은 오늘날 우리사회에서 설 곳이 없다. 이 단순한 사실을 인식할 때다.

모든 기독교인에게 던지는 질문

신의 계획 이해하기

당신이 기독교인이라면 '신의 계획'과 아주 친근하다. 신의 계획은 기독교인들이 전통적으로 팔다리 절단, 암, 허리케인, 교통사고 같은 일들을 설명하는 방식이다.

기독교 신앙문학을 들여다보면 '신의 계획'이 얼마나 널리 퍼져 있는지 알 수 있다. 릭 워렌은《목적이 이끄는 삶》에서 이렇게 썼다.

> 신이 당신을 만든 이유가 있으므로 그는 또한 당신이 언제 출생할지와 얼마나 오래 살지를 결정했다. 그는 태어나고 죽는 정확한 시간을 선택함으로써 인생의 날들을 먼저 계획했다. 성경은 '내 형질이 이루어지기 전에 주의 눈이 보셨으며 나를 위하여 정한 날이 하루도 되기 전에 주의 책에 다 기록이 되었나이다!〔시편 139:16〕'라고 말한다.

이런 내용도 있다.

당신의 출생 환경이 어떻든 또는 부모가 누구든, 신이 당신을 만드는 데는 계획이 있다.

우주의 이런 관점에서 신은 모든 것을 계획한다.

릭 워렌이 말한 것을 잠깐 생각해보라. 릭은 '그는 당신이 태어나고 죽는 정확한 시간을 선택함으로써 인생의 날들을 미리 계획했다'고 말했다. 이 말의 간단한 의미를 점검해보자. 그 말인즉 신이 지구에서 일어나는 모든 낙태를 미리 계획했다는 것이다.

이 의미를 잠깐 생각해보면 '신의 계획'이 얼마나 불가능한지 깨닫기 시작할 것이다. 그 개념이 사실이라면, 우선 신은 우리가 낙태하기를 원한다는 말이다. 모든 낙태는 신이 계획했고 그러는 데는 이유가 있는 것이 분명하다. 두 번째, 낙태를 요구하는 엄마와 시행하는 의사 모두 비난할 수 없다는 것을 알 수 있다. 낙태는 신의 계획이므로(릭에 따르면 신이 죽음의 '정확한 시간'을 선택했다) 엄마와 의사는 그 계획을 이행하는 단순한 꼭두각시일 뿐이다. 낙태에 맞서 싸우는 모든 기독교인들은 요점을 놓치고 있는 셈이다. 실제로 신의 계획에 맞서 싸우는 것이고 그 싸움은 전혀 쓸모없다. 신은 우주의 전능한 통치자이고 그런 그가 미국에서 매년 수백만 명 이상의 아이가 낙태로 죽는 것을 계획했다. 이 모든 것은 신의 꼼꼼한 계획이므로 그것에 맞선 싸움은 순전히 노력낭비다.

기독교인인 당신은 '신은 우리가 낙태하는 것을 의도하지 않으신다'라고 생각한다. 하지만 당신이 릭의 말을 믿는다면 당신은 분명히 틀렸다. 신은 실제로 지구상 모든 낙태의 직접적인 원인이다. 당신이 그

전제가 불편하다면 나는 동의할 것이다. 불행하게도 그것이 신의 계획에 관한 논리적 결과다.

신의 계획을 더 잘 이해하기 위해 인간이 경험한 것 중 최고의 세계적 사건을 살펴보자. 제2차 세계대전이다. 엔카타 백과사전에 따르면 이러하다.

> 제2차 세계대전에서 전쟁의 간접적 희생인 홀로코스트에서 죽은 560만에서 590만 사이의 유대인을 제외하고 5,500만 명(군인 2,500만, 시민 3,000만)이 희생된 것으로 추정된다.

거기다가 엔카타에 따르면

- 61개국이 제2차 세계대전에 참전했다.
- 17억 명이 제2차 세계대전에 참전했다.
- 전체 인구의 75퍼센트가 제2차 세계대전 당시에 참전했다.

제2차 세계대전은 분명 엄청난 재앙이다. 아마 세계가 경험한 가장 끔찍한 사건일 것이다. 지구의 거의 모든 사람들이 전쟁이 끝나기를 신에게 기도했다고 봐도 좋을 것이다.

그리고 아돌프 히틀러를 잊지 마라. 악마의 화신이라 할 만큼 그가 저지른 잔인한 일은 잘 알려져 있다. 기도의 문맥으로 히틀러를 보고, 모두를 사랑하며 기도에 응답하는 신이 그런 혐오스러운 사람과 화해하도록 기독교인들이 어떻게 노력하는지 이해해보는 것은 흥미롭다.

릭은 또한 이렇게 말한다.

> 신은 결코 어떤 일이라도 우연히 하지 않으며 실수하는 법이 없다. 그
> 분이 만드는 모든 것에는 이유가 있다. 모든 식물과 모든 동물들을
> 신이 계획했고 모든 사람은 목적을 가지고 설계되었다.

신이 우리 각자를 위해 신성한 계획을 갖고 있다면 히틀러를 위한
계획도 세웠을 것이다.

신의 계획이 실제로 의미하는 바를 단순히 생각해보라. 신은 전능
한 존재이므로 신의 계획도 당연히 모든 것을 포함해야 한다. 히틀러
와 제2차 세계대전은 대규모의 최고 단위 계획 중 작은 조각일 뿐이
다. 이처럼 모든 것을 포함하는 계획하에 세계대전에서 죽은 6천만 명
은 그럴 만한 특별한 이유가 있었고(죽음은 모두 의미가 있다), 각 죽음
은 셀 수 없는 부수효과를 일으키면서 잔물결을 일으켜 왔으며 이 또
한 모두 신의 계획이다. 신의 종합계획은 히틀러와 세계대전을 포함하
여 모든 사람과 모든 사물을 포함할 것이다.

이제 당신이 이런 종류의 우주에서 기도한다고 생각해보라. 어떤
차이가 있는가? 신은 계획이 있고 그 계획은 화물열차처럼 그 궤도를
달려 내려간다. 홀로코스트에서 죽은 모든 사람들은 그래야 할 이유
가 있었다. 그들은 죽어야 했고 모든 죽음은 의미가 있었다. 그러므로
홀로코스트 희생자들은 종일 기도했더라도 역시 죽었을 것이다. 이
'계획'은 '신과 기도하고 응답하는 관계'라는 개념을 우습게 만든다. 하
지만 기독교인들은 해결할 수 없는 모순에도 불구하고 스스로를 양

쪽에 다 붙인다.

신의 계획이 당신 개인적으로는 무엇을 의미하는지 생각해보라. 그 계획이 우연히 내일 버스에 치일 것이라거나, 테러리스트가 당신을 날려버릴 것이라거나, 당신 머리에 총알 4발을 맞을 것이라면, 무슨 일이 일어나겠는가? 오늘 오후에 암에 걸려서 세 달 뒤에 죽는다면 그것 역시 당신에 대한 신의 계획이다. 암을 치료해달라는 기도는 낭비다. 신이 계획했으므로 당신은 죽을 것이다. 그는 당신이 죽는 시간을 미리 정확히 짜놓았다. 그 계획을 바꾸기 위해 당신이 할 수 있는 일은 없다. 아무리 기도해도 소용없다. 당신의 죽음은 의미가 있을 것이고 또한 계획의 일부인 부수효과를 일으킬 것이기 때문이다.

당신은 누구와 결혼할 것인가? 당신은 실제로 그 일에 아무 선택권이 없다. 신은 당신의 결혼 역시 아주 세밀하게 미리 계획해놓았다. 릭 워렌은 말한다. '신은 마음속에 있는 당신을 만드는 데 적합한 유전적 기질을 두 사람(부모)이 정확히 갖고 있음을 안다. 그들은 신이 만들고 싶은 당신의 DNA를 가졌다.' 그러므로 당신의 배우자는 신이 당신을 위해 미리 선택했으므로 당신은 그 계획의 일부인 아이를 낳게 될 것이다. 당신 자녀의 수에 대해서도 선택권이 없다. 그것도 신이 미리 계획해놓았다.

거기다가, 이런 종류의 우주는 히틀러가 비난받지 않아도 된다는 것을 의미한다. 히틀러는 '악마'가 아니었다. 그에게 자유의지란 전혀 없었기 때문이다. 히틀러는 단지 신의 계획에서 자기역할을 하도록 강요된 배우에 불과했다. 수백만 명의 홀로코스트도 릭 워렌에 따르면 신은 그들의 죽음을 정확하고 상세하게 계획했다. 히틀러는 그들을 죽여야 했다. 히틀러 역시 계획에 맞도록 그 수백만 명이 죽게 만드는 꼭두각시였다.

같은 맥락에서 모든 살인자는 비난할 수 없다. 신이 우리 각자의 죽음을 정확하고 상세하게 계획했기에 살인자는 신의 계획에 절대로 필요하다. 왜 그들을 벌하는가? 오히려 그들이 의무를 완수한 것에 대하여 포상해야 한다. 내일 당신이 강간당하고 임신을 한다면 어떨까? 신이 아이의 출생과 죽음의 정확한 시간을 계획했기 때문에 그렇게 된 것이다. 신의 꼭두각시일 뿐인 그 강간범을 증오하기보다 신의 계획을 찬양해야 할 것이다.

살인자와 강간범이 상을 받아야한다고 믿는가? 홀로코스트에서 수백만 명을 죽이도록 신이 히틀러를 보냈다고 믿는가? 신이 지구상 모든 낙태의 원인이라고 믿는가? 배우자와 자녀의 수에 대해 당신에겐 선택권이 없다고 믿는가? 당신이 정상이라면 아마도 아닐 것이다. 하지만 히틀러나 암이나 다른 것들이 '신의 계획'의 일부라고 말할 때 당신이 말하는 바는 바로 그것이다.

'그것은 신의 계획의 일부다'라는 말은 아무 의미가 없는 변명이며, 보통의 상식으로 생각하면 말이 되지 않는다.

종교의 환상
이해하기

당신이 기독교인이라면, 평생 동안 신의 계획을 믿어왔을 것이다. 릭의 책이 2,000만 권 이상 팔렸으니 당신도 아마 갖고 있을지 모른다. 당신이 릭의 책 2장을 읽고 그 내용에 머리를 "예!" 하고 끄덕일 확률이 높다.

하지만 이제, 당신이 평범한 지성인이라면 릭의 제안은 불가능하다는 것을 안다. 신이 '출생과 사망의 정확한 시간을 선택함으로써 미리 당신의 인생을 계획했다'면 그 의미는 당신에겐 전혀 자유의지가 없다는 뜻이다. 사람들은 아무것도 스스로 통제하지 못한다. 그저 계획을 집행하는 단순한 꼭두각시들이다. 그것은 또한 기도가 절대적으로 소용없다는 것을 의미한다.

그렇게 한쪽에서는 '신이 당신의 인생을 미리 계획해놓았다'라고 말하는 종교가 있다. 다른 쪽에서는 같은 종교가 '신에게 기도하면 당신의 기도를 들어줄 것이다'라고 말한다. 그 둘 중 하나는 분명히 거짓이다. 사실은 둘 다 잘못됐다.

단지 당신의 보통상식을 근거로 환상을 이해하라. 그렇게 생각하자마자 실제로 무슨 일이 일어나고 있는지 알게 될 것이다.

모든 기독교인에게 던지는 질문
노아의 홍수 이해하기

미국의 거의 모든 아이들은 5살 때쯤 노아의 이야기를 듣는다. 아주 간단한 이야기다. 아이들은 동물을 사랑하므로 이 이야기는 특히 재미있다. 아이에게 이야기를 부탁하면 이렇게 전개될 것이다.

> 옛날에 노아라는 사람이 있었어. 신이 노아에게 큰 배를 만들라고 말해. 동물들이 쌍쌍이 배에 타고 아주 큰 홍수가 일어나. 모두가 그 후에 늘 행복하게 살게 돼.

많은 아이들이 이야기 전체를 묘사하는 장난감, 퍼즐, 포스터 또는 작은 이야기책을 갖고 있다.

물론 이 포스터와 퍼즐, 그리고 대부분의 어린이 머릿속에 있는 이야기는 내용 하나를 빼먹는다. 지구상에 있는 다른 생명들을 몰살시킨 것을 속이고 있다는 것. 수십억 동물과 수백만 사람들이 이유도 모른 채 홍수로 죽었다. 배에 타지 않았다면 지구에 살아 있는 것은 무엇이든 모조리 사라졌다. 엄청난 죽음과 파괴의 이야기지만 대부분의 어린이들은 그 일에 대해서까지 들을 필요가 없다. 특히 퉁퉁 부어 떠다니는 모든 시신을 묘사해야 한다면 더 소름끼친다. 그런데 이를 주도한 것이 신이고, 죽음에 관한 모든 이야기는 빼놓았기에 어쨌든 문제없다.

나중에 당신이 노아의 방주 놀이세트나 퍼즐을 갖고 노는 아이를 보면 부모에게 "아 그렇군요. 수백만 명의 남자와 여자, 그리고 혼자 사는 아이 모두를 포함해서 지구상의 모든 살아 있는 생물체를 신이 대량학살한 내용을 고무하는 이야기라니……, 멋지군요!" 하고 부모의 반응을 살펴보라. 많은 경우에 조용할 것이다. 전혀 생각해보지 않은 부분일 것이기 때문이다.

이야기

노아의 홍수는 성경의 창세기 6장부터 9장에 묘사되어 있다. 여기 성경 구절을 요약해 사건을 구성해본다.

"그러므로 너 스스로 사이프러스 나무로 방주를 만들어라. 안에 방을 만들고 피치(방수도료)로 안과 밖을 발라라. 배를 만드는 방법은 이러하다. 방주 길이는 450피트(약 137미터), 넓이는 75피트(약 23미터), 높이는 45피트(약 14미터)다. 지붕을 만들고 꼭대기를 18인치(약 46센티미터) 이내에서 마무리하라. 방주 안에 문을 설치하고 밑, 중간, 위갑판을 만들어라.

나는 하늘 아래 모든 생명, 지구에서 숨쉬고 있는 모든 생물을 파괴하기 위해 홍수를 낼 것이다. 땅 위에 있는 모든 것이 파멸될 것이다. 하지만 나는 너와 약속하고 너와 네 아들들, 네 아내와 네 아들의 아내들은 너와 함께 방주로 들어갈 것이다. 너는 방주에 모든 살아 있는 생물들의 암수 한 쌍씩을 데리고 들어가 너와 함께 살게 하라. 모든 새들, 모든 동물들, 그리고 땅을 따라 움직이는 모든 생물체의 쌍은 네게 와서 살게 될 것이다. 너는 먹을 음식을 모두 챙기고 너와 그들을 위해 저장하라."

노아는 신이 명령한 그대로 모든 것을 시행했다.

그리고 그날 노아와 그의 아들 셈과 함과 야벳, 노아의 아내와 아들의 아내들은 함께 방주로 들어갔다. 그들은 모든 종류의 야생동물, 모든 종류의 가축, 땅 위에서 움직이는 모든 종류의 생물, 그리고 날개를 가진 모든 종류의 새들을 갖추었다. 숨 쉬는 모든 생명체의 쌍이 노아에게 와서 방주로 들어갔다. 신이 노아에게 명령한 대로 동물들은 살아 있는 암수 한 쌍이었다. 그다음 주께서 그를 안에 두고 잠갔다.

지구에는 40일간 비가 내렸고 물이 차오르자 그들은 방주를 땅 위 높은 곳으로 올렸다. 이윽고 방주가 물위에 떴다. 땅으로부터 많이 올라갔고, 하늘 아래 있는 모든 높은 산들이 잠겼다. 수위는 올라가 산들을 20피트(약 6미터) 이상의 깊이로 덮었다. 새들, 가축들, 야생동물들, 땅 위를 기어 다니는 모든 생물체, 그리고 모든 사람들까지, 땅 위에서 움직이던 모든 살아 있는 것들이 사라졌다. 코로 숨 쉬던 마른 땅 위의 모든 것들이 죽었다. 지구 표면의 모든 생명체가 멸종되었다. 땅 위에서 움직이던 인간과 동물 그리고 모든 생명체와 공중의 새들이 땅에서 멸종되었다. 오직 노아와 방주 안에 함께 있던 것들만 남았다. 지구에는 홍수가 150일간 계속됐다.

말이 되는가? 이런 일이 정말로 있었을까? 전능하신 신께서 이 이야기를 썼을까? 아니면 미개한 염소 목동들이 즉흥적으로 만들었을까? 보통의 상식을 갖고 생각해보기로 하자.

우선 짚어볼 질문은 '이 사건이 언제 일어났는가'이다. 성경이 그 답을 제공한다. 성경은 예수부터 아담에 이르는 계보를 연결하는 예수의 혈통을 담고, 연관된 모든 사람들이 태어난 시대를 열거한다. 우리는 예수가 태어난 시기를 알고 있으니 노아의 홍수 시기를 되짚어보기는 쉽다. 대홍수는 BC 2348년에 일어났다. 인간의 역사상 아주 가까운 사건이다. 겨우 4350년쯤 전의 일이므로.

이것이 뜻하는 바는 지구가 4350년 전에 깨끗이 청소됐고, 그다음 방주가 마른 땅에 내려앉았다는 것이다. 여덟 명(노아, 그의 아내, 그의 세 아들과 며느리들)이 지금 지구에서 보는 모든 종자들을 대표하는 동물들의 쌍과 방주에서 나왔다.

질문들

생각해본 적이 있는가? 4350년 전에 지구상에는 오직 여덟 명만이 살아남았다. 이 사실은 이성적인 사람이라면 누구에게나 가장 중요한 의문과 더불어 몇 개의 질문을 떠올리게 한다.

> 오늘날 보는 모든 다른 인종과 문화는 어디서 온 걸까? 그 여덟 사람
> 으로부터 중국인, 아프리카인, 유럽인, 인도인, 아메리카인, 아스텍인,
> 호주인, 바이킹, 에스키모, 그리스인, 로마인 등등이 생겨났다. 분명
> 히 그들은 모두 이 여덟 사람에게서 유래되었다.

BC 2348년부터 시작하여 어떻게 이 모든 인종과 문화들이 생길
수 있었을까? 물론 다양한 이유로도 그것은 불가능하지만 지금은 일
단 덮어두자.

그것을 계속 생각하면 의문점이 꼬리를 잇는다. 예를 들어 노아는
그 배를 어떻게 만들었을까? 어떻게 네 남자와 네 여자가 길이 450피
트(약 137미터), 넓이 75피트(약 23미터) 되는 배에 필요한 모든 나무를
찾아 베고 말리고 옮기고 자르고 형태를 잡아 조립하고 방수처리를
했을까? 그건 큰 배다. 비교하자면 청교도들을 영국에서 미국으로 실
어온 메이플라워호는 겨우 길이 95피트(약 29미터), 넓이 25피트(약 8미
터), 180톤짜리 배였다. 메이플라워호는 100명 이상 수용할 수 있는
큰 배였지만 방주에 비하면 보잘것없었다.

단순하게 곱셈을 해보면, 방주는 메이플라워보다 약 14배나 크고
따라서 무게가 적어도 500만 파운드(약 2,270톤)는 됐을 것이다. 하지
만 그렇게 컸기 때문에 무게도 더 나가야 하면서 메이플라워보다 훨
씬 강해야 했을 것이다. 목재 선박 제작 시대(1800년대 후반)에 그 정도
높이로 건조된 가장 큰 배는 용골의 길이가 최대로 약 250피트(약 76

미터)였는데, 방주는 그것의 거의 두 배나 된다. 엄청난 크기다. 그 배를 남자 넷과 여자 넷이 모두 만들었다.

그렇게 큰 배를 여덟 명이 만들었다는 것을 상상하기란 불가능하다. 또한 길이가 450피트나 되는 긴 목재 선박을 상상하기도 불가능하다. 하지만 그것 역시 덮어두기로 하자.

신이 도와줬을까? 하지만 그리하려 했다면 갑자기 단단한 배가 나타나게 했을 것이다. 성경에 묘사된 것처럼 노아가 배를 건조할 필요가 없다.

동물들과 모든 음식은 어떤가? 오늘날 지구상에 서식하는 식물과 동물(포유류, 조류, 곤충류 기타)의 종류는 약 1,750,000종으로 알려져 있으므로 그들 모두가 방주에 있어야 한다. 전부 합하면 1천만 종 이상일 수 있다. 지구상에서 발견되는 모든 종의 목록 작성을 어디서 마쳐야 할지 몰라 과학자들은 실체를 알지 못한다. 우리는 생물학자가 아니므로 이것에 대해서는 생각하지 않지만 오늘날 지구상에는 대부분의 사람들이 알고 있는 것보다 더 많은 종이 있다. 예를 들어 독수리만도 20개의 다른 종류가 있다. 악어는 23종이 있다. 거미는 40,000종이 있다. 기타 등등……. 그리고 그들 모두 매우 특화된 식단을 갖는다. 40,000개의 작은 거미 우리를 생각하고 거미 40,000쌍 모두를 먹이는 것을 생각해보라. 160,000종의 나방과 17,500종의 나비, 그리고 350,000종의 딱정벌레들을 생각해보라.

배는 수백만 종을 수용하기에 충분할 만큼 컸는가? 아니다. 또 배는 분명히 그들이 수백 일간 필요로 하는 모든 음식을 수용하기에 충분할 만큼 크지 않았다. 예를 들어 판다 곰 한 마리는 매일 약 30파운드(약 14킬로그램)의 신선한 대나무를 먹는다. 큰 대나무 숲이 곁에 있지 않으면 준비할 수 없는 양이다. 그와 비슷하게, 코알라에게는 신선한 유칼립투스 잎이 필요하다. 바다코끼리는 생선을 먹는데 많이 먹는다. 사자는 영양을 먹는다. 독수리는 짐승의 썩은 고기를 먹는다. 코끼리 한 마리는 하루에 100파운드(약 45킬로그램) 정도를 먹는다. 등등……

그 모든 음식은 또한 많은 배설물을 의미한다. 수백만 동물들이 있는 창고를 청소하는 것을 상상해보라. 여덟 명이 그것을 할 수 있을까? 분명히 못 한다.

그 다음 이동거리가 있다. 오늘날 지구의 먼 구석에서 발견되는 모든 동물들은 방주에 오르기 위해 어떻게 중동으로 갔을까? 예를 들어 캥거루와 코알라 쌍은 어떻게 호주에서 방주까지 수천 마일을 갔을까(바다를 건너는 것을 말하는 것이 아니다). 바다코끼리와 북극곰과 펭귄은? 남미의 강우 숲에 있는 모든 특정한 종들은? 남미에는 우리가 알고 있는 '무리 지어 사는 개미'가 130종류나 있다(다른 모든 종류의 개미는 잊으라). 그것들은 어떻게 갔을까? 그다음 그들은 다시 돌아가야 했고 방주에 있는 동안 아주 특화된 그들의 먹이를 먹어야 했다.

다음으론 DNA 문제가 있다. 지구상 모든 동물 종이 4350년 전에 감소하기 시작한 유일한 사육 쌍으로부터 왔다는 증거가 DNA엔 없다. 모든 종의 근친 번식의 양(인간의 종을 따라)이 어마어마했을 것이다.

식물은 어떤가? 모든 식물이 물속에 잠긴 여러 달 사이에 죽었을 것이다. 다행히도 종자가 홍수에서 살아남았다면 유칼립투스와 대나무 같은 숲은 다시 자라는 데 꽤 걸렸을 것이다.

물 문제

　　　　　이 모든 문제들을 감출 수 있다고 가정하자. 남아
있는 큰 문제는 물이다. 성경은 아주 분명하게 그것을 표현한다.

> 물이 땅에 더욱 넘치매 천하의 높은 산이 다 잠겼더니. 물이 불어서
> 십오 규빗이나 오르니 산들이 잠긴지라.

여기 애매한 것은 없다. 그리고 신이 거짓말할 이유도 없다. 에베레
스트 산이 물아래 15규빗(약 20피트)에 있었다.

에베레스트 산 정상은 해발 29,000피트(8,839미터)이다. 거의 5.5마
일이나 된다. 이 말은 지구가 5.5마일 깊이로 완전히 잠겼다는 소리다.
이것은 몇 가지 중요한 문제를 야기한다.

- 이 물(오늘날 지구에 있는 물의 10배 정도 많은 양)은 모두 어디서 왔
고 어디로 갔는가?
- 신이 마술적으로 물을 가져왔다가 다시 가져갔다고 가정한다면,
아직 물고기에 관한 문제가 남는다. 신이 5.5마일의 담수를 가져
왔다면, 담수는 해수에 사는 물고기를 모두 죽였을 것이다.
- 또 엄청난 수압이 있다. 5마일의 물은 해발 높이에서 12,000PSI(1
평방인치당 약 5.4톤) 이상의 수압을 만든다.

- 마지막으로 이집트와 다른 고대문화와 관련한 문제가 있다. 예를 들어 대형 피라미드는 BC 2600년에서 BC 2500년 사이에 만들어졌다. 노아의 홍수는 그보다 200년 뒤다. 대형 피라미드가 5마일의 물아래 잠기지 않았다는 것은 명백하다.
- 기타 등등

물고기 관리를 위해 방주에는 거대한 물고기 어항이 필요했을 것이다. 대형 공공 수족관이나 해양공원 또는 애완동물 가게에 가보았다면 알 것이다. 거기에는 수많은 다른 종류의 물고기가 있으며 수족관에는 많은 복잡한 여과장비가 필요하다. 노아는 어떻게 정확히 모든 수족관을 만들고 여과장치에 동력을 공급할 수 있었을까? 거기에 물고기들이 어떻게 갔는지는 말할 나위도 없다. 둘씩 걸어서? 아니면 공중을 헤엄쳐서?

이 이야기에 관한 이런 수많은 문제를 둘러싼 모든 불신을 당신이 유보하려 한다고 치자. 허상의 영역으로 멀리 가고자 한다면, 당신은 다른 질문들을 꺼내며 마무리하게 된다.

- 신은 왜 지구상의 모든 살아 있는 동식물을 몰살시킬 정도로 사람의 행동을 언짢아했을까? 신이 전지하다면 아담과 이브를 만들었을 때부터 앞으로의 사태를 정확히 알았다(원죄 이해하기를 보라). 신이 완전하다면, 애초부터 인간을 똑바로 만들 수밖에 없었을 텐데.
- 우리의 완전하고 전지한 신이 실수를 해서, 어떤 이유에서인지 인간에게 실망하여 그들을 몰살시킬 필요가 있었다 치자. 불가능하

지만 그렇다고 치자. 그냥 단순히 사람들만 죽이고 식물과 동물들은 왜 남겨두지 않았는가? 출애굽기를 보면 신이 사람을 선택해 대량학살하기는 어려울 것도 없다. 출애굽기 11장에서 신은 오로지 이집트인의 장자만 죽인다. 지구 전체를 완전히 쓸어버리기보다, 왜 똑같은 방법으로 악한 인간만 골라 죽이지 않았을까?

- 신이 지구를 깨끗이 쓸어버리고 싶어서, 무슨 이유에선지 전 세계적으로 홍수를 사용하겠노라 결정했다고 치자. 신은 왜 배를 모든 동물과 물고기와 음식을 위해 필요한 전문 칸막이와 탱크를 갖춘 탄소 나노튜브나 투명 알루미늄으로 만들지 않았는가?

홍수에 대한 설명

노아 이야기와 관련한 이런 수많은 문제점을 모두 듣고서, 종교인은 당신과 이런 대화를 나눌 수 있다.

기독교인: 성경의 홍수 이야기는 아무 문제가 없어요. 성경이 정확하지 않게 번역됐어요. 예를 들어 히브리어에서 세계를 뜻하는 단어 '이레츠'는 '세상'보다는 '땅'이라고 해석될 수 있어요. 그러니 보세요. 성경은 정확히 맞습니다. 홍수는 세계 전체가 아니라 '땅'을 덮은 거예요.

보통사람: 왜 전지한 신은 분명한 단어를 선택하지 않았나요?

기독교인: 글쎄요, 히브리어에는 사용할 만한 분명한 단어가 없어요.

보통사람: 신이 바벨탑에서 지구의 모든 언어를 만들지 않았어요? 완벽한 신이 왜 그런 식으로 분명한 언어를 만들어 단어 선택 문제를

해결하지 않았을까요?

기독교인: 그렇게 하는 것은 그분의 뜻이 아니었어요.

보통사람: 그러면 왜 번역하는 사람을 고무시켜서 그가 번역권을 가졌음을 확인하지 않았나요?

기독교인: 그건 번역하는 사람의 자유의지를 침해할 테니까요.

보통사람: 그러면 신은 성경을 쓴 사람들의 자유의지를 과감하게 침범하지 않았나요?

기독교인: 아니죠. 보세요, 성경을 쓴 사람들은 달라요. 왜냐하면……

보통사람: 됐습니다. 당신 말이 맞다 치죠. 신이 히브리어로 '이레츠'라는 단어를 선택했을 때 '전 세계'보다는 '모든 땅'을 의미했다고요. 그건 좋습니다. 성경에서 방주가 놓이게 돼 있는 아라랏 산은 높이가 16,000피트(약 4,877미터)입니다. 거의 3마일이지요. 성경에 의하면 20피트 아래였습니다. 우리는 물이 퍼져 나간다는 것을 모두 압니다. 스스로 높이를 찾지요. 그러므로 만약 아라랏 산을 덮으려고 한 국가에 충분한 물을 쏟아 부으면 전 세계가 3마일의 높이로 잠긴다는 것을 의미합니다. 우리가 출발한 곳으로 되돌아왔네요.

기독교인: 아니에요. 그건 맞지 않아요. 보세요, 신은 전능하기 때문에 물을 일정한 지역에 가둬놓을 수 있어요. 그래서 지구의 일부분만 3마일 깊이로 잠겼던 겁니다.

보통사람: 그 말은 곧 신이 중동지역에 거대한 벽을 세웠다는 거네요. 신이 3마일 깊이나 되는 세계 최대의 지표면 수영장을 만들었다고요?

기독교인: 아니오. 그는 벽을 건설해야 할 필요가 없었어요……

보통사람: 4350년 전에 중동지역에 3마일 깊이의 홍수가 있었다는 증거는 왜 없나요?

기독교인: 당신이 틀려요……

인정하라. 이런 대화는 아주 우스꽝스럽다. 기독교인은 갑자기 이야기들을 만든다. 전언에 의하면 성경은 전지전능한 우주의 창조자가 썼다. 그러한 존재가 왜 성경에 직접 이야기를 쓸 수 없는가?

전지전능한 신이 성경을 썼다면 우리는 왜 그렇게 많은 변명을 만들고, 이야기 속 수많은 문제점을 덮기 위해 그토록 엄청나게 복잡한 설명을 생각해내야 하는가? 신은 왜 처음부터 진실을 단순하게 쓰지 않았는가?

이야기 전체가 처음부터 끝까지 터무니없기 때문에 노아의 방주에 관한 어떤 대화도 곧 이렇게 우스워진다. 아주 간단히 말해서 노아의 홍수는 결코 없었다.

이야기의 의미

지성인이라면 누구나 노아의 이야기에서 뭔가 더 불길한 것을 본다. 신이 성경을 썼다고 인정하면, 그리고 나름의 이유로 노아 이야기를 성경에 넣었다는 것을 인정한다면, 이야기의 핵심 메시지에 초점을 맞추어보자. 신은 선택된 여덟 명을 제외하고 지구상 모든 살아 있는 인간을 몰살시켰고, 배에 있는 동물 쌍들을 제외한 모든 다른 생명체 역시 몰살했다. 노아의 이야기에서 신의 핵심 메시지는 완전한 섬멸이다. 수천만의 남자, 여자 그리고 아이들이 대량 학살되었고 수십억의 식물과 동물들이 같이 죽었다.

이 행위를 히틀러에 비교해보라. 히틀러의 재임기간에 지구상에는 약 1,800만의 유대인이 있었다. 히틀러는 그중 600만 명, 거의 1/3을 죽였다. 우리는 그를 표현하면서 어떤 단어를 사용하는가? 괴물, 악마, 악령 같은 명사와, 가증스러운, 역겨운, 불쾌한, 구역질나는, 증오스러운, 무서운, 혐오스러운 같은 형용사를 사용한다.

그것과 같은 명사와 형용사를 신에게 적용하면 어떨까? 신의 행동은 히틀러보다 훨씬 더하다. 보통사람은 그래서 묻는다. "왜 세상에서 히틀러보다 더 무섭고 괴물 같은 존재를 숭배하나요?"

진짜 이야기

이제 노아와 홍수 이야기는 사실이 아니라는 것을 받아들이자. 음식 저장 공간부터 오물 제거 문제, 모든 동물들이 해야 할 이동의 문제, 물고기 수족관 여과장치까지, 당신이 내키는 불가능의 조합을 무엇이라도 선택하라. 모든 것을 알고 모두를 사랑하며 기도에 응답하는 신은 지구를 5.5마일(또는 3마일) 깊이로 잠기게 하고 모든 것을 몰살시키지 않았다. 방주는 없었다. 모든 종의 유일한 쌍으로부터 번식이 이어지는 모든 살아 있는 동식물들의 사멸은 없었다. 130종의 무리 지어 사는 개미들은 남미에서부터 헤엄쳐 오지 않았고 헤엄쳐 돌아가지도 않았다. 캥거루도 북극곰도 마찬가지다. 그런 일은 없었다. 당신이 괜찮다고 믿는다면 우리는 즉시 당신을 미친 사람으로 기록할 수 있다.

이것은 무엇을 의미하는가? 분명히 잘못된 공상의 전설임을 의미한다. 성경은 완벽하고 전지한 존재가 썼는가, 아니면 미개한 목동들이 썼는가? 노아의 이야기가 허구의 전설에 지나지 않는다는 사실로 보아, 모든 성경은 미개인이 쓴 이야기 모음이라는 것을 의미한다. 신은 아무 상관이 없다.

더 중요하게, 사실이거나 아니거나, 당신은 신에 대한 성경의 핵심 메시지가 히틀러보다 더 나쁜, 비난받아 마땅한 괴물임을 깨닫는다. 신은 아무 이유도 없이 무자비하게 수천만의 남자, 여자, 어린이를 죽였다.

기독교인들은 이 괴물을 기꺼이 숭배한다.

이 모든 것으로 당신은 무얼 하는가? 여기 당신이 생각할 두 가지 관점이 있다.

1. 성경은 신의 말씀이다. 노아의 홍수와 방주는 결코 없었다는 모든 (유전적, 지질학적, 지리적, 고생물학적, 범죄 과학적, 고고학적, 역사적) 증거에도 불구하고, 당신은 아직 꿋꿋하게 그 사건이 있었다고 믿는다. 즉, 신이 고의로 지구상의 거의 모든 생명체를 몰살시켰다고 믿는다. 당신은 이 비난받아야 할 괴물을 공개적으로 믿는다.

2. 노아의 이야기는 공상의 전설이다. 성경은 신이 아니라 사람이 썼다.

어떤 관점이 더 말이 되는가?

성경에 대한 더 자세한 사항과, 성경이 신이 아닌 인간에 의해 쓰였다는 증거를 더 보려면 2부를 읽어보시라.

기독교인의 동기 이해하기

당신이 '신은 왜 팔다리를 잃은 장애인들을 고치려고 하지 않는가?'라는 제목을 읽을 때 알게 되는 것처럼 '응답된 기도'는 우연의 일치일 뿐임을 증명하기는 쉽다. 예를 들어본다.

- 신에게 잃어버린 팔다리를 회복해달라고 요청하는 것 같은 모호하지 않은 상황을 설정하면 신은 결코 기도에 응답하지 않는다(5장과 7장).

- 통계적으로 기도를 분석해보면 아무 효과도 발견되지 않는다. 어떤 유효한 통계 연구도 기도에서 측정 가능한 효과를 전혀 발견하지 못했다.

- 매년 천만 명의 어린이들이 빈곤과 유산 등으로 죽어간다. 분명히 신은 그들을 구해달라는 모든 기도를 무시하고 있다(8장).

과학적 증거는 넘쳐난다. '신이 기도에 응답한다'는 개념은 분명히 상상의 산물이다.

하지만 열성적인 기독교인들에게 그렇게 이야기하면 그들은 증거를 무시한다. 대신 신이 매일 자기들의 기도에 응답한다고 이야기한다. 기독교 서점과 기독교 잡지는 응답된 기도 이야기로 가득하다. 기독교인들은 신이 그들을 위해 천국에서 내려와서 지구의 수십억 기도에 응답한다고 믿는다.

그래서 질문이 생긴다. 신이 허상임을 보여주는 모든 증거들이 있는데도 왜 기독교인들은 신이 매일 기도에 응답한다고 주장하는 것일까? 무엇이 그들에게 이렇게 말하게 하는 것일까?

달리 말하자면, 무엇이 기독교인들에게 명백히 잘못된 이야기를 하도록 동기를 부여할까? 가능한 설명이 5개 있다.

- '응답된 기도'는 우연의 일치에 지나지 않는다는 증거에도 불구하고, 기독교인들은 죽음이 두려워 신이 기도에 응답하고 있다고 믿을 수 있다. 27장에서 설명한 것처럼 '천국'이나 '사후세계'가 있다는 증거는 전혀 없다. 하지만 많은 사람들에게 영원히 죽는다는 생각은 매우 불편하다. 이 불편함 때문에 영생에 대한 예수의 약속을 그토록 맹신하고 다른 증거들로 그 믿음을 뒷받침할 필요가 있을 것이다. 예수는 또한 기도에 응답한다고 약속했기 때문에 그들은 어떠한 우연의 일치도 '응답된 기도'로 받아들이고 그 응답을 기꺼이 예수의 탓으로 돌리려 한다(27장).
- '응답된 기도'는 우연의 일치에 지나지 않는다는 증거에도 불구하

고, 기독교인들은 자존심을 크게 북돋우는 그 믿음을 선택할 수 있다. 이 설명은 큰 '기적'과 작은 것 모두에게 적용된다. 이런 생각을 해보자. 암 판정을 받은 당신은 신에게 치료해달라고 기도하고, 수술과 약물치료를 받으며 암 퇴치 작업을 시작했다(6장). 무엇이 당신을 치료했는가? 수술과 약물치료다. 모든 증거들이 그렇다는 것을 가리킨다. 신이 당신을 고치려 했다면 수술과 약물치료를 생략했을 수도 있다. 하지만 기독교인으로서 우주의 전능한 창조자가 당신을 치료했다는 믿음은 대단한 자부심을 부여한다. 그것은 신이 당신의 나머지 인생에도 '큰 계획'을 갖고 있음을 뜻하는 것이므로 아니면 훨씬 사소한 일을 생각해보라. 가장 좋아하는 블라우스를 빨면서 얼룩을 없애달라고 기도한다. 세탁 후 얼룩이 실제로 사라졌다. 얼룩을 제거한 것은 세제지만 기독교인들은 달리 해석한다. 그것은 우주의 전능한 창조자가 당신의 기도에 응답하려고 특별히 천국에서 내려왔다는 것을 의미한다. 당신이 '그것은 그분의 계획의 일부가 아니다'라는 말로 신이 '응답'하지 않는 모든 기도를 선택적으로 무시하면, 그리고 절망적인 빈곤으로 고통받고 죽어가는 전 세계인들을 선택적으로 무시하면, 신이 당신의 기도에 응답한다는 생각은 엄청나게 자존심을 만족시킬 수 있다. 그것은 당신이 신의 눈에 특별하다는 것을 의미하므로. 모든 일은 자존심을 북돋우기 위해 기독교인의 마음이 만들어낸 환상이다.

- '응답된 기도'는 우연의 일치에 지나지 않는다는 증거에도 불구하고, 기독교인들은 고립이 두려워 신이 기도에 응답하고 있다고 믿을 수 있다. 그들은 외로움에 대처하기 위해 눈에 보이지 않는 이

야기 친구가 필요한데, 바로 신이 우리사회에 받아들여진 '공동체가 인정한' 친구다. 수백만 사람들에게는 보이지 않는 친구가 그들이 외로움에 대처하는 유일한 길일 수도 있다. 이 보이지 않는 대상을 더 사실처럼 보이도록, 그가 기도에 응답한다고 믿음으로써 그들의 환상은 굳건해진다.

- 비슷하게 전개될 다른 가능성은 이렇게 진행될 것이다. 우리는 출생과 동시에 본능적으로 뇌 안에 '전지하고 모두를 사랑하는 존재'에 대한 공간을 갖게 된다. 그 존재는 어릴 때는 부모라고 불리고, 아이는 자연적이고 본능적으로 부모에게 의지한다. 그런데 많은 사람들이 이 단계에서 더 자라지 않고 부모가 있던 공간을 무언가로 채우고 성장해야 한다면? 오랫동안 역할을 수행해온 뇌 속 공간이 성인시절까지 남아서, 무언가로 채우지 않으면 외로움을 느낀다면? '전지하고 모두를 사랑하는' 보이지 않는 친구를 갖는 것은 그것을 채울 명백한 대안이 될 것이다.

- '응답된 기도'는 우연의 일치에 지나지 않는다는 증거에도 불구하고, 기독교인들은 그것이 자신을 동료와 더불어 교회에서 관심의 중심으로 만들기 때문에 그렇게 믿을 수 있다. 자신의 응답된 기도를 비교하는 일단의 기독교인들을 보면, 이 과정이 어떻게 작용하는지 알 수 있다. 기독교인 한 사람이 대화를 시작한다. "글쎄, 내 강아지 '빈키'가 끔찍한 피부염으로 고생해서 수의사에게 약을 받아 발랐지만 잘 듣지 않았어요. 하지만 신에게 기도하고 나흘 뒤에 염증이 사라졌지 뭐예요! 신께 감사!" 이제부터는 한 술 더 뜨기 게임이다. 다른 이가 대꾸할 것이다. "글쎄, 나는 휴가 계획을

세우기 시작했지만 도무지 비용을 어떻게 마련하나 싶었어요. 그래서 신에게 기도했더니 신청했던 신용카드가 바로 그날 우송됐고 신용금액은 휴가비로 쓰기에 충분했지요! 주께 감사!" 이런 상황에서 기도 이야기를 꺼내지 않으면 당신은 신의 은총과 먼 것으로 보일 것이다. 그래서 체면을 잃지 않으려고 조금은 과장스럽게, 심지어는 만들어내기까지 할 것이다.

이렇듯 기독교인들, 특히 교회 공동체의 교인들은 기도에 대한 이야기를 만들고, '응답된 기도'는 우연의 일치라는 분명한 증거를 무시하는 강한 개인적인 동기가 작용한다. 이런 동기들이 기독교인 공동체의 '응답된 기도들' 현상을 잘 설명한다.

이성의 이점 이해하기

지금 미국에서는 수천 년간 그래온 것처럼 국민들 대다수가 신을 믿는다. '신'에 대한 믿음은 시대를 초월해 도처에 존재하는 듯하다.

신을 열광적으로 믿었던 고대 이집트인들은 거대한 피라미드 같은 대규모 건축물을 건설했다. 오늘날까지 피라미드는 인간이 만든 가장 크고 오래된 건축물 중의 하나다. 하지만 그 열정에도 불구하고 지금의 우리는 이집트 신들이 허상이었음을 확실히 안다. 우리는 더 이상 피라미드를 만들지 않고 우리의 지도자들을 미라로 만들지 않는다. 더 가깝게는 수백만의 로마인들이 제우스와 그의 무리를 숭배하고 웅장한 신전을 지어 바친 것을 알고 있다. 그 신전들의 폐허는 오늘날에도 인기 있는 관광명소다. 하지만 더 이상 누구도 제우스를 숭배하지 않고 이런 신들 역시 허상이라는 것을 분명히 안다.

또한 더 가깝게는, 아스텍 문명이 신을 믿어서 거대한 사원과 피라미드들을 건설했다는 것을 알고 있다. 게다가 아스텍은 매우 광적이어서 16세기까지 자기 신들에게 수백 명의 인간을 제물로 바쳤다. 하지만 그 강렬함에도 불구하고 현재의 우리는 이런 신들이 완전히 허상이며, 그것을 위해 사람을 죽일 만큼 아스텍이 미쳤다는 것을 안다.

진실은 오늘날의 신 역시 이집트, 로마, 아스텍의 신들이 그랬던 것처럼 허상이라는 것이다. 지금까지 이 책을 통해 확인한 것처럼 신은 기도에 응답하지 않고, 성경을 쓰거나 영감을 주지 않았으며, 스스로 사람이 되지도 않았다. 즉, 신은 허상이다.

사회구성원으로서, 일단 신이 허상임을 인식하고 이해하면 우리는 의미심장한 획기적 발전을 성취하는 것이다. 종교를 이성적 사고로 대체하고 그 과정에서 많은 이점을 얻을 수 있다.

여기 그렇게 하여 얻게 되는 중요한 이점들 여섯 가지가 있다.

이점 1. 우리사회의 도덕·윤리적 기초를 통제할 수 있다

지금의 미국 법제는 2,000년 된 책이 영감을 준 종교적 기초에 바탕을 두고 있다. 대법원 판사인 안토닌 스칼리아는 공개적으로 "99퍼센트의 미국인이 십계명을 믿는다"라고 말한다. 그는 또한 십계명이 '정부가 그 권위를 신으로부터 이끌어낸다는 사실의 상징'이라고 지적한다. 십계명은 어디서 왔는가? 성경이다.

문제는 똑같은 성경이 우리가 모든 동성애자들을 죽이고[레위기 20:13], 노예들을 때리고[출애굽기 21:20], 청소년이 탈선하면 돌로 쳐죽여야 한다고[신명기 21:18-21] 말한다는 것이다. 성경은 비이성적이고 비도덕적인 내용들로 가득하다.

공적인 담론에서 성경을 제거함으로써 우리는 이 비이성을 제거할 수 있다. 이성적으로 판단해 우리가 원하는 대로 계명을 결정하고 우리를 위해서 만드는 것이다(28장). 그로 인해 계명은 더 좋아지고 강해질 것이다. 또한 도덕·윤리 제도를 '교회와 국가' 문제로 흐르지 않게 하고 공립학교에서 가르칠 수 있을 것이다.

이점 2. 기도를 멈추고 우리의 문제를 풀기 시작할 수 있다

미국 국민의 대부분은 신이 기도에 응답한다고 믿는다. 종교를 이성으로 대체하면, 기도는 시간낭비라는 진실을 보고 이해할 수 있다. 기도하는 대신 이성적인 일을 하고 우리의 시간을 실제로 우리 문제들을 푸는 데 사용해야 한다. 자세한 사항은 11장과 28장을 보라.

이점 3. 도덕성의 참 본질을 이해한다

27장에서 논의했듯이, 이성은 우리가 도덕성을 보고 이해하도록 한다. '천국'이란 없으며 죽은 뒤에는 '영원한 삶'을 가질 수 없다. 그런 개념은 순전히 상상이다. 도덕성의 참 본질을 이해함으로써 우리는 모든 인간이 여기 지구에서 더 나은 삶을 살도록 결정한다. 인류로서 우리가 우주에서의 진정한 위치를 이해하면 행동을 달리하게 될 것이다. 자세한 사항은 28장에서 32장을 보라.

이점 4. 전반적으로 사회는 괄목할 정도로 더 건강해진다

종교가 심각한 사회적 역기능을 야기한다는 증거는 점점 늘어간다. 통계 연구는 많은 문제점들을 밝혀준다. 예를 들어 《종교와 사회》 지의 최근 기사는 오늘날 미국에서 보이는 심각한 사회적 어려움에 종교가 관련돼 있다고 지적한다.

> 일반적으로 조물주에 대한 믿음과 숭배 비율이 높을수록 발전된 민
> 주주의에서 살인, 청소년 및 성인 조기사망, 성병감염률, 십대 임신,
> 낙태의 비율과 상관관계가 있다. 가장 유신론적으로 민주주의가 번
> 성하고 있는 미국은 예외라고 보고 싶겠지만, 프랭클린이 예언한 방
> 법에 의하면 그렇지도 않다. 미국은 발전된 민주주의 국가 중 거의
> 언제나 가장 역기능적이고, 가끔은 굉장히 그런 상황이 되며, 거의 항
> 상 점수가 저조하다. 세계 다른 나라에게 언덕 위의 빛나는 도시로서
> 의 미국의 풍경은 사회건강이라는 기본 잣대로 볼 때 거짓이다.

일반적인 견해는 종교가 유익하거나 최소한 해가 없다는 것이다. 그
런데 그렇지 않은 것으로 판명된다. 미국은 선진국 중에서 가장 종교
적인 나라다. 또한 살인, 청소년 및 성인 조기사망, 성병감염률, 10대
임신과 낙태 같은 사건의 관점에서 가장 큰 문제를 갖고 있다. 종교는
전반적으로 사회에 매우 유해하게 작용하는 방식으로 우리의 사고를
왜곡한다. 다른 발전국가들이 그런 과정에 있는 것처럼 종교를 이성
으로 대체함으로써 우리는 더 건강한 사회를 만들 수 있다.

이점 5. 고통의 진정한 근원을 이해한다

종교적 세계에서는 신이 고통의 근원이다. 신이 실제로 전지전능하
고 완벽하며 실제로 기도에 응답한다면, 모든 고통은 신이 원해서 일
어나는 것이다. 신이 20만 명을 죽이는 쓰나미를 원하지 않았다면 지

식과 완전한 능력을 그걸 막는 데 사용했을 것이다.

이성적 세계에서는 인간이 거의 모든 고통의 원인이라는 것을 이해한다. 예를 들면 쓰나미의 많은 죽음들은 아주 간단한 경보체제로 막을 수 있었다. 허리케인 카트리나가 왔을 때 뉴올리언스의 죽음과 파괴는 더 나은 제방을 건설했으면 막을 수 있었다. 올해도 천만 명의 어린이가 기아로 죽을 것이고 지구상의 수십억 사람이 끔찍한 빈곤상태에서 살고 있다. 인간이 그 고통의 근원이다. 더 나은 사회제도를 만듦으로써 우리는 굶주림, 기아, 빈곤을 제거할 수 있을 것이다.

우리가 고통의 직접적인 원인임을 이해하고 지금 맞닥뜨린 고통의 직접적인 책임을 부담할 때 또한 그것을 제거할 수 있다는 것을 이해한다. 우리가 결정하고 마음을 기울인다면 거의 고통 없는 세상을 만들 수 있다. 이 일은 개인적 차원과 사회적 차원에 모두 적용된다.

이점 6. 모든 사람이 한 팀이다

종교는 우리를 분열시키고 많은 경우에 강렬한 증오를 불러일으킨다. 과거 몇십 년간 우리는 기독교인들을 죽이는 이슬람교인들(반대 경우도 있다), 이슬람교인을 죽이는 유대교인(반대 경우도 있다), 가톨릭신자를 죽이는 개신교신자(반대 경우도 있다), 수니파를 죽이는 시아파(반대 경우도 있다) 등등을 물리도록 보아왔다. 인간의 모든 신이 허상이므로 이 모든 것은 완전히 무의미하다. 종교를 이성으로 대체함으로써 우리는 모두가 같은 팀이며 인류로서 같은 목적을 달성하기 위해 협력할 수 있다는 것을 이해한다. 자세한 사항은 26장부터 32장을 보라.

두려움 이해하기

이 책은 신이 허상임을 이해하는 것을 도우려 한다. 신이 존재하지 않는다는 모든 증거를 보고, 핑계들을 짚어보고 기독교인들의 동기를 평가할 수 있다. 일단 그 모든 것을 보면, 신에 대한 믿음은 산타의 경우가 그랬던 것처럼 쉽게 떨어져 내린다. 신은 분명히 인간이 상상해 낸 산물이다.

　개성에 의거한다면 당신은 아마도 둘 중 한 가지 경우일 것이다.

● 지금 당장 놀랄 만한 안도감과 자유를 느낄 것이다. 평생 동안 매우 불편한 역설과 살아왔는데 그것이 해결되었다. 이제 신이 왜 기도에 응답하지 않았는지를 이해한다. 성경이 왜 그렇게 웃기게 들렸는지도 이해한다. 두 살배기 아이가 왜 교회 주차장에서 죽을 수 있었는지 이해한다. 기타 등등…… 신이 허상이라는 것을 이해한 당신은 이제 모든 것이 수긍이 간다.

- 당신은 지금 극심할 정도의 공포심을 느낀다.

그렇다, 두려움. 흥미로운 감정이다. 당신의 두려움에는 두 가지 이유를 짐작해볼 수 있다.

첫째, 기독교와 예수, 기도, 축복, 성경 등과 같은 모든 기독교의 수식어를 평생 믿어왔기에 두려울 수 있다. 그 모든 것을 완전한 우스개로 보는 것이 두렵다. 마치 30년간 결혼생활을 영위해온 배우자가 바람을 피우는 현장을 발견한 것과 비슷하다. 두렵고 한편으론 열받는다. 당황스럽기도 하다. 그렇게 분명한 거짓을 어떻게 그 오랫동안 믿어올 수 있었을까? 하지만 부정을 저지른 배우자를 차버리기만 하면 당혹스러움은 가라앉을 것이다.

당신이 두려울 수 있는 두 번째 이유는 더 방치할 수 없다. 이제 당신은 신이 당신에게 무슨 일을 할까 봐 두렵다. 신은 존재하지 않는다는 걸 확인했음에도 당신은 아직 그가 무섭다. 당신은 허상의 존재를 두려워한다.

'신에 대한 두려움'이 당신에게 무엇인가 말할 것이다. 마음속에서 어떤 일이 일어나고 있는지 생각해보라. 당신이 두려워하는 내용은 이렇다. 신을 믿지 않고 숭배하지 않으면, 어떻게든 천국에서 내려와 당신을 벌할 것이다. 신이 내 여생 동안 저주할 것이 두렵다.

그렇다. 신이 실재한다면 모든 것을 사랑하는 그 존재가 해코지하면 어쩌하나. 그 불합리한 공포는 잠시 가라앉히도록 하자. 그 불합리성이야말로 신이 얼마나 허상인지를 보여줄 것이다. 왜 '모든 것을 사랑하는' 존재가 해코지하려 들겠는가?

그 두려움은 무엇인가. 당신은 왜 두려운가. 그것은 두려움이 어릴 적부터 당신의 뇌를 지배해왔기 때문이다. 종교의 힘은 두려움이고 당신은 지금 두려울 수 있다. 앞으로 그 세뇌된 두려움을 다루는 법을 알려주겠지만, 지금 당장 도움이 될 생각거리가 있다.

- 히틀러는 순전히 악마였지만 홀로코스트에서 천만 명을 학살할 때 신은 전혀 그를 멈추려 하지 않았다. 세계무역센터를 파괴한 테러리스트는 분명 악마였지만 역시 그때도 신은 아무 일도 하지 않았다. 2004년의 쓰나미가 20만 명 이상을 휩쓸어갔지만 신은 아무 일도 하지 않았다. 기타 등등……. 그런 대형 참사들을 신이 손가락 하나 까딱하지 않고 일어나게 했다면, 이 책을 다 읽고 그 것을 생각하는 동안 당신은 분명 한두 주 동안 기도 없이 지낼 수 있다.

- 암이나 다른 치명적인 질병에 걸렸다는 걸 오늘 발견하게 될 수천 명의 기독교인이 있다. 오늘 강간 및 살인, 강도를 당하게 될 수천 명의 기독교인들이 있다. 교통사고로 죽거나 다치게 될 수천 명의 기독교인들이 있다. 당신이 상상조차 할 수 없는 처참한 빈곤 속에서 살고 있는 문자 그대로 수십억 명의 사람들이 있다. 이것이 신이 자기를 믿는 사람들을 대하는 현실이다. 신이 실제로 존재한다면, 이성적인 인간으로서 당신은 이 전능한 악마로부터 가능하면 멀리 떨어지고 싶을 것이다.

달리 말하자면, 당신이 두려워해야 할 유일한 대상은 두려움 그 자체다. 이 책이 하는 말과 당신이 명백하게 볼 수 있는 것을 이해하라. 히틀러, 테러리스트, 쓰나미, 암, 강간, 살인, 강도, 교통사고 그리고 비참한 빈곤이 존재하는 이유는 신이 존재하지 않기 때문이다. 신은 완전히 허상이다.

더 알고 싶은가? 당신이 지성인이라면, 그리고 신의 진정한 모습을 이해하고 싶다면 스스로에게 물어보라. '신은 왜 팔다리를 잃은 장애인들을 고치려 하지 않을까?'

자동판매기 이해하기

사람들은 기도하고 신은 그 기도를 완전히 무시하는 것이 극히 일반
적인 현상이다. 5장에서 팔다리를 잃은 장애인들의 처지를 이야기했
다. 아무리 많은 사람이 기도해도, 그들이 아무리 진실해도, 장애인이
충분히 그럴 만한 가치가 있더라도 신은 절대로 기도를 통해 잃어버
린 팔다리를 회복시키지 않는다. 사람들은 신이 기도에 응답하여 암
을 제거하고, 바이러스를 치료하고, 독성을 바꾸는 등 모든 의료문제
를 해결한다고 믿는다. 하지만 팔다리를 잃은 장애인들만큼은 절대
예외다. 왜까?

　이 같은 예들을 많은 사람들이 쉽게 무시한다. 그들은 "그래서 뭐
가 어때서요? 신은 자판기가 아니에요. 그분이 기도에 대답할 의무는
없습니다. 기도에 대한 응답이 '안 된다'거나 '지금은 아니야'라면 어
때요?"라고 말한다. 성경을 읽기 전까지는 이것이 적절한 설명으로 보
인다.

신이 기도에 대해
말하기를

예수와 성경은 기도에 응답할 것이라고 실제로 여러 곳에서 말한다. 자동판매기에 대한 전반적인 개념은 성경에 기초를 두고 있다. 여기 10가지 사례를 들어본다.

마태 7:7에서 예수는 말한다.

> 구하라 그리하면 너희에게 주실 것이요 찾으라 그리하면 찾아낼 것이요 문을 두드리라 그리하면 너희에게 열릴 것이니. 구하는 이마다 받을 것이요 찾는 이는 찾아낼 것이요 두드리는 이에게는 열릴 것이니라. 너희 중에 누가 아들이 떡을 달라 하는데 돌을 주며. 생선을 달라 하는데 뱀을 줄 사람이 있겠느냐. 너희가 악한 자라도 좋은 것으로 자식에게 줄줄 알거든 하물며 하늘에 계신 너희 아버지께서 구하는 자에게 좋은 것으로 주시지 않겠느냐.

마태 17:20에서 예수가 말한다.

> 진실로 너희에게 이르노니 만일 너희에게 믿음이 겨자씨 한 알만큼만 있어도 이 산을 명하여 여기서 저기로 옮겨지라 하면 옮겨질 것이요 또 너희가 못할 것이 없으리라.

마태 21:21에서는

내가 진실로 너희에게 이르노니 만일 너희가 믿음이 있고 의심하지 아니하면 이 무화과나무에게 된 이런 일만 할 뿐 아니라 이 산더러 들려 바다에 던져지라 하여도 될 것이요. 너희가 기도할 때에 무엇이든지 믿고 구하는 것은 다 받으리라.

이 메시지는 마가 11:24에서 다시 인용된다.

그러므로 내가 너희에게 말하노니 무엇이든지 기도하고 구하는 것은 받은 줄로 믿으라 그리하면 너희에게 그대로 되리라.

요한 14장 12절부터 14절에서 예수는 기도가 얼마나 쉬울 수 있는지 우리 모두에게 말한다.

내가 진실로 진실로 너희에게 이르노니 나를 믿는 자는 내가 하는 일을 그도 할 것이요 또한 그보다 큰일도 하리니 이는 내가 아버지께로 감이라. 너희가 내 이름으로 무엇을 구하든지 내가 행하리니 이는 아버지로 하여금 아들로 말미암아 영광을 받으시게 하려 함이라. 내 이름으로 무엇이든지 내게 구하면 내가 행하리라.

마태 18:19에서 예수는 다시 말한다.

진실로 다시 너희에게 이르노니 너희 중의 두 사람이 땅에서 합심하여 무엇이든지 구하면 하늘에 계신 내 아버지께서 그들을 위하여 이루게 하시리라. 두세 사람이 내 이름으로 모인 곳에는 나도 그들 중에 있느니라.

야고보서 5:15-16은 이렇게 말한다.

믿음의 기도는 병든 자를 구원하리니 주께서 그를 일으키시리라 혹시 죄를 범하였을지라도 사하심을 받으리라. 그러므로 너희 죄를 서로 고백하며 병이 낫기를 위하여 서로 기도하라 의인의 간구는 역사하는 힘이 큼이니라.

마가 9:23

믿는 자에게는 능히 하지 못할 일이 없느니라 하시니

누가 1:37

대저 하나님의 모든 말씀은 능하지 못하심이 없느니라.

예수는 사람들이 굶주림으로 고통받지 않을 것이라고 약속했다. 마태 6:25-34에서 말한다.

그러므로 내가 너희에게 이르노니 목숨을 위하여 무엇을 먹을까 무엇을 마실까 몸을 위하여 무엇을 입을까 염려하지 말라 목숨이 음식보다 중하지 아니하며 몸이 의복보다 중하지 아니하냐. 공중의 새를 보라 심지도 않고 거두지도 않고 창고에 모아들이지도 아니하되 너희 하늘 아버지께서 기르시나니 너희는 이것들보다 귀하지 아니하냐. 너희 중에 누가 염려함으로 그 키를 한 자라도 더할 수 있겠느냐.

또 너희가 어찌 의복을 위하여 염려하느냐 들의 백합화가 어떻게 자라는가 생각하여 보라 수고도 아니하고 길쌈도 아니하느니라. 그러나 내가 너희에게 말하노니 솔로몬의 모든 영광으로도 입은 것이 이 꽃 하나만 같지 못하였느니라. 오늘 있다가 내일 아궁이에 던져지는 들풀도 하나님이 이렇게 입히시거든 하물며 너희일까보냐 믿음이 작은 자들아. 그러므로 염려하여 이르기를 무엇을 먹을까 무엇을 마실까 무엇을 입을까 하지 말라. 이는 다 이방인들이 구하는 것이라 너희 하늘 아버지께서 이 모든 것이 너희에게 있어야 할 줄을 아시느니라. 그런즉 너희는 먼저 그의 나라와 그의 의를 구하라 그리하면 이 모든 것을 너희에게 더하시리라. 그러므로 내일 일을 위하여 염려하지 말라 내일 일은 내일이 염려할 것이요 한 날의 괴로움은 그날로 족하니라.

'이 모든 것을 너희에게 더하시리라'보다 무엇이 더 분명할 수 있는가?

불행스럽게도 전 세계 어린이들 천만 명이(성인은 제외) 굶주림과 비슷한 간단한 문제들로 매년 사망한다(5장).

그리고 당신은 어떤 기도든 신이 완전히 무시한다는 것을 스스로 알고 있다. 성경이 비록 '너희가 하지 못할 일이 없다' 그리고 '내가 행하리라'라고 말하지만 기도가 응답받기보다는 무시되는 것이 훨씬 일반적이다.

2006년 4월 11일자 《여성세계》 지에 '기적이 필요한가?'라는 제목의 기사가 실렸다. 신이 가장 사소한 기도에 응답하기 위해 하늘에서 내려올 것이라는 기독교인의 믿음을 분명히 보여주는 특이한 기사였다. 기사는 차가 폭풍우로 갇힌 어떤 여자에 대해 설명한다. 그녀는 "신이시여, 제발 저를 도와주세요!"라고 외친다. 기사에 따르면 '즉시 잘 차려입은 남자가 내 차로 걸어왔어요'라고 한다. 남자는 그녀의 차를 정비소까지 밀어주고 홀연히 사라진다. 그녀의 결론은? "갑자기, 나는 이해했어요. 돌아온 내 스카프와 도와줬던 남자는 모두 신의 선물이었던 거예요!"

이 기사는 신이 현대 우리세계에서 어떻게 기도에 응답하는지에 대한 기독교인들의 개념을 논의한다. 그 기사는 2006년에 수백만 명이 읽는 잡지에 실렸다. 그 기사 속의 신을 팔다리를 잃은 장애인들을 대우하는 신과 비교해보라. 그 차이는 말이 되지 않는다. 그렇지 않은가?

신 이해하기

이 10개의 성경구절이 왜 소용없는지, 사람들은 여러 가지로 달리 설명한다. 그들은 이렇게 말할 것이다.

"당신은 예수께서 말씀하시던 1세기 문명을 문맥에서 이해할 필요가 있어요……"

또는

"예수께서 '산 옮기기'에 관해 말씀했을 때는 비유적으로 말씀하신 거예요. 누군가 '개와 고양이처럼 비가 온다'라고 할 때 아무도 문자 그대로 받아들이지 않잖아요. 예수님도 그렇게 비유법을 사용하신 것입니다……."

또는

"신은 사물이 아닙니다. 그분은 존재이시죠. 그분은 의지를 갖고 계시고 열망을 갖고 계십니다. 사람과 관계가 있으시며 특징적 개성을 갖고 계십니다. 기도는 신게 이야기하는 멋진 언어예요. 모든 것을 아시는 신은 우리가 말하기 전에도 실제로 그분을 부를 때 우리 생각과 소망의 차이를 아십니다. 그분은 우리의 기도를 듣고 응답하십니다. 그 응답은 그분의 결정에 따른 것이에요. 우리는 그분이 어떻게 응답하실지 예견할 수 없어요……."

이 설명들은 문제를 감추려고 시도한다. 불행히도, 그것을 생각해보면 문제는 금방 드러난다. 문제는 간단하고 두 가지 측면이 있다.

1. 신은 전지전능하고 완벽한 존재인 것으로 생각된다.
2. '너희에게 불가능한 것은 아무것도 없다'는 말은 이미 인용한 다른 구절과 마찬가지로 뻥이다. 너희에게 불가능한 일이 많다는 것이

진실이다.

만약 완벽한 존재가 성경에서 기도의 작용에 대해 말하려 했다면, 세 가지는 확실하다.

1. 그는 분명히 명확하게 말했을 것이다.
2. 그는 자기가 의미하는 말을 했을 것이다.
3. 그는 진실을 말했을 것이다.

그것이 '완벽하기'에 대한 모든 것이다.

완벽하고 모든 것을 아는 신은 사람들이 성경을 2,000년 뒤에도 읽을 것임을 알았을 것이고, 그러므로 그는 1세기 관용어를 쓰면 안 되었다(그는 자기가 의미하는 말을 했을 것이다).

완벽하고 모든 것을 아는 신은 보통사람들이 성경을 읽고 보통의 방법으로 해석할 것임을 알았을 것이다(그는 명확하게 말했을 것이다).

완벽하고 모든 것을 아는 신은 '너희에게 불가능한 것은 아무것도 없다'고 말할 때 그 말이 '너희에게 불가능한 것은 아무것도 없다'(그는 진실을 말했을 것이다)라는 뜻임을 알았을 것이다. 신이 말한다면 그것은 진실이어야 한다. 그렇지 않으면 완벽한 존재가 아니다.

불행히도 진실은 당신이 아무리 열심히 기도해도 불가능한 것이 수천 가지이며, 아무도(예수를 포함해서) 산을 옮긴 적이 없다는 것이다.

이것을 어떻게 설명하겠는가?

과학적 설명

여기에 우리세계에서 보는 증거에 대해 사실에 입각한 설명이 있다. 즉 신은 어떤 기도에도 응답하지 않는다는 것이다. '신이 기도에 응답한다'는 개념은 모두 인간의 상상이 만들어낸 환상이다.

'응답받은 기도'가 환상이라는 것을 어떻게 아는가? 간단히 과학적 실험을 해본다. 신자집단에게 무엇인가를 기도해달라고 요청하고 무슨 일이 일어나는지 살펴보는 것이다. 과학적으로 기도의 효능을 시험할 때마다 발견하는 것은 그것이 아무 효과가 없다는 것이다. 누가 기도해도 상관없다. 신, 알라, 비슈누, 제우스, 라 또는 기타 숱한 다른 신에게 기도해도 상관없다. 기도에 대해 더블 블라인드 테스트를 시행하면, 그리고 그 기도가 이를테면 암환자 치료 같은 구체적이고 측정 가능한 것이면, 기도가 아무 효과 없다는 것을 알게 된다. 이 사실은 1부에서 자세히 논의했다. 모든 '응답받은 기도'는 우연의 일치일 뿐이다. 과학적 실험과 일상세계의 관찰은 늘 그렇다는 것을 보여준다.

이것이 바로 신이 팔다리를 잃은 장애인들을 고치지 않는 이유다. 만약 성경에 쓰인 대로 기도에 응답했다면(앞에 언급한 10개의 구절을 보라), 우리는 기도를 통해 잃어버린 팔다리를 복원할 수 있을 것이다. 신은 결코 회복시켜주지 않으며, 이것이 '응답받은 기도'는 환상임을 보여주는 거부할 수 없는 증거다. 신이 성경에서 분명히 약속한 것처럼 실제로 기도가 응답받았다면 우리는 사방에서 재생 중인 팔다리들을 볼 것이다.

과학적이고 경험적인 증거를 모두 살펴보면 기도에 대한 성경의 언급이 거짓임을 알 것이다. '신은 자동판매기가 아닌' 것이 아니다. '신은 결코 기도에 응답하지 않는다.' 자세한 사항은 1부를 보시라.

당신의 영혼 이해하기

당신이 기독교인이라면 예수는 당신의 영혼이 영원한 삶을 갖게 될 것이라고 약속한다. 요한 3:16에서 성경은 말한다. '하나님이 세상을 이처럼 사랑하사 독생자를 주셨으니 이는 그를 믿는 자마다 멸망하지 않고 영생을 얻게 하려 하심이라.' 오로지 당신이 할 일이란 예수를 믿는 것이고 그런 다음 당신의 영혼은 천국에 가게 된다.

하지만 실제로 영혼에 대해 생각해본 적이 있는가? 사후의 세계가 어떻게 돌아가는지 생각해본 적은? 어떤 삶이 사후세계를 갖고 어떤 삶은 그러지 못하는가?

박테리아로 시작해본다. 박테리아는 영혼이 있고 사후세계를 갖는가? 박테리아는 다양한 분자로 가득 찬 세포막이다. 이 분자들이 우리가 삶이라고 부르는 것을 만들기 위해 여러 방식으로 서로 반응한다. 비록 모든 분자들이 환상적인 연계 방식으로 반응하지만 그것들은 아직 화학반응 외에 아무것도 아니다. '삶의 기적'은 기적이 아니다.

그저 커다란 화학반응이다. 그 반응들이 멈추면 세포는 죽는다.

이제 질문을 던져본다. 박테리아가 죽으면 사후세계로 가는가?

박테리아가 천국에 간다고 믿는 사람은 미국에 많지 않다. 성경은 박테리아가 야기한 모든 질병, 부패, 역병으로 가득 찬 천국을 이야기하지 않는다. 그럼 정확히 무엇이 천국에 가는 걸까? 계속 반응할 수 있도록 모든 박테리아의 분자들이 다른 차원으로 옮겨지는 것일까? 그런 일이 벌어진다면, 수천 톤의 화학물질이 매일 지구를 떠날 것이다. 분명히 박테리아 세포에게 사후세계는 없다.

모기는 어떤가? 모기는 박테리아 세포보다 훨씬 복잡하다. 한 가지, 모기는 놀라운 능력을 가진 다중세포성 곤충이다. 그러나 모기 안의 세포를 들여다보면 그 기본기능을 가진 박테리아와 아주 흡사하다. 모기가 사후세계를 갖는? 분명히 아니다. 수백만 년간 얼마나 많은 모기가 살다가 죽었나를 생각해보라. 영원히 사는 모기들 셉틸리온 마리로 가득 찬 천국은 누구도 상상하지 않는다. 우리가 박테리아에서 본 문제가 또 있다. 모기가 천국에 가는 유일한 길은 모기 안에 있는 모든 화학물질을 어떻게든 지구에서 천국으로 옮기는 것이다.

쥐는 어떤가? 쥐들은 모기와 다르지 않다. 쥐는 다중세포 기관이지만 각 세포는 작은 화학공장으로 박테리아와 매우 흡사하다. 개는? 같다. 침팬지는? 같다.

그럼 인간은 어떤가?

인간의 몸도 일련의 화학반응에 불과하다. 인간의 삶을 유지하게 하는 화학반응은 박테리아, 모기, 쥐, 개, 또는 침팬지의 화학반응과 다르지 않다. 사람이 죽으면 화학반응이 멈춘다. 박테리아, 모기, 쥐,

개 또는 침팬지에게 영혼이 없는 것과 똑같이 화학물질과 섞인 '영혼'은 없다. 인간의 몸을 구성하는 화학물질에 왜 사후세계가 있겠는가?

당신의 '영혼'에 관한 모든 개념은 완전히 허상이다. 많은 사람들이 죽음을 대하기 어려워하므로 종교가 만들어낸 것이다. 그것으로 사람들은 더 편하게 느끼겠지만 그 개념은 완전한 허구다.

당신의 삶과 뇌를 있게 하는 화학반응에 대해 생각하고, 당신의 '영혼'이 얼마나 말도 안 되는 허상인가를 깨달아야 할 때다. 그렇게 되면 종교에 대한 모든 것이 밝혀진다.

어릴 때 산타가 허상이라는 것을 알게 되었을 때를 회상해보라. 그것을 알자마자 모든 것이 명확해졌다. 순록은 날지 못한다. 사람은 굴뚝으로 내려가지 못한다. 작은 썰매 하나가 전 세계 모든 어린이를 위한 장난감을 나를 방법은 없다. 등등……. 산타는 만들어낸 이야기라는 것이 명백하다.

같은 맥락으로, 사람은 걸어 다니는 커다란 화학반응체라는 것이 명백하다. '영혼'은 산타와 똑같이 지어낸 이야기다. 화학반응이 멈추면 당신은 죽는다. 그것으로 끝이다.

이것을 알고 나면, 당신은 종교의 모든 것을 알 수 있다. 신, 성경, 예수, 부활, 기도, 십계명, 창조론, 영혼, 영원한 삶, 천국…… 그 모든 것이 상상의 산물이다. 알라, 코란 등도 마찬가지다. 인류로서 우리는 수세기 동안 이런 모든 종교 교리를 믿어왔고 오늘날에도 대부분은 어느 정도까지는 그것을 믿는다. 그러나 모두가 허구다. 오늘날의 '신'은 이집트, 로마, 아스텍의 신들과 마찬가지로 지어낸 이야기다.

모든 기독교인에게 던지는 질문

원죄 이해하기

창세기에 나오는 아담과 이브와 악마에 관한 이야기는 기독교인에게 매우 중요하다. '인간의 타락'과 '원죄'로도 알려진 이야기는 기독교와 기독교 신에 관한 엄청난 사항들을 설명하기 때문이다.

예를 들어 '원죄' 이야기는 전능한 신이 왜 지구에 그렇게 많은 고난을 주는지, 예수가 왜 지구에 와서 십자가에 죽었는지, 인간의 출산이 왜 그렇게 고통스러운지, 인간의 본성이 간혹 왜 그렇게 잔인하고 나쁜지를 설명한다. 또한 세례의 성찬을 설명한다. '신은 진짜인가 허상인가?'에 따르면

원죄는 아담과 이브의 죄고, 인간이 타락한 중요한 사건이다. 기독교의 가장 보편적인 가르침에 따르면 아담과 이브의 모든 후손, 즉 모든 사람들은 이 죄를 나누어 갖고, 임신되었을 때부터 죄의 상태에 있게 된다. 독일에서는 상속된 죄를 의미하는 '에르브순데Erbsunde'라

468

는 용어를 사용하는데 영어보다 더 잘 이해되는 용어다. 예수는 십자
가형과 부활을 통하여 원죄를 보상했다. 예수를 믿고 세례를 받는 모
든 자는 원죄로부터 자유롭고 구원을 경험한다.

기독교인과 대화해보면 대다수가 '인간의 타락'을 글자 그대로 사실
로 믿는 것을 발견할 것이다. 그들에게는 꾸며낸 이야기나 신화가 아
니다. 그리스도의 십자가 처형과 부활은 기독교 신앙의 핵심이고, '원
죄'는 십자가 처형에 궁극적인 의미를 제공한다.

여기서 해결할 의문은 간단하다. 성경에 있는 원죄 이야기는 적정한
가? 문자 그대로 사실이든 아니든 이 이야기는 인간에게 중요한 점을
시사하는가? 우리의 목표는 기독교인들이 원죄 이야기를 신선한 시각
으로 보고 의미를 분석하게 하는 것이다.

창조론

'인간의 타락'은 인간의 창조에서 시작된다. 창세
기 2:7은 실제적 창조과정을 이렇게 묘사한다.

여호와 하나님이 땅의 흙으로 사람을 지으시고 생기를 그 코에 불어
넣으시니 사람이 생령이 되니라.

이 지점에서 많은 과학자들이 이미 문제를 제기한다. 성경에 따르면
신이 BC 4004년에 한줌의 먼지로 아담을 만들었다. 한편, 과학은 인

간이 수만 년 동안 존재해왔고 다른 종에서 진화했다는 것을 보여준다. 이쯤은 사소한 것으로 무시하기로 하자. 성경의 이야기는 '실체적 진실'이라기보다 신이 고안한 '문학'일 수 있다. 인간의 몸이 광물질(먼지)로 구성되고 광물질(먼지)로 돌아간다는 것은 사실이므로 그 측면에서는 사실이기도 하다.

성경은 신이 남자를 만든 후 에덴의 정원으로 데려갔다고 말한다.

> 여호와 하나님이 그 사람을 이끌어 에덴동산에 두어 그것을 경작하며 지키게 하시고. 여호와 하나님이 그 사람에게 명하여 이르시되 동산 각종 나무의 열매는 네가 임의로 먹되. 선악을 알게 하는 나무의 열매는 먹지 말라 네가 먹는 날에는 반드시 죽으리라 하시니라.

신은 나중에 이브를 만들고 우리는 이야기의 핵심에 도달한다. 뱀이 이브에게 그 나무 열매를 먹도록 유혹하고 이브는 아담을 설득한다.

여기서 우리는 수수께끼를 만난다. 바로 말하는 뱀이다. 과학적 견지에서 이 뱀은 불가능하다. 말하는 뱀 같은 건 없다. 뱀(그리고 양서류 일반)은 말할 수 있는 물리적 구조도 지능도 없다. 간단히 말해서 양서류의 뇌에는 말을 할 신경조직이 충분하지 않다. 이야기 문맥에서조차 말하는 뱀은 받아들이기 힘들다.

이야기에서는 신이 하나가 아닌 두 종류의 감각동물을 만든 것으로 보인다. 하지만 성경에는 뱀을 만들었다는 이야기도 없고 신이 뱀더러 나무에서 떨어져 있으라고 경고한 장면도 없다. 이것도 사소한 것으로 보고 무시하자. 아마 뱀은 사탄을 상징하려는 신의 장치일 것이다.

아담과 이브가 신의 말을 어기고 나무의 열매를 먹는다. 여기서 사건이 일어난다.

> 여자가 그 나무를 본즉 먹음직도 하고 보암직도 하고 지혜롭게 할 만큼 탐스럽기도 한 나무인지라 여자가 그 열매를 따먹고 자기와 함께 있는 남편에게도 주매 그도 먹은지라.
>
> 그날 바람이 불 때 동산에 거니시는 여호와 하나님의 소리를 듣고 아담과 그의 아내가 여호와 하나님의 낯을 피하여 동산 나무 사이에 숨은지라. 여호와 하나님이 아담을 부르시며 그에게 이르시되 네가 어디 있느냐.
>
> 이르되 내가 동산에서 하나님의 소리를 듣고 내가 벗었으므로 두려워하여 숨었나이다.
>
> 이르시되 누가 너의 벗었음을 네게 알렸느냐 내가 네게 먹지 말라 명한 그 나무 열매를 네가 먹었느냐.

이 내용은 네 가지 이유로 약간 이상하다. 그것들을 풀어보자.

- 신은 모든 것을 아는 모든 것의 창조자다. 신은 왜 그들에게 묻는가? 모든 것을 알기에 이미 답을 안다. 이를테면 '어디 있느냐?'처럼 간단한 질문은 신에게는 불필요하다. 모든 것을 알고 있으니 누구에게든 어떤 질문도 할 필요가 없다. 이 장면은 신이 수줍어하는 부모의 역할연기를 한다고 생각하고 넘어가자.

- '전지한' 개념의 고리를 조금 더 받아들이면 다음을 깨달을 것이다. 모든 것을 아는 신이 정원에 나무를 심는 순간 그의 전지함은 인간사의 전 과정을 즉시 알게 될 것임을 의미한다. 그는 모든 개인의 출생, 인생, 사망을 아주 자세히 그 당시에 미리 볼 수 있었다. 신이 아담의 다음 행동을 내켜하지 않았다면, 왜 그런 식으로 설정했을까? 또 왜 그 일이 일어난 것에 놀랐을까?

- 대부분의 사람들은 그 나무를 의아하게 생각한다. 나무는 '선과 악의 지혜의 나무'라고 불린다. 그러므로 아담과 이브는 열매를 먹기 전까진 선과 악의 지혜를 갖지 못하였다. 그런 그들이 어떻게 옳고 그름의 차이를 알아 열매를 먹었겠는가? 다시 말해, 열매를 먹는 것이 잘못임을 미처 알기 전에 열매를 먹은 셈이다. 옳음과 그름을 구별하는 지혜가 없는 사람이 어떻게 죄를 짓겠는가? 그리고 잘못했다 해서 어찌 그를 벌할 수 있는가?

- 대부분의 사람들은 인간의 본성에 대해 놀란다. 신이 아담을 만들었고 아담의 몸과 뇌 안에 있는 모든 세포의 위치를 설계했다. 그래서 인간의 본성에 관해서 모두 알고, 아담과 이브가 모든 상황에 어떻게 생각하고 반응할지도 안다. 신은 인간의 본성을 창조한 존재다. 분명히 신은 나름의 방법으로 인간 본성을 만드는 데 해박하다.

이런 문제들은 모두 무시하기로 하자. 더 중요해 보이는 다른 문제가 있기 때문이다.

아담의 설계

　　　　　　　　이 이야기를 읽고 실제로 깊이 생각하면, 아담과 이브가 아주 특별한 경우임을 알게 된다. 이렇게 보자. 당신과 나 같은 보통사람이 태어날 때 우리는 아무것도 모른다. 우리는 모국어, 문화, 규칙, 법, 역사 등등을 수년간 부모에게 배워야 한다. 그런데 아담은 땅의 먼지로 만들어졌다. 설인 '프로스티'처럼 아담에게는 '어느 날 생명이 생겼다.' 성경에서 그가 만들어지는 순간 그는 말하고 생각할 수 있는 어른이다.

이것은 아담의 정신 상태에 대해 많은 의문을 불러일으킨다.

- 아담의 초기 언어는 어디서 왔을까? 신이 미리 심어놓은 것이 틀림없다.

- 아담은 먹고 마시고 씻고 걷는 등의 관한 지식을 어디서 습득했을까? 이런 기술은 보통 몇 년간의 훈련이 있어야 생긴다. 신이 역시 아담에게 미리 집어넣었음에 틀림없다.

- 아담은 대화에 응답하는 방법, 공손한 방법, 다른 사람과 교류하는 방법을 어디서 배웠을까? 보통 이런 사회적 기술은 부모가 가르친다. 신이 아담에게 미리 넣었음이 틀림없다.

- 아담은 몇 살인가? 신은 아담을 5살 수준으로 미리 정했을까? 10살? 10대 청소년? 20대? 중년의 남자? 노인? 성경에는 없지만 이는 매우 중요하다. 아담을 5살 또는 10대로 맞추었다면 아담의 실수에 대해 너무 화내서는 안 될 것이다. 5살이나 10대는 실수를 계속한다. 그것이 그들이 배우는 방법이다. 한편, 20대로 정했다면

아담의 전반적인 세계관, 태도, 도덕기준, 정치적 견해, 여성에 대한 태도(15장) 등은 신이 미리 정해둔 것이다. 25세쯤이면 대부분의 사람은 12년의 초중고와 대학을 나오고 많은 사람과 데이트하고 결혼하기도 한다. 그래서 뇌 속에 많은 정보와 경험을 저장한다. 아인슈타인은 26세에 결혼해 아이가 있었고 상대성의 이론을 마쳤다. 신은 아담을 아인슈타인이 26세에 가졌던 지식, 이해도, 경험과 같은 수준으로 맞춰놓았을 것이다. 그 경우 아담은 다른 결정을 했을 수 있고 인간은 기술적으로 괄목할 만한 속도로 진보했을 것이다.

요점은 간단하다. 신은 이 초기 계획을 통해 아담(그리고 이브)의 머릿속 모든 생각을 직접 통제했다.

그런데 왜 정원에서 벌어진 사건에 어떤 식으로든 놀라고, 왜 인간을 벌해야 했을까? 상황도 모든 행동도 미리 계획한 존재이므로 신은 에덴에서 일어날 일을 전부 결정했다. 신은 왜 귀찮게 "먹지 말라 명한 그 나무 열매를 네가 먹었느냐?"라고 묻는가? 그것조차 신의 계획인 것을. 신은 역사 전반을 볼 수 있다. 수십억 년의 앞뒤를 원자 수준까지 볼 수 있다. 그것이 전지함이다. 아담과 이브를 만들었고 미리 계획해 놓았으므로 신은 아담과 이브와 뱀이 같이할 일을 정확히 안다. 아담과 이브는 처음부터 운이 나빴다.

이것이 비기독교인들에게 창조론과 '원죄'의 개념을 그렇게 우스워 보이게 만드는 것이다. 아담은 '죄'를 짓지 않았다. 우선, 아담은 열매를 먹을 때까지는 죄가 뭔지 알 길이 없었고, 덧붙여 그는 스스로의 행동을 통제할 수 없었으므로 그렇게 행동한 것은 '죄'가 아니다.

신에게 대답하기

아담이 현명했다면 신의 "뭘 하느냐?" 같은 질문에 이렇게 대답할 것이다.

> "보세요, 신이시여. 당신이 제게 말하십니다. 당신은 나를 만드신 분입니다. 당신은 제 뇌 속에 신경을 배열한 분입니다. 인간의 본성을 만드신 분입니다. 제 언어와, 세상에 대한 저의 지식과, 도덕관과 모든 다른 것들로 저를 설계하신 분입니다. 또한 이브를 만들고 설계하셨고 말하는 뱀을 만들고 설계하신 분입니다.
> 당신은 여기서 일어나는 모든 일에 절대적인 지배력을 가지고 계십니다. 수십억 년의 과거와 미래를 보실 수 있습니다. 당신이 제게 말씀하십니다. 제가 뭘 하느냐고요? 아주 분명히 저는 당신이 설계하고 계획한 바를 정확히 하고 있습니다. 어떻게 다른 것을 할 수 있겠습니까?"

더 비열한 것은 아담의 '죄'에 대한 신의 반응이다. 전지전능한 신은 아담에게 이렇게 말했어야 했다.

> "아담, 너는 네가 옳다는 것을 아는구나. 내가 널 만들었다. 몸과 머리에 있는 모든 세포를 배열했다. 내가 인간 본성을 만들었다. 그리고

네 말대로 너를 미리 계획해놓았다. 네가 어떻게 생각하고 모든 상황에서 무엇을 할지를 정확히 안다. 그뿐이냐, 나는 모든 것을 알고 시대를 초월하므로 네 인생이 어떻게 진행될지 나노초 단위로 정확히 볼 수 있단다. 너를 따르게 될 수천억의 사람들의 어떻게 살아갈지도 나노초 단위로 자세히 볼 수 있다. 나는 모든 것을 알고 이해한다. 나는 완전하다. 내 방식대로 너를 만들 때 나는 완벽하고 완전한 선견지명으로 그리했다. 네가 왜 나무 열매를 먹었는지도 정확히 이해하지. 사실 나무를 심을 때부터 이미 네가 어찌할지 정확히 알았구나. 이제 네가 선과 악의 차이를 이해하니 기쁘다. 그렇지 않았다면 거기에 나무를 심지 않았을 것이야."

불행하게도 전지전능한 신은 그렇게 말하지 않는다. 대신 완전히 양아치 역할을 하기로 결정한다. 이브를 벌주겠다며 이렇게 말한다.

"나는 출산 때 너를 매우 고통스럽게 할 것이다. 너는 고통을 통해 아이를 출산할 거다."

물론 이것은 고문이다. 벌로써 어떤 사람에게 극도의 고통을 지우는 것이 고문의 정의이다. 그렇게 신은 우주의 전능한 고문자이다. 대단하다. 이것이 이 이야기가 내포한 어리석음의 긴 목록에 보탤 또 다른 사항이다. 우리는 모두 '신'이 아닌 진화가 출생의 고통을 만들었다는 것을 안다.

아담도 비슷하게 벌을 받는다. 신은 아담에게 유죄를 선고하고 죽음의 벌을 내린다. 열매 이후에 신이 말한다.

> 땅은 너로 말미암아 저주를 받고 너는 네 평생에 수고하여야 그 소산
> 을 먹으리라. 땅이 네게 가시덤불과 엉겅퀴를 낼 것이라 네가 먹을 것
> 은 밭의 채소인즉. 네가 흙으로 돌아갈 때까지 얼굴에 땀을 흘려야
> 먹을 것을 먹으리니 네가 그것에서 취함을 입었음이라 너는 흙이니
> 흙으로 돌아갈 것이니라.

신은 다음에 아담과 이브를 에덴동산에서 추방하여 그들과 자손
들에게 노역, 고통, 괴로움과 죽음의 형벌이 시작된다. 이것이 모든 것
을 알고 모두를 사랑하는 우주의 신과 인간의 실질적인 첫 조우다.

이것보다 더 나쁜 관계를 상상하기 어렵지만 신은 실제로 그리한다.
단 세 페이지 뒤에 나오는 신의 모습이다.

> 여호와께서 사람의 죄악이 세상에 가득함과 그의 마음으로 생각하
> 는 모든 계획이 항상 악할 뿐임을 보시고. 땅 위에 사람 지으셨음을
> 한탄하사 마음에 근심하시고. 이르시되 내가 창조한 사람을 내가 지
> 면에서 쓸어버리되 사람으로부터 가축과 기는 것과 공중의 새까지
> 그리하리니 이는 내가 그것들을 지었음을 한탄함이니라 하시니라.

여기서 신은 지구 표면에 있는 거의 모든 인간과 동물의 완전한 학
살과 멸종에 대한 계획을 언급한다. 신은 이 과정에서 '전능한 고문자'
에서 '악마 같은 대량학살 혐오'로 옮겨간다. 불합리가 산같이 자라난

다. 히틀러가 아마추어처럼 보일 지경이다. 수백만을 죽이는 대신 더 나은 삶을 제공하는 것이 더 쉽지 않을까? 아니면 신은 전지하고 완전하기 때문에 아담을 만들면서 올바른 방법으로 만들었을 것이다.

이렇게 생각하면 성경의 커다란 문제를 놓칠 수 없다. 완전하고 전지한 존재의 무결점 산물로 여겨져 온 성경. 당신이 태어나서부터 들어온 모든 것은 성경이 신의 완벽한 말씀이라는 것이다. 하지만 당신의 일반상식은 무언가 많이 다른 점을 이야기한다. 실제로 성경을 읽은 소감은 어처구니없음이다. 어떤 것도 신이 한 것이 아니다. 그 모든 것이 동화다. '원죄'는 곧 고대 우화이므로 아무 의미도 없다. 이 책이 그러한 관점에서 자세히 논의한 것처럼 당신 역시 다른 많은 것들을 이해하게 된다.

이성적인 인간으로서 단지 성경과 창조론을 생각해볼 것을 부탁한다.

인류는 지적 설계물?

오늘날의 '지적 설계설'은 다윈의 시대 전에 윌리엄 페일리William Paley가 사용한 것과 같은 논쟁에 기초를 둔다. 페일리는 숲에서 시계를 찾는다면 누구도 그 시계가 스스로 거기에서 생겨났다고 추정하지 않을 것이라고 믿었다. 당신은 결국 그 시계를 '시계제조자'가 만들었다고 추정할 것이다.

그 이야기를 확장하면, 인간의 몸은 시계와 같다. 인간의 몸은 '지적 설계설'에 따르면 '더 이상 단순화할 수 없을 정도로' 복잡하다. 따라서 페일리가 그랬듯이 이 이론을 믿는 사람은 인간의 몸은 스스로 형성될 수 없었고 '지적 설계자'가 개입할 수밖에 없다고 주장한다. 실제로 지적인 설계가 존재한다면, 여기 검토해볼 사항이 있다.

당신이 보석가게로 들어가 진열대에 놓인 시계들을 본다고 가정하자. 디자인이 특이한 시계 하나가 눈길을 사로잡는다. 가게 주인이 나오고 당신은 시계를 설명해달라고 부탁한다. 그는 시계의 더 재미있는 여러 가지 모습들에 대해 떠들어대기 시작한다.

"당신이 볼 수 없는 것이 있습니다." 보석가게 주인이 말한다. "이 시계를 감으면 악취를 풍기기 시작합니다!" 그는 시계를 감는다. 그리고 그가 말한 대로다. 분명한 냄새……. 처음에는 아주 희미하게 풍기기 시작한다. 주인은 아주 성가실 정도로 하루 동안 냄새가 심해질 수 있다고 말한다. 냄새를 없애기 위해 매일 아침 '탈취제'라는 특별한 연고를 발라야 하고, 매일 밤 씻어야 할 것이다. 씻지 않고 2~3일 놔두면 냄새가 너무 고약해서 같은 방에 있기 싫어질 정도다.

"여기 다른 것도 있습니다." 주인이 말한다. "매일 여덟 시간 동안 이 시계는 전혀 시간을 알려주지 않을 것입니다! 그 시간 동안 잠을 자는데 깨우면 안 됩니다. 방해를 받아 필요한 시간만큼 잠자지 못하면 다음날 자연스럽게 갑자기 잠에 빠질지 몰라요. 이것을 '졸음'이라고 합니다. 또 그럴 경우 시계의 시간은 아주 변덕스러울 수 있습니다."

보석가게 주인은 또 그 시계가 수천 가지 '질병'을 앓는다는 것을 알려준다. 그중 많은 질병이 시계를 1주 또는 그 이상 고장 나게 할 수도 있다. 그로 인해 시계는 '병원'이라고 불리는 특별한 서비스센터에서 아주 비싼 수리를 받게 될 것이다. 수백 가지의 질병들은 시계를 완전히 죽일지 모른다. 운이 좋다면 일 년에 두세 번, 운이 나쁘면 더 많이, 시계는 일주일마다 번갈아가며 각종 질병에 걸릴 것이다. 해마다 그 두세 주 동안 시계는 시간을 정확히 지키지 못할 것이고 당신은 수리를 맡기러 와야 할 것이다.

"이건 아주 독특합니다." 보석가게 주인이 말한다. "이것이 있는 시계는 많지 않아요!" 그는 시계 옆에 있는 부드러운 덩어리를 가리킨다.

가장 중요한 장비 두 개가 몸통 안에 있지 않고 대신 시계 바깥쪽에 붙어 있으면서 다른 장비에 작은 구멍을 통해 연결된다. 이 두 개의 외부 장비는 가게 주인이 '음낭'이라고 부르는 얇은 주머니가 보호하고 있을 뿐이다. 이 독특한 설계로 인해 이 시계는 아주 조심해서 다루어야 한다고 경고한다. 이 장비가 무엇에라도 부딪히면 시계는 몸통을 비틀며 멈출 것이다.

보석가게 주인은 계속한다.

매주 간격으로 당신은 시계에 '비타민'이라는 화학물질을 주입해야 하고 그렇지 않으면 시계는 죽을 것이다.

시계가 너무 추워지면 그 부품이 '동상'에 걸리고 썩거나 떨어질 것이다.

매일 몸통의 바깥쪽에 '때'라고 하는 역겨운 막이 생길 텐데 그러면 매일 두 차례씩 솔로 문질러 떼어내야 할 것이다. 그렇지 않으면 시계 몸통은 덩어리들로 가득 차서 결국은 떨어져 나갈 것이다.

당신은 하루에 서너 번 시계를 감아주어야 한다는 것도 알게 된다. 하지만 매우 조심해서 감아야 한다. 너무 많이 감으면 원래 크기의 서너 배나 기괴하게 부풀어 오르고 그러면 여러 질병들로 더 많은 문제가 생기기 시작할 것이다. 이 기괴한 부풀어 오름은 '비만'이라고 하는 아주 중요한 문제다.

시계를 주문하면 배달에 아홉 달이 걸린다. 하지만 주문의 15퍼센트는 공장에서 출하되지 못한다. 조립공정에서 망가져서 '유산돼' 배달되지 못하는 것이다. 공장에서 출하된 시계의 약 5퍼센트는 심각한 결점을 갖는다. 이 결함은 다운증후군, 척추파열 등으로 불린다.

새 시계를 열고 포장에서 꺼낼 때는 어떻게 생겼을지 알 수 없다. 어떤 시계는 아주 예쁘지만 어떤 것은 아주 작다. 나머지들은 평균 생김새다. 상당수는 아주 못생겼다. 당신은 받은 대로 갖게 된다.

같은 식으로, 공장에서 출하된 아주 적은 수의 시계들은 스톱워치와 달의 움직임을 보여주는 문자판 같은 세련된 모양으로 올 것이다. 대다수의 시계들은 일반적인 시침과 분침이 있고 시간을 꽤 잘 지킬 것이지만 '평균 이하의 IQ'를 가진 꽤 많은 시계가 시간을 잘못 혹은 전혀 지키지 못할 것이다. 다시 말하지만, 당신은 당신이 받은 대로 갖게 된다.

주인은 이렇게 이 특별한 상표 시계의 수많은 문제점을 설명하면서 계속 이어간다. 한 시간이 지나자 당신은 싫증이 나고 당황스러워서 손을 들어 그만하라고 부탁한다. 그리곤 그저 한 가지 분명한 의문을 제기한다.

"도대체 어떤 정신 나간 제조자가 그렇게 문제가 많은 시계를 만든다는 거예요.???"

선택권을 가진 사람이라면 아무도 이 상표의 시계를 사지 않을 것이다. 설계부터가 웃기다. 이 상표의 시계는 명백한 흠이 수천 가지나 있고 아주 심각하다. 시계제조자는 왜 냄새를 풍기는 시계를 만들려는 것일까? 치석과 때? 비만? 외부에 있는 음낭? 불합리한 형태와 문제 목록은 끝이 없을 정도다.

이것이 정말로 '신성한 시계제작자' 이론의 문제점이다. 지적 설계? 만약 인류가 신의 형상으로 만들어졌다면 신은 완전히 멍청이다. 신이든 아니든, 어떤 '지적인 설계자'도 이렇게 웃긴 시계를 만들지는 않을 것이다.

우리 인간의 몸에서 발견되는 더 기이한 모습 몇 가지를 살펴보고 더 자세히 알아본다.

체취

지적인 설계자가 인간을 만들었다고 가정하면, 설계자는 자기가 좋아하는 방식으로 설계하는 데 제한이 없었을 것이다.

거의 모든 인간의 몸에서, 땀은 냄새 없는 시스템이 담당한다. 하지만 지적인 설계자는 아주 이상한 짓을 했다. 인간의 겨드랑이에 아주 다른 종류의 땀샘을 발명했는데 이것은 아포크린 땀샘이라고 불린다. 이들 특별한 땀샘이 보통 땀의 소금기와 물에다 단백질과 지방을 첨가한다. 단백질과 지방은 옷에 얼룩을 남기는 노란색을 띠지만 자체로는 어떤 특별한 냄새가 없다. 문제는 박테리아가 지방과 단백질을 분해할 때 시작된다. 그 분해과정에서 엄청난 냄새가 발생한다. 고약하고 역겨운 냄새다. 이것이 인간의 몸에서 냄새가 나는 이유다.

그런데 지혜로운 설계자는 왜 이렇게 했을까?

"아마 체취는 하등동물에서 유래돼 남은 유물일 겁니다." 누군가는 이렇게 말할 것이다. 즉 우리가 하등동물에서 진화했다는 말이다. 지적인 설계자는 인간을 설계할 때 빈 서판(백지론, 사람의 본성은 후천적으로 결정된다는 이론)을 갖고 있었다.

어떤 이는 말할 것이다. "이봐요, 설계자가 전능하다는 것이 인간의 몸이 완벽하다는 의미는 아니잖아요. 설계자는 뭔가 이유가 있어서 체취를 만들었을 거라고요." 하지만 그 이유는 무엇일까? 지적인 설계자는 왜 겨드랑이에서 냄새가 나기를 원했을까? 왜 그렇게 많은 실수를 했을까? 왜 잘 돌아가는 시계를 설계하지 않았을까?

어떤 사람은 말할 것이다. "아마 지적인 설계자는 수십억 년 전에 생명을 만들고, 진화를 만들고, 진화가 자연스런 혼돈의 과정을 거치게 했을 겁니다. 그래서 인간의 몸이 그 많은 문제를 갖고 있는 것이지요." 그렇다면 지적인 설계자란 개념은 무엇 때문에 고수해야 하나? 그 경우 분명히 모든 생명체의 '더 감소할 수 없는 복잡성'은 자연적인 진화과정에서 왔고 따라서 지적인 설계자를 거론할 필요가 없다.

설계자는 냄새를 풍기는 인간을 선택했을까? 그것이 문제다.

지적인 설계자란 없다고 가정하는 것은 어떤가? 지적인 설계자가 허상이라면 겨드랑이 냄새는 어찌 되는가? 이 가정에서 당신의 몸은 의도하지 않은 자연과정에 의해 수백만 년에 걸쳐 생겨났다. 당신의 겨드랑이에서 냄새가 나는 것은 이 과정의 무작위 유물이다. 신은 자기 형상을 따라 사람을 만들지 않았고, 다른 초자연적인 '설계자'도 우리를 만들지 않았다. 다른 모든 생명체를 만든 자연이 사람도 같은 방법으로 만든 것이다.

비타민

당신은 매일 복합비타민제나 비타민 보강제를 규칙적으로 먹을 것이다. 왜 그렇게 하는지 궁금해한 적이 있는가? 비타

484

민은 인간의 몸에서 가장 재미있는 설계 오류 중 하나를 대표한다.

비타민은 인간의 몸이 필요로 하는 분자지만 스스로 그것을 만들 수 없다. 이를테면 비타민 C는 화학식 $C_6H_7O_6$으로 되어 있는 작은 분자다. 비타민정이 공급하는 특별한 분자가 없으면 사람들은 모든 종류의 쇠약해지는 질병에 걸린다. 비타민 D가 모자라면 뼈를 무르게 해서 끔찍한 기형으로 만드는 '그루병'에 걸리고, 비타민 C를 충분히 섭취하지 않으면 '괴혈병'에 걸린다. 괴혈병은 치료하지 않으면 치명적인 매우 무서운 병이다. 잇몸이 물러지고 점액막으로부터 피가 나기 시작해 반점과 상처가 몸을 뒤덮는다. 문제는 콜라겐을 만들 때 비타민 C가 필수 요소라는 사실이다. 몸은 비타민 C 분자 없이 콜라겐을 적정하게 만들 수 없고 그것이 수많은 문제들을 불러일으킨다.

개들에게는 감귤류를 먹고 싶은 욕망이 없다는 것을 알고 있는가? 비타민 C가 필요 없기 때문이다. 개들은 몸에서 비타민 C를 생성하기 때문에 외부에서 섭취할 필요가 없다. 사실, 지구상 거의 모든 동물은 비타민 C를 스스로 만든다. 인간만이 그러지 못하는 희귀한 동물이다(기니 돼지는 다르다).

지적인 설계자라면 인간이 비타민 C를 자가생성하도록 만들어야 했지 않을까? 왜 거의 모든 동물들과 달리 인간에게는 비타민 C 합성기관을 설치하지 않았을까? 그는 분명 인간이 비타민 C를 필요로 하고 그것이 없으면 괴혈병이라는 무서운 질병에 걸린다는 것을 알았을 것이다. 다른 동물들처럼 비타민 합성기관을 설치할 능력이 분명 있었을 것이다. 이런 실수를 했을 때 그는 도대체 무슨 생각을 하고 있었을까?

여기서 지적인 설계자가 없다고 가정하면 어떨까? 그런 경우, 인간이 비타민 C를 외부에서 섭취해야 하는 이유는 해당 유전자가 수백만 년 전에 인간을 설계한 자연과정에서 손상을 입었기 때문이다. 손상된 유전자는 인간이 비타민 C를 만들 수 없다는 것을 의미한다. 인간의 몸은 수백만 년간 자연의 과정에 반응하면서 생겨났고 그렇게 설계 오류는 쉽게 설명된다.

음낭

당신이 남자든 여자든, 남성의 성기관 구조를 보면서 궁금해하던 관점에 도달한다. '여기서 무슨 일이 일어날까?' 그것을 일단 보라. 웃기게 생겼다. 고환 두 개가 음낭이라는 작은 주머니 안에 달려 있고, 완전히 노출돼 있다. 지적인 설계자가 인간을 만들었다면 도대체 왜 이렇게 남자를 설계했을까? 고환은 왜 다른 주요기관처럼 몸속에 깔끔하게 포장돼 있지 않을까?

당신이 남자라면 외부 고환 때문에 생기는 여러 가지 문제를 안다.

1. 고환은 흔들리는 경향이 있어서 달리기에 불편하다. 그 때문에 남자 운동선수는 성기를 고정시키는 옷을 입는다.
2. 밖에 있고 보호장치가 없어서 고환은 고통에 아주 민감하다. 불알을 차이거나 고환으로 잘못 떨어져본 남자라면 누구나 얼마나 극심하게 아픈지를 안다.
3. 피부가 느슨하게 늘어져 있어 음낭 주위에서 발생하는 찌꺼기, 성

기 가려움 등의 문제가 생긴다.

고환과 음낭의 설계를 보면 누구나 중대한 오류를 알아차린다. 고환은 왜 이렇게 설계되었을까? 고환은 아주 간단한 이유로 대부분의 포유동물이 몸 바깥에 있는 자루 안에 달고 있다. 정자 생산을 위한 이상적 온도는 정상체온보다 약 3도가량 낮다. 외부 자루 안에 매달림으로써 고환은 이 낮은 온도를 쉽게 유지할 수 있다. 두 종류의 포유동물이 온도 문제를 외부 자루와 다른 방법으로 해결한다. 고래목(돌고래, 고래)과 바다표범은 고환을 차게 유지하기 위해 정교한 혈액순환 조직으로 그 문제를 보정한다.

지적인 설계자가 인체를 만들었다면 이런 명확한 질문이 생겨난다. 왜 고환이 정상체온에서 기능하도록 단순하게 설계하지 않았을까? 도대체 왜 온도에 민감하게 만든 것일까? 그랬다면 다른 기관처럼 몸 속에 있을 수 있다.

여기서, 지적인 설계자는 없다고 가정하면 어떨까? 그러면 인체는 자연과정에 따라 디자인된다. 정자 생산기관은 온도에 민감하다는 사실이 그 과정의 사고다. 그 문제는 대부분의 포유동물이 고환을 몸 바깥에 있는 작은 자루 안에 걸어둠으로써 자연스럽게 해결됐다.

치석과 얼룩

하루에 두 번 양치하고 치실을 사용해도 치아에는 치석과 얼룩이 낀다. 이것을 고통스러운 금속 기구로 제거하기 위해 주기적으로 치과에 가야 한다. 그러지 않으면 치석과 얼룩이 잇몸을 상하게 해 충치가 생기고 모든 이를 뽑게 되는 불상사가 생긴다.

지적인 설계자가 입을 설계했다면 치석과 얼룩도 그의 작품이다. 저절로 질문이 떠오른다. 설계자는 왜 이렇게 했을까? 인간의 입은 왜 그렇게 형편없이 설계되었는가? 어떤 설계자가 그런 뻔한 실수를 했을까?

여기, 지적인 설계자는 없다고 가정하면 어떨까? 그런 경우, 인체는 자연과정에 의해 설계되었다. 당신에게 입냄새와 치석이 있다는 사실은 이 자연과정에서 빚어진 우연한 사고다.

잠

매일 당신은 정상적인 기능을 위해 약 8시간의 잠이 필요하다. 명백한 질문이 생겨난다. 지적인 설계자는 왜 우리가 무의식 상태로 하루에 8시간을 허비하도록 했을까? 왜 잠을 자지 않도록 설계하지 않았을까?

두 번째 질문도 떠올릴 수 있다. 정상적으로 활동하기 위해 하루에 8시간을 자야 한다면, 왜 가끔은 그렇게 잠드는 것이 불가능할까? 침대에서 말똥말똥 누워 있어야 하는 몇 가지 이유가 여기 있다.

- 잡음이 너무 많다(이를테면 새벽 2시에 이웃에서 터져 나오는 헤비메탈 음악 같은).
- 편안한 자리에 들어갈 수 없다(이를테면 뉴욕에서 LA로 가는 밤 비행기의 의자).

- 새벽 3시에 아이들이 소리를 지르며 깬다(이를테면 아이가 잠을 잘 수 없어서).
- 낮에 커피를 너무 많이 마셨다(이를테면 전날 밤에 잠을 충분히 자지 않아서).
- 너무 덥다.
- 너무 춥다.
- 독감에 걸려 밤새 기침한다.
- 배우자가 코를 곤다.
- 다음날 있을 중요한 발표 때문에 신경이 예민하다.
- 매트리스가 불편하다.
- 악몽을 꾸어서 다시 잠들기가 무섭다.
- 등등

잠들 수 없는 이유는 엄청 많다.

이 모든 것을 보면, 잠에 대한 전반적인 개념이 처음부터 끝까지 손상됐다는 것을 알 수 있다. 당신이 잠을 자야 하는 이유는 지적인 설계자와 아무 관계가 없다. 당신의 몸은 자연과정에 의해 수백만 년간 설계되었다. 잠의 개념은 지적인 설계자가 아니라 이 자연과정에 의해 생겨난 우연한 사고다.

신성한 시계제조자

지적인 설계자가 인체를 만들었다면 뭐가 잘못됐는지 설명해야 한다. 전지전능한 존재가 왜 그렇게 웃기고 가끔은 심술궂은 잘못들을 저질렀는가? 앞에 기술한 체취, 비타민, 고환, 치과, 잠의 문제들은 빙산의 일각일 뿐이다.

- 지적인 설계자는 왜 지구상 절반의 사람들이 안경이 필요 없도록 눈을 설계하지 않았을까?
- 왜 사람들이 비만을 겁내지 않도록 배고픈 감각을 설계하지 않았을까?
- 왜 미국에서 심장병으로 죽는 사람이 가장 많지 않도록 심장을 설계하지 않았을까?
- 왜 설사나 변비로 계속 고생하지 않도록 소화기관을 설계하지 않았을까?
- 왜 알코올, 니코틴, 헤로인, 코카인, 도박 등에 중독되는 고통을 받지 않도록 뇌를 설계하지 않았을까?
- 왜 보통의 감기(그리고 다른 수천 가지 질병)와 같은 경우가 없도록 면역체계를 설계하지 않았을까?
- 왜 남성의 대머리 같은 것이 없도록 머리를 설계하지 않았을까?

목록은 계속 이어진다. 지적인 설계자는 사용자 누구에게라도 분명한 수천 가지 실수를 했다.

우리가 인체 설계에서 찾아낸 숱한 문제는 인간에게 엄청난 고통을 가져온다. 암으로 죽어가는 누구에게라도 물어보라. 막 심장수술을 받은 누구에게든 물어보라. 유산을 경험하거나 심각한 선천적 결함을 갖고 태어난 아이의 부모 누구에게라도 물어보라. 천연두, 독감, 에이즈 그리고 임파선역병으로 죽은 수억 명에게 물어보라. 인체상의 모든 문제는 지적인 설계자가 그것을 설계하지 않았다는 명백한 증거를 제시한다. 그런 것이 아니라면 설계자는 인간의 고통에서 엄청난 기쁨을 느끼는 것이다.

여기 이해를 돕고자 한다. 인간의 몸이 수천 가지의 실수와 문제점을 가진 이유는 그것을 만든 전능한 설계자/시계제작자가 없었기 때문이다. 설계자가 이 모든 실수를 저질러 그렇게 많은 고통을 만들지 않았을 것이다. 그는 결코 이렇게 나쁜 시계를 만들지 않았을 것이다. 진실은 자연이 시계제조자라는 것이다. 완벽하지 않고 다소 혼돈스러운 자연의 과정이 수억 년 동안 인체를 포함한 이 지구상의 모든 생명을 설계해오고 있다. 당신의 일반상식이 그것을 말한다. 몸으로 느끼는 많은 문제들이 매일 당신에게 그 사실을 강조한다. 이를 닦고 발한억제제를 바를 때마다 당신은 '지적인 설계자'가 아닌 혼돈의 자연 과정이 당신 몸을 설계했다는 사실을 상기한다.

심각하게 이상한

과학자들은 사악하지 않다. 그들은 지식과 연구를 바탕으로 토론하며 지금의 위치에 왔다. 고등교육을 받고 지성이 높은 수백만의 사람들이 모여서 광범위하고 다양한 원칙 아래 수십 년간 과학적 사실들을 분석해왔다. 예를 들면 이런 것들이다.

- 우주 나이가 수십억 년 되었다는 것을 가리키는 천문학 자료들이 많다.
- 지구 나이도 수십억 년 되었다는 것을 가리키는 지질학 자료들이 많다.
- 생명 자체는 수십억 년 이상 되었고 다중세포동물은 수억 년간 진화해왔음을 가리키는 고생물학적 자료가 많다. 화석기록은 수억 년 이상 지구상에서 수백만 종의 동식물이 나타났다 사라졌다는 것을 보여준다.
- DNA가 어떻게 작용하고 자연과정을 통해 어떻게 변화하는지를 보여주는 생물학적 자료가 많다.
- 기타

일관된 그림을 그리기 위해 서로가 모두 연관되어 있다는 증거는 수백만 개나 있다. 천문학자, 지질학자, 고고학자, 고생물학자, 화학자, 물리학자, 생물학자, 사학자들로부터 나온 자료다. 그 모든 것이 오늘날 우리에게 모든 형태의 생명을 가져온 수십억 년 된 고대 우주와 일련의 자연 사건들을 일제히 지목한다. 그중 아무것도 어느 종류의 '신'도 지목하지 않는다.

인체는 수많은 설계 오류로 가득하고, 많은 오류의 효과는 아주 잔인하다. 그런 설계 오류는 진화라는 혼돈스럽고 체계적이지 않은 자연과정에서 나왔다. 지적인 설계자가 있었다면 우리가 도달할 수 있는 유일한 결론은 그가 인간의 고통으로부터 극도의 즐거움을 느낀다는 것이다.

그런데 왜 인간은 성경의 창조이론에 그렇게도 단단히 집착하거나, 그런 설계자란 존재하지 않는다는 것이 명백한데도 '지적인 설계자'라는 더 포괄적인 개념을 고안하는 것일까?

이 책의 27장을 읽으면 종교적 견지에서 그 이유를 쉽게 이해할 수 있다. 많은 사람들이 죽음을 두려워한다. 그 두려움이 그들로 하여금 '영원한 삶'의 개념을 지어내게 한다. 영원한 삶을 위해서는 인체를 설계하고 '영혼'을 넣어준 지적인 설계자가 필요하다. 그래서 사람들은 창조론을 받아들이는 것이다.

그것은 신자들을 아주 기이한 곳으로 인도한다. 그들은 영생의 환상을 유지하기 위해 과학과 수백만 가지의 진실들과 싸워야 한다. 재미있는 것은 그들이 전화, 의약품, 인터넷 사이트, 점보 제트비행기, 플라스틱, 고층빌딩, 텔레비전, 전자레인지 그리고 기타 과학의 모든 다른 제품들을 기꺼이 사용한다는 것이다. 이러한 제품들은 지구가 수십억 년 됐고 지적인 설계자는 있을 수 없다는 것을 말해주는 동일한 과학적 과정을 통해 생산된다.

모든 기독교인에게 던지는 질문

증거 이해하기

신이 허상이라는 사실을 보여주는 분명하고 경험적인 증거는 무궁무진하다. 잠시 물러서서 살펴보자.

우선, 이러한 구체적 사실이 있다. 신이 존재한다는 것을 가리키는 과학적 증거가 없다. 우리 모두 그것을 안다. 예를 들어 신은 실재한다는 것을 보여주는 물리적 증거를 전혀 남기지 않았다. 예수의 어떤 기적도 증거가 남아 있지 않다. 어떤 TV와 라디오 방송국을 통해서도 메시지를 전혀 방송하지 않았다. 성경이 있지만 2부에서 살펴봤듯이 성경은 그 자체로 문제가 많다. 그러니 신이 존재한다는 것을 보여주는 경험적 증거는 전혀 없다고 동의하기로 하자.

- 신이 존재한다는 과학적 증거가 있었다면, 우리는 '신에 대한 신앙' 보다는 '신의 과학'에 대해 이야기할 것이다.
- 신이 존재한다는 과학적 증거가 있었다면, 신에 대한 연구는 신학

적이기보다는 과학적 노력이 될 것이다.

- 신이 존재한다는 과학적 증거가 있었다면, 과학적으로 존재가 증명된 신에게 모든 종교인이 줄을 서고 있을 것이다.
- 등등

다음으로, 신이 존재한다는 통계적 증거가 없다는 것은 사실이다. 예를 들어 기도모임에게 병원에 있는 A를 위해 기도하게 하고 B는 신경 쓰지 않아도, A가 더 빨리 회복되거나 더 오래 살지는 않는다. 기도에는 통계적 효과가 전혀 없다. 이 사실은 6장과 7장에서 자세히 논의했다.

당신 주위의 세상을 단순히 생각해보라.

첫째, 신이 기도에 응답한다는 결정적인 통계가 있다면, 그것은 곧 신이 존재한다는 과학적 증거가 될 것이다. 하지만 앞서 인용한 이유로 그런 증거란 없다는 것을 안다.

둘째, 가능성의 법칙은 기도하는 기독교인을 위한 것과 그 밖의 사람을 위한 것으로 두 가지가 아님을 알 수 있다. 가능성의 법칙은 모든 사람에게 똑같이 적용되는 한 가지만 있을 뿐이다. 어떠한 통계적 연구에서도 기도의 효과는 찾을 수 없다.

셋째, 신이 허상임을 암시하는 일상의 증거들이 많다. 1장에서 본 네바 로저스의 경우, 그녀는 공개적으로 신에게 기도하고 머리에 네 발이나 총을 맞는다. 기도를 통해 가옥이 보전된 스티브 호멜의 역설이 있다. 불행히도 그 거리에 있던 다른 39채의 가옥은 저주받고 불타서 무너졌다(2장). 97.5퍼센트라는 기도 실패율은 스티브의 집이 보존

된 것이 기적이라기보다는 단순한 우연의 일치로 느끼게 만든다. 우리는 그런 역설을 계속 보아왔고, 그것 모두가 신이 허상이라는 사실을 지적한다.

넷째, 과거의 모든 신들이 실제로 허상이었다는 사실이다. 우리는 모두 이집트, 로마, 그리고 아스텍 신들이 완전히 허상이었다는 것을 분명히 안다. 그렇지 않았다면 예수를 숭배하기 시작했을 리 없다. '라'나 '제우스'가 실제였다면 예수보다는 그들을 믿고 있을 것이다.

다섯째, 성경은 전혀 말도 되지 않는다는 사실이다. 이는 실제로 성경을 읽어본 누구에게라도 분명하다(2부).

여섯째, 신에 대한 정의가 자동으로 만들어내는 강력한 모순들이 있다. 기독교인들에 따르면 신은 완벽하고 전능하며 기도에 응답한다. 하지만 우리가 사는 지구에는 매년 수백만 명의 어린이들이 굶어 죽는다(자세한 사항은 8장을 보라). 왜 완벽한 신은 수백만 명을 굶어죽게 하면서, 잃어버린 개를 찾아달라는 기독교인의 기도에는 응답하는가? 이러한 분명한 수천 개의 모순들은 신이 허상이라는 것을 보여준다.

이제 우리는 신이 존재하지 않는다는 새로운 증거들을 보태기 시작할 수 있다. 5장에서 기술했듯이 팔다리를 잃은 장애인들의 사례가 있다. 신이 진짜라면 분명히 아주 이상하다. 매일 지구의 수백만 가지 기도에 응답한다면서, 잃어버린 팔다리는 완전히 무시하고 회복해주기를 거부한다. '신의 표준모델'과 '성경 속 예수의 말'에 따르면 말이 안 된다. 장애인들에 대한 신의 조치는 신이 존재한다면 설명이 불가능하지만, 신이 허상이라면 말이 된다.

우리는 신이 허상이라는 것을 보여주는 이 모든 증거를 갖고 있다.

이런 내용을 갖고 법정에 선다면 판사는 즉시 신이 허상이라고 판단할 것이다. 신이 진짜라는 구체적인 증거는 없는 반면 허상이라는 증거는 넘친다.

널리 전파하기

인간은 수천 년간 허상의 신들을 숭배해왔다. 이집트인은 그들의 신을 위해 피라미드를 세웠다. 로마인은 제우스와 대형 신전에 있는 그의 상상의 무리를 숭배했다. 아스텍인은 허상의 신들을 위해 거대한 돌제단 위에서 수천 명의 사람들을 제물로 바쳤다.

신과 알라가 똑같이 허상이라는 것은 명백하다. 21세기인 지금 이 상상 속의 존재를 따르는 무리가 더욱 더 위험해지고 있다는 것이 문제다. 9월 11일, 이 진실이 생생하게 전달되었고 그 외에도 다른 항목들이 많다.

질문이 생긴다. 이성적, 지성적 인간이 함께 모여 그 망상을 치료하고 우리의 세계를 더 좋은 곳으로 만들면 어떨까? 흥미로운 생각이다. 많은 이점도 있을 것이다.

그렇지만 어떻게? 어떻게 사회 개선을 시작해서 종교적이기보다 이성적이 될 수 있을까? 어떻게 파괴적이기보다 도움이 되는 방법으로 변환기를 만들까? 어떻게 수천 년간 유지해온 현상을 조금이라도 바꿀 수 있을까? 이 변화가 어떻게 일어나는가에 대해 생각하는 것은 흥미진진하다. 여기 두 가지가 있다.

1. 미국에서 여성이 투표할 수 없던 시절이 있었다. 그때는 불가능했지만 지금은 모두에게 투표할 권리가 있다. 어떻게 그런 일이 일어났는가?

2. 미국에서 대다수 사람이 담배를 피웠던 때가 있었다. 흡연은 어디에서나, 비행기나 공중화장실에서도 허용됐다. 하지만 오늘날 흡연은 비행기를 포함한 대부분의 공공장소에서 금지된다. 어떻게 그런 일이 일어났는가?

두 과정 모두가 괄목할 만하고 공중 관념의 지각변동 같은 변화를 나타낸다. 소수의 사람들이 "이것은 잘못됐으니 고칠 필요가 있다"라고 말했던 시점이 있었다. 그들은 문제를 공개적으로 토론하기 시작했다. 그리고 다른 소수의 사람들이 동조하고 연합했다. 그 뒤 소수는 다수의 바깥 언저리에 있던 사람들에게 영향을 주기 시작한다. 일단 그 과정이 시작되고 충분한 기세를 얻고 나니 사람들이 스스로 생각하기 시작했다. 그리고 이제 우리는 모두 흡연이 문제임을 인식한다. 흡연자는 이성적 사고가 충분히 발달하지 않은 시절의 10대 청소년처럼 중독성 높은 약물에 의존하게 돼 불행하다. 사회구성원으로서 우리는 이제 청소년이 중독되지 않도록 막고 이미 중독된 사람들을 돕도록 최선을 다한다.

여기 단순한 질문이 있다. 우리는 기독교 같은 종교에도 이런 영향을 미칠 수 있을까? 우리가 기독교를 '주류'에서 비주류 활동으로 바꾸고 그 과정에서 그것을 더욱 더 나은 무언가로 바꿀 수 있을까?

기독교같이 강력한 무엇인가를 밀어낸다는 생각은 터무니없게 들린다. 그렇지 않은가? 하지만 여성이 처음으로 투표권 획득에 관해 이야기를 꺼낼 때도 똑같았다. 우리가 시작해야 한다.

세계를 바꾸는 길은 사람의 마음을 바꾸는 것이다. '신'과 '알라'가 완전히 허상이라는 사실을 더 많은 사람들이 공개적으로 논의할 때 세계는 더 나아진다. '종교'를 믿는 사람들은 점점 어리석어 보일 것이다. 궁극적으로 종교는 의미 없는 허드레 활동이 된다.

논의와 연대가 얼마나 많은 효과를 낼 수 있는지 놀라게 될 것이다. 공개적으로 종교 문제를 계속 논의하면 우리는 소수를 연합할 것이고 다수가 변하기 시작한다. 26장에서 논의했듯이, 종교는 증거의 방대한 무게로 인해 결과적으로 이성에 지게 될 것이다.

이 글을 옮기기까지

사람…… 자연…… 종교…….

부모님이 성당에 다니는 집안에서 나고 자라면서 자연스럽게 기독
교(천주교)가 어릴 적 나의 종교가 되었다. 대여섯 살 어린나이엔 어머
니와 잠시라도 떨어지는 게 싫어서 성당에 가시는 어머니 팔에 매달
려 따라다녔고, 초중학교 시절엔 시골의 종교 없는 친구들과 달리 뭔
가 색달라 보이는 신식 종교를 믿는다는 일말의 자부심으로 그럭저럭
성당에 다녔다.

고등학교와 대학에 다닐 때엔 신자로서 당연히 활동해야 하는 것
으로 알고 나름 열심히 가톨릭 학생회에 참가했다.

신자가 아니었던 아내와 성당에서 결혼식을 혼배성사로 올렸던 것
도 어렸을 때부터 천주교 신자였다는 잠재의식이 영향을 꽤 미쳤다는
사실을 부정할 수 없다.

그런데, 정확히 언제부터였는지 가늠하기는 어렵지만 이성이 종교

에 개입해야 한다는 생각이 들기 시작했다. 아마 중고등학교 시절부터였던 것으로 생각된다. 우리 땅에 서양종교인 기독교가 들어온 지 200년 남짓이지만 우리 역사는 반만년이고, 우리 선조들은 기독교에서 말하는 신의 존재를 알 수조차 없었는데도 기본적으로 기독교의 신을 모르면 아무도 천국에 갈 수 없다는 교리내용이 영 찜찜했다.

대학을 졸업하고 직장생활을 하면서도 그 갈등은 지속됐다. 전지전능한 신께서 늘 나를 지켜보고 있고 내가 나쁜 일을 하면 언젠가는 벌을 받게 될 것이고, 아울러 그분께서 세상의 모든 악을 물리치고 선을 구현하면서 세상은 결국 정의로운 사회가 될 것이라는 막연한 생각과, 과연 그런 존재가 있겠는가 하는 의구심의 충돌……

이 세상에는 독재자, 탐관오리, 사기꾼, 협잡꾼 등 온갖 악행을 저지르는 인간들이 정말 많은데 신은 그들을 어쩌지 못하고 있고, 오히려 십자군전쟁, 30년전쟁, 백년전쟁, 마녀사냥같이 신의 이름으로 인간들이 고통받던 세계사의 장면은 늘 의문과 불만의 대상이었다.

지구상에는 수많은 인종이 있는 만큼 종교도 다양하다. 사회적·역사적인 배경이 있겠지만 다양한 종교 중에서 지금은 기독교 31.5퍼센트, 이슬람교 23.2퍼센트, 힌두교 15.0퍼센트, 불교 7.1퍼센트 순으로 신자가 많고, 무교는 16.3퍼센트, 기타 종교는 6.9퍼센트로 나타난다 (미국조사기관 Pew Research 2010년 기준).

모든 종교는 자신들의 신을 숭배한다. 예수, 알라, 브라마·비슈누·시바, 부처, 삼신할미…… 이런 신들이 정말로 있는 것일까? 지하자원과 관련된 일을 하면서 그 의문은 구체화되면서 점점 커졌다.

지구 나이 약 46억 년……

시생대 46억 년 전~25억 년 전, 원생대 25억 년~5억 7,000만 년 전, 고생대(캠브리아기, 오르도비스기, 실루리아기, 데본기, 석탄기, 페름기) 5억 7,000만 년 전~2억 2,500만 년 전, 중생대(트라이아스기, 쥐라기, 백악기) 2억 2,500만 년 전~6,500만 년 전, 신생대(제3기, 제4기) 6,500만 년 전 ~현재.

현대인은 제4기 중 플라이스토세(250만 년 전~1만 년 전)에 출현, 이집트·황하·메소포타미아 등 인류 문명은 불과 6,000년 전에 발생……

현재 우리가 연료로 쓰고 있는 석탄은 수억 년 전 지구가 고온다습하던 시기에 무성했던 열대밀림 식물들이 홍수 등으로 넘어져 쌓이면서 지하에 매몰된 채, 역시 수억 년 동안 땅속에서 압력과 온도의 영향을 받아 탄화되어 생긴다(석탄계 암층이 형성되는 동안의 지질시대인 석탄기는 약 2억 8,000만 년 전부터 3억 6,500만 년 전). 지구에 수억 년간 존재해온 물질을 우리가 지금 이용하고 있다. 수억 년……!

시간의 개념을 돈으로 바꿔보면 이해가 더 쉽다. 인류 문명 6,000원, 석탄 나이 3억 몇천만 원, 지구 나이 46억 원……

어떤 이는 6,000원을 갖고 있으면서 46억 원 가진 지구를 무시한다. 참 대단하다.

40대 중반이 넘어서야 겨우 결론에 도달했다. 신이 인간을 만든 것이 아니라 사람이 신들을 만들었다는 희망의 깨달음!

어느 신도 나를 속박하지 않으니 심사가 편하다. 사람의 시각으로 모든 사물을 보게 되니 사람을 중심에 놓고 더 이성적이고 합리적으로 판단하게 된다.

우연한 기회에 인터넷에서 '신은 왜 팔다리를 잃은 장애인을 고치려 하지 않는가?'라고 묻고 있는 사이트에 접속하게 되었다. 사람이 신을 만들었다는 나의 깨달음에 객관적이고 명확하게 해박한 근거를 보태 지원해주니 고맙기 그지없다.

그 내용 중 '사람이 지구에 사는 날은 약 30,000일이 전부요, 죽은 다음에는 천국도 지옥도 없으니 사는 동안 모두가 가치 있고 행복한 시간을 보낼 수 있도록 함께 사는 사람들이 서로 도와야 한다'는 말이 가슴에 다가온다.

신을 위한 삶이 아닌, 인간 본연의 아름답고 고귀한 시간을 위하여!

엄수종

세계 저명인사들의 종교관

- 생각할 줄 아는 사람은 모두 무신론자다. -어니스트 헤밍웨이

- 이해가 불가능한 명제에 맞설 수 있는 유일한 무기는 조롱뿐이다. 이성이 작용할 수 있으려면 먼저 개념이 명확해야 한다. 교인들 누구도 명확히 삼위일체를 이해하고 있지 않다. 그것은 자칭 예수의 사제라는 협잡꾼들의 헛소리에 불과하다. 기독교는 인류가 갈고 닦은 것 가운데 가장 타락한 시스템이다. -토머스 제퍼슨

- 차라리 등대가 교회보다 훨씬 유익하다. -벤저민 프랭클린

- 종교 없는 세상이 최상의 세상이다. -존 애덤스

- 종교란 평민에게는 진실로 여겨지고, 현자賢者에게는 거짓으로 여겨지며, 통치자에게는 유용한 것으로 여겨진다. -세네카

- 나는 자애롭고 전능한 신이 살아 있는 유충의 몸속에서 살을 파먹겠다는 의지를 뚜렷이 드러내는 맵시벌과를 의도적으로 창조했다는 것을 도저히 납득할 수 없다. -찰스 다윈

- 신이 존재하는지 나는 모른다. 따라서 그의 존재를 믿는 것을 보류하고 없다고 가정하겠다. 검증되지 않은 것은 알 수 없다. -토마스 헨리 헉슬리

- 신앙이란 증거가 없어도, 심지어는 반대의 증거가 있음에도 불구하고, 맹목적으로 믿는 것을 말한다.
  구약성서의 신은 모든 소설을 통틀어 가장 불쾌한 주인공이라고 할 수 있다. -리처드 도킨스

- 적당히 읽어보면 성경은 무신론을 확신하는 데 가장 강력한 힘을 주는 것이다. -아이작 아시모프

- 우주에 시작이 존재하는 한, 창조주가 있었다고 가정할 수 있다. 그러나 우주가 모든 것을 품고 있으며, 우주에 경계선도 가장자리도 없다면 시작도 끝도 없을 것이다. 우주는 그냥 존재하는 것이다. 그렇다면 여기서 창조주의 자리는 어디일까? -스티븐 호킹

- '신'이라는 말이 우주를 지배하는 물리적인 법칙을 말한다면 신은 존재한다. 그러나 신은 우리를 정서적으로 만족시켜주지 못한다. 중력의 법칙을 위해 기도한다는 것이 말이 되는가. -칼 세이건

- 성경은 명예롭지만 상당히 유치하고 원시적인 전설의 집대성이며, 아무리 치밀한 해석을 덧붙이더라도 이 점은 변하지 않는다. 나는 성경에 나오는 이야기 중 많은 부분이 사실일 수 없다고 확신한다. 그래서 열정적인 자유사상가가 되었다. -앨버트 아인슈타인

- 내 평생 인격신의 존재나 죽음 이후의 삶, 천국이나 지옥 등의 종교적 발상에 대한 눈곱만한 증거들도 본 적이 없다. -토머스 에디슨

- 누군가 망상에 시달리면 정신이상이라고 한다. 다수가 망상에 시달

리면 종교라고 한다. -로버트 퍼시그

• 종교는 지적인 면에서 뿐만 아니라 도덕적인 면에서도 해롭다. 지적으로 저명한 인물들 중 대다수는 기독교를 불신하지만 그들은 대중에게 사실을 숨긴다. 혹시 수입원을 잃게 될까 두렵기 때문이다. 세상의 문제는, 어리석은 자들은 건방진 종교적 확신에 차 있고, 이성적인 사람들은 의심으로 가득하다는 것이다. -버트런드 러셀

• 모든 마을에는 횃불이 있다. 바로 교사다. 그리고 그 횃불을 끄는 사람이 있다. 바로 성직자다. -빅토르 위고

• 내가 성경을 마뜩잖게 여기는 것은 이해되지 않는 부분들 때문이 아니라, 분명히 이해하는 부분들 때문이다. -마크 트웨인

• 기독교는 틀림없이 신성하다. 악행과 난센스로 가득 차 있음에도 불구하고 1,700년간이나 지속되었기 때문이다. 불의가 그토록 자주 승리한다면, 어떻게 이 세상을 정의와 사랑의 신이 다스리는 세상이라고 할 수 있단 말인가. -윌 듀란트

• 정치는 수많은 목숨을 빼앗아가지만, 종교는 그보다 열 배는 더 많은 목숨을 앗아갔다. -숀 오케이시

• 구원받기 위해 신을 믿어야 한다는 그릇된 논리는 잔인한 불관용의 원리다. 지상에 단 하나의 종교가 있어서, 그것을 믿지 않는 자에게는 영원한 고통만 있다면, 그런 종교의 신은 가장 부정한, 또 가장 잔인한 폭군일 것이다. -장 자크 루소

• 신의 전능함을 그럴듯하게 꾸미기 위해 악마도 신이 만든 것이라고 여기지. 그러면서도 신은 자기가 만든 악마의 행위에는 책임이 없다는 건가? -아놀드 토인비

- 종교는 늘 그랬듯이 피에 든 독이다 **–살만 루시디**
- 신약성경을 읽을 때 나는 항상 장갑을 낀다. 추잡스러워 만지고 싶지 않기 때문이다.

  무엇일까? 인간이 하나님의 큰 실수 중 하나일까? 하나님이 인간의 큰 실수 중 하나일까?

  믿음은 무엇이 진실인지 알고 싶지 않다는 것을 의미한다.

  신앙은 거짓보다 더 위험한 진실의 적이다.

  예수교는 야만적인 개념과 가치로 중무장하고 필요하다면 주위의 민족을 야만인이라 단정하고 정복하는 것을 하나님의 계시라고 선동한다.

  첫 자식을 제물로 바치는 것, 성찬식에서 피를 마시는 것, 이성과 지혜에 대한 경멸, 비/육체적인 것을 막론하고 온갖 종류의 고문 등 이러한 것들이 기독교적이다.

  예수교는 인류에게 커다란 저주이며, 본질적인 타락이며, 영원한 오점이다. 기독교의 가치관이란 반인간적이고 또한 삶에 적대적이다. 따라서 예수교는 노예근성의 소유자들, 나약한 자들, 그리고 무능한 자들에게만 적합할 뿐이다. **–프리드리히 니체**
- 종교에서 진리란 그저 살아남은 견해를 지칭할 뿐이다. **–오스카 와일드**
- 인간은 종교적인 신념을 위해서 행동할 때보다 충실하고 충만하게 악을 행한 적이 없다. 신앙인이 무신론자보다 행복한 것은, 술에 취한 사람이 술에 취하지 않은 사람보다 행복한 것과 같다는 점에 불과하다. **–조지 버나드 쇼**
- 인류의 큰 비극 중의 하나는 도덕이 종교에 의해 납치되었다는 것

이다. –아서 클라크

- 지옥을 만들어내는 존재를 생각해보라. 대다수 인류가 끔찍스러운 영겁의 형벌을 받게 되어 있다는 것을 미리 분명히 알면서, 그렇게 할 의도로 인류를 창조한 존재를 생각해보라. 상상이 가는가? –존 스튜어트 밀

- 기독교인들은 교회의 야만적이고 기만적인 최면술에 사로잡힌 결과, 자기들에게 주입된 종교를 진실하고 유일한 종교로 생각하고, 그 밖에는 어떤 종교도 없으며 있을 수도 없다고 생각하는 무지몽매한 민중들이다. –톨스토이

- 아, 이렇게 내 마음에 붙어 있던 유대인의 미신을 깨끗이 씻어줄 수 있는가!(인도의《우파니샤드》를 읽고 나서 한 말) –쇼펜하우어

- 이제 기독교 신학자들조차도, 기독교 복음서가 사도들이 아닌 다른 사람들에 의해 쓰였다는 결론에 도달했다. 복음서에 서술된 산들은 실제 지명과 다르다. 강과 호수들도 역시 마찬가지다. 모든 내용이 예수 그리스도를 알지 못하고 그와 함께 살아보지도 못한 사람들에 의해 쓰인 것이다. –오쇼 라즈니쉬

- 지식과 역사는 종교의 적이다. –나폴레옹

- 역사에 기록된 가장 극악하고 잔인한 범죄들은 종교 또는 그와 비슷한 성스러운 동기의 미명하에 행해져왔다. –간디

- 신앙은 교정 가능성에 대한 여지조차 남겨두지 않는 인간 무지의 한 형태다. –샘 해리스

옮긴이_ 엄수종

대학에서 법학을 전공하고 해외 현지의 지하자원 개발에 직접 참여하는 등 수십 년간 자원 관련 업무를 수행했다.
이 책은 기독교인이었던 역자가 이성을 지닌 자연인으로 돌아오게 된 결정적 계기가 됐다. 역자는 개인적 사명감과 의지로 번역을 계획, 제안해 한국어판으로까지 발간되었다.
이 책을 통해 비종교인은 물론 종교인들까지, 종교라는 어리석음과 신화를 통하지 않고 합리적인 세상을 만들어 나가기를 기대한다.

성경의 거짓말

초판 1쇄 발행일 2021년 2월 25일

지은이 마셜 브레인
옮긴이 엄수종
펴낸이 김현관
펴낸곳 율리시즈

디자인 Song 디자인
종이 세종페이퍼
인쇄 및 제본 올인피앤비

주소 서울특별시 양천구 목동중앙서로7길 16-12 102호
전화 (02) 2655-0166/0167
팩스 (02) 6499-0230
E-mail ulyssesbook@naver.com
ISBN 978-89-98229-87-0 03100

등록 2010년 8월 23일 제2010-000046호

책값은 뒤표지에 있습니다.